RALF SCHÄFER

Mitbestimmung in kommunalen Eigengesellschaften

Schriften zum Öffentlichen Recht

Band 538

Mitbestimmung in kommunalen Eigengesellschaften

Die rechtsgeschäftliche Einführung und Erweiterung von Beteiligungsrechten der Arbeitnehmer im Aufsichtsrat aus verfassungsrechtlicher und kommunalrechtlicher Sicht

Von

Dr. Ralf Schäfer

Duncker & Humblot · Berlin

CIP-Titelaufnahme der Deutschen Bibliothek

Schäfer, Ralf:
Mitbestimmung in kommunalen Eigengesellschaften: d. rechtsgeschäftl. Einf. u. Erweiterung von Beteiligungsrechten d. Arbeitnehmer im Aufsichtsrat aus verfassungsrechtl. u. kommunalrechtl. Sicht / von Ralf Schäfer. – Berlin: Duncker u. Humblot, 1988
(Schriften zum Öffentlichen Recht; Bd. 538)
Zugl.: Bochum, Univ., Diss., 1987
ISBN 3-428-06453-4
NE: GT

Satz: Klaus-Dieter Voigt, Berlin 61
Druck: Berliner Buchdruckerei Union GmbH, Berlin 61
Printed in Germany

ISBN 3-428-06453-4

Inhaltsverzeichnis

Abkürzungsverzeichnis

AfK	Archiv für Kommunalwissenschaften
AG	Aktiengesellschaft Die Aktiengesellschaft
AktG	Aktiengesetz
Amtsbl.	Amtsblatt
AöR	Archiv für öffentliches Recht
AuR	Arbeit und Recht
Bad.-Württ. VGH	Baden-Württembergischer Verwaltungsgerichtshof
BaWüVBl.	Baden-Württembergische Verwaltungsblätter
BayVBl.	Bayerische Verwaltungsblätter
BayVerfGH	Bayerischer Verfassungsgerichtshof
BB	Der Betriebs-Berater
BBahnG	Bundesbahngesetz
BBG	Bundesbeamtengesetz
berl./Berl.	berliner/Berlin
BetrVG	Betriebsverfassungsgesetz
BGB	Bürgerliches Gesetzbuch
BGBl.	Bundesgesetzblatt
BGH	Bundesgerichtshof
BGHZ	Entscheidungen des Bundesgerichtshofs in Zivilsachen
BHO	Bundeshaushaltsordnung
BK	Bonner Kommentar
BNV	Bundesnebentätigkeitsverordnung
BPersVG	Bundespersonalvertretungsgesetz
brem./Brem.	bremer/bremisch/Bremen
Bremerhav. Stadtverf.	Bremerhavener Stadtverfassung
Brem. StGH	Bremischer Staatsgerichtshof
BRRG	Beamtenrechtsrahmengesetz
BT-Dr.	Bundestagsdrucksache
BVerfG	Bundesverfassungsgericht
BVerfGE	Entscheidungen des Bundesverfassungsgerichts
BVerwG	Bundesverwaltungsgericht
BVerwGE	Entscheidungen des Bundesverwaltungsgerichts
BW	Baden-Württemberg
DB	Der Betrieb

DGB	Deutscher Gewerkschaftsbund
DGemStZ	Deutsche Gemeindesteuerzeitung
DGO	Deutsche Gemeindeordnung
Diss.	Dissertation
DÖV	Die öffentliche Verwaltung
DÖW	Die öffentliche Wirtschaft
DRiG	Deutsches Richtergesetz
DRiZ	Deutsche Richterzeitung
DVBl.	Deutsches Verwaltungsblatt
EigBetrG	Eigenbetriebsgesetz
Eildienst LKT	Eildienst Landkreistag
EnWG	Energiewirtschaftsgesetz
GBl.	Gesetzblatt
GemHaush.	Der Gemeindehaushalt
GenG	Gesetz betreffend die Erwerbs- und Wirtschaftsgenossenschaften
GG	Grundgesetz
GmbH	Gesellschaft mit beschränkter Haftung
GmbHG	Gesetz betreffend die Gesellschaften mit beschränkter Haftung
GmbH-Rdsch.	GmbH-Rundschau
GO	Gemeindeordnung
gpi	Gesellschaftspolitischer Informationsdienst
GV/GVBl.	Gesetz- und Verordnungsblatt
hamb. BezVG	Bezirksvertretungsgesetz der Freien und Hansestadt Hamburg
HdbDStR	Handbuch des Deutschen Staatsrechts
hess./Hess.	hessisch/Hessen
Hess. StGH	Hessischer Staatsgerichtshof
HessVGH	Hessischer Verwaltungsgerichtshof
HGB	Handelsgesetzbuch
HKWP	Handbuch der kommunalen Wissenschaft und Praxis, hrsg. v. Günter Püttner
HÖD	Handwörterbuch des öffentlichen Dienstes, hrsg. v. Wilhelm Bierfelder
HöV	Handbuch der öffentlichen Verwaltung, hrsg. v. Albert v. Mutius u. a.
JA	Juristische Arbeitsblätter
JuS	Juristische Schulung
JZ	Juristenzeitung
KomPol	Kommunalpolitische Blätter
KSVG	Kommunalselbstverwaltungsgesetz
KWahlG	Kommunalwahlgesetz

LBG	Landesbeamtengesetz
LG	Landgericht
LHO	Landeshaushaltsordnung
LT-Dr.	Landtagsdrucksache
LVerf/NW	Verfassung für das Land Nordrhein-Westfalen
MDH	Maunz-Dürig-Herzog-Scholz, Grundgesetz
MDR	Monatsschrift für Deutsches Recht
MontanMitG	Gesetz über die Mitbestimmung der Arbeitnehmer in den Aufsichtsräten und Vorständen der Unternehmen des Bergbaus und der Eisen und Stahl erzeugenden Industrie
NDR	Norddeutscher Rundfunk
nds./Nds.	niedersächsisch/Niedersachsen
NJW	Neue Juristische Wochenschrift
NtV	Nebentätigkeitsverordnung
NVwZ	Neue Zeitschrift für Verwaltungsrecht
NW	Nordrhein-Westfalen
ÖTV	Gewerkschaft Öffentliche Dienst, Transport und Verkehr
ÖWG	Öffentliche Wirtschaft und Gemeinwirtschaft
OLG	Oberlandesgericht
OVG	Oberverwaltungsgericht
OVGE	Entscheidungen des Oberverwaltungsgerichts
PBefG	Personenbeförderungsgesetz
PersV	Die Personalvertretung
PersVG	Personalvertretungsgesetz
PostVerwG	Gesetz über die Verwaltung der Deutschen Bundespost
RdA	Recht der Arbeit
RFFU	Rundfunk-Fernseh-Film-Union
RGBl.	Reichsgesetzblatt
RGZ	Entscheidungen des Reichsgerichts in Zivilsachen
rheinl.-pfälz.	rheinland-pfälzisch
RHO	Reichshaushaltsordnung
RiA	Recht im Amt
RP	Rheinland-Pfalz
Rspr.	Rechtsprechung
Rspr.Entsch.	Rechtsprechung zum kommunalen Verfassungsrecht des Landes Nordrhein-Westfalen
saarl./Saarl.	saarländisch/Saarland
SFB-Satzung	Satzung der Rundfunkanstalt „Sender-Freies-Berlin“
SH	Schleswig-Holstein
SpkG	Sparkassengesetz
StAnz.	Staatsanzeiger

StGR	Städte- und Gemeinderat
StuGB	Städte- und Gemeindebund
SUrlV	Verordnung über den Sonderurlaub
VAG	Gesetz über die Beaufsichtigung der privaten Versicherungsunternehmen
VerwArch	Verwaltungsarchiv
VG	Verwaltungsgericht
VGH/NW	Verfassungsgerichtshof Nordrhein-Westfalen
VkU	Verband kommunaler Unternehmen
VR	Verwaltungsrundschau
VVDStRL	Veröffentlichungen der Vereinigung der Deutschen Staatsrechtslehrer
VwVfG	Verwaltungsverfahrensgesetz
Wahlp.	Wahlperiode
WDRG	Gesetz über den „Westdeutschen Rundfunk Köln“
WiR	Wirtschaftsrecht
WiVerw	Wirtschaft und Verwaltung
WPg	Die Wirtschaftsprüfung
ZBR	Zeitschrift für Beamtenrecht
ZfA	Zeitschrift für Arbeitsrecht
ZGR	Zeitschrift für Unternehmens- und Gesellschaftsrecht
ZHR	Zeitschrift für das gesamte Handelsrecht
ZögU	Zeitschrift für öffentliche und gemeinwirtschaftliche Unternehmen
ZÖW	Zeitschrift für öffentliche Wirtschaft
ZRP	Zeitschrift für Rechtspolitik

Für weitere Abkürzungen vgl. Hildebert Kirchner, Abkürzungsverzeichnis in der Rechtssprache, Berlin, New York, 3. Aufl. 1983

Einleitung

I. Darstellung der Problematik

Betrachtet man die gegenwärtigen Tendenzen in den Bestrebungen zur Einführung und Erweiterung der Beschäftigtenmitbestimmung im Bereich der öffentlichen Verwaltung, so fällt auf, daß z. Z. verstärkt auf die Einführung/Erweiterung von Beteiligtenrechten in den mit Leitungs- bzw. Kontrollfunktionen ausgestatteten Kollegialorganen öffentlich-rechtlich organisierter Einrichtungen und Unternehmen[1] hingewirkt wird – zu erwähnen sind hier insbesondere die Eigenbetriebe,[2] Sparkassen und Landesbanken,[3] Museen,[4] Theater,[5] Volkshochschulen[6] und nicht zuletzt der Rundfunk.[7] Ein anderer Ausschnitt aus der allgemeinen Diskussion um die Beschäftigtenmitbestimmung im Bereich der öffentlichen Verwaltung – die unternehmensbezogene Mitbestimmung in privatrechtlich organisierten Unternehmen des Daseinsvorsorgebereichs, insbesondere der Gemeinden – findet dagegen gegenwärtig weder im gesellschaftlich-politischen, noch im rechtswissenschaftlichen Bereich nennenswertes Interesse.[8]

Dabei war in der Zeit um 1970 gerade dieser Ausschnitt der Mitbestimmungsproblematik von erheblicher politischer und rechtlicher Aktualität.[9]

---

[1] Vgl. allgemein *Bieback,* S. 7 ff.

[2] Vgl. das nordrhein-westfälische Mitbestimmungs-Artikelgesetz v. 26. 6. 1984, GV NW S. 362; dazu *Püttner,* Gutachten S. 27 ff.; *ders.,* DVBl. 84, 168 ff.; *Tettinger,* Mitbestimmung S. 11 ff.; *Rehn / Cronauge,* § 93 Anm. IV 1; VGH/NW Sparkasse 86, 509; dazu *Fischer,* Sparkasse 86, 532 ff.; *Püttner,* DVBl. 86, 1198 f.; vgl. außerdem die Thesen des Deutschen Gewerkschaftsbundes zur Mitbestimmung in öffentlich-rechtlichen Unternehmen und Einrichtungen v. 5. 7. 1983, hekt. sowie den schon früher erschienenen Beitrag von *Tofaute,* S. 183 ff.; 198 ff.

[3] Zur Mitbestimmung in den öffentlich-rechtlichen Sparkassen sowie den Landesbanken vgl. die Übersicht bei *Tettinger,* Mitbestimmung S. 13 ff. sowie die Nachw. in FN 2.

[4] Vgl. *Ipsen,* DVBl. 82, 112 m. w. N.; *Tofaute,* S. 194; *Püttner,* DVBl. 88, 357.

[5] Vgl. BVerwG DVBl. 81, 1054 m. Anm. *Ladeur; Ipsen,* DVBl. 82, 112 m. w. N.; *Ossenbühl,* DÖV 83, 785; *Püttner,* DVBl. 88, 357.

[6] Vgl. *Losch / Gerber,* S. 271 m. w. N. in FN 2, 3; *Püttner,* DVBl. 88, 357.

[7] Vgl. *Ipsen,* Mitbestimmung im Rundfunk S. 15 ff.; *v. Boecklin,* S. 6 ff.; *Hoffmann-Riem,* S. 44 ff., 66 ff.; *Bethge,* Verfassungsprobleme S. 33 ff.; *Kübler,* S. 15 ff.

[8] Ähnlich die Einschätzung der Situation bei *Püttner,* Die öffentlichen Unternehmen S. 138; *ders.,* ZögU 84, 227 ff.; *Ehlers,* JZ 87, 218.

[9] Für die vorwiegend (rechts)politischen Äußerungen vgl. nur die Zusammenstellung bei *Zeller;* für den rechtswissenschaftlichen Bereich vgl. die umfangreichen Nachweise bei *Raiser,* MitG § 1 Rdnr. 10; vgl. auch die Schilderungen bei *Wössner,* S. 29 ff.; *Raiser,* RdA 72, 66; *Tofaute,* S. 186/7, 191 f.; *Püttner* in: HKWP Bd. 5 S. 186.

Da die Forderung nach Ausdehnung der drittelparitätischen Mitbestimmung des Betriebsverfassungsgesetzes 1952[10] in der Privatwirtschaft zu dieser Zeit aufgrund einer Absprache der damaligen Regierungsparteien des Deutschen Bundestages in absehbarer Zeit nicht realisierbar erschien,[11] versuchten insbesondere die Gewerkschaften[12], ihre Bestrebungen hinsichtlich einer Mitbestimmungserweiterung über den Umweg der kommunalen Unternehmen in Privatrechtsform voranzutreiben,[13] diese als „Schrittmacher“[14] einzusetzen, um auf diese Weise einen „Modellfall“[15] für ihre Forderung zu schaffen.[16] Dabei wurde regelmäßig – quasi in zweistufiger Weise – dergestalt vorgegangen, daß zunächst die Gemeindevertretung den Beschluß faßte („1. Stufe“), die nach dem Betriebsverfassungsgesetz 1952 vorgesehene Mitbestimmungsquote der Arbeitnehmer in den Aufsichtsräten der städtischen Eigengesellschaften auszuweiten. Im Anschluß daran erfolgte als zweiter Schritt („2. Stufe“) – entweder aufgrund einer zuvor begründeten rechtsgeschäftlichen Verpflichtung oder aber mittels eines bloß tatsächlichen Verhaltens („freiwillig/rechtsgeschäftlich“) – unter Überlassung eines Teils der gemeindlichen Sitze im Aufsichtsrat die Bestellung so vieler (weiterer) Arbeitnehmervertreter, bis eine (fast) gleichmäßige Besetzung des Aufsichtsrats mit Arbeitnehmern und Gemeindevertretern erreicht war.[17] Neben diesen Fällen der Erweiterung von gesetzlichen Mitbestimmungsbefugnissen fanden und finden sich Städte, die auf die vorstehend skizzierte Weise in an sich keiner gesetzlichen Mitbestimmungsregelung unterliegenden Unternehmen eine unternehmensbezogene Mitbestimmung mit unterschiedlichen Beteiligungsquoten eingeführt hatten bzw. haben.[18]

Mit Erlaß des Mitbestimmungsgesetzes von 1976[19] und der verfassungsrechtlichen Billigung dieses Gesetzes durch das *Bundesverfassungsgericht* im Jahre 1979[20] ließ das Interesse an den Problemen, die durch diese freiwil-

---

[10] (Vom 11. 10. 1952, BGBl. I. S. 681) in Richtung auf eine hälftige Arbeitnehmerbeteiligung vergleichbar den Regelungen des § 4 Montan-Mitbestimmungsgesetz (v. 21. 5. 1951, BGBl. I S. 347) sowie des § 5 Mitbestimmungsergänzungsgesetz (v. 7. 8. 1956, BGBl. I S. 707).

[11] *Duden,* S. 29/30; *Raiser,* RdA 72, 65.

[12] Vgl. die Rahmenempfehlung des Hauptvorstandes der Gewerkschaft ÖTV für die Ausweitung der Mitbestimmung in den Eigengesellschaften der Gebietskörperschaften v. 25./26. 5. 1970; abgedr. bei *Zeller,* S. 45.

[13] In diesem Sinn der damalige stellvertretende Vorsitzende der Gewerkschaft ÖTV, *K.-H. Hoffmann,* in: Der Arbeitgeber 1970 S. 593.

[14] *Duden,* S. 30.

[15] Mitbestimmung im öffentlichen Dienst, Drei Modellentwürfe der Gewerkschaft ÖTV, abgedr. bei *Zeller,* S. 17 ff.; *Berner,* S. 32; *K.-H. Hoffmann* bei *Zeller,* S. 85; *H. P. Schneider,* S. 599.

[16] Ähnlich *Raiser,* RdA 72, 65; *Leisner,* Mitbestimmung S. 16; *Püttner* in: HKWP Bd. 5 S. 186.

[17] Vgl. näher zu diesem Verfahren unten 1. Teil, II., 2.

[18] Vgl. näher unten 1. Teil, II., 1., b).

[19] Vom 4. 5. 1976, BGBl. I, S. 1153.

[20] BVerfGE 50, 290 ff.

lig/rechtsgeschäftliche Einführung bzw. Erweiterung unternehmensbezogener Mitbestimmung aufgeworfen worden waren, schlagartig nach.[21] Dies mag zum einen darin begründet gewesen sein, daß die maßgeblichen Initiatoren, die Gewerkschaften, die gesteckten Ziele durch den Erlaß des Mitbestimmungsgesetzes 1976 und das Urteil des *Bundesverfassungsgerichts* für erreicht hielten.[22] Zum anderen war man aber möglicherweise auch der Auffassung, daß sich mit dem Erlaß des Gesetzes und dessen verfassungsgerichtlicher Billigung die aufgetretenen Probleme von selbst erledigt hätten[23] – eine solche Auffassung wäre jedoch in zweifacher Hinsicht verfehlt:[24]

- das *Bundesverfassungsgericht* hatte sich bei der Untersuchung der Verfassungsmäßigkeit der Mitbestimmungsgesetzes 1976 nicht mit den oben geschilderten Sachverhalten auseinanderzusetzen, so daß das Urteil dazu – man mag dies bedauern[25] – konsequenterweise auch keinerlei Aussagen enthält;[26, 27]
- da das Mitbestimmungsgesetz 1976 allein für Unternehmen mit mehr als 2000 Arbeitnehmern gilt (§ 1 I Nr. 2 MitG 76), fallen zumindest alle diejenigen Eigengesellschaften aus dem Anwendungsbereich dieses Gesetzes heraus, die die genannte Arbeitnehmerzahl nicht erreichen;[28] soweit diese kleinen und mittleren Unternehmen jedoch einer freiwillig/rechtsgeschäftlichen Mitbestimmungsregelung oben geschilderter Art zugeführt worden sind, gelten die 1970 aufgeworfenen Fragen dagegen in gleicher Weise fort.[29]

---

[21] So auch *Scholz,* ZBR 80, 297; *Püttner,* ZögU 80, Beiheft 3, S. 71; *ders.,* ZögU 84, 227; *ders.,* DVBl. 84, 165; *ders.,* Selbstverwaltung S. 171; vgl. auch *Tofaute,* S. 192.

[22] So auch *Püttner,* ZögU 80, Beiheft 3, 71; *ders.,* ZögU 84, 227; vgl. auch seine Darstellung der Entwicklung in: Die öffentlichen Unternehmen S. 138/9.

[23] Vgl. *Berner,* S. 33.

[24] Ähnlich *Scholz,* ZBR 80, 297; *Hoffmann-Riem,* S. 73; *Püttner,* Gutachten S. 6.

[25] So *Scholz,* ZBR 80, 297.

[26] Ebenso *Scholz,* ZBR 80, 297; *Püttner,* DVBl. 84, 166; *ders.* in: HKWP Bd. 5 S. 189; *ders.,* Die öffentlichen Unternehmen S. 9; *Ehlers,* JZ 87, 225.

[27] Diese Feststellung besagt jedoch nicht, daß das Urteil für die in Rede stehenden Sachverhalte völlig ohne Bedeutung wäre; ebenso *Scholz,* ZBR 80, 297.

[28] Dies sind nach den Angaben von *Berner,* S. 33 FN 2 aber die Mehrzahl insbesondere der kommunalen Verkehrs- und Versorgungsbetriebe – nach *Berner* sind von ca. 300 Unternehmen nur etwa 25 vom Mitbestimmungsgesetz 1976 betroffen.

[29] Vgl. auch *Ahrens,* S. 57; interessant ist auch die von *Berner,* S. 120 aufgeworfene Frage, ob das Mitbestimmungsgesetz 1976 es den Gemeinden verbietet, in Eigengesellschaften, die nicht in den Anwendungsbereich des Mitbestimmungsgesetzes 1976 fallen, eine Mitbestimmungssituation zu schaffen, die der des Mitbestimmungsgesetzes 1976 entspricht.

Nicht geklärt ist weiterhin die Frage, ob die gesetzlichen Mitbestimmungsregelungen, insbesondere die des Mitbestimmungsgesetzes 1976, angesichts der im Bereich der kommunalen Eigengesellschaften des Daseinsvorsorgebereichs hinsichtlich deren Organisationsstruktur zu beachtenden grundgesetzlichen Anforderungen (vgl. dazu unten 2. Teil, 1. Abschnitt sowie *Stober,* S. 452ff.; BGH NJW 85, 197 (200 r. Sp.)) bei derartigen Unternehmen überhaupt Geltung beanspruchen können (diese Frage wird, allerdings ohne nähere Begründung, weitgehend bejaht, vgl. nur *Püttner,* DVBl. 84,

Von einer abschließend geklärten Rechtslage hinsichtlich der Frage der Rechtmäßigkeit freiwillig/rechtsgeschäftlicher Mitbestimmungseinführungen/-ausweitungen kann demnach gegenwärtig keine Rede sein.[30]

II. Eingrenzung und Gang der Darstellung

1. Begrenzungen

Der tatsächliche ebenso wie der rechtliche Rahmen der vorliegenden Arbeit ist in dreifacher Hinsicht begrenzt:

- durch die Art der erfaßten Unternehmen (a)
- durch die Auswahl der Prüfungsmaßstäbe (b)
- durch den Gegenstand der arbeitnehmerischen Mitbestimmung (c)

a) Organisationsform und Aufgabenstellung

Gegenstand der Betrachtung in tatsächlicher Hinsicht sollen allein solche Unternehmen sein, die in rechtlich selbständigen sowie mit einer Haftungsbegrenzung des Unternehmensträgers ausgestatteten Rechtsformen des privatrechtlichen Gesellschaftsrechts[31] organisiert sind und bei denen alle

166; *ders.* in: HKWP Bd. 5 S. 184ff.; *ders.*, Die öffentlichen Unternehmen S. 141; 138 FN 94; *ders.*, ZögU 84, 228; *Himmelmann*, S. 174; *Tofaute*, S. 186; *Janson* in: HKWP Bd. 5 S. 215; *Ehlers*, Verwaltung S. 146; *Tettinger*, Mitbestimmung S. 49; *Büchner*, S. 120, 125f., 193; widersprüchlich *Kraft* in: HKWP Bd. 5 S. 169f., 173 einerseits und *ders.*, Verwaltungsgesellschaftsrecht S. 142, 158 andererseits, wo er das Mitbestimmungsgesetz 1976 insoweit als verfassungswidrig erklärt, als es auch auf Eigengesellschaften in der Rechtsform der GmbH Anwendung findet; verfassungsrechtliche Bedenken auch bei *Berner*, S. 119/120; *Scholz*, ZBR 80, 303 (r. Sp.)) und welche Konsequenzen sich aus einer eventuellen Unvereinbarkeit der gesetzlichen Mitbestimmungsregelungen mit den verfassungsrechtlichen Anforderungen für die Erfüllung daseinsvorsorgerischer Aufgaben mittels Organisationsformen des Privatrechts ergeben (vgl. dazu *Püttner*, Mitbestimmung S. 70, 65; *ders.*, Die öffentlichen Unternehmen S. 137; *ders.*, DVBl. 84, 166; *Engel*, S. 259, 296; *Scholz / Pitschas*, S. 147/48, 150/1; *Büchner*, S. 216, 222, 253; *Leisner*, Mitbestimmung S. 76f.; *Burmeister*, WiR 72, 322f., 349f.; *ders.* in: HKWP Bd. 5 S. 22/3); zu diesen Fragen enthält das Urteil des *Bundesverfassungsgerichts* (folgerichtig) ebenfalls keine Ausführungen (ähnlich *Scholz*, ZBR 80, 297; *Ahrens*, S. 57).

[30] Ebenso *Scholz*, ZBR 80, 297; *Hoffmann-Riem*, S. 73.

[31] Die Frage nach der Befugnis des Staates, sich an Unternehmen in Rechtsformen des Privatrechts beteiligen zu dürfen (zur – wohl überwiegend vertretenen – bejahenden Auffassung hinsichtlich der Wahlfreiheit der öffentlichen Verwaltung in Bezug auf die zur Erfüllung ihrer Aufgaben gewählten Handlungs- und Organisationsformen vgl. nur *Erichsen / Martens* in: Erichsen / Martens, Allg. VerwR § 31; *Wolff / Bachof* I § 23 I a; *Dürig* in: MDH Art. 1 III Rdnr. 11 *Püttner*, Die öffentlichen Unternehmen S. 79ff.; *Martens*, Öffentlich S. 97; *Stober*, S. 450f.; *Ipsen*, VVDStRL 25 (1967) S. 257 (287, 297ff.); *Laband*, S. 53 FN 2; *Fleiner*, S. 46/7; *Jellinek*, Verwaltungsrecht S. 24ff.; *Haueisen*, S. 837; *Peters*, Verwaltungsrecht S. 129; *Forsthoff*, Rechtsstaat S. 139; speziell für den kommunalen Bereich vgl. *Vitzthum*, S. 581; BVerwG MDR 76, 874; BVerwGE 13, 47 (54); BGHZ 52, 325; BGH NJW 85, 197 (200);

Anteile am Gesellschaftsvermögen in der Hand eines Trägers öffentlicher Verwaltung – hier der Gemeinden – liegen; sog. Eigengesellschaften.[32, 33]

Von den gesellschaftsrechtlich möglichen Gesellschaftsformen sollen vorliegend aber lediglich die in der Rechtsform der Aktiengesellschaft (AG) und der Gesellschaft mit beschränkter Haftung (GmbH) geführten Unternehmen untersucht werden, da diese Rechtsformen in der Unternehmenswirklichkeit der kommunalen Eigengesellschaften am häufigsten anzutreffen sind.[34, 35, 36]

OVG Münster NJW 77, 450; BVerwGE 35, 103 (105); BayVerfGH BayVBl. 56, 274 m.w.N.; BVerwG DÖV 69, 430; Bad.-Württ. VGH BaWüVBl. 71, 152 (153); zur gegenteiligen Ansicht vgl. insbesondere *Zorn,* S. 258; *Eyermann / Fröhler,* § 40 Anm. 52f.; *Ossenbühl,* DVBl. 74, 541; *Leisner,* Mitbestimmung S. 76/7; *Pestalozza,* Formenmißbrauch S. 166ff.; *ders.,* DÖV 74, 188; *Burmeister,* WiR 72, 350; *Ehlers,* DVBl. 83, 429/30; *ders.,* Verwaltung S. 64ff.), soll für die nachfolgende Untersuchung ohne nähere Problematisierung mit der wohl überwiegenden Meinung bejaht werden.

32 Zum Begriff vgl. nur *Nesselmüller,* S. 25 m.w.N.; *Stober,* S. 452 m.w.N.; *v. Münch* in: Erichsen / Martens, Allg. VerwR § 2 III 2 a.E.; *Pagenkopf* II S. 179; *v. Mutius,* JuS 79, 342/3; *Tettinger,* Bes. VerwR Rdnr. 130, 160; *Schmidt-Jortzig,* Kommunalrecht Rdnr. 718; *Ehlers,* Verwaltung S. 9; *Püttner* in: HKWP Bd. 5 S. 120; *ders.,* Die öffentlichen Unternehmen S. 61/2; *Kraft* in: HKWP Bd. 5 S. 169; *ders.,* Verwaltungsgesellschaftsrecht S. 6; *Vogt,* S. 188.

Aus Gründen der Übersichtlichkeit wird nachfolgend nicht danach unterschieden, ob sich die Anteile am Gesellschaftsvermögen unmittelbar in der Hand der Gemeinde befinden oder ob dies lediglich mittelbar über eine zwischengeschaltete juristische Person des Privatrechts erfolgt, deren Anteile zu 100% der Gemeinde gehören und die wiederum die Mehrheit des Gesellschaftsvermögens eines oder mehrerer „gemeindlicher" Unternehmen hält, vgl. auch *Schmidt-Jortzig,* Kommunalrecht Rdnr. 728; näher zu diesen Beteiligungskonstruktionen unten 2. Teil, 1. Abschnitt, II., 6., f), cc).

33 Die vorliegende Arbeit beschränkt sich zwar auf die Untersuchung der Situation in den Eigengesellschaften, doch dürften die insoweit gefundenen Ergebnisse für die Fälle entsprechend gelten, in denen mehrere juristische Personen des öffentlichen Rechts an einer Organisationsform des Privatrechts beteiligt sind und die Höhe der Beteiligung dieser Verwaltungseinheiten ihnen einen beherrschenden Einfluß auf die Gesellschaft verschafft (sog. Mehrheitsbeteiligung bei sog. Beteiligungsgesellschaften; zu diesen Begriffen vgl. nur *Pagenkopf* II S. 187ff. m.w.N.; *Kraft* in: HKWP Bd. 5 S. 169; *Püttner* in: HöV Bd. 2 Rdnr. 2; *ders.* in: HKWP Bd. 5 S. 125ff.; *Schmidt-Jortzig,* Kommunalrecht Rdnr. 719; *Tettinger,* Bes. VerwR Rdnr. 130), da hier die Situation derjenigen bei der Eigengesellschaft durchaus vergleichbar erscheint; so auch *Pagenkopf* II S. 189/90; *Raiser,* RdA 72, 65; nicht so differenzierend *Püttner,* Verfassungsprobleme S. 52/3; vgl. auch *Vitzthum,* S. 588ff.; a.A. wohl *Ehlers,* JZ 87, 227.

34 Vgl. dazu die im 1. Teil, I., 1. aufgeführten Unternehmen sowie die Angaben bei *Ruchty,* S. 367ff.; *Ehlers,* Verwaltung S. 18ff., 22ff., der von einem Anteil von fast 50% ausgeht; vgl. auch die Angaben bei *Vitzthum,* S. 591; *Scholz / Pitschas,* S. 142 m.w.N., aber auch S. 146; vgl. ferner die detaillierten Angaben bei *Kraft* in: HKWP Bd. 5 S. 168/9, 172 m.w.N.; *ders.,* Verwaltungsgesellschaftsrecht S. 6, 128 FN 1, 130 FN 12, 143 FN 77; *Janson* in: HKWP Bd. 5 S. 197, 200; *ders.,* Rechtsformen S. 140ff.; *Büchner,* S. 37, 40f.; *Püttner,* JA 80, 218; *Werner,* S. 70, 72; *Schmidt-Jortzig,* Kommunalrecht Rdnr. 717; *Emmerich,* Auftrag S. 98.

35 Keine tauglichen Formen sind der nichtwirtschaftliche Verein, die eingetragene Genossenschaft, der Versicherungsverein auf Gegenseitigkeit sowie die offene Handelsgesellschaft; die ersteren kommen für den Bereich der Daseinsvorsorge schon aufgrund ihres gesetzlich vorgesehenen Anwendungsbereichs (vgl. §§ 21 BGB, 1 GenG und 1 VAG v. 6.6.1931, RGBl. I S. 315) und letztere aufgrund ihrer Unvereinbarkeit (vgl. § 128 HGB) mit den Haftungsbegrenzungsvorschriften der Gemeindeordnungen (vgl. z.B. § 89 I Nr. 2 GO/NW; für die übrigen Bundesländer vgl. die Nachweise bei

Eine weitere Begrenzung hinsichtlich der Art der erfaßten Unternehmen ergibt sich schließlich aus deren Aufgabenstellung. Gegenstand der Betrachtung werden allein solche AG und GmbH sein, mit denen die Gemeinde unmittelbar „menschliche Bedürfnisse zu sozial angemessenen Bedingungen befriedigen" will.[37] Die Konzentration auf den Bereich der sog. Daseinsvorsorge,[37] d.h. auf einen Teil der leistenden Verwaltung[38] und damit auf die Wahrnehmung öffentlicher (Verwaltungs)Aufgaben,[39] beruht nicht zuletzt auf dem Umstand, daß sich die rechtliche Diskussion sowohl um 1970 bei ihrer Entstehung, als auch in der Folgezeit mehr oder minder ausdrücklich auf Unternehmen aus diesem Bereich – insbesondere auf Verkehrs- und Versorgungsunternehmen – beschränkt hat.[40] Entscheidend ist jedoch der Umstand, daß Unternehmen der öffentlichen Hand, die allein der Erwerbswirtschaft oder der Bedarfsdeckung der öffentlichen Verwaltung dienen, d.h. Unternehmen, mit denen sich der Staat am allgemeinen Wirtschaftsverkehr wie ein Privater beteiligt,[41] im Vergleich zu Unternehmen der Privatwirtschaft hinsichtlich der Mitbestimmungsproblematik weder in privat- noch in öffentlich-rechtlicher Hinsicht besondere Probleme aufweisen.[42]

b) Art der Mitbestimmung

Eine weitere Eingrenzung des Untersuchungsgegenstandes ergibt sich aus der Zielrichtung der Mitbestimmung.

Pagenkopf II S. 177 FN 77 sowie unten 2. Teil, FN 135) nicht in Betracht (vgl. auch *Püttner* in: HöV Bd. 2 Rdnr. 48f., 52 a.E., 60; *Kraft* in: HKWP Bd. 5 S. 169; *Büchner,* S. 167f.; *Pagenkopf* II S. 186).

An sich mögliche, aber im Bereich der kommunalen Unternehmen jedoch ungebräuchliche Formen wären schließlich der wirtschaftliche Verein (§ 22 BGB), die Kommanditgesellschaft (§§ 161ff. HGB) und die Kommanditgesellschaft auf Aktien (§§ 278ff. AktG), vgl. nur *Rehn / Cronauge,* § 89 Anm. II 2; *Pagenkopf* II S. 177f.; *Ehlers,* Verwaltung S. 164f.; *Kraft* in: HKWP Bd. 5 S. 169; *Werner,* S. 68f.

[36] Allgemein zu diesen Organisationsformen und deren Charakterisierung *Kraft* in: HKWP Bd. 5 S. 172ff. m.w.N.; *Scholz / Pitschas,* S. 129f. m.w.N.

[37] Zu diesem von *Forsthoff* (grundlegend in: Die Verwaltung als Leistungsträger, 1938, teilw. Neudruck in: *ders.,* Rechtsfragen der leistenden Verwaltung, Stuttgart 1959) geprägten Begriff vgl. nur *Wolff / Bachof* I § 3 II a, 6 IV b, § II b; *Wolff / Bachof* III § 137 Rdnr. 1ff.; *v. Münch* in: Erichsen / Martens Allg. VerwR § 2 I; speziell zur Daseinsvorsorge im gemeindlichen Bereich vgl. *Tettinger,* Bes. VerwR Rdnr. 88, 121ff.; *ders.,* Mitbestimmung S. 56f. m.w.N. auf die ältere Literatur.

[38] *Pagenkopf* II S. 146; *Forsthoff,* Verwaltungsrecht S. 567f.; *Papier,* S. 50ff.; *Kraft,* Verwaltungsgesellschaftsrecht S. 43ff., 60ff. (60); *Büchner,* S. 74 m.w.N.; *Nesselmüller,* S. 91; *Stober,* S. 229; *Berner,* S. 49; *Püttner,* Mitbestimmung S. 69; *ders.,* DVBl. 84, 166; BVerfG NJW 84, 1872 (1873); NJW 77, 1960 (1961); BGH NJW 85, 197 (198); BGHZ 52, 325 (329).

[39] A.A., allerdings ohne Begründung, BGH NJW 84, 1242.

[40] Vgl. dazu die im 2. Teil in FN 283 zitierten Urteile sowie *Püttner,* Mitbestimmung S. 12f.

[41] Vgl. dazu nur *v. Münch* in: Erichsen / Martens, Allg. VerwR § 2 III 2 m.w.N.

[42] *Hensche,* S. 33; *Tofaute,* S. 188; vgl. auch *Raiser,* Gutachten S. 50; *Scholz,* ZBR 80, 298.

Nachfolgend sollen allein die Beteiligungsrechte der Arbeitnehmer im Aufgabenbereich des Aufsichtsrates – die sog. unternehmensbezogene[43] Mitbestimmung[44] – untersucht werden. Von den im Bereich der kommunalen Eigengesellschaften des Daseinsvorsorgebereichs vorfindbaren Formen unternehmensbezogener Mitbestimmung werden wiederum nur diejenigen einer näheren Betrachtung unterzogen, deren Entstehung (zumindest teilweise) auf einer, nachfolgend als „freiwillig/rechtsgeschäftlich" bezeichneten Grundlage – im Gegensatz zur (ausschließlich) gesetzlich geregelten Mitbestimmung nach dem Betriebsverfassungsgesetz 1952 und dem Mitbestimmungsgesetz 1976 – beruht.

c) *Prüfungsmaßstäbe*

Die dritte und letzte Themenbegrenzung betrifft die heranzuziehenden Prüfungsmaßstäbe und weist eine gewisse Verbundenheit mit der Beschränkung des Betätigungsrahmens der erfaßten Unternehmen auf den Bereich der Daseinsvorsorge auf.

Es ist beabsichtigt, die Problematik der eingangs kurz beschriebenen Mitbestimmungseinführungen/-erweiterungen[45] in derartigen Unternehmen allein aus der Sicht des Grundgesetzes sowie der Gemeindeordnung Nordrhein-Westfalens zu erörtern.[46, 47] Die Anlegung öffentlich-rechtlicher Maßstäbe auf das die Einführung/Erweiterung der Beteiligungsbefugnisse

[43] Im Gegensatz zur sog. betriebsbezogenen Mitbestimmung nach dem Betriebsverfassungsgesetz (v. 15. 1. 1972, BGBl. I S. 13); vgl. nur *Biedenkopf / Säcker,* S. 181.

[44] Die Terminologie ist uneinheitlich; es werden insbesondere auch folgende Bezeichnungen verwendet: „qualifizierte", „institutionelle", „direktive", „fachlich-direktive", „behördenleitende", „überbehördliche", „Unternehmensmitbestimmung", „wirtschaftliche Mitbestimmung"; vgl. nur *Leisner,* Mitbestimmung S. 9; *Püttner,* Mitbestimmung S. 11; *ders.* in: HKWP Bd. 5 S. 185; *Schwarz,* S. 123; *Bieback,* S. 10ff.; *Tofaute,* S. 186; *Janson* in: HKWP Bd. 5 S. 214/5; *Großmann* u. a., § 68 Anm. 1; *H. P. Schneider,* S. 598; *Thieme* in: Verfassungsrechtliche Grenzen S. 412; *Büchner,* S. 61/2; *Obermayer,* Mitbestimmung S. 13f.; *Ehlers,* JZ 87, 220f.

[45] Vgl. oben Einleitung, I. sowie unten 1. Teil, II., 1., b), 2.

[46] Vgl. auch *Tettinger,* Bes. VersR Rdnr. 160; allerdings wird im Zusammenhang mit der Problematik der inhaltlichen, materiellen Legitimation allen Verwaltungshandelns (vgl. unten 2. Teil, 1. Abschnitt, A., II.) und dort bei der Frage nach den gemeindlichen Einflußmöglichkeiten hinsichtlich der Tätigkeit ihrer Eigengesellschaften ein Eingehen auf gesellschaftsrechtliche Aspekte unumgänglich sein.

[47] Zur gesellschafts- und unternehmensverfassungsrechtlichen Problematik insbesondere der eingangs skizzierten Mitbestimmungserweiterungen auf freiwillig/rechtsgeschäftlicher Basis vgl. *Raiser* 72, 67ff.; *ders.,* Gutachten S. 14ff.; *ders.,* MitG § 1 Rdnr. 49; *Hensche,* S. 34ff.; *Mertens* in: Kölner Komm. § 96 Anm. 2, 9ff.; Stellungnahme des Innenministers S. 2; *Obermayer,* Mitbestimmung S. 18ff.; *Fabricius* in: Hilger / Stumpf-FS S. 156ff.; *Thieme,* Gutachten S. 10ff.; *Wössner,* S. 75ff.; *Ossenbühl,* Gutachten S. 15ff.; *Fitting / Auffarth / Kaiser,* Anh. 3 § 76 BetrVG 52 Rdnr. 7f.; *Dietz-Richardi,* Vorbem. § 76 BetrVG 52 Rdnr. 11, 16; *Fitting / Wlotzke / Wißmann,* Vorbem. Rdnr. 41; VG Gelsenkirchen NJW 74, 378 (378/9); OLG Hamburg AG 72, 183; LG Bremen DVBl. 77, 50 (51f.); OLG Bremen NJW 77, 1153 (1154f.); BGH NJW 75, 1657 (1658).

bewirkende Handeln der Gemeinde ist nicht davon abhängig, in welchen Rechtskreis man dieses Vorgehen einordnet. Selbst bei einer Zuordnung zum privaten Recht würde es Bindungen des öffentlichen Rechts unterliegen, wenn darauf die Grundsätze über das sog. Verwaltungsprivatrecht[48] Anwendung fänden. Danach stehen der Verwaltung bei der Erfüllung öffentlicher Aufgaben unter Verwendung privatrechtlicher Mittel und Formen nur die privatrechtlichen Rechtsformen, nicht aber die Freiheiten und Möglichkeiten der Privatautonomie zu. Soweit die Verwaltung in Formen des Privatrechts Aufgaben öffentlicher Verwaltung wahrnimmt, werden die Normen des Privatrechts durch Bestimmungen des öffentlichen Rechts ergänzt, überlagert oder modifiziert;[49] die Privatisierung betrifft m. a. W. allein die Rechtsform, nicht aber den gemeinwohlbezogenen Charakter der zu erfüllenden Aufgaben.[50] Hinsichtlich der anzuwendenden Normen des öffentlichen Rechts besteht Einigkeit dahingehend, daß die Verwaltung im Bereich des Verwaltungsprivatrechts sowohl den Bindungen des Verfassungs- als auch denen des Verwaltungsrechts unterworfen ist.[51]

Auf den ersten Blick wird allerdings nicht unbedingt deutlich, warum das auf die Schaffung/Erweiterung von Mitbestimmungsbefugnissen gerichtete Handeln der Gemeinde als einem mehr organisatorischen Charakter tragenden Akt dem Bereich der Aufgabenerfüllung in Formen des Privatrechts zuzurechnen sein sollte. Dieser erste Eindruck ändert sich jedoch, sofern

---

[48] Zum Begriff vgl. nur *v. Münch* in: Erichsen / Martens, Allg. VerwR § 2 III 2, § 3 II 2; *Wolff / Bachof* I § 23 II b; *Püttner,* Die öffentlichen Unternehmen S. 79 ff.; *Gusy,* S. 872 ff.; *Ehlers,* Verwaltung S. 212 f.; *ders.,* DVBl. 83, 423; *Papier,* S. 50; *Ossenbühl,* DÖV 74, 541/2; *Stern* II § 41 I 3 d) a. E.; BGH NJW 85, 197 (200); 85, 1892 (1894).

Zum Stand der Diskussion über die nicht unbestrittene, aber wohl noch überwiegend vertretene Lehre vom Verwaltungsprivatrecht vgl. nur die vorstehenden Nachweise sowie die ablehnenden Stimmen in der Frage der Freiheit der öffentlichen Verwaltung hinsichtlich der Wahl ihrer Handlungs- und Organisationsformen (oben Einleitung, FN 31).

[49] Vgl. die Nachweise in der vorstehenden Fußnote.

[50] Vgl. auch *Schmidt-Jortzig,* Kommunalrecht Rdnr. 658, 740 f.; *Kraft* in: HKWP Bd. 5 S. 171; *H. Klein,* S. 94.

[51] Vgl. *Püttner,* Die öffentlichen Unternehmen S. 83, 85; *ders.,* Gutachten S. 10, 25; *Ossenbühl,* DVBl. 71, 518; *Rüfner,* S. 377 ff.; *Scholz,* ZBR 80, 298; *Wolff / Bachof* I § 23 II b; *Erichsen / Martens* in: Erichsen / Martens, Allg. VerwR § 32; *Stober,* S. 452 ff.; *Papier,* S. 50 f.; *Ehlers,* Verwaltung S. 64 ff., 113 ff., 169 ff.; *Tettinger,* Mitbestimmung S. 34/5; *Böckstiegel,* S. 24; *Biedenkopf / Säcker,* S. 242/3; BGHZ 52, 325 (330); BGH NJW 85, 197 (200); BVerwGE 35, 103; BVerfGE 12, 205 (206 = LS 7, 243 ff., 246).

Ob diese Bindung weniger streng wird, sobald und soweit dem Bürger eine zumutbare Ausweichmöglichkeit auf vergleichbare Leistungen Privater offen steht – so das rheinl.-pfälz. Gutachten S. 23 ff. unter Hinweis auf *Dürig* in: MDH Art. 1 III Rdnr. 135 – kann vorliegend dahinstehen, da für den Tätigkeitsbereich der vorliegend untersuchten Eigengesellschaften – insbesondere im Bereich von Versorgungs- und Verkehrsleistungen – derartige Alternativen aufgrund der vielfach zu verzeichnenden monopolartigen Stellung der gemeindlichen Unternehmen regelmäßig nicht bestehen; a. A. für den Bereich der öffentlich-rechtlichen Sparkassen das rheinl.-pfälz. Gutachten S. 24; *Tettinger,* Mitbestimmung S. 60, 81.

man diesen Akt in einen größeren Zusammenhang stellt. Die Gemeinde nimmt durch die vorliegend in Rede stehenden Unternehmen Aufgaben der Daseinsvorsorge wahr und übt auf diese Weise – im Wege einer besonderen Erscheinungsform – materiell und funktionell Verwaltungstätigkeit aus.[52] Das Handeln der Gemeinde zur Bewirkung der Mitbestimmungseinführungen/-erweiterungen dient zwar nicht direkt der Erbringung von Daseinsvorsorgeleistungen, hat dagegen jedoch unmittelbaren Einfluß auf die personelle Zusammensetzung des Aufsichtsrats. Ohne an dieser Stelle näher auf die Möglichkeiten des Aufsichtsrats zur Einwirkung auf die Art und Weise der Aufgabenerfüllung durch die Eigengesellschaft eingehen zu müssen,[53] kann doch bereits jetzt die Aussage getroffen werden, daß dieses Gesellschaftsorgan zumindest nicht ohne jeglichen Einfluß in dieser Frage ist. Wenn der Aufsichtsrat aber an der Erbringung der Daseinsvorsorgeleistungen und damit an der Ausübung von Aufgaben öffentlicher Verwaltung mitwirkt, so muß auch der vorangehende Akt der – mitbestimmungsmäßig beeinflußten– Organbestellung als untrennbarer Teil dieses Verwaltungshandelns verstanden und deshalb den Grundsätzen des Verwaltungsprivatrechts unterworfen werden. Zu den somit eingreifenden Bindungen öffentlich-rechtlicher Art gehören auch die vorliegend besonders relevanten Staatsstrukturprinzipien des Grundgesetzes sowie die Regelungen des Gemeinderechts,[54] so daß die Einführung einer (erweiterten) Mitbestimmung in kommunalen Eigengesellschaften des Daseinsvorsorgebereichs umfassend (auch) aus öffentlich-rechtlicher Sicht begutachtet werden kann.[55]

2. Gang der Darstellung

Die vorliegende Arbeit gliedert sich in einen tatsächlich-darstellenden und einen rechtlich-wertenden Teil.

Im 1. Teil soll zunächst mittels einer empirischen Untersuchung von insgesamt 100 Eigengesellschaften[56] aus 25 Städten[56] der Bundesrepublik ein

---

[52] Vgl. auch unten 2. Teil, 1. Abschnitt, A., I., 3. sowie *Pagenkopf* II S. 179/80 m. w. N.; *Rudolf* in: Erichsen / Martens, Allg. VerwR § 56 II 3; *Büchner,* S. 1; *Vitzthum,* S. 589; *Kraft* in: HKWP Bd. 5 S. 176; *ders.*, Verwaltungsgesellschaftsrecht S. 33 ff.; *Stober,* S. 452; *v. Trott zu Solz,* S. 189 ff., 198; *Püttner,* Die öffentlichen Unternehmen S. 239 ff.; *ders.*, DVBl. 84, 166; *ders.*, Gutachten S. 10; BGH NJW 85, 197 (200); BVerfGE 45, 63 (80); ähnlich auch *H. Klein,* S. 87, 93/4; VGH/NW Sparkasse 86, 509 (511).

[53] Vgl. dazu unten 2. Teil, 1. Abschnitt, A., I., 3. sowie II., d), bb), (2) jeweils am Ende.

[54] Vgl. *Ehlers,* Verwaltung S. 113 ff., 169 ff., *Stober,* S. 452 ff.; *Tettinger,* Mitbestimmung S. 49/50; speziell zur Geltung des demokratischen Prinzips vgl. auch BVerfGE 47, 253 (273); OLG Bremen DÖV 77, 899 f.

[55] So, wenn auch weitgehend ohne nähere Begründung, die gesamte Rechtsprechung und Literatur zu dieser Problematik, vgl. die Nachweise unten 2. Teil, FN 283.

[56] Vgl. unten 1. Teil, I., 1.

Überblick über die gegenwärtig vorfindbaren Formen unternehmensbezogener Arbeitnehmermitbestimmung in kommunalen Eigengesellschaften des Daseinsvorsorgebereichs gegeben werden.

Der sich anschließende, den Schwerpunkt der Arbeit bildende 2. Teil erörtert anhand von Maßstäben des Grundgesetzes und der Gemeindeordnung Nordrhein-Westfalens die Frage der Rechtmäßigkeit[57] der Einführung/Erweiterung unternehmensbezogener Beteiligungsrechte auf freiwillig/rechtsgeschäftlicher Basis in derartigen Unternehmen sowie die Vereinbarkeit der in der Praxis vorgefundenen Mitbestimmungseinführungen/ -erweiterungen mit diesen rechtlichen Vorgaben.

Den Abschluß der Arbeit bildet schließlich ein kurzer Ausblick auf die sich aus den Ergebnissen des 2. Teils für die in den kommunalen Eigengesellschaften des Daseinsvorsorgebereichs geltenden gesetzlichen Mitbestimmungsregelungen möglicherweise ergebenden Konsequenzen.

---

[57] Auf die logisch vorrangige Frage, ob das Grundgesetz nicht vielleicht sogar die Einführung von Beteiligungsrechten der Arbeitnehmer gebietet, soll vorliegend nicht eingegangen werden, da diese Überlegung bereits überzeugend an anderer Stelle verneint worden ist; vgl. nur *Schwerdtfeger,* S. 153ff. (194); *Wössner,* S. 94ff. (108); rheinl.-pfälz. Gutachten S. 5f.; *Obermayer,* Mitbestimmung S. 22ff.; *ders.,* RiA 73, 82; *Damkowski,* S. 2ff.; *Ossenbühl,* Grenzen S. 24ff.

1. TEIL

Mitbestimmungswirklichkeit

Darstellungen über den tatsächlichen Bestand der unternehmensbezogenen Mitbestimmung in kommunalen Eigengesellschaften des Daseinsvorsorgebereichs, insbesondere solche neueren Datums, sind, soweit ersichtlich, nur sporadisch vorhanden.[1] Berücksichtigt man außerdem den geringen Umfang sowie den mehr kursorischen Charakter dieser Arbeiten, so lag der Versuch nahe, eine eigene, möglichst aktuelle und detaillierte Untersuchung der gegenwärtigen Mitbestimmungsrealität zu erstellen. Infolge der inhaltlichen Zielsetzung der Arbeit war dabei allerdings weniger die Erzielung von quantitativen Feststellungen als vielmehr eine umfassende Darstellung aller gegenwärtigen praktizierten Formen unternehmensbezogener[2] Arbeitnehmermitbestimmung beabsichtigt.

I. Grundlagen

1. Städte/Eigengesellschaften

Aufgrund einer in der Zeit von Dezember 1982 bis Mai 1986 durchgeführten Untersuchung ließen sich letztlich insgesamt 25 Städte aus verschiedenen Teilen der Bundesrepublik ermitteln, in denen derartige Mitbestimmungsregelungen bzw. dahingehende Bestrebungen entweder in der Vergangenheit bestanden haben oder gegenwärtig noch vorzufinden sind.[3] Im einzelnen handelt es sich dabei um die Städte:

---

[1] Vgl. die Ausführungen von *Tofaute,* S. 191ff.; *Janson* in: HKWP Bd. 5 S. 215/6; *Berner,* S. 2ff.; zu Einzeldarstellungen älteren Datums vgl. insbesondere *Obermayer,* Mitbestimmung S. 42ff.; *Wössner,* S. 67ff., 172ff.; *Raiser,* Gutachten S. 2ff.; Gutachten S. 3ff.

[2] Auch wenn sich die rechtliche Untersuchung der vorliegenden Arbeit ausschließlich mit der Problematik freiwillig/rechtsgeschäftlicher Mitbestimmungsregelungen befaßt, so wäre eine Darstellung tatsächlicher Art hinsichtlich sämtlicher vorfindbarer Formen unternehmensbezogener Mitbestimmungsbefugnisse in kommunalen Eigengesellschaften des Daseinsvorsorgebereichs höchst unvollständig, ließe man die gesetzlich geregelte Unternehmensmitbestimmung (nach dem Betriebsverfassungsgesetz 1952 sowie dem Mitbestimmungsgesetz 1976) außer Betracht; der nachfolgende Überblick wird diese Mitbestimmungsregelungen, wenn auch nur sehr kurz, daher ebenfalls darstellen.

[3] Hinweise auf die Existenz von unternehmensbezogen mitbestimmten Eigengesellschaften lassen sich aus folgenden Quellen entnehmen:

Bielefeld, Bochum, Braunschweig, Bremen, Bremerhaven, Darmstadt, Dortmund, Düsseldorf, Duisburg, Essen, Frankfurt, Hamburg, Hanau, Hannover, Kassel, Kiel, Köln, Leverkusen, Ludwigshafen, Mainz, Mannheim, Nürnberg, Oberhausen, Stuttgart und Wiesbaden.

In diesen Städten finden sich mit Ausnahme von Bielefeld, Mainz und Wiesbaden[4] jeweils mehrere unternehmensbezogen mitbestimmte Eigengesellschaften, so daß insgesamt 100[5] Unternehmen in die Betrachtung einbezogen werden konnten. Nach Städten geordnet, handelt es sich dabei im einzelnen um folgende Unternehmen:

a) Bielefeld

1)[6] Stadtwerke Bielefeld GmbH

b) Bochum

2) Holding für Versorgung und Verkehr GmbH Bochum
3) Stadtwerke Bochum GmbH

c) Braunschweig

4) Stadtwerke Braunschweig GmbH
5) Braunschweiger Versorgungs AG
6) Braunschweiger Verkehrs AG
7) Stadtbad Braunschweig Sport und Freizeit GmbH
8) Nibelungen-Wohnungsbau-GmbH Braunschweig

d) Bremen

9) Bremer Versorgungs- und Verkehrsgesellschaft mbH
10) Stadtwerke Bremen AG

---

aus der Literatur: *Tofaute,* S. 191f.; *Janson* in: HKWP Bd. 5 S. 216 FN 95; *Raiser,* Gutachten S. 2; *ders.,* RdA 72, 65; *Biedenkopf / Säcker,* S. 214; *Ossenbühl,* Gutachten S. 10; *Wössner,* S. 33ff.; *Püttner,* Mitbestimmung S. 28, 38; *Berner,* S. 4;
aus der Rechtsprechung: VG Düsseldorf DVBl. 71, 225 (Duisburg); VG Schleswig, Urteil v. 13. 9. 1972, Az.: 8 A 135/71; OVG Lüneburg, Die Gemeinde 74, 260 (Kiel); VG Gelsenkirchen NJW 74, 378 (Dortmund); LG Bremen DVBl. 77, 50; OLG Bremen DÖV 77, 899 (Bremerhaven).

[4] Ob auch in Hanau mehr als eine unternehmensbezogen mitbestimmte Eigengesellschaft existiert, konnte nicht definitiv festgestellt werden, da die Stadt jegliche Auskunft zur Mitbestimmungssituation in ihren Unternehmen unter Hinweis auf „den damit verbundenen Arbeitsaufwand" verweigerte; aufgrund anderer Literaturstellen (vgl. *Tofaute,* S. 191; *Janson* in: HKWP Bd. 5 S. 216 FN 5) konnte lediglich die Existenz einer mitbestimmten Eigengesellschaft ermittelt werden.

[5] Bei dieser Zahl ist unberücksichtigt geblieben, daß im Fall der Stadt Hamburg eine Reihe von Unternehmen zu Gruppen zusammengefaßt worden sind (vgl. unten das Unternehmen mit der Ziff. 63)). Andererseits wurden bei den Städten Bremen und Köln Gesellschaften berücksichtigt, deren Zugehörigkeit zum Bereich der Daseinsvorsorge durchaus bezweifelt werden könnte (vgl. unten die Unternehmen mit den Ziff. 12), 13), 78)); bedenklich könnte schließlich auch die Zugehörigkeit der mehrfach angetroffenen Wohnungsbauunternehmen sein (vgl. unten die Unternehmen mit den Ziff. 8), 17), 24), 30), 43), 44) - 47), 58), 61), 77), 79), 99)).

[6] Soweit im Verlauf der Arbeit auf einzelne Unternehmen verwiesen wird, tritt aus Gründen der Übersichtlichkeit diese Bezifferung an die Stelle der jeweiligen Unternehmensbezeichnung; vgl. bereits oben FN 5.

11) Bremer Straßenbahn AG
12) Großmarkt Bremen GmbH[7]
13) Bremer Ratskeller GmbH[7]
14) Flughafen Bremen GmbH
15) Gesellschaft für öffentliche Bäder mbH
16) Theater der Freien Hansestadt Bremen GmbH
17) Beamten-Baugesellschaft Bremen GmbH
18) Bremer Parkplatz GmbH
19) Bremische Gesellschaft für Stadterneuerung, Stadtentwicklung und Wohnungsbau mbH
20) Stadthalle GmbH Bremen

e) Bremerhaven

21) Bremerhavener Versorgungs- und Verkehrsgesellschaft mbH
22) Stadtwerke Bremerhaven AG
23) Verkehrsgesellschaft Bremerhaven AG
24) Städtische Wohnungsbaugesellschaft Bremerhaven mbH
25) Gemeinnützige Müllbeseitigungsanlage Bremerhaven GmbH
26) Zentralkläranlage Bremerhaven GmbH
27) Stadthalle Bremerhaven GmbH

f) Darmstadt

28) Hessische Elektrizitäts AG
29) Südhessische Gas- und Wasser AG
30) Bauverein für Arbeiterwohnungen Gemeinnützige AG

g) Dortmund

31) Dortmunder Stadtwerke AG
32) Dortmunder Hafen AG
33) Westfalenhalle GmbH
34) Flughafen Dortmund GmbH

h) Düsseldorf

35) Stadtwerke Düsseldorf AG
36) Rheinische Bahngesellschaft AG

i) Duisburg

37) Duisburger Versorgungs- und Verkehrsgesellschaft mbH
38) Stadtwerke Duisburg AG
39) Duisburger Verkehrsgesellschaft AG

j) Essen

40) Essener Versorgungs- und Verkehrsgesellschaft mbH
41) Essener Verkehrs AG
42) Stadtwerke Essen AG
43) Allgemeiner Bauverein Essen AG

[7] Vgl. oben FN 5.

k) Frankfurt

44) Aktiengesellschaft für kleine Wohnungen
45) Aktiengesellschaft Hellerhof
46) Gemeinnützige Gesellschaft für Wohnheime und Arbeiterwohnungen mbH
47) MIBAU Gemeinnützige AG für Wohnungsbau
48) Alte Oper Frankfurt Konzert- und Kongreßzentrum GmbH
49) Frankfurter Aufbau AG
50) Frankfurter Bund für Volksbildung GmbH
51) Saalbau GmbH
52) Stadion GmbH
53) Main-Gaswerke AG

l) Hamburg

54) Hamburger Gesellschaft für Beteiligungsverwaltung GmbH
55) Hamburger Hochbahn AG
56) Hamburger Messe und Congress GmbH
57) Hamburger Gaswerke GmbH
58) Sprinkenhof AG
59) Hamburger Electricitäts-Werke AG
60) Hamburger Wasserwerke GmbH
61) Gemeinnützige Siedlungs AG Hamburg
62) Hamburger Hafen und Lagerhaus AG
63) alle weiteren Unternehmen mit weniger als 100 Arbeitnehmern sowie sämtliche Tendenzunternehmen[8]

m) Hanau

64) Hanauer Straßenbahn AG
65) Stadtwerke Hanau GmbH

n) Hannover

66) Versorgungs- und Verkehrsgesellschaft Hannover mbH
67) Hannoversche Verkehrsbetriebe AG
68) Stadtwerke Hannover AG

o) Kassel

69) Städtische Werke AG
70) Kasseler Verkehrs AG

p) Kiel

71) Versorgung- und Verkehr Kiel GmbH

---

[8] Auf die Auflistung der einzelnen Unternehmen wird aus Gründen der Übersichtlichkeit verzichtet; eine Überblick über das umfangreiche Beteiligungsvermögen der Stadt Hamburg findet sich bei *Schuppert*, S. 6ff.

Zum Begriff des Tendenzunternehmens vgl. nur §§ 81 BetrVG 52; 118 BetrVG 72; 1 IV MitG 76 sowie *Zöllner*, Arbeitsrecht § 44 IV 5 m.w.N.

72) Stadtwerke Kiel AG
73) Kieler Verkehrs AG

q) Köln

74) Stadtwerke Köln GmbH
75) Gas-, Elektrizitäts- und Wasserwerke Köln AG
76) Kölner Verkehrsbetriebe AG
77) Wohnungsgesellschaft der Stadtwerke Köln AG
78) Kölner Außenwerbung GmbH[9]

r) Leverkusen

79) Gemeinnützige Siedlungsgesellschaft mbH
80) Leverkusener Parkhaus GmbH

s) Ludwigshafen

81) Technische Werke Ludwigshafen am Rhein AG
82) Verkehrsbetriebe Ludwigshafen am Rhein GmbH
83) Rhein-Haardt-Bahn GmbH
84) Ludwigshafener Verkehrsbetriebe mbH

t) Mainz

85) Stadtwerke Mainz AG

u) Mannheim

86) Mannheimer Versorgungs- und Verkehrsgesellschaft mbH
87) Stadtwerke Mannheim AG
88) Mannheimer Verkehrs AG
89) Energie- und Wasserwerke Rhein-Neckar AG

v) Nürnberg

90) Städtische Werke Nürnberg GmbH
91) EWAG Energie- und Wasserversorgungs AG
92) VAG Verkehrs AG

w) Oberhausen

93) Stadthallen-Betriebs-GmbH
94) Stadtwerke Oberhausen AG

x) Stuttgart

95) Stuttgarter Versorgungs- und Verkehrsgesellschaft mbH
96) Technische Werke Stuttgart AG
97) Stuttgarter Straßenbahn AG
98) Stuttgarter Messe- und Kongress GmbH
99) Stuttgarter Wohnungs- und Siedlungsgesellschaft mbH

y) Wiesbaden

100) Stadtwerke Wiesbaden AG

---

[9] Vgl. oben FN 5.

2. Fragestellungen

In Anlehnung an die in der rechtlichen Untersuchung herangezogenen Prüfungsmaßstäbe[10]

a) wurden die genannten Städte und/oder Eigengesellschaften wie folgt befragt:
   (1) Grundlage der Mitbestimmungsregelung (gesetzliche oder freiwillig/rechtsgeschäftliche Basis);
   (2) Mitteilung des Bestellungsvorgangs im Falle nicht gesetzlich geregelter Mitbestimmungsformen;
   (3) Verbindung der Eigengesellschaften im Rahmen eines Vertragskonzerns; ggf. Mitteilung der Beteiligungsverhältnisse;
   (4) Existenz eines Beherrschungsvertrages gem. §§ 15ff., 291ff. AktG zwischen Stadt und Eigengesellschaft;
   (5) Existenz eines Konzessionsvertrages zwischen Stadt und Eigengesellschaft;
   (6) für den Fall der Bejahung von (4) und/oder (5):
   vertraglich fixierte Einflußmöglichkeiten hinsichtlich:
   - Gewinnverwendung
   - Investitionstätigkeit
   - Personalpolitik
   - Tarifgestaltung
   - Betriebspflicht
   - Kontrahierungs-/Versorgungszwang;

b) wurde die Gewerkschaft ÖTV als regelmäßig in den in Rede stehenden Eigengesellschaften anzutreffende Gewerkschaft um Auskunft darüber gebeten, ob es Gewerkschaftsmitglieder gäbe, die innerhalb der Gewerkschaft ein Amt im Vorstand oder in einem Aufsichtsorgan bekleiden und die gleichzeitig in einer Kommune Mitglied der Gemeindevertretung und Arbeitnehmer einer von einer freiwillig/rechtsgeschäftlichen Mitbestimmungseinführung/-erweiterung betroffenen Eigengesellschaft des Daseinsvorsorgebereichs dieser Gemeinde sind.

Die zu den vorstehenden Fragestellungen erzielten Ergebnisse werden mit Ausnahme der Angaben zu den Fragen unter a) (1) und (2)[11] aus Gründen der Übersichtlichkeit erst im weiteren Verlauf der sich anschließenden rechtlichen Untersuchung an den jeweils relevanten Stellen näher dargestellt werden.

---

[10] Vgl. unten 2. Teil.

[11] Dazu sogleich unter II.

II. Systematisierung

Aufgrund der durch die Untersuchung der genannten Unternehmen gewonnenen tatsächlichen Erkenntnisse läßt sich der Komplex der unternehmensbezogenen Arbeitnehmermitbestimmung in kommunalen Eigengesellschaften des Daseinsvorsorgebereichs bezogen auf die rechtliche Grundlage der Mitbestimmungsregelung in drei grundlegende Formen unterteilen:

- solche, die allein auf gesetzlicher Grundlage beruhen (dazu sub 1., a));
- solche, die ausschließlich auf freiwillig/rechtsgeschäftlicher Basis begründet wurden (dazu sub 1., b));[12]
- solche, die sowohl gesetzliche als auch freiwillig/rechtsgeschäftliche Grundlagen aufweisen (dazu sub 2.).[12, 13]

1. Reinformen

a) Gesetzliche Grundlagen

Relativ einfach ist die Darstellung der Ausgestaltung der Arbeitnehmermitbestimmung in denjenigen Unternehmen, die ausschließlich aufgrund gesetzlicher Regelungen – des Betriebsverfassungsgesetzes 1952 oder des Mitbestimmungsgesetzes 1976 – unternehmensbezogen mitbestimmt sind.

---

[12] Die nachfolgende Darstellung dieser Mitbestimmungsformen muß unter weitgehendem Verzicht auf die wörtliche Wiedergabe der ihnen zugrundeliegenden Abreden erfolgen, da die von den Gemeinden und Unternehmen erteilten Auskünfte nur in den wenigsten Fällen unter Beifügung von Kopien dieser Abreden erteilt worden sind; außerdem würde die Übersichtlichkeit der Darstellung angesichts der Vielzahl der erfaßten Unternehmen und Städte unter einer derartigen Darstellungsweise erheblich leiden. Statt dessen wird überwiegend eine inhaltlich Wiedergabe vorherrschen, während sich das wörtliche Zitat auf die Fälle beschränken wird, bei denen es entscheidend auf den Wortlaut der Abrede ankommt; selbst dann wird aber jeweils nur die Regelung eines oder einzelner Unternehmen in exemplarischer Weise wiedergegeben werden. Vgl. im übrigen auch die Einzeldarstellungen bei

- *Thieme,* Gutachten S. 1ff.; *Zeller,* S. 64; *Berner,* S. 2ff.; *Ossenbühl,* Gutachten S. 14f.; *Biedenkopf / Säcker,* S. 215f.; *Püttner,* Mitbestimmung S. 28f.; *Wössner,* S. 67ff.; VG Düsseldorf DVBl. 71, 225 zu dem Unternehmen mit der Ziff. 39);
- *Berner,* S. 2ff.; *Wössner,* S. 67ff.; *Püttner,* Mitbestimmung S. 28; VG Schleswig, Urteil v. 13. 9. 72, Az.: 8 A 135/71; zu den Unternehmen mit den Ziff. 72), 73);
- *Raiser,* Gutachten S. 5ff.; OLG Bremen DÖV 77, 899 zu den Unternehmen mit den Ziff. 21) - 23);
- *Obermayer,* Mitbestimmung S. 42f.; *Zeller,* S. 66 zu den Unternehmen mit den Ziff. 90) - 92);
- VG Gelsenkirchen NJW 74, 378 zu dem Unternehmen mit der Ziff. 31) sowie
- *Zeller,* S. 60f., 63f. zu den Unternehmen mit den Ziff. 51) - 53), 94).

[13] Sechs Unternehmen (Ziff. 26), 65), 79), 80), 93), 99)) waren von vorneherein aus der weiteren Betrachtung auszuscheiden, da in diesen Gesellschaften (formell) keine Arbeitnehmer dem Aufsichtsrat angehören bzw. überhaubt kein Aufsichtsrat existiert (Ziff. 80)).

Soweit diese Gesetze Anwendung finden,[14] ist die Beachtung der dort aufgestellten Regelungen zwingend[15] vorgeschrieben. Das bedeutet insbesondere, daß der Aufsichtsrat der erfaßten Unternehmen zu ⅓ (§§ 76, 77 BetrVG 52) bzw. ½ (§ 7 MitG 76) mit Arbeitnehmervertretern – darunter auch externe Gewerkschaftsvertreter (§ 7 II MitG 76) – zu besetzen ist und daß die Bestellung der Arbeitnehmervertreter mittels einer Direktwahl der Unternehmensbelegschaft erfolgt bzw. erfolgen kann (vgl. §§ 76 II, 77 I BetrVG 52; 9 MitG 76).

Von den untersuchten Unternehmen sind 13[16] ausschließlich nach dem Betriebsverfassungsgesetz 1952 und 33[17] allein nach dem Mitbestimmungsgesetz 1976 mitbestimmt.

b) *Freiwillig/rechtsgeschäftliche Grundlagen*

Neben den auf rein gesetzlicher Grundlage mitbestimmten Unternehmen findet sich eine Reihe von Eigengesellschaften,[18] die entweder aufgrund ihrer geringen Arbeitnehmerzahlen[19] (vgl. §§ 77 I BetrVG 52; 1 I Nr. 2 MitG 76) oder aufgrund ihrer Aufgabenstellung[20] (vgl. §§ 81 BetrVG 52; 1 IV MitG 76) nicht den gesetzlichen Mitbestimmungsvorschriften unterfallen und bei denen eine unternehmensbezogene Mitbestimmung auf rein freiwillig/rechtsgeschäftlicher Basis beruht.

aa) Einzelne Grundlagen

Bereits eingangs[21] war angedeutet worden, daß die Umsetzung der gemeindlichen Beschlüsse zur Einführung/Erweiterung unternehmensbezogener Mitbestimmungsbefugnisse in unterschiedlicher Weise bewerkstelligt werden kann.[22, 23] Neben dem Mittel des Stimmbindungsvertrages[24] zwi-

---

[14] Vgl. oben Einleitung, FN 29.

[15] Ganz h.M.; vgl. nur *Rumpff* in: Gemeinschaftskommentar zum MitG § 1 Rdnr. 36, 38; *Fitting / Wlotzke / Wißmann,* Vorbem. Rdnr. 41; § 1 Rdnr. 3; *Hanau / Ulmer,* § 1 Rdnr. 17; *Dietz / Richardi,* Vorbem. § 76 BetrVG 52 Rdnr. 10; *Fitting / Auffarth / Kaiser,* § 76 BetrVG 52 Rdnr. 7.

[16] So die Unternehmen mit den Ziff. 1) - 3), 8), 28) - 30), 32), 42), 43), 81), 82), 98).

[17] So die Unternehmen mit den Ziff. 9) - 11), 31), 35) - 38), 40), 41), 54), 55), 57), 59), 62), 66) - 71), 74) - 78), 86), 90) - 92), 95) - 97).

[18] Neben jenen hamburgischen Unternehmen mit weniger als 100 Arbeitnehmern sowie den Tendenzunternehmen der Stadt Hamburg (vgl. oben FN 5 sowie das Unternehmen mit der Ziff. 63)) waren dies 23 (vgl. unten FN 19) Unternehmen.

[19] So die Unternehmen mit den Ziff. 7), 12) - 20), 24), 25), 27), 33), 34), 46), 48), 50) - 52), 56), 83), 84) sowie die hamburgischen Unternehmen mit weniger als 100 Arbeitnehmern (Ziff. 63)).

[20] So die hamburgischen Tendenzunternehmen (Ziff. 63)) und das bremische Unternehmen mit der Ziff. 16).

[21] Vgl. oben Einleitung, I.

schen der Gemeinde und einer Gewerkschaft,[25] in dem sich die Gemeinde verpflichtet, bei der Besetzung des Aufsichtsrates mittels ihrer gesellschaftsrechtlichen Stellung darauf hinzuwirken, daß die vereinbarte Anzahl von Arbeitnehmervertretern in dieses Organ bestellt wird, finden sich Verankerungen über die Vergabe von Aufsichtsratsmandanten an Arbeitnehmervertreter im Gesellschaftsvertrag[26] sowie der Weg der schlichten Zuwahl/Entsendung der Arbeitnehmervertreter durch die Gemeinde, ohne daß eine rechtsgeschäftliche Bindung irgendeiner Art vorläge, d.h. allein auf der Grundlage der Freiheit der Anteilseignerseite (Gemeinde) hinsichtlich der Besetzung der ihr zustehenden Aufsichtsratsmandate (sog. gentlemen-agreement).[27]

bb) Ausgestaltung

Trotz Fehlens rechtlich zwingender Ausgestaltungsvorschriften, läßt eine zusammenfassende Betrachtung der Fälle zu den Mitbestimmungsbegründungen auf rein freiwillig/rechtsgeschäftlicher Basis das Bemühen erkennen, eine weitgehende Angleichung an die gesetzlichen „Vorbilder" zu erreichen.

(1) Beteiligungsfragen

Dies wird zunächst an der mehrfach vorzufindenden Drittelbeteiligung[28] der Arbeitnehmerschaft, wie sie in §§ 77 I, 76 I BetrVG 52 vorgesehen ist, deutlich.

---

[22] Vgl. allgemein *Hensche,* S. 43ff.; *Fabricius* in: Hilger / Stumpf-FS S. 156ff.; *Obermayer,* Mitbestimmung S. 17ff.; *Wössner,* S. 74ff.; soweit in diesen Darstellungen auch die Möglichkeit des Abschlusses eines Kollektivvertrages (Betriebsvereinbarung, Tarifvertrag – zu diesen Begriffen vgl. nur *Söllner,* §§ 15, 22) als Mittel zur Realisierung der Mitbestimmungseinführung/-erweiterung untersucht wird, kann aus empirischer Sicht mitgeteilt werden, daß bislang kein Fall bekannt geworden ist, in dem dieser Weg beschritten worden wäre; der zwischen den Bremerhavener Unternehmen mit den Ziff. 21) - 23) und der Gewerkschaft ÖTV Bremerhaven geschlossene Tarifvertrag v. 1. 1. 1970 bezieht sich allein auf den Bereich der betrieblichen Mitbestimmung.

[23] Für die sich im 2. Teil anschließende rechtliche Untersuchung ist der jeweils eingeschlagene Weg hinsichtlich der Realisierung der Mitbestimmungseinführungs/-erweiterungsbeschlüsse der Gemeinde irrelevant, da vorliegend lediglich die öffentlich-rechtliche Seite des auf die Einführung/Erweiterung gerichteten Handelns der Gemeinde untersucht werden soll; vgl. auch *Ossenbühl,* Gutachten S. 71.

[24] Zum Begriff vgl. nur *Hueck,* § 25 V 7; *Kraft / Kreutz,* S. 94; *Wiedemann,* S. 373; *Wössner,* S. 131ff.

[25] So bei den Unternehmen mit den Ziff. 46), 48), 50) - 52).

[26] So bei den Unternehmen mit den Ziff. 7), 12) - 20), 24), 25), 27), 33), 34), 63), 84).

[27] So bei dem Unternehmen mit der Ziff. 83).

[28] So bei den Unternehmen mit den Ziff. 17) - 20), 33) sowie bei den hamburgischen Unternehmen mit der Ziff. 63).

Darüberhinaus ist in einer Reihe[29] von Fällen sogar eine hälftige Besetzung des Aufsichtsrates mit Arbeitnehmervertretern entsprechend der im Mitbestimmungsgesetz 1976 (§ 7 MitG 76) vorgesehenen Anzahl festgelegt worden;[30] in 3[31] Unternehmen besteht außerdem noch ein Pattauflösungsmechanismus[32] mittels eines Zweitstimmrechts des Aufsichtsratsvorsitzenden, wie er auch in § 29 MitG 76 verankert ist.

In einigen Fällen ist schließlich die Bestellung externer Gewerkschaftsvertreter[33] vorgesehen, eine Regelung, wie man sie in §§ 7 II MitG 76; 4 I 2 Buchstabe b), 6 III Montan-MitG findet.

(2) Bestellungsmodus

Eine deutliche Anlehnung an die gesetzlichen Mitbestimmungsregelungen findet sich zumindest teilweise auch in der Art und Weise der Bestellung der Arbeitnehmervertreter.

In einer Reihe[34] von Gesellschaften ist eine dem gesetzlichen Vorbild entsprechende Direktwahl der Arbeitnehmervertreter durch die Unternehmensbelegschaft (vgl. §§ 77 I, 76 BetrVG 52; 9 MitG 76) festgelegt.

Die übrigen,[35] auf rein freiwillig/rechtsgeschäftlicher Basis mitbestimmten Unternehmen weisen dagegen lediglich einen mittelbaren Bestellungsmodus auf, bei dem der Unternehmensbelegschaft[36] zwar das Recht einge-

---

[29] So die Unternehmen mit den Ziff. 14) - 16), 24), 25), 46), 48), 50) - 52), 56).

[30] Ansonsten läßt sich hinsichtlich der Anzahl der Arbeitnehmervertreter im Aufsichtsrat kein einheitliches Bild zeichnen; die Beteiligungszahl schwankt vielmehr zwischen einem Arbeitnehmer (so die Unternehmen mit den Ziff. 12), 13), 27), 84)) über einen Arbeitnehmervertreter der Unternehmensbelegschaft und einem externen Gewerkschaftsvertreter (so bei dem Unternehmen mit der Ziff. 34)) und 3 Arbeitnehmervertretern bei einer Gesamtzahl von 8 bzw. 11 Aufsichtsratsmitgliedern (so bei den Unternehmen mit den Ziff. 7) bzw. 83)).

[31] So bei den Unternehmen mit den Ziff. 24), 25), 56).

[32] Eine ähnliche Funktion soll wohl auch der sog. „neutrale Mann" in den Unternehmen mit den Ziff. 46), 48), 50) - 52) haben; dieser wird in Anlehnung an §§ 4 I 2 Buchstabe c), 8 Montan-MitG von den übrigen Mitgliedern des Aufsichtsrats in dieses Organ gewählt. Einen vergleichbaren Zweck dürfte auch die für die Bremer Unternehmen mit den Ziff. 14) - 16) gesellschaftsvertraglich festgelegte Regelung verfolgen, nach der bei einer Pattsituation im Aufsichtsrat über streitige, das öffentliche Interesse berührende Fragen letztlich die Gesellschafterversammlung, d. h. im Ergebnis die Gemeinde, zu entscheiden hat.

[33] Vgl. oben FN 30.

[34] So in den Unternehmen mit den Ziff. 7), 12) - 20), 25), 27), 63), 84); als Beispiel sei hier die Regelung des § 7 I 3, 4 des Gesellschaftsvertrages des Unternehmen mit der Ziff. 25) wiedergegeben: „5 Vertreter der Arbeitnehmer werden nach den Bestimmungen des Betriebsverfassungsgesetzes durch die Belegschaft direkt gewählt. Der nicht der Belegschaft angehörende Vertreter der Arbeitnehmer wird von der Gewerkschaft ÖTV im Einvernehmen mit dem Betriebsrat für die direkte Wahl durch die Belegschaft vorgeschlagen."

[35] So die Unternehmen mit den Ziff. 24), 33), 34) (z. T., vgl. die nachstehende Fußnote), 46), 48), 50) - 52), 56) (z. T., vgl. nachstehende Fußnote).

räumt ist, analog den Regelungen des Betriebsverfassungsgesetzes 1972[37] im Wege der Urwahl Kandidatenvorschläge für die in den Aufsichtsrat zu bestellenden Arbeitnehmervertreter zu erstellen. Die Verwirklichung bzw. Umsetzung dieser Kandidatenvorschläge erfolgt dagegen erst durch einen weiteren Akt der Gemeindevertretung in Form eines Wahlaktes[38] der gemeindlichen Vertreter in der Gesellschafterversammlung oder durch Ausübung eines Entsendungsrechts.[38] Hinsichtlich der Bindungswirkung dieser Kandidatenvorschläge kann festgehalten werden, daß sie regelmäßig als für die Gemeinde zwingend ausgestaltet sind.[39]

2. Kombinierte Formen

Neben den Unternehmen mit einer auf rein gesetzlichen Vorschriften beruhenden oder ausschließlich infolge freiwillig/rechtsgeschäftlicher Abreden begründeten unternehmensbezogenen Mitbestimmung finden sich schließlich noch 24[40] Eigengesellschaften, in denen die arbeitnehmerischen Mitbestimmungsbefugnisse sowohl auf gesetzlicher als auch auf freiwillig/rechtsgeschäftlicher Grundlage fußen. Es handelt sich dabei durchweg um der drittelparitätischen Mitbestimmung nach §§ 76, 77 BetrVG 52 unterliegenden Unternehmen, bei denen dieser Mitbestimmungsrahmen durch einen freiwillig/rechtsgeschäftlichen Akt erweitert[41] worden ist.

---

[36] In einigen Fällen (so bei den Unternehmen mit den Ziff. 7), 27), 83)) treten an die Stelle der gesamten Belegschaft der Betriebsrat und für die externen Gewerkschaftsvertreter deren Gewerkschaft (so bei den Unternehmen mit den Ziff. 34), 56)).

[37] Vgl. §§ 7ff. BetrVG 72 sowie den Tatbestand des Urteils des VG Schleswig v. 13. 9. 72, Az.: 8 A 135/71 S. 2.

[38] Vgl. § 55 II, III GO/NW (für entsprechende Vorschriften anderer Bundesländer vgl. die Nachweise unten 2. Teil, FN 82) iVm §§ 101 AktG, 52 GmbHG.

[39] So bei den Unternehmen mit

- der Ziff. 24); vgl. § 9 I des Gesellschaftsvertrages: „6 Vertreter der Arbeitnehmer, die von den Arbeitnehmern des Betriebs in Anlehnung an die Bestimmungen des Betriebsverfassungsgesetzes zu wählen sind, werden von der Gesellschaft entsandt."
- den Ziff. 46), 48), 50) - 52); vgl. § 1 I des Stimmbindungsvertrages: „Die Stadt Frankfurt ... erklärt hiermit ihre Absicht ... zusätzliche Arbeitnehmervertreter ... zu benennen, die vorher von allen Arbeitnehmern ... gewählt worden sind."

Zweifel an der Statuierung einer strikten Bindung könnten dagegen bei den Unternehmen mit den Ziff. 33), 34) aufkommen, wenn dort im Gesellschaftsvertrag bestimmt wird, daß der Aufsichtsrat von der Gesellschafterversammlung gewählt wird und hinsichtlich der Arbeitnehmervertreter das *Vorschlagsrecht* bei den Arbeitnehmern/der Gewerkschaft liegt; der Wortlaut ließe hier wohl auch eine Auslegung dahingehend zu, daß der Gemeinde ein Ablehnungsrecht zusteht.

[40] So die Unternehmen mit den Ziff. 4) - 6), 21) - 23), 39), 44), 45), 47), 49), 53), 58), 60), 61), 64), 72), 73), 85), 87) - 89), 94), 100).

[41] Der Begriff der „Erweiterung" wird nachfolgend unabhängig von der Anzahl der im Aufsichtsrat vertretenen Arbeitnehmer verwendet; vgl. auch *Berner*, S. 2 Fn 2; anders z.B. *Raiser*, RdA 72, 65/6; *Hensche*, S. 33; *Tofaute*, S. 191/2, die je nach dem,

Hinsichtlich der Darstellung des „gesetzlichen Teils“ kann auf die bereits an früherer Stelle gemachten Ausführungen[42] verwiesen werden, so daß im folgenden allein der mitbestimmungserweiternde Akt Gegenstand der Betrachtung sein wird.

a) Einzelne Grundlagen

Ebenso wie die Einführung der Mitbestimmung auf rein freiwillig/rechtsgeschäftlicher Basis[43] erfolgt auch die Umsetzung der gemeindlichen Beschlüsse zur Erweiterung des gesetzlichen Mitbestimmungsrahmens entweder durch den Abschluß eines Stimmbindungsvertrages,[44] mittels einer satzungsmäßigen bzw. gesellschaftsvertraglichen Verankerung[45] oder infolge einer schlichten Zuwahl/Entsendung aufgrund eines gentlemen-agreements.[46]

b) Ausgestaltung

Ähnlichkeiten mit der oben dargestellten Mitbestimmungsform auf rein freiwillig/rechtsgeschäftlicher Grundlage[47] weist der „freiwillig/rechtsgeschäftliche Teil“ der kombinierten Formen auch insoweit auf, als seine inhaltliche Ausgestaltung in Rede steht – in diesem Zusammenhang wird erneut eine deutliche Anlehnung an die gesetzlichen „Vorbilder“ erkennbar.

---

ob die Zahl der gemeindlichen Vertreter und der Arbeitnehmer gleich hoch oder aber die der Arbeitnehmer geringer ist, zwischen („voller“) „paritätischer“ und lediglich „qualifizierter“ bzw. „erweiterter“ Mitbestimmung unterscheiden.

[42] Vgl. oben 1., a).

[43] Vgl. oben 1., b).

[44] So bei den Unternehmen mit den Ziff. 22), 23) (hinsichtlich der externen Gewerkschaftsvertreter – dazu sogleich unten b), aa)), 44), 45), 47), 49), 53), 64), 72), 73); zur Verwendung des Stimmbindungsvertrages im vorliegenden Zusammenhang vgl. auch *Wössner,* S. 79, 123ff.; *Ossenbühl,* Gutachten S. 13ff.; *Obermayer,* Mitbestimmung S. 20f.; *Hensche,* S. 34, 39ff.; Stellungnahmen des Innenministers S. 2ff.; *Thieme,* Gutachten S. 10ff.; VG Schleswig, Urteil v. 13. 9. 72, Az.: 8 135/71; OVG Lüneburg Die Gemeinde 74, 260; VG Düsseldorf DVBl. 71, 225.

[45] So bei den Unternehmen mit den Ziff. 21) - 23); zur Verwendung der Gesellschaftsvertrags-/Satzungsregelung im vorliegenden Zusammenhang vgl. auch *Raiser,* Gutachten S. 14ff.; *ders.,* RdA 72, 67f.; *Wössner,* S. 75ff.; *Obermayer,* Mitbestimmung S. 18f.; *Ossenbühl,* Gutachten S. 13, 70ff.; *Hensche,* S. 34ff.; LG Bremen DVBl. 77, 50; OLG Bremen DÖV 77, 899; VG Gelsenkirchen NJW 74, 378.

[46] So bei den Unternehmen mit den Ziff. 4) - 6), 39), 58), 60), 61), 85), 87) - 89), 94), 100); zur Verwendung des gentlemen-agreements in vorliegendem Zusammenhang vgl. auch *Hensche,* S. 34; *Fabricius* in: Hilger / Stumpf-FS S. 156f.; *Obermayer,* Mitbestimmung S. 21.

[47] Vgl. oben 1., b).

aa) Beteiligungsfragen

Diese Feststellung gilt zunächst hinsichtlich der Anzahl der nach der Vornahme der Mitbestimmungserweiterung im Aufsichtsrat sitzenden Arbeitnehmervertreter; insoweit lassen sich zwei Gruppen unterscheiden.[48]

Einerseits finden sich Unternehmen,[49] in denen der Aufsichtsrat jeweils zur Hälfte mit Vertretern der Gemeinde und der Arbeitnehmer besetzt ist. In diesen Fällen ist auch mehrfach vorgesehen, daß einer oder mehrere der zusätzlichen Arbeitnehmermandate an externe Gewerkschaftsvertreter zu vergeben sind.[50] Auch finden sich bei einer Reihe von Gesellschaften[51] für den Fall eines Abstimmungspatts Regelungen über ein Doppelstimmrecht des Aufsichtsratsvorsitzenden.

Auf der anderen Seite steht die Gruppe von Unternehmen,[52] bei denen die Anzahl der Arbeitnehmermandate um eins hinter der der Gemeinde zurück bleibt. Teilweise wird auch[53] in diesen Fällen[54] eine Angleichung an die Mitbestimmungsregelungen des Montanmitbestimmungsgesetz[55] angestrebt, wenn dort vorgesehen ist bzw. es gängiger Praxis entspricht, dem jeweiligen Oberbürgermeister der Gemeinde sozusagen als „neutralem Mann“[55] den Vorsitz im Aufsichtsrat zu übertragen, um auf diese Weise einen ständigen Ausgleich zwischen der Gemeinde und den Arbeitnehmervertretern bewirken zu können. Schließlich ist in mehreren[56] Fällen wiederum die bereits mehrfach angesprochene[57] Übung vorzufinden, einen Teil der zusätzlichen Aufsichtsratsmandate an (externe) Gewerkschaftsvertreter zu überlassen.

bb) Bestellungsmodus

Nicht an das „Vorbild“ der gesetzlichen Mitbestimmungsregelungen angelehnt ist dagegen die Realisierung der Mitbestimmungserweiterungsbe-

---

48 Vgl. auch *Raiser*, RdA 72, 64/5; *Hensche*, S. 33; *Berner*, S. 2ff.; *Tofaute*, S. 191/2; *Püttner* in: HKWP Bd. 5 S. 186; *ders.*, Mitbestimmung S. 27/8; *Janson* in: HKWP Bd. 5 S. 216.

49 So die Unternehmen mit den Ziff. 21) - 23), 58), 60), 61), 64), 72), 73), 100).

50 So bei den Unternehmen mit den Ziff. 21) - 23), 58), 60), 61), 100); vgl. auch § 7 II MitG 76.

51 So bei den Unternehmen mit den Ziff. 21) - 23), 58), 60), 61); vgl. auch die ähnliche Regelung in § 29 II MitG 76.

52 So bei den Unternehmen mit den Ziff. 4) - 6), 39), 44), 45), 47), 49), 53), 85), 87) - 89), 94).

53 Vgl. oben FN 32.

54 So bei den Unternehmen mit den Ziff. 39), 44), 45), 47), 49), 53), 85), 87) - 89), 94).

55 Vgl. die Regelung in §§ 4 I 2 Buchstabe c), 8 Montan-MitG.

56 So bei den Unternehmen mit den Ziff. 39), 85), 87) - 89), 94).

57 Vgl. oben 1., b), aa), (1) a. E.

schlüsse, da insoweit durchweg der bereits oben[58] beschriebene Weg der mittelbaren Bestellung durch die Gemeinde(vertretung) gewählt wird. D.h., die zusätzlichen Arbeitnehmervertreter werden von dem zuständigen Gesellschaftsorgan (Gesellschafter-/Hauptversammlung), in dem allein die Gemeinde vertreten ist, in den Aufsichtsrat hineingewählt[59] oder aber direkt von der Gemeinde aufgrund eines Entsendungsrechts[59] dorthin entsandt. Die Wahl-/Entsendungsvorschläge für die zusätzlichen Arbeitnehmervertreter werden (wiederum) zuvor entweder analog dem Betriebsverfassungsgesetz 1972 von der Unternehmensbelegschaft[60] oder im Zusammenwirken von Betriebsrat und/oder Gewerkschaft[61] bzw. Gewerkschaft und Belegschaft[62] oder allein von der Gewerkschaft[63] erstellt.

In der Frage der Bindungswirkung dieser Kandidatenvorschläge läßt sich ebenfalls kein einheitlicher Regelungsmodus feststellen. Die Bandbreite reicht hier von der ausdrücklichen Festlegung eines gemeindlichen Zurückweisungsrechts hinsichtlich einzelner Wahl-/Entsendungsvorschläge[64] über die Einräumung einer beschränkten Zurückweisungsmöglichkeit infolge eines zahlenmäßigen Überwiegens der Kandidatenvorschläge gegenüber den zu vergebenden zusätzlichen Aufsichtsratsmandaten[65] bis hin zu einer strikten Bindung der Gemeinde an die Wahl-/Entsendungsvorschläge.[66]

---

[58] Vgl. oben 1., b), bb), (2).

[59] Vgl. oben FN 38.

[60] So bei den Unternehmen mit den Ziff. 4) - 6), 21) - 23), 44), 45), 47), 49), 53), 72), 73), 100) (bzgl. der Vertreter aus der Unternehmensbelegschaft).

[61] So bei den Unternehmen mit den Ziff. 58), 60), 61), 85), 94).

[62] So bei den Unternehmen mit den Ziff. 64), 100) (bzgl. eines Gewerkschaftsvertreters).

[63] So bei den Unternehmen mit den Ziff. 39), 87) - 89).

[64] So § 1 III 1 des nicht realisierten Stimmbindungsvertrages für die Duisburger Unternehmen mit den Ziff. 38), 39); vgl. die Wiedergabe dieses Vertragsentwurfs bei *Thieme,* Gutachten S. 5f.; VG Düsseldorf DVBl. 71, 225.

[65] So die für die Zeit vor der Schaffung des Mitbestimmungsgesetzes 1976 vorgesehene Satzungsregelung des Dortmunder Unternehmens mit der Ziff. 31), nach der die Anzahl der Kandidatenvorschläge doppelt so hoch sein sollte wie die der zusätzlich zu vergebenden Aufsichtsratsmandate, vgl. die Wiedergabe des auf eine entsprechende Satzungsänderung abzielenden Beschlusses der Stadt Dortmund bei VG Gelsenkirchen NJW 74, 378.

[66] So die Stimmbindungsverträge in

Frankfurt (z.B. für das Unternehmen mit der Ziff. 49):

§ 1 I: „Die Stadt Frankfurt . . . erklärt hiermit ihre Absicht . . . zusätzliche Arbeitnehmervertreter . . . zu benennen, die vorher von allen Arbeitnehmern . . . gewählt worden sind.“) und

Kiel (für die Unternehmen mit den Ziff. 72), 73):

„Die Stadt Kiel wird ihrem Vertreter in der Gesellschafterversammlung . . . die Weisung erteilen, seine Stimme so abzugeben, daß . . . Aufsichtsratsmitglieder gewählt werden, die zuvor analog den Bestimmungen des Betriebsverfassungsgesetzes gewählt werden.“); vgl. die Wiedergabe des letzteren Vertrages bei VG Schleswig, Urteil v. 13. 9. 72, Az.: 8 A 135/71, S. 2 sowie

§ 8 I 4 der Satzung des Gesellschaftsvertrages der Bremerhavener Unternehmen mit den Ziff. 21) - 23):

„Die Gesellschafterversammlung hat dabei das Wahlergebnis der Urwahl der Belegschaft nach Maßgabe des Betriebsverfassungsgesetzes zu berücksichtigen"; vgl. die Wiedergabe dieser Regelung bei *Raiser,* Gutachten S. 9/10; OLG Bremen DÖV 77, 899;

eine vergleichbare Regelung findet sich schließlich in der zwischen der Stadt Hanau und der Gewerkschaft ÖTV für das Hanauer Unternehmen mit der Ziff. 64) abgeschlossenen Vereinbarung, die wohl auch als Stimmbindungsvertrag qualifiziert werden kann, wenn dort vorgesehen ist, daß die Gewerkschaft die Wahlvorschläge erstellt, die Unternehmensbelegschaft diese bestätigen muß und die Hauptversammlung die bestätigten Vorschläge zu realisieren hat.

2. TEIL

Grundgesetz, Gemeindeordnung und Mitbestimmung

Im 2. Teil der Arbeit sollen die vorstehend beschriebenen Formen freiwillig/rechtsgeschäftlicher Einführung bzw. Erweiterung von unternehmensbezogener Arbeitnehmermitbestimmung in Aufsichtsräten kommunaler Eigengesellschaften des Daseinsvorsorgebereichs auf ihre Vereinbarkeit mit dem Grundgesetz sowie der Gemeindeordnung Nordrhein-Westfalens untersucht werden.

1. Abschnitt

Verfassungsprinzipien

A. Demokratieprinzip, Art. 20 I, II; 28 I GG

Aus der Sicht des insbesondere[1] in Art. 20 I, II; 28 I GG[2] zum Ausdruck kommenden demokratischen Prinzips[2] des Grundgesetzes werfen die oben beschriebenen Formen gemeindlicher Einführung/Erweiterung von Mitbestimmungsbefugnissen in zweifacher Hinsicht Probleme auf.[3]

Dabei handelt es sich einerseits um die Frage, ob die geschilderte Bestellung von (zusätzlichen) Arbeitnehmervertretern bzw. das darauf gerichtete Handeln der Gemeinde mit den Anforderungen des Prinzips der persönli-

---

[1] *Maunz / Herzog* in: MDH Art. 20 II Rdnr. 1; *Stern* I Vorbem. zum 2. Kapitel, S. 552; *Maihofer* in: Handbuch des Verfassungsrechts S. 173.

[2] Daß dieser Grundsatz insgesamt, ebenso wie die nachfolgend näher geprüften Teilaspekte dieses Prinzips über die Homogenitätsklausel des Art. 28 I 2 GG (*Maunz* in: Art. 28 Rdnr. 17 a.E.) auch im Bereich gemeindlichen Verwaltungshandelns gelten, kann als unproblematisch vorausgesetzt werden; vgl. nur *Hesse*, Rdnr. 118; *Stern* I § 12 II 3 a) m.w.N. in FN 48; *Maunz / Herzog* in: MDH Art. 20 II Rdnr. 56, 67; *Herzog* in: MDH Art. 20 V Rdnr. 129; *Ossenbühl*, Grenzen S. 65ff.; BVerfGE 38, 258 (271); 47, 253 (272); 52, 95 (110); VGH/NW Sparkasse 86, 509 (510); *Schmitt Glaeser*, VVDStRL 31 (1973) S. 211ff.; *Pagenkopf* I S. 204ff.; *v. Mutius*, JuS 78, 397 m.w.N.; *Kisker*, Gutachten Rdnr. 18; *Tettinger*, Bes. VerwR Rdnr. 37.

[3] Vgl. auch *Isensee* in: Handbuch des Verfassungsrechts S. 1190; *Püttner*, DVBl. 84, 166; *ders.*, Die öffentlichen Unternehmen S. 135; *Ossenbühl*, Grenzen S. 38f.

chen demokratischen Legitimation[4] sowie des Gebotes der Rechtsgleichheit[5] in Einklang steht.

Außerdem wird der Blick auf die Möglichkeiten der Gemeinde zur Steuerung ihrer Eigengesellschaften zu richten und – im Hinblick auf die Einführung/Erweiterung der arbeitnehmerischen Mitbestimmungsbefugnisse – die Frage nach der Existenz einer inhaltlichen, materiellen Legitimation[4] der gemeindlichen Aufgabenerfüllung mittels solcher, auf unternehmerischer Ebene mitbestimmten Eigengesellschaften zu stellen sein.

I. Persönliche Legitimation und Rechtsgleichheit

1. Begriff

Die maßgebliche Funktion des grundgesetzlichen Demokratieprinzips besteht in der Beantwortung der Frage nach der Trägerschaft der Staatsgewalt.[6] Art. 20 II 1 GG verortet diese Trägerschaft grundsätzlich beim gesamten Volk. Art. 20 II 2 GG macht jedoch sofort deutlich, daß die im ersten Satz angesprochene Idee der Volkssouveränität,[7] d.h. die Identität von Regierenden und Regierten[8] nach der Vorstellung des Grundgesetzes nicht die Regel sein soll.[9] Das Grundgesetz trägt damit der Tatsache Rechnung, daß die angesprochene Identität nicht mehr als eine Fiktion[10] darstellt, da die res publica niemals in der Lage ist, alle Angelegenheiten in ihrer Gesamtheit zu entscheiden.[11] In der Realität schiebt sich vielmehr regelmäßig ein Repräsentationsmodus[12] vor diese Idee. „Das Wesen des demokratischen Prinzips verlagert sich damit von der Identitätsvorstellung

---

[4] Zu diesen Begriffen sogleich unter sub I., 1. sowie sub II., 1.

[5] Der in Art. 3 I GG grundlegend verankerte Gleichheitssatz findet sich in der Form der Rechtsgleichheit sowohl im demokratischen als auch im rechtsstaatlichen Prinzip wieder; vgl. nur *Stern* I §§ 18 II 5 d), 20 IV 2 b); *Hesse*, Rdnr. 133, 205; *Maunz / Herzog* in: MDH Art. 20 II Rdnr. 6ff., VII Rdnr. 52; *Doehring*, S. 128, 135; BVerfGE 33, 12 (24); 38, 225 (228); 41, 1 (13); VGH/NW Sparkasse 86, 509 (510); *Kriele* in: Handbuch des Verfassungsrechts S. 143f.

[6] Vgl. nur *Stern* I § 18 II 4 a); *Maunz / Herzog* in: MDH Art. 20 II Rdnr. 2ff.; *Hesse*, Rdnr. 130ff.; *H. P. Schneider* in: Handbuch des Verfassungsrechts S. 252ff. m.w.N.; BVerfGE 44, 125 (138).

[7] *Stern* I § 18 II 4 a); *Maunz / Herzog* in: MDH Art. 20 II Rdnr. 33ff.

[8] *C. Schmitt*, S. 234/5.

[9] *Stern* I § 18 II 4 a); *Maunz / Herzog* in: MDH Art. 20 II Rdnr. 3, 17, 18; *Schmitt Glaeser*, VVDStRL 31 (1973) S. 179 (211).

[10] *Stern* I § 18 II 4 a); *Hesse*, Rdnr. 131; *Doehring*, S. 125f.; *Maunz / Herzog* in: MDH Art. 20 II Rdnr. 10; *Schmitt Glaeser*, VVDStRL 31 (1973) S. 179 (211).

[11] *Hesse*, Rdnr. 131; *Stern* I § 18 II 4 a); *Kisker*, DRiZ 82, 81f.; VGH/NW Sparkasse 86, 509 (510).

[12] *Stern* I § 18 II 4 a); zum Begriff der Repräsentation vgl. nur *Leibholz* in: Ev. Staatslexikon, Art. „Repräsentation“ Sp. 1859.

auf die Bestimmung und Legitimation der Repräsentanten",[13] d.h. die Bestellung der Herrschenden durch das Volk und die Rückkoppelung der Ausübung ihrer Herrschaftsmacht an das Volk,[13] werden damit „zu einem zentralen Bestandteil des demokratischen Prinzips".[14]

Den Anforderungen des demokratischen Prinzips im Hinblick auf die Frage der Berechtigung zur Ausübung der staatlichen Herrschaft (einschließlich der Wahrnehmung gemeindlicher Herrschaftsbefugnisse[15]) ist daher dann genüge getan, wenn Herrschaftsgewalt und Herrschaftsausübung auf das Volk zurückführbar sind,[16] d.h. eine ununterbrochene Kette individueller Berufungsakte bis auf das Volk[17] als der Quelle aller Staatsgewalt und Legitimation[18] besteht – die Herrschaftsausübung bedarf m.a.W. einer Legitimation durch das Volk.[19] „Volk" in diesem Sinn muß dabei nicht immer das Gesamtvolk des Staates sein, sondern kann, da das Grundgesetz von einem dezentralisierten,[20] gestuften Demokratiebegriff ausgeht, wie die Beispiele der bundesstaatlichen Gliederung (Art. 20 I; 28 I GG) sowie die grundgesetzlichen Regelungen über die kommunale und sonstige[21] Selbstverwaltung (Art. 28 II; 87 II, III GG) verdeutlichen, auch eine bloße Teileinheit des Volkes, ein „Teilvolk"[22] sein.

---

[13] *Stern* I § 18 II 4 a); ausführlich hierzu *Maunz / Herzog* in: MDH Art. 20 II Rdnr. 46 - 82; *Kriele*, S. 63ff.

[14] *Stern* I § 18 II 4 b) m.w.N.

[15] BVerfGE 38, 258 (271); 47, 253 (272); *Maunz / Herzog* in: MDH Art. 20 II Rdnr. 56f., 102; *Tettinger*, Mitbestimmung S. 31/2; *Stüer*, StuGB 86, 20f.

[16] Vgl. nur *Stern* I § 18 II 4 b); *Hesse*, Rdnr. 133f.; *Maihofer* in: Handbuch des Verfassungsrechts S. 181ff., 252ff.; *Doehring*, S. 126; *Maunz / Herzog* in: MDH Art. 20 II Rdnr. 48ff.; *Herzog*, Staatslehre S. 210ff.; *Böckenförde*, S. 73; *Kisker*, DRiZ 82, 81f.; *Schmitt Glaeser*, VVDStRL 31 (1973) S. 179 (211ff.); *Ossenbühl*, Grenzen S. 39f.; *Ehlers*, JZ 87, 219f.; BVerfGE 38, 258 (271); 44, 125 (138/9); 52, 95 (130); BremStGH DÖV 75, 352 (355); Hess.StGH StAnz. Hessen 21/1986 S. 1089 (1098).

[17] *Maunz / Herzog* in: MDH Art. 20 II Rdnr. 50, 53; *Herzog*, Staatslehre S. 214; BVerfGE 47, 253 (275); 52, 95 (130); VGH/NW Sparkasse 86, 509 (510/511); vgl. auch *Schmitt Glaeser*, VVDStRL 31 (1973) S. 179; *ders.*, DÖV 74, 154; *Schick* in: Verfassungsrechtliche Grenzen S. 269/70; *Tettinger*, Mitbestimmung S. 23ff.; *Püttner*, Die öffentlichen Unternehmen S. 135/6; *ders.*, Gutachten S. 18ff., 25, 35; *ders.*, DVBl. 84, 166f.; *ders.*, ZögU 84, 237ff.; *Erichsen*, Eildienst LKT 85, 242f.; *Kisker*, DRiZ 82, 81f.; *ders.*, Gutachten Rdnr. 7; *Stüer*, StuGB 86, 20; *Bieback*, S. 44, 46ff.; rheinl.-pfälz. Gutachten S. 10f.; *Papier*, S. 52; *Hoschke*, Mitbestimmungskonkurrenzen S. 88; *ders.*, ZBR 78, 224; *Büchner*, S. 224; *Biedenkopf / Säcker*, S. 268ff.; *v. Münch* in: v. Münch, Bes. VerwR., 6. Aufl. 1982, S. 94; *Böckenförde*, S. 73 spricht von einem „organisatorischen" Weg zur Herstellung demokratischer Legitimation.

[18] *Peters* in: Staatslexikon, Art. Demokratie Sp. 563; *Kriele*, S. 63; *Herzog*, Staatslehre S. 210ff. (214).

[19] *Stern* I § 18 II 4 b); BVerfGE 44, 125 (138/9).

[20] Vgl. nur *Maunz / Herzog* in: MDH Art. 20 II Rdnr. 56; *Herzog*, Staatslehre S. 221; *Schmitt Glaeser*, VVDStRL 31 (1973) S. 211ff.

[21] Vgl. nur *Stern* I § 12 I 3, 4 sowie unten 5., a), bb), (3), (b).

[22] *Maunz / Herzog* in: MDH Art. 20 II Rdnr. 56; *Schmitt Glaeser*, VVDStRL 31 (1973) S. 212ff., 218 m.w.N.; *Kisker*, PersV 85, 138; *Tettinger*, Mitbestimmung S. 31/2, der allerdings für einen Teilbereich der Selbstverwaltung Bedenken anmeldet (vgl. S. 39ff.); vgl. auch Hess.StGH StAnz. Hessen 21/1986 S. 1089 (1098).

Bei kollektiver Ausübung von Staatsgewalt reicht es schließlich nicht aus, daß nur die Mehrheit des Gremiums eine solche Legitimation aufweisen kann, sondern jedes einzelne seiner Mitglieder muß seine Machtstellung auf das Volk zurückführen können.[23]

Nach der Vorstellung des Grundgesetzes sind aber nicht nur grundsätzlich alle Bürger *Träger* der Staatsgewalt, sondern, wie Art. 38 I 1 und 28 I 2 GG verdeutlichen, auch alle zu *gleichen Teilen* an dieser Trägerschaft beteiligt.[24] Die Frage nach der Legitimation der staatlichen (gemeindlichen) Handlungsorgane ist damit untrennbar mit dem Postulat verbunden, daß alle Bürger möglichst gleichen Anteil ander Beantwortung der Frage haben müssen, auf wen die Übertragung der Herrschaftsgewalt erfolgt – es muß m.a.W. eine gleiche Teilhabe an den zuvor genannten Berufungsakten gewährleistet sein,[25] um auf diese Weise gleichen Anteil daran zu vermitteln, in welche Richtung die staatliche (gemeindliche) Gewalt ausgeübt werden soll.

2. Problemstellung

Überträgt man die vorstehenden Ausführungen auf die Problematik der Einführung/Erweiterung unternehmensbezogener Mitbestimmungsbefugnisse in kommunalen Eigengesellschaften des Daseinsvorsorgebereichs, so ergibt sich folgendes Bild:

Die Ausübung von Staatsgewalt darf danach allein durch Amtswalter erfolgen, die eine vom Volk ausgehende, ununterbrochene Kette von Berufungsakten aufweisen können und bei denen die Übertragung von staatlichen Machtbefugnissen unter Beachtung des Prinzips der Rechtsgleichheit erfolgt ist. Für die Träger öffentlicher Verwaltung bedeutet dies, daß sie nur solche Personen mit derartigen Befugnissen betrauen dürfen, die die geschilderten Voraussetzungen erfüllen.

---

[23] Vgl. an dieser Stelle nur *Maunz / Herzog* in: MDH Art. 20 II Rdnr. 50; BVerfGE 47, 253 (272); VGH/NW Sparkasse 86, 509 (510/511); eingehend zu dieser Problematik sogleich unten 5., a), bb), (3), (c).

[24] Vgl. nur *Maunz / Herzog* in: MDH Art. 20 II Rdnr. 6ff.; *Stern* I § 18 II 5 d); *Püttner,* Mitbestimmung S. 49; *Kriele,* S. 61 unter Nr. 3; *Peters* in: Staatslexikon, Art. Demokratie Sp. 564f.; *Ossenbühl,* Grenzen S. 55.

Die Existenz dieses Erfordernisses ebenso wie die Notwendigkeit einer persönlichen demokratischen Legitimation und die Geltung dieser Grundsätze auch im gemeindlichen Bereich scheint *Ossenbühl,* Gutachten S. 42 zu verkennen, wenn er aus dem angeblich „anderen Gepräge" der demokratischen Struktur der kommunalen Selbstverwaltung und einer vorgeblichen „Substanzschwäche" des Art. 28 GG in dieser Frage die Schlußfolgerung zieht, grundgesetzlich dürfe es auch Gemeindeorgane ohne demokratische Legitimation geben, die dennoch mit eigenen Entscheidungskompetenzen und Verantwortungsbereichen ausgestattet sind.

[25] *Maunz / Herzog* in: MDH Art. 20 II Rdnr. 8 - 10; *Stern* I § 18 II 6 d); BVerfGE 40, 296 (317).

Sollte daher auch das Handeln der kommunalen Eigengesellschaften im Bereich der Daseinsvorsorge bzw. die Betätigung der Unternehmensorgane sowie deren Organwalter (und das darin zum Ausdruck kommende Verwaltungshandeln der Gemeinde[26]) als Ausübung von staatlicher (gemeindlicher) Gewalt zu betrachten sein, so wäre es unverzichtbar, daß (auch) die Organwalter dieser Unternehmen(sorgane) den verfassungsrechtlichen Anforderungen von persönlicher Legitimation und Rechtsgleichheit genügen. Nur unter diesen Voraussetzungen stünde demnach auch das auf die Schaffung/Erweiterung von unternehmensbezogenen Mitbestimmungsbefugnissen gerichtete gemeindliche Handeln mit dem grundgesetzlichen Demokratieprinzip in Einklang, da infolge dieses Vorgehens Vertretern der Arbeitnehmer die Möglichkeit eröffnet wird, im Aufsichtsrat der Eigengesellschaft mitzuentscheiden und damit an der Ausübung von öffentlicher Gewalt teilzunehmen.

Die nachfolgende Untersuchung hat sich daher zunächst auf die Frage zu erstrecken, ob das Handeln der Eigengesellschaft, deren Organe und Organwalter (und damit das darin zum Ausdruck kommende gemeindliche Verwaltungshandeln) eine Form von Betätigung staatlicher (gemeindlicher) Gewalt beinhaltet (dazu sub 3.). Sofern dies zu bejahen sein sollte, wäre weiterhin zu prüfen, ob auch insoweit die Grundsätze von persönlicher Legitimation und Rechtsgleichheit Geltung beanspruchen können (dazu sub 4.). Sollte sich diese Annahme ebenfalls als zutreffend erweisen, wäre anschließend die persönliche Legitimation der aufgrund der Mitbestimmungseinführungen/-erweiterungen in den Aufsichtsrat gelangten Arbeitnehmervertreter zu untersuchen (dazu sub 5.). Weiterhin wäre zu fragen, ob der Übertragungsvorgang hinsichtlich der Befugnisse zur Ausübung von staatlicher (gemeindlicher) Gewalt auf die Arbeitnehmervertreter mit dem Prinzip der Rechtsgleichheit in Einklang steht (dazu sub 6.). Abschließend bliebe dann noch zu überlegen, ob und welchen Einfluß die Existenz von Mitbestimmungsbefugnissen in öffentlich-rechtlich organisierten Einrichtungen und Unternehmen auf die zuvor gefundenen Ergebnisse haben könnte (dazu sub 7.).

3. Ausübung von Staatsgewalt

„Staatsgewalt“ im Sinne des Art. 20 II 1 GG ist die „plenitudo potestatis“ im Staatsgebiet.[27] Sie ist der Inbegriff von „staatlichen Befugnissen“ und „staatlichen Aufgaben“ im Sinne des Art. 30 GG[28] und stellt ein System rechtlicher Regelungs- und Durchsetzungsbefugnisse dar, die so geordnet

[26] Vgl. oben Einleitung, II., 1., c).
[27] *Stern* II 36 IV 2 b); ähnlich *Peters* in: Staatslexikon, Art. Staat Sp. 522.
[28] *Stern* II 36 IV 2 b).

sind, daß die staatliche Organisation darüber die Verfügungsmacht sowie die alle staatlichen Lenkungsmittel umfassenden Instrumente zu ihrer Durchsetzung inne hat.[29]

Soweit sich die staatliche Betätigung allerdings im Bereich daseinsvorsorgerischer Aufgabenerfüllung bewegt, wird sie nur dann vom Begriff der Staatsgewalt erfaßt, wenn die Gesamtheit der dem Betätigungsbereich angehörigen Bürger auf die Erbringung dieser Leistungen angewiesen ist;[30] nicht erfaßt sind dagegen völlig unbedeutende, nebensächliche Befugnisse und Tätigkeiten.[31]

Die Subsumierung des Handelns der in Rede stehenden Eigengesellschaften scheitert nicht schon daran, daß es sich hierbei letztlich um ein in eine besondere Rechtsform gekleidetes Verwaltungshandeln der Gemeinde, um die Erfüllung von Aufgaben der kommunalen Selbstverwaltung handelt. Auch die gemeindliche Verwaltungstätigkeit im Bereich der Selbstverwaltung ist Ausdruck staatlicher Gewalt.[32] Der im 19. Jahrhundert entstandene neuzeitliche Selbstverwaltungsgedanke, der die Gemeinde als „Aktionsplattform für das Erstreiten eigener Rechte gegenüber dem Staat“ begriff, hat aufgrund der nunmehr vorhandenen umfassenden „demokratischen Fundierung“ der Staatsgewalt keine Bedeutung mehr; vielmehr ist der Staat des Grundgesetzes der „allein unmittelbar und unteilbar aus dem Volk heraus legitimierte Herrschafts- und Schutzverband“. Da er das „Monopol an hoheitlicher Funktion und Macht“ besitzt, ist es auch nur ihm möglich, diesen Status an kleinere Organisationseinheiten zu verleihen,[33] so daß die gemeindliche Gewalt letztlich ebenfalls nur einen Ausschnitt aus der (gesamt)staatlichen Gewalt darstellt. Auch die Zuordnung des Handelns der Eigengesellschaften zum Bereich daseinsvorsorgerischer Aufgabenerfüllung der Gemeinde und damit zum Komplex der leistenden Verwaltung[34] hindert nicht, darin die Ausübung von staatlicher (gemeindlicher) Gewalt zu erblikken, da sich die vom Begriff der Staatsgewalt vorausgesetzten Durchsetzungs- und Lenkungsmittel nicht auf die Äußerung physischen und psychi-

---

[29] *Zippelius*, § 9 I; *Schneider* in: Ev. Staatslexikon, Art. Öffentliche Gewalt Sp. 661.

[30] BVerfGE 47, 253 (273); *Tettinger*, Mitbestimmung S. 35, 55.

[31] BVerfGE 47, 253 (274); *Püttner*, DVBl. 84, 166; *ders.*, Gutachten S. 21, 25; *Stüer*, StuGB 86, 21; *Tettinger*, Mitbestimmung S. 55; rheinl.-pfälz. Gutachten S. 14; VGH/NW Sparkasse 86, 509 (511); a.A. wohl *Ehlers*, JZ 87, 219.

[32] *Schmidt-Jortzig*, DVBl. 78, 796; *Maunz / Herzog* in: MDH Art. 28 Rdnr. 50; *Kisker*, DRiZ 82, 83; *Püttner*, DVBl. 84, 166; *Kraft* in: HKWP Bd. 5 S. 176f. m.w.N. in FN 28ff.; *ders.*, Verwaltungsgesellschaftsrecht S. 42ff.; rheinl.-pfälz. Gutachten S. 18; BVerfGE 47, 253 (272); 45, 63 (79/80); 38, 258 (270f.); 8, 122 (132); BGHZ 69, 195; BGH NJW 83, 2509 (2510ff.); 85, 197 (199); OVG Lüneburg NJW 85, 2347 (2349); Hess.StGH StAnz. Hessen 21/1986 S. 1089 (1098); VGH/NW Sparkasse 86, 509 (511).

[33] Zum Ganzen vgl. *Schmidt-Jortzig*, DVBl. 78, 796; *Maunz / Herzog* in: MDH Art. 28 Rdnr. 50.

[34] Vgl. oben Einleitung, II., 1., c).

schen Zwangs beschränken, sondern ebensogut in einem bloß gewährenden, leistenden Handeln des Staates zum Ausdruck kommen können.[35] Auf diese Leistungserbringung sind die im Geschäftsbereich der in Rede stehenden Eigengesellschaften lebenden Bürger auch zwingend angewiesen; dies gilt, bedingt durch deren vielfach zu verzeichnende Monopolstellung, insbesondere[36] für die zahlreichen Unternehmen des Versorgungs- und Verkehrsbereichs.[37] Aufgrund der elementaren Bedeutung gerade der Leistungen der letztgenannten Unternehmen für das tägliche Leben eines jeden Bürgers wird schließlich deutlich, daß es sich hierbei auch nicht um lediglich völlig nebensächliche oder gar bedeutungslose Tätigkeiten der Gemeinde handelt.[38]

Wenn somit (schon) die Tätigkeit der Eigengesellschaften (und damit das darin zum Ausdruck kommende Verwaltungshandeln der Gemeinde) als solche die Ausübung staatlicher (gemeindlicher) Gewalt beinhaltet,[39] so kann, soweit für die Eigengesellschaften deren Organe bzw. Organwalter (d.h. vorliegend insbesondere der Aufsichtsrat und dessen Mitglieder) handeln (und die Gemeinde durch sie), nichts anderes gelten. Ohne den Aufsichtsrat (und die übrigen Gesellschaftsorgane) und dessen Organwalter wäre ein Handeln der Eigengesellschaft (und damit ein gemeindliches Handeln durch sie[40]) gar nicht möglich – die Eigengesellschaft wird vielmehr erst durch diese Organe und Organwalter überhaupt handlungsfähig (sog. Organtheorie[41]). Zwar erfolgt die „primäre“[42] Unternehmensleitung durch das Handlungsorgan der Eigengesellschaft (vgl. z.B. für die AG: § 76 AktG), doch kommt man aufgrund des weitreichenden Einflusses des Aufsichtsrates (vgl. wiederum nur für die AG:

---

[35] *Zippelius,* § 9 I; wie wichtig diese Tätigkeit als Lenkungsmittel heute ist, wird eindrucksvoll durch die bei *Himmelmann,* S. 766 mitgeteilten Angaben hinsichtlich Art und Umfang dieser Betätigungsvariante des Staates im Verhältnis zu allen (also auch durch Private) insbesondere im Versorgungs- und Verkehrsbereich in der Bundesrepublik erbrachten Leistungen belegt.

[36] Vgl. aber auch oben 1. Teil, FN 5.

[37] Vgl. oben 1. Teil, I., 1.

[38] So auch *Püttner,* Gutachten S. 27; *Tettinger,* Mitbestimmung S. 55; *Stüer,* StuGB 86, 21f. für die Tätigkeit der öffentlich-rechtlichen Sparkassen; *Tettinger* weist im übrigen noch darauf hin, daß aus dem Tätigkeitsbereich der Gemeinden im privatrechtlichen Bereich allenfalls die fiskalischen Hilfsgeschäfte einen Fall von unbedeutender Tätigkeit im o.g. Sinn darstellen. Vgl. auch BVerfGE 47, 253 (274) für die Tätigkeit der nordrhein-westfälischen Bezirksvertretungen (§§ 13aff. GO/NW).

[39] Vgl. *Burmeister* in: HKWP Bd. 5 S. 15/6, 33ff., 43/4; *Konow,* S. 32; *Büchner,* S. 45, 74, 216 sowie die auf S. 42 FN 1 genannten Nachweise; VGH/NW Sparkasse 86, 509 (511).

[40] Vgl. *Maunz / Herzog* in: Art. 20 II Rdnr. 60, die insoweit auf den Begriff des „Betriebsverhältnisses“ von *Ule* (vgl. *Ule,* Verwaltungsprozeßrecht, Anh. zu § 32 V; *ders.,* VVDStRL 15 (1957) S. 133 (152ff.)) zurückgreifen.

[41] Vgl. nur *Larenz,* AT § 9 I; *v. Mutius,* NJW 77, 101 m.w.N. in FN 40; *Wolff / Bachof* I § 74 I; OVG Münster OVGE 9, 74 (77f.).

[42] Zum Begriff vgl. unten II., 6., d), bb), (1) sowie 7., a), aa).

- § 111 I AktG: Überwachung der Geschäftsführung;
- § 111 IV AktG: Zustimmungsvorbehalte gegenüber Geschäftsführungsmaßnahmen;
- § 84 AktG: Bestellung/Abberufung des Vorstandes;
- §§ 90, 111 II, 170, 171f. AktG: Prüfungsbefugnisse)

nicht umhin festzustellen, daß auch dieses Gesellschaftsorgan maßgeblichen Anteil (sog. „sekundäre“ Unternehmensleitung[42]) an der Frage hat, in welche Richtung sich die Unternehmenstätigkeit insgesamt erstreckt;[43] auch der Aufsichtsrat und dessen Mitglieder (und damit die Gemeinde durch ihn bzw. sie) bestimmen daher, in welcher Weise staatliche (gemeindliche) Gewalt ausgeübt wird.[44]

4. Geltungsbereich

Da die Tätigkeit der Eigengesellschaft bzw. deren Organe und Organwalter (und damit das darin zum Ausdruck kommende Verwaltungshandeln der Gemeinde) somit die Ausübung von staatlicher (gemeindlicher) Gewalt darstellt, wäre es nur konsequent, zu fordern, daß die für die Eigengesellschaft und damit für das „Teilvolk Gemeinde“ im Aufsichtsrat handelnden natürlichen Personen – mithin auch die aufgrund der freiwillig/rechtsgeschäftlich begründeten/erweiterten Mitbestimmungsbefugnisse dort sitzenden Arbeitnehmervertreter – eine vom Gemeindevolk ausgehende, dem Gleichheitsgebot genügende, ununterbrochene Kette von Berufungsakten aufweisen können müssen.[45]

Hinsichtlich der Frage der persönlichen Legitimation vertritt jedoch *Püttner*[46] die Auffassung, daß dieses Erfordernis des demokratischen Prinzips

---

[43] *Büchner,* S. 205, 237, 249; *Vogt,* S. 194 m.w.N.; *Schroeder,* S. 154; *Janson,* Rechtsformen S. 144; *Vitzthum,* S. 617; *Nesselmüller,* S. 37ff.; vgl. auch *von Trott zu Solz,* S. 199ff., 205ff.,242ff. insbesondere 259f.; *Schaper,* Idee S. 159; *ders.,* ZögU 83, 142; BVerfGE 50, 290 (323); OVG Münster Rspr. Entsch. Nr. 1 zu § 72 GO/NW S. 10; einschränkend dagegen *Fabricius* in: Hilger / Stumpf-FS S. 174.

[44] Ähnlich *Obermayer,* Mitbestimmung S. 29; *ders.,* RiA 73, 83; *Berkemann,* S. 209, 77ff.; *Schaper,* Idee S. 159; *ders.,* ZögU 83, 142; für den Bereich des insoweit in Aufgaben- und Funktionszuweisung ähnlichen Verwaltungsrats der öffentlich-rechtlichen Sparkassen vgl. *Papier,* S. 52 m.w.N. in FN 8; *Püttner,* DVBl. 84, 169; *Ehlers,* JZ 87, 224; VGH/NW Sparkasse 86, 509 (512).

[45] Vgl. *Stober,* S. 453; BGH NJW 85, 197 (200); *Biedenkopf / Säcker,* S. 268ff.; *Ehlers,* JZ 87, 225ff.; vgl. auch die ähnliche Fragestellung bei *Engel,* S. 244ff., der sie jedoch nicht konsequent zu Ende führt, sondern wie *Püttner* (vgl. nachstehende Fußnote) argumentiert, S. 245ff. sowie *Tettinger,* Mitbestimmung S. 50.

[46] DVBl. 84, 166; DVBl. 86, 1199; Gutachten S. 13, 26; ZögU 84, 227 (237 FN 29); in: HKWP Bd. 5 S. 191; die öffentlichen Unternehmen S. 136/7, 234; vgl. auch schon Mitbestimmung S. 64; wie *Püttner* wohl auch *Raiser,* RdA 72, 71f.; *Stüer,* StuGB 86, 21, 25f.; *Ehlers,* JZ 87, 225f.; vgl. auch Hess.StGH StAnz. Hessen 21/1986 S. 1089 (1105 r. Sp. oben, 1110 l. Sp. unten).

für die gemeindliche Aufgabenerfüllung in Formen des Privatrechts nicht „unmittelbar" gelte, da die Eigengesellschaften einen eigenen rechtlichen Status besäßen und in „erster Linie" der für sie maßgebenden Privatrechtsordnung unterstünden. Der Legitimationsgedanke könne in diesem Bereich vielmehr lediglich mittelbar über den Weg der Statuierung einer Einwirkungs- und Kontrollpflicht zur Geltung gebracht werden.

Dieser Argumentation *Püttners* stehen jedoch in mehrfacher Hinsicht Bedenken entgegen. Zum einen stellen die angeführten Aspekte des eigenen rechtlichen Status sowie die Geltung der Privtrechtsordnung keine tauglichen Differenzierungskriterien dar, da auch bei den öffentlich-rechtlich organisierten Unternehmensformen solche mit eigener Rechtspersönlichkeit (insbesondere die Sparkassen[47] und Zweckverbände[47]) zu finden sind und diese zumindest bei der Aufgaben*erfüllung* „in erster Linie" der Privatrechtsordnung unterliegen. Dementsprechend hat der *Verfassungsgerichtshof Nordrhein-Westfalen*[48] für die öffentlich-rechtlichen Sparkassen festgestellt, daß allein der Umstand der Erfüllung von öffentlichen Aufgaben in Formen des Privatrechts nicht von der Beachtung des Gebots der persönlichen demokratischen Legitimation aller Amtswalter befreit. Zum anderen kann die Statuierung einer Einwirkung- und Kontrollpflicht als Ausdruck des Gedankens der inhaltlichen, materiellen Legitimation[49] nicht an die Stelle des Erfordernisses der Legitimationskette als einer Anforderung des Prinzips der persönlichen demokratischen Legitimation gesetzt werden, d.h. diese ersetzen. Wie bereits angedeutet,[50] stellen persönliche und inhaltliche Legitimation zwei, wenn auch vielleicht nicht völlig isoliert nebeneinander stehende, so doch jedenfalls mit unterschiedlicher Ziel- und Blickrichtung ausgestattete, eigenständige Legitimationserfordernisse („Legitimationsstränge")[51] dar, so daß der Vorschlag *Püttners* eine dogmatische nicht akzeptable, unzulässige Vermengung[52] beider Erfordernisse beinhaltet. Schließlich berücksichtigt die Auffassung *Püttners* auch nicht in ausreichendem Maße, daß die Erfüllung von Aufgaben der Daseinsvorsorge durch die in Rede stehenden Unternehmen lediglich eine besondere Erscheinungsform von Verwaltungshandeln, d.h. materiell und funktionell Verwaltungstätigkeit darstellt.[53] Wenn dem aber so ist, dann kann die Beantwortung der Frage, ob die Organwalter derartiger Unternehmen eine dem demokrati-

---

[47] Vgl. nur § 2 SpkG/NW; § 5 GkG/NW.

[48] Urteil v. 15. 9. 86, Az.: 17/85, S. 12.

[49] Vgl. unten II., 1.

[50] Vgl. oben 1. sowie 4. weiter unten a.E.

[51] *Maunz / Herzog* in: MDH Art. 20 II Rdnr. 47.

[52] Zwischen beiden Legitimationssträngen differenzierend dagegen *Püttner,* Die öffentlichen Unternehmen S. 239.

[53] Vgl. BGH NJW 85, 197 (200); BVerfGE 45, 63 (80); *Stober,* S. 452ff. sowie oben Einleitung, II., 1., c).

schen Prinzip genügende persönliche Legitimation aufweisen können, nicht davon abhängig gemacht werden, ob diese Unternehmen einen förmlichen Teil der Gemeindeverwaltung bilden[54] – maßgeblich ist dann vielmehr allein die Qualifikation dieses Handelns als Verwaltung im materiellen und funktionalen Sinn.[55] Die von *Püttner* vorgenommene Differenzierung zwischen öffentlich-rechtlich und privatrechtlich organisierten Unternehmen beruht somit im Ergebnis auf einer, angesichts des identischen Aufgabenzwecks, nicht gerechtfertigten Überbewertung der gewählten Organisationsform.[56] Die Eigengesellschaften sind, soweit sie öffentliche Aufgaben erfüllen, eben nicht Private, sondern lediglich als ein ausgelagerter, in anderer Erscheinungsform sich darbietender Teil der Gemeindeverwaltung zu qualifizieren.[57]

Auch *Tettinger*[58] lehnt für die gemeindliche Erfüllung daseinsvorsorgerischer Aufgaben in Organisationsformen des Privatrechts die hier vorgeschlagene uneingeschränkte Geltung des Prinzips der persönlichen demokratischen Legitimation letztlich ab. Im Rahmen seiner Begutachtung der Verfassungsmäßigkeit der Regelung über die Urwahl der Bedienstetenvertreter in den Verwaltungsrat der nordrhein-westfälischen Sparkassen[59] weist *Tettinger,* basierend auf einer eingehenden Auswertung der Rechtsprechung vornehmlich des *Bundesverfassungsgerichts*[60] zum Legitimationsbegriff sowie unter Heranziehung einer Reihe von Differenzierungsansätzen[61] – insbesondere der Aufgabenkategorie,[62] der Staatsnähe[63] sowie der

---

[54] Vgl. zu dieser – umstrittenen – Problematik näher unten II., 6, a).

[55] In diese Richtung wohl auch VGH/NW Sparkasse 86, 509 (512).

[56] So wohl *Kisker,* DÖV 72, 525 FN 30; *Leisner,* ZBR 71, 67 unter b); *Vitzthum,* S. 589; *Kraft* in: HKWP Bd. 5 S. 176ff.; *Büchner,* S. 216; *Tettinger,* Mitbestimmung S. 35; vgl. auch *Bremme,* S. 685.

[57] Vgl. BVerfGE 45, 63 (79/80); BVerfG NJW 80, 1093; BGH NJW 85, 197 (200), *Ehlers,* JZ 87, 224/5; wo im übrigen auch der von *Püttner,* Die öffentlichen Unternehmen S. 234 behauptete Grundrechtsschutz für die Eigengesellschaften der in Rede stehenden Art ausdrücklich versagt wird; vgl. dazu auch *Starck,* JuS 77, 736; *Betghe,* AöR 104 (1979) S. 269ff. m.w.N.; *Tettinger,* Bes. VerwR Rdnr. 42.

[58] Mitbestimmung S. 50; ähnlich, für die öffentlich-rechtlichen Sparkassen, auch *Fischer,* Sparkasse 86, 533f., 536.

[59] Vgl. § 10 SpkG/NW idF. v. 26. 6. 1984, GV NW S. 362.

[60] Mitbestimmung S. 25ff.

[61] Mitbestimmung S. 31ff.; zu hier nicht genannten, weiteren Differenzierungsansätzen vgl. S. 31, 51ff.

[62] Mitbestimmung S. 32ff., 80; in Anlehnung an „gängige, auf Rechtsformen und inhaltliche Qualifikation abstellende verwaltungsrechtliche Untergliederungen der Gesamtheit der Verwaltungsaufgaben" (vgl. dazu nur *Stern* II § 41 I 3 d); *v. Münch* in: Erichsen / Martens, Allg. VerwR § 2) unterscheidet Tettinger folgende Bereiche:
- hoheitliches Handeln
- schlichthoheitliches Handeln
- Verwaltungsprivatrecht
- fiskalische Hilfsgeschäfte
- erwerbswirtschaftliche Tätigkeit;

vgl. auch die Differenzierung bei Hess.StGH StAnz. Hessen 21/1986 S. 1089 (1105 r. Sp. oben, 1106 l. Sp. unten).

Gewichtigkeit[64] der wahrgenommenen Aufgabe öffentlicher Verwaltung – nach, daß das Gebot der persönlichen demokratischen Legitimation in der gegenwärtig vorfindbaren organisationsrechtlichen Situation der öffentlichen Verwaltung nicht durchgängig verwirklicht ist und gelangt auf dieser Grundlage zu dem Postulat einer „abgestuften Stringenz (des) Gebotes der demokratischen Legitimation in Entsprechung zur wahrgenommenen Aufgabe."[65] Hinsichtlich des Bereichs der Erfüllung daseinsvorsorgerischer Aufgaben („Aufgabenkategorie") vertritt er zwar grundsätzlich die Ansicht, daß das Gebot der persönlichen Legitimation uneingeschränkt Geltung beanspruchen könne, sofern es sich um solche Daseinsvorsorgeaufgaben handele, auf deren Leistung die Gesamtheit der Bürger angewiesen ist.[66] Bezogen auf die Erbringung derartiger Leistungen durch rechtlich selbständige Organisationsformen des Privatrechts („Staatsnähe"), die einer unternehmensbezogenen Mitbestimmung(seinführung/-erweiterung) unterliegen, lehnt er die stringente Geltung dieses Gebots dagegen als „realitätsfern" ab;[67] außerdem würde nach *Tettingers* Auffassung damit „zugleich ein verfassungsrechtliches Gebot der Mißachtung der gesellschaftsrechtlichen Organisationsvorgaben" aufgestellt, da der Direktwahlmodus der Mitbestimmungsgesetze[68] mit dem Gebot der persönlichen Legitimation nicht in Einklang zu bringen wäre und durch eine Form der mittelbaren Bestellung ersetzt werden müsse.[69] Weiterhin weist er darauf hin, daß nach h. M. eine unternehmensbezogene Mitbestimmung in kommunalen Eigengesellschaften aus der Sicht demokratischer Prinzipien so lange nicht als bedenklich angesehen wird, als die nicht ausreichend persönlich legitimierten Aufsichtsratsmitglieder keine Letztentscheidungsbefugnis eingeräumt erhalten;[70] dies sei aber zumindest bei einer bloßen Drittelbeteiligung der Arbeitnehmer nicht der Fall.[69] *Tettinger* kommt damit letztlich zu dem Ergebnis, daß „die Stringenz des Gebotes der persönlichen demokratischen Legitimation bei öffentlichen Unternehmen in privatrechtlichen Rechtsformen mit

---

[63] Mitbestimmung S. 37 ff., 80; d.h. es wird danach unterschieden, „ob der Staat seine Aufgaben *selbst* wahrnimmt oder sie durch *selbständige* Rechtsträger wahrnehmen läßt"; hinsichtlich der zweiten Alternative wird wiederum wie folgt differenziert:

- körperschaftliche Selbstverwaltung
- anstaltliche Aufgabenwahrnehmung
- Aufgabenwahrnehmung durch juristische Personen des Privatrechts
- Beleihung; auf diesen Aspekt abstellend auch *Fischer,* Sparkasse 86, 534.

[64] Mitbestimmung S. 55.

[65] Mitbestimmung S. 31, 80; vgl. auch *Böckenförde,* S. 71 ff.; *Kisker,* DRiZ 82, 82 ff.; *Fischer,* Sparkasse 86, 536.

[66] Mitbestimmung S. 35, 49.

[67] Mitbestimmung S. 50.

[68] Vgl. §§ 76, 77 I BetrVG 52; 9 MitG 76.

[69] Mitbestimmung S. 50; in diese Richtung wohl auch *Ehlers,* JZ 87, 225.

[70] Vgl. auch die ähnliche Argumentation bei *Püttner* (oben FN 46); vgl. auch *Kisker,* DRiZ 82, 86 f.; *Ehlers,* JZ 87, 226/7.

Blick auf deren rechtliche Selbständigkeit eine deutliche Abschwächung" erfahre.[69]

Tettinger hat, wie bereits oben erwähnt, seine vorstehend skizzierten Überlegungen im Zusammenhang mit der Prüfung der Verfassungsmäßigkeit der Regelung über die Urwahl der Bedienstetenvertreter in den Verwaltungsrat der nordrhein-westfälischen Sparkassen entwickelt. Die teilweise anders gelagerten Prämissen – insbesondere die Überlagerung des öffentlichen Auftrags der Sparkasse durch wirtschaftliche und unternehmerische Aspekte[71] – und die sich dadurch zumindest partiell anders darstellende Problemlage der Mitbestimmung in den öffentlich-rechtlichen Sparkassen gegenüber der freiwillig/rechtsgeschäftlichen Arbeitnehmermitbestimmung in den Aufsichtsräten kommunaler Eigengesellschaften des Daseinsvorsorgebereichs ebenso wie der begrenzte Rahmen der vorliegenden Arbeit lassen es nicht zu, näher auf *Tettingers* Gesamtkonzeption einer „abgestuften Stringenz" des Gebotes der persönlichen demokratischen Legitimation einzugehen.[72]

Soweit *Tettinger* jedoch die uneingeschränkte Geltung des Gedankens der persönlichen demokratischen Legitimation gerade auch für den Bereich der kommunalen Eigengesellschaften des Daseinsvorsorgebereichs ablehnt, kann seinen insoweit angeführten Argumenten nicht beigetreten werden. Zunächst ist darauf hinzuweisen, daß die Frage, ob auf ein Handeln des Staates – hier die Erfüllung daseinsvorsorgerischer Aufgaben in privatrechtlichen Organisationsformen und ein auf die Einführung/Erweiterung unternehmensbezogener Mitbestimmungsbefugnisse gerichtetes Verhalten hinsichtlich dieser Formen – verfassungsrechtliche Maßstäbe anzulegen sind, nicht davon abhängig gemacht werden kann, ob die Anwendbarkeit derartiger Maßstäbe aus der Sicht der Verwaltungspraxis als „realitätsfern" erscheint oder nicht – soweit die Anwendungsvoraussetzungen für das Eingreifen der verfassungsrechtlichen Vorgaben erfüllt sind, müssen diese Anforderungen auch beachtet werden (Art. 20 III GG), so unbequem das, insbesondere bei einem schon lange Zeit gehandhabten Vorgehen, auch sein mag.[73] Auch der Einwand, eine strikte Anwendung des Grundsatzes der persönlichen demokratischen Legitimation in unternehmensbezogen mitbestimmten kommunalen Eigengesellschaften käme der Aufstellung eines „Gebotes der Mißachtung gesellschaftsrechtlicher Organisationsvorgaben" gleich, weil dann der mitbestimmungsrechtlich vorgesehene Urwahlmodus

---

[71] Vgl. dazu nur *Tettinger*, Mitbestimmung S. 56ff. m.w.N.

[72] Vgl. insoweit die, allerdings sehr pauschalen, der differenzierten Konzeption *Tettingers* nicht gerecht werdenden Ausführungen des VGH/NW Sparkasse 86, 509 (511) sowie die *Püttners* in: DVBl. 86, 1199; ähnlich kritisch wie hier *Fischer*, Sparkasse 86, 534.

[73] Im Ergebnis ähnlich der VGH/NW Sparkasse 86, 509 (511), der ausführt, daß sich die von *Tettinger* vertretene abgestufte Stringenz nur dann rechtfertigen ließe, wenn sie durch andere Verfassungsprinzipien gedeckt wäre, was aber nicht der Fall sei.

durch eine Form der mittelbaren Bestellung ersetzt werden müsse,[74] vermag im vorliegenden Zusammenhang keine Wirkung zu entfalten, da dieses, auf die gesetzliche Mitbestimmung bezogene Argument schwerlich gegen die vorliegend allein in Rede stehenden Mitbestimmungseinführungen/-erweiterungen auf rein freiwillig/rechtsgeschäftlicher Basis ins Feld geführt werden kann. Nicht durchgreifend ist schließlich auch der Hinweis auf die h.M. zur Frage des Letztentscheidungsrechts. Unabhängig davon, daß die Existenz einer Letztentscheidungsbefugnis der Gemeinde in unternehmensbezogen mitbestimmten Eigengesellschaften aufgrund der dort regelmäßig vorfindbaren Interessenpluralität auch schon bei geringsten Mitbestimmungsquoten zweifelhaft erscheint,[75] beinhaltet diese Argumentation ebenso wie die von *Püttner* befürwortete Heranziehung der Einwirkungs- und Garantenpflicht,[76] eine unzulässige Vermengung von Aspekten der persönlichen und der inhaltlichen, materiellen Legitimation.[77] Beide Legitimationsstränge sind zwar miteinander verwandt, müssen aber, aufgrund ihrer unterschiedlichen Zielrichtung strikt auseinander gehalten werden. Jegliches staatliche (gemeindliche) Handeln muß beiden Organisationsgrundsätzen genügen, so daß es nicht angeht, einen Mangel in dem einen Bereich mit Überlegungen aus dem anderen Komplex zu kompensieren.

Als ein weiteres Zwischenergebnis kann demnach festgehalten werden, daß für die Organwalter kommunaler Eigengesellschaften des Daseinsvorsorgebereichs – und damit auch für die infolge der freiwillig/rechtsgeschäftlichen Mitbestimmungsbefugnisse im Aufsichtsrat sitzenden Arbeitnehmervertreter – ebenfalls eine von der Gemeindebevölkerung ausgehende, ununterbrochene Kette von Berufungsakten sowie eine gleiche Teilhabe der Gemeindebevölkerung an der Übertragung der Herrschaftsbefugnisse auf diese Personen zu verlangen ist.[78]

5. Legitimationskette

Angesichts der im 1. Teil der Arbeit aufgezeigten unterschiedlichen Möglichkeiten, die Einführung/Erweiterung der unternehmensbezogenen Mitbestimmungsbefugnisse in kommunalen Eigengesellschaften zu realisieren,[79] erscheint es angezeigt, für die nachfolgende Untersuchung dahingehend zu unterscheiden, ob die arbeitnehmerischen Kandidatenvorschläge

---

[74] Mitbestimmung S. 49.

[75] Vgl. näher unten 5., a), bb), (3), (c).

[76] Vgl. oben S. 46; zum Begriff vgl. näher unten II., 3.

[77] Vgl. dazu näher unten II., 1.

[78] Vgl. auch *Stober*, S. 453; *Erichsen*, Eildienst LKT 85, 242/3; *Herzog* in: MDH Art. 98 Rdnr. 44 FN 2; BGH NJW 85, 197 (200); in diese Richtung wohl auch BVerfGE 47, 253 (273), vgl. *Tettinger*, Mitbestimmung S. 35; widersprüchlich *Ehlers*, JZ 87, 225.

[79] Vgl. oben 1. Teil, 1., b), bb), (2) sowie 2., b), bb).

für die (zusätzlich) in den Aufsichtsrat zu bestellenden Arbeitnehmervertreter erst aufgrund eines Umsetzungsaktes der Gemeinde(vertretung) – in Form eines Wahlaktes der Haupt-/Gesellschafterversammlung[80] oder der Ausübung eines Entsendungsrechts[80] – realisiert werden (dazu sub a)) oder die Unternehmensbelegschaft ihre (zusätzlichen) Vertreter direkt, ohne gemeindliche Beteiligung in den Aufsichtsrat wählt[79] (dazu sub b)).

a) Mittelbare Bestellung

Die Begründung/Erweiterung unternehmensbezogener Mitbestimmungsbefugnisse (d.h. das darauf gerichtete Handeln der Gemeinde) unter Zwischenschaltung eines gemeindlichen Bestellungsaktes in Form einer gesellschaftsrechtlich geregelten Wahl oder Entsendung der (zusätzlichen) Arbeitnehmervertreter wirft im Hinblick auf die Legitimation der infolge dieser Befugnisse mit der Ausübung von öffentlicher Gewalt betrauten Arbeitnehmervertreter sowohl hinsichtlich des tatsächlichen Ablaufs des Berufungsvorgangs (dazu sub aa)) als auch bzgl. des Grades der Bindungswirkung der arbeitnehmerischen Kandidatenvorschläge (dazu sub bb)) Probleme auf.

aa) Berufungsvorgang

Die mittelbar durch die gemeindliche Wahl/Entsendung bewirkte Bestellung der (zusätzlichen) Arbeitnehmervertreter könnte Zweifel daran aufkommen lassen, ob mittels eines derartigen, dem privatrechtlichen Gesellschaftsrecht unterliegenden Akts eine den Anforderungen des Demokratieprinzips genügende Kette von Berufungsakten vom Volk bis zum arbeitnehmerischen Aufsichtsratsmitglied begründet werden kann[81] oder ob damit lediglich ein gesellschaftsrechtliches Rechtsverhältnis zur Eigengesellschaft entsteht, dem keine legitimierende Wirkung im Hinblick auf die Ausübung öffentlicher Gewalt zukommt.[82] Im letzteren Falle läge die Überlegung nahe, daß nur solche Aufsichtsratsmitglieder über eine ausreichende Legitimation verfügen, die in einem öffentlich-rechtlichen Auftrags- oder Dienstverhältnis zur Gemeinde stehen, wie z.B. Mitglieder der Gemeindevertretung oder Bedienstete der Kommunalverwaltung.[81] Es erscheint jedoch fraglich, ob die Annahme einer ausreichenden persönlichen demokratischen Legitimation maßgeblich davon abhängig gemacht werden kann, daß die

---

[80] Vgl. § 55 II, III GO/NW (für entsprechende Vorschriften anderer Bundesländer vgl. die Nachweise unten S. 202 FN 1) iVm. §§ 101 AktG, 52 GmbHG.

[81] *Obermayer,* Mitbestimmung S. 29; *ders.,* RiA 73, 83; verneinend, allerdings ohne nähere Begründung, *Fischer,* Sparkasse 86, 535; bejahend dagegen wohl *Ehlers,* JZ 87, 226.

[82] *Obermayer,* Mitbestimmung S. 29; *ders.,* RiA 73, 83; ähnlich *Püttner,* Die öffentlichen Unternehmen S. 137.

Bestellung des Organwalters ausschließlich mittels öffentlich-rechtlich geregelter Berufungsakte erfolgt bzw. der Organwalter einer öffentlich-rechtlichen Pflichtenstellung zur Gemeinde unterliegt.

Die grundlegenden Voraussetzungen für das Vorliegen einer persönlichen demokratischen Legitimation sind allein die individuelle Auswahl des Amtswalters sowie eine vom Volk ausgehende und bis zum Amtswalter reichende, ununterbrochene Kette von Berufungsakten[83] – beide Erfordernisse sind hinsichtlich der von der Gemeinde(vertretung) gewählten bzw. entsandten (zusätzlichen) Arbeitnehmervertreter zu bejahen. Deren Berufung hat ihren Ursprung in der Wahl der Gemeindevertretung durch die Gemeindebevölkerung. Das nächste Glied der Legitimationskette findet sich – im Falle der Bestellung der (zusätzlichen) Arbeitnehmervertreter mittels eines Wahlaktes – in der Bestellung der Vertreter der Gemeinde in der Haupt-/Gesellschafterversammlung durch die Gemeindevertretung.[84] Das letzte Glied besteht schließlich in der Wahl bzw. der Entsendung des ganz konkret ausgewählten Arbeitnehmervertreters durch die Haupt-/Gesellschafterversammlung bzw. die Gemeinde selbst in den Aufsichtsrat der Eigengesellschaft.

Der Umstand, daß das letzte Glied der vorstehend geschilderten Legitimationskette vollständig dem privatrechtlichen Gesellschaftsrecht unterliegt, führt entgegen der eingangs erwähnten Auffassung nicht zu deren Unterbrechung. Die Regelung dieses (letzten) Bestellungsaktes allein durch das Gesellschaftsrecht ist vielmehr eine Folge der teilweisen Auslagerung[85] materieller Verwaltungsaufgaben auf eine rechtlich selbständige Organisationsform des Privatrechts. D.h., die öffentlich-rechtliche Ausgestaltung der Berufungskette findet dort ihre Grenze, wo die Autonomie des privatrechtlichen Verwaltungsträgers anfängt. Die Bewirkung weiterer, im Bereich dieser Autonomie angesiedelter Berufungsakte kann sich dann nur noch nach den für den externen Verwaltungsträger geltenden (privatrechtlichen) Vorschriften richten. Da die mit der Wahrnehmung von öffentlichen Aufgaben betrauten Eigengesellschaften selbst nicht handlungsfähig, sondern dazu erst durch ihre Organe (und Organwalter) imstande sind,[86] und deren Besetzung/Berufung ihre Grundlage in den Regeln des Gesellschaftsrechts findet, kann die Berufung der erforderlichen Organe und Organwalter zur Ausübung von staatlicher (gemeindlicher) Gewalt (im Namen der Eigengesellschaft und der Gemeinde) allein auf dem durch das (privatrechtliche) Gesellschaftsrecht vorgezeichneten Weg erfolgen. Das bedeutet wie-

---

[83] *Maunz / Herzog* in: MDH Art. 20 II Rdnr. 52; *Herzog,* Staatslehre S. 214.

[84] Vgl. § 55 II GO/NW (für entsprechende Vorschriften anderer Bundesländer vgl. unten 2. Abschnitt, FN 82).

[85] *Ossenbühl,* Gutachten S. 35ff., ihm folgend *Berner,* S. 55ff., spricht von „Delegation".

[86] Vgl. oben 3. a.E.

derum, daß die Übertragung der Befugnisse zur Ausübung von staatlicher (gemeindlicher) Gewalt auf den Aufsichtsrat und dessen Mitglieder allein mittels der Wahl der Bewerber durch die Haupt-/Gesellschafterversammlung bzw. der Entsendung durch die Gemeinde erfolgen kann; lediglich die zeitlich früher angesiedelten Berufungsakte – die Wahl der Gemeindevertretung sowie die Bestellung der Vertreter der Gemeinde in der Haupt-/Gesellschafterversammlung durch die Gemeindevertretung – können dem öffentlichen Recht zugeordnet werden. Die einzelnen Berufungsakte im Rahmen des Erfordernisses der persönlichen demokratischen Legitimation können und müssen somit nicht zwingend öffentlich-rechtlicher Natur sein, sondern können, bei einer Wahrnehmung von Verwaltungsaufgaben in Privatrechtsform, auch privatrechtlichen Charakter aufweisen – in welcher rechtlichen Form sich die einzelnen Berufungsakte letztlich darstellen, hängt somit maßgeblich von der Rechtsform sowie den Mitteln ab, die zur Ausübung staatlicher (gemeindlicher) Gewalt herangezogen werden.[87]

Der Aspekt der teilweisen Auslagerung materieller Verwaltungskompetenzen auf eine rechtlich selbständige Organisationsform des Privatrechts beantwortet schließlich auch die Frage nach der Notwendigkeit einer öffentlich-rechtlichen Rechtsbeziehung zwischen dem Organwalter und seinem Legitimationsgeber. Infolge der Auslagerung kann sich eine Rechtsbeziehung zwischen den Organwaltern der Eigengesellschaft und der Gemeinde primär nur über den „Umweg" einer Beziehung zu dem externen Verwaltungsträger, der Eigengesellschaft, ergeben; für die weitergehende Annahme der Erforderlichkeit einer zusätzlichen, quasi „direkten" Verbindung von Gemeinde und Organwalter in Form eines öffentlich-rechtlichen Auftrags- oder Dienstverhältnisses ist dagegen kein konkreter verfassungsrechtlicher Anknüpfungspunkt erkennbar.[88]

---

[87] Ähnlich *Böckenförde,* S. 71, der davon ausgeht, daß sich das Erfordernis demokratischer Legitimation bei jeder Art der Ausübung von Staatsgewalt stellt, daß sich aber hinsichtlich Form und Intensität der Legitimation in einzelnen Bereichen Unterschiede ergeben können; vgl. auch *Raiser,* RdA 72, 71/2.

[88] Bezeichnenderweise vermag auch *Obermayer* (vgl. oben S. 53 FN 1, 2) selbst für seine Forderung nach einer zusätzlichen öffentlich-rechtlichen Beziehung zwischen Organwalter und Gemeinde keine konkrete verfassungsrechtliche Herleitung aufzuzeigen. Gegen seine Auffassung sprechen aber gerade auch die Regelungen der Gemeindeordnungen über die Vertretung der Gemeinde in Organen juristischer Personen des Privatrechts (vgl. § 55 II GO/NW; für entsprechende Vorschriften anderer Bundesländer vgl. unten 2. Abschnitt, FN 82), die mangels zwingender Beschränkung auf bestimmte Personen wie Beamte oder Mitglieder der Gemeindevertretung (vgl. nur *Rehn / Cronauge,* § 55 Anm. III 3; eine solche Beschränkung ablehnend auch schon die h. M. zu § 70 I 2 DGO, vgl. *Quack,* S. 347 m. w. N. in FN 38; vgl. aber auch Art. 52 II Brem. Verf.) ebenfalls nicht von der Notwendigkeit einer öffentlich-rechtlichen Verbindung der Gemeinde zu ihren Vertretern auszugehen scheinen. Die Forderung *Obermayers* scheint, wie auch seine Ausführungen zum Letztentscheidungsrecht, vgl. *ders.*, Mitbestimmung S. 30; *ders.*, RiA 73, 83; ähnlich auch das Minderheitsvotum bei Brem.StGH ZBR 57, 234 (237), verdeutlichen, wohl weniger aus grundsätzlichen Erwägungen zum Legitimationsvorgang zu resultieren, als vielmehr maßgeblich von der Befürchtung getragen zu sein, daß beim Fehlen einer öffentlich-

Für die Frage der Herstellung persönlicher demokratischer Legitimation kommt es demnach weniger auf die tatsächliche und rechtliche Ausgestaltung des insoweit gewählten Weges oder die Existenz einer öffentlich-rechtlichen Beziehung zwischen Organwalter und Gemeinde an, sondern entscheidend ist allein, ob die Übertragung der Befugnis zur Ausübung von öffentlicher Gewalt mit Willen und auf Veranlassung eines vom Volk (unmittelbar oder mittelbar) bestellten Organs erfolgt.[89] Die nach gesellschaftsrechtlichen Grundsätzen vollzogene Wahl/Entsendung der (zusätzlichen) Arbeitnehmervertreter ist somit durchaus geeignet, die Herstellung einer dem Demokratieprinzip genügenden persönlichen Legitimation bei diesen Vertretern zu bewirken.

bb) Bindungsgrad

Eine andere Bewertung in der Frage der persönlichen demokratischen Legitimation jener Vertreter könnte sich allerdings dann ergeben, wenn man den Grad der Bindung der Gemeinde an die zeitlich voranliegenden, im Zusammenhang mit den Mitbestimmungseinführungen/-erweiterungen ermöglichten arbeitnehmerischen Wahl-/Entsendungsvorschläge hinsichtlich dieser Organwalter mit in die Betrachtung einbezieht.

(1) Bindungsfreie Wahl-/Entsendungsvorschläge

Soweit die arbeitnehmerischen Kandidatenvorschläge bzgl. der (zusätzlichen) Arbeitnehmervertreter für die Gemeinde nicht bindend sind, d. h. ihr ein unbegrenztes Ablehnungs- bzw. Auswahlrecht zusteht,[90] wirft die mit der Bestellung dieser Arbeitnehmervertreter verbundene Übertragung von Befugnissen zur Ausübung von staatlicher (gemeindlicher) Gewalt bzw. das

---

rechtlichen Bindung der Aufsichtsratsmitglieder gegenüber der Gemeinde letztere die Kontrolle über die Tätigkeit der Eigengesellschaft verlieren könnte – derartige Erwägungen sollten jedoch erst bei der Frage der inhaltlichen, materiellen Legitimation des gemeindlichen Handelns durch die Eigengesellschaft (vgl. unten II.) angestellt werden.

[89] Ähnlich *Böckenförde,* S. 71 (vgl. schon oben FN 87); anders dagegen *Püttner,* Die öffentlichen Unternehmen S. 137, der davon ausgeht, daß die demokratischen Legitimationskette bei den Amtswaltern endet, die die Gemeinde in der Haupt-/Gesellschafterversammlung der Eigengesellschaft vertreten; die übrigen Unternehmensorgane und deren Mitglieder seien dagegen lediglich „gesellschaftsrechtlich legitimiert". Da *Püttner* aber bereits die Geltung des Erfordernisses der persönlichen demokratischen Legitimation hinsichtlich der Erfüllung öffentlicher Aufgaben in Organisationsform des Privatrechts verneint und statt dessen die Statuierung einer Einwirkungs- und Kontrollpflicht befürwortet (vgl. bereits oben 4.), bleibt dieses „vorzeitige" Ende der Legitimationskette für ihn ohne weitere verfassungsrechtliche Konsequenzen.

[90] Rheinl.-pfälz. Gutachten S. 12/3; *H. P. Schneider,* S. 605; *Erichsen,* Eildienst LKT 85, 243 (für den Bereich der öffentlich-rechtlichen Einrichtungen und Unternehmen).

auf die freiwillig/rechtsgeschäftlichen Mitbestimmungsregelungen bezogene Handeln der Gemeinde keine legitimationsmäßigen Probleme auf. In diesem Fall bestehen keinerlei Zweifel daran, daß die Gemeinde uneingeschränkt die Möglichkeit zu einer eigenen, individuellen Berufung jedes (zusätzlichen) Organwalters besitzt und sich daher die durch die ordnungsgemäß durchgeführte Wahl zur Gemeindevertretung begründete Legitimationskette vom Volk zur Gemeindevertretung über die Gemeindevertreter bis zu den (zusätzlichen) Arbeitnehmervertretern fortsetzt.[91] Aufgrund der umfassend gewährten Befugnis der Gemeinde, von den arbeitnehmerischen Kandidatenvorschlägen abweichen zu können, stellen diese Vorschläge lediglich eine schlichte „Anregung" dar, die die Existenz eines eigenen, individuellen Berufungsakts durch die Gemeinde nicht in Frage zu stellen in der Lage sind.

(2) Begrenzt bindende Wahl-/Entsendungsvorschläge

Als verfassungsrechtlich nicht gänzlich unbedenklich, jedoch gerade noch an der Grenze des Hinnehmbaren gelegen, wird man jene Fälle einzuordnen haben, in denen die Gemeinde die Kandidaten für die an die Arbeitnehmer (zusätzlich) zu vergebenden Aufsichtsratsmandate aus einer Vorschlagsliste auszuwählen hat.[92] Zwar erfährt das kennzeichnende Merkmal des Begriffs der persönlichen Legitimation, die *eigene, individuelle* Auswahlentscheidung der staatlichen (gemeindlichen) Ernennungsinstanz[93] hinsichtlich der mit der Ausübung von öffentlicher Gewalt zu betrauenden Amtswalter durch die Beschränkung der freien Auswahl auf die in die Vorschlagsliste aufgenommenen Kandidaten eine nicht unerhebliche Einschränkung. Doch sind derartige Begrenzungen der Auswahlbefugnis des „Legitimationsvermittlers" nichts gänzlich Ungewöhnliches, sondern dem geltenden einfachgesetzlichen Recht, wie insbesondere die Regelungen der §§ 96 II 2 BBG,[94] 7 S. 3 PostVerwG,[95] 10 II 3 BBahnG[96] verdeutlichen, bereits seit längerem durchaus bekannt.[97] Soweit die Ernennungsinstanz daher berechtigt ist, aus einer ausreichend großen Vorschlagsliste – angemessen erscheint dabei eine doppelte[98] oder dreifache Anzahl von Kandidatenvorschlägen, gemessen an

---

[91] Rheinl.-pfälz. Gutachten S. 12/3; *H. P. Schneider,* S. 605; *Erichsen,* Eildienst LKT 85, 243 (für den Bereich der öffentlich-rechtlichen Einrichtungen und Unternehmen); vgl. auch *Thieme,* Gutachten S. 29.

[92] Vgl. oben 1. Teil, II., 2., b), bb) a.E.

[93] Begriff von *Maunz / Herzog* in: MDH Art. 20 II Rdnr. 55.

[94] IdF. v. 27. 2. 1985, BGBl. I. S. 479.

[95] IdF. v. 24. 7. 1953, BGBl. I. S. 676.

[96] Vom 13. 12. 1951, BGBl. I S. 955.

[97] Vgl. neuerdings auch die Regelung des § 93 III 4 GO/NW (idF. v. 13. 8. 1984, GV NW S. 475) für die nordrhein-westfälischen Eigenbetriebe.

[98] Vgl. FN 92.

der Zahl der zu vergebenden Positionen[99] – auszuwählen, wird man davon ausgehen können, daß die damit verbundene Begrenzung der inhaltlichen Auswahlentscheidung gerade noch mit dem Erfordernis der persönlichen demokratischen Legitimation in Einklang steht.[100]

Demnach können auch diejenigen Arbeitnehmervertreter, die infolge der Mitbestimmungsbegründungen/-erweiterungen in den Aufsichtsrat bestellt und daher mit der Ausübung öffentlicher Gewalt betraut werden, eine ausreichende persönliche Legitimation aufweisen, die aufgrund einer entsprechend großen Vorschlagsliste für diese Position ausgewählt worden sind.

(3) Bindende Wahl-/Entsendungsvorschläge

(a) Grundsatz

Nicht mehr ausreichend persönlich legitimiert sind dagegen jene zusätzlichen Arbeitnehmervertreter, die aufgrund eines bindenden Wahl-/Entsendungsvorschlages der Arbeitnehmer in den Aufsichtsrat bestellt werden,[101] d.h. in den Fällen, in denen die Gemeinde die arbeitnehmerischen Kandidatenvorschläge ohne eigene inhaltliche Entscheidung bzw. Auswahlbefugnis zu übernehmen und zu realisieren, quasi lediglich noch „abzusegnen" hat.[102]

Zwar existiert auch insoweit, rein formal betrachtet, eine ununterbrochene Kette von Berufungsakten vom Volk über die Gemeindevertretung bis zu den jeweiligen Arbeitnehmervertretern, da die Umsetzung der arbeitnehmerischen Kandidatenvorschläge, auch sofern sie für die Gemeinde bindend sind, allein durch die Gemeindevertretung selbst bzw. deren Vertreter in den Gesellschaftsorganen erfolgt[103] und sich daher der durch die ordnungsgemäß durchgeführte Wahl zur Gemeindevertretung über die Gemeindevertreter bewirkte Legitimationsvorgang auch in diesen Fällen formal bis zu den (zusätzlichen) Arbeitnehmervertretern fortsetzt. Die zwingende Bindung der Gemeinde an die arbeitnehmerischen Kandidatenvorschläge degradiert deren Berufungsakt jedoch zu einer leeren Formalität. Von einer eigenen, individuellen *Auswahl*entscheidung der Gemeinde hinsichtlich der mit der Ausübung von öffentlicher Gewalt zu betrauenden Personen – dem

---

99 *Maunz / Herzog* in: MDH Art. 20 II Rdnr. 55; *Herzog* in: MDH Art. 98 Rdnr. 45.

100 *Maunz / Herzog* in: MDH Art. 20 II Rdnr. 55; *Herzog* in: MDH Art. 98 Rdnr. 45; rheinl.-pfälz. Gutachten S. 12/3; *Püttner*, DVBl. 84, 168/9; *ders.*, Gutachten S. 19/20, 28; (letztere allerdings speziell für die öffentlich-rechtlichen Einrichtungen und Unternehmen); vgl. auch *Kisker*, DRiZ 82, 82 (l. Sp.); zweifelnd wohl *Fischer*, Sparkasse 86, 535.

101 Vgl. oben 1. Teil, II., 1., b), bb), (2) sowie 2., b), bb) jeweils a.E.

102 Vgl. auch *Stüer*, StuGB 86, 23f.; *Görg*, S. 416 (für die öffentlich-rechtlich organisierten Einrichtungen und Unternehmen).

103 Vgl. § 55 II, III GO/NW (für entsprechende Vorschriften anderer Bundesländer vgl. unten 2. Abschnitt, FN 82) iVm. §§ 101 AktG, 52 GmbHG.

entscheidenden Merkmal des Erfordernisses der persönlichen demokratischen Legitimation – kann bei dieser Fallgestaltung keine Rede mehr sein; insoweit wird eine Situation geschaffen, die derjenigen bei einer Direktwahl äußerst ähnlich ist.

Die strikte Bindung der Gemeinde an die arbeitnehmerischen Kandidatenvorschläge führt demnach zu einer vollständigen Beseitigung der gemeindlichen Auswahlentscheidung und damit zu einer Unterbrechung der vom Volk ausgehenden Legitimationskette.[104] Die Einführung/Erweiterung unternehmensbezogener Mitbestimmungsbefugnisse in Aufsichtsräten kommunaler Eigengesellschaften des Daseinsvorsorgebereichs unter Verwendung bindender Wahl-/Entsendungsvorschläge der Arbeitnehmer hinsichtlich der zu bestellenden (zusätzlichen) Arbeitnehmervertreter steht daher mit dem grundgesetzlichen Erfordernis der persönlichen demokratischen Legitimation nicht in Einklang.

(b) Selbstverwaltungsgedanke

Eine andere Bewertung ergäbe sich allerdings dann, wenn auch die – infolge der zwingenden Bindung der Gemeinde an die arbeitnehmerischen Kandidatenvorschläge – letztlich allein durch die Unternehmensbelegschaft[105] bestimmte Berufung der (zusätzlichen) Arbeitnehmervertreter geeignet wäre, eine ausreichende persönliche demokratische Legitimation dieser Organwalter zu begründen.[106]

---

[104] Vgl. auch rheinl.-pfälz. Gutachten S. 12/3; *H. P. Schneider,* S. 605; *Maunz / Herzog* in: MDH Art. 20 II Rdnr. 55.

[105] Der Fall eines bindenden Bestellungsvorschlags allein durch eine Gewerkschaft hinsichtlich an externe Gewerkschaftsvertreter zu vergebende (zusätzliche) Aufsichtsratsmandate (vgl. oben 1. Teil, II., 1., b), bb), (1) sowie 2., b), aa) jeweils a. E.) soll außer Betracht bleiben, da eine solche Abrede in der Praxis nicht vorgefunden werden konnte (vgl. oben 1. Teil, II., 1., b), bb), (1) sowie 2., b), aa) jeweils a. E.).

[106] *Erichsen,* Eildienst LKT 85, 243, vgl. auch *Tettinger,* Mitbestimmung S. 67/8, stellt für den Bereich der öffentlich-rechtlichen Sparkassen die Überlegung an, ob die Bediensteten der Sparkasse aufgrund ihrer Bestellung durch den persönlich legitimierten Sparkassenvorstand in ihr Amt ausreichend legitimiert seien, ihren Vertretern im Verwaltungsrat der Sparkasse infolge dieser legitimierten Stellung auch im Falle einer ausschließlichen Bestellung durch sie, die Bediensteten, eine ausreichende persönliche Legitimation hinsichtlich dieser Organtätigkeit zu vermitteln. *Erichsen* verneint dies mit der – allerdings Aspekte der persönlichen und inhaltlichen, materiellen Legitimation (vgl. dazu unten II., 1.) vermengenden – Begründung, die Bediensteten seien bei diesem Bestellungsakt in unzulässiger Weise von einer rückbindenden Verantwortung an ihre Legitimationsgeber frei. Darüber hinaus ist gegenüber der obigen Überlegung darauf hinzuweisen, daß allein die durch den Vorstand bewirkte Berufungen zur Wahrnehmung eines abgegrenzten Aufgabenkreises innerhalb des Sparkassenbetriebs nicht die Kompetenz beinhalten kann, eigenständig Personen zur Teilnahme an der Leitung der Sparkasse und damit zur Wahrnehmung anderer bzw. weitergehender Aufgaben zu legitimieren, als für solche, für die sie in den Dienst berufen worden sind (ähnlich auch VGH/NW Sparkasse 86, 509 (512); vgl. auch *Schick* in: Verfassungsrechtliche Grenzen S. 270 f.); andernfalls käme es zu einer verfassungsrechtlich nicht vorgesehenen, wechselseitigen „In-Sich-Legitimation“

Bereits im Rahmen der Darstellung des Begriffs der persönlichen demokratischen Legitimation war unter Hinweis auf die Existenz der Selbstverwaltung in den Gemeinden und Gemeindeverbänden, den berufsständischen Kammern, der Wissenschaft oder des Rundfunks[107] darauf hingewiesen worden, daß als Legitimationsbasis nicht allein das gesamte Volk, sondern auch abgegrenzte Teileinheiten des Volkes Ausgangspunkt demokratischer Legitimation sein können.[108] Darüber hinaus machen die Regelungen der Art. 28 I, II; 87 II, III GG deutlich, daß eine Herrschaft durch abgegrenzte Teileinheiten des Volkes mit dem grundgesetzlichen Demokratieverständnis nicht schlechthin unvereinbar[109] und es von Verfassungs wegen nicht a limine unzulässig ist, weiteren, nach sachlichen Merkmalen abgegrenzten Teilen des Volkes bestimmte Angelegenheiten zur eigenen Regelung zu überlassen;[110] d.h. auch bloßen Teileinheiten des Volkes kann in verfassungsmäßiger Weise die Befugnis zustehen, Organwalter für die Ausübung öffentlicher Gewalt persönlich zu legitimieren.

Ob jedoch auch die Belegschaft einer Eigengesellschaft als eine derartige, den Selbstverwaltungseinheiten vergleichbare Teileinheit betrachtet werden kann, erscheint allerdings mehr als zweifelhaft.[111] Von „Selbstverwaltung" kann immer nur dann gesprochen werden, wenn mit der Ausgliederung einzelner Aufgabenbereiche auf gesonderte Verwaltungsträger gerade dem Gedanken der „Selbstbetroffenheit"[112] Rechnung getragen werden soll, d.h. wenn die Teileinheit des Volkes „eigene", sie in besonderem Maße treffende Angelegenheiten eigenverantwortlich soll regeln bzw. maßgeblich beeinflussen können.[113] Die der Arbeitnehmerschaft aufgrund der freiwillig/rechtsgeschäftlichen Mitbestimmungsbefugnisse ermöglichte Mitwirkung an der Kontrolle und Leitung kommunaler Eigengesellschaften des Daseinsvorsorgebereichs stellt jedoch keine derartige Form von Wahrnehmung eigener Angelegenheiten dar. Zwar ist hinsichtlich der Frage, wann eine „eigene" Angelegenheit in Rede steht, ein großzügiger Maßstab anzulegen, da eine öffentliche Aufgabe wegen der wachsenden Interdependenz der ein-

---

dergestalt, daß der Sparkassenvorstand seine Legitimation durch den Verwaltungsrat und dessen Mitglieder wiederum, zumindest teilweise, ihre Legitimation durch den Vorstand beziehen (VGH/NW Sparkasse 86, 509 (512); vgl. auch *Püttner,* DVBl. 88, 358).

[107] Vgl. *Stern* I § 12 I 1 - 4.

[108] Vgl. oben 1. a.E.

[109] *Püttner,* Mitbestimmung S. 51/2; *Thieme,* Gutachten S. 48/9; Berliner Gutachten S. 18; BVerfGE 11, 310 (320f.); *Papier,* S. 53f.

[110] Berliner Gutachten S. 19; *Püttner,* Mitbestimmung S. 50; *Maunz / Herzog* in: MDH Art. 20 II Rdnr. 56ff.; *Herzog,* Staatslehre S. 220ff.; rheinl.-pfälz. Gutachten S. 1 m.w.N.

[111] Im Ergebnis ebenso VGH/NW Sparkasse 86, 509 (512); vgl. auch Berliner Gutachten S. 19ff. sowie *Püttner,* DVBl. 88, 359.

[112] *Maunz / Herzog* in: MDH Art. 20 II Rdnr. 56ff.; *Schmitt Glaeser,* VVDStRL 31 (1973) S. 214ff.

[113] *Stern* I § 12 I 7 a); *Maunz* in: MDH Art. 28 Rdnr. 44; *Schmitt Glaeser,* VVDStRL 31 (1973) S. 214ff.; *Wolff / Bachof* II § 84 IV b).

zelnen Lebensbereiche niemals ausschließlich eine „eigene“ Angelegenheit der Teileinheit sein kann, sondern immer auch eine Sache der Allgemeinheit ist.[114] Die Erbringung von Daseinsvorsorgeleistungen, wie sie auch bei der Tätigkeit der kommunalen Eigengesellschaften der vorliegend in Rede stehenden Art zu verzeichnen ist, kann aber selbst bei großzügigster Auslegung nicht mehr als eine ausschließlich oder auch nur in besonderem Maße die Belegschaft der Eigengesellschaft betreffende Angelegenheit gewertet werden. Die unmittelbaren oder auch nur mittelbaren Entscheidungen des Aufsichtsrats über Fragen des „Ob“ und „Wie“ der Erfüllung der öffentlichen Aufgaben, d.h. über Leistungsumfang, Tarife, Finanzmaßnahmen, Personalentscheidungen etc., ist vielmehr eine die Gesamtheit oder doch die Mehrheit der Gemeindebevölkerung betreffende Angelegenheit.[115] Das besondere Maß des Angewiesenseins der Bevölkerung auf die in Rede stehenden Leistungen verbietet die Annahme, daß diese Leistungserbringung nur eine die Arbeitnehmer der Eigengesellschaften betreffende Angelegenheit darstellt.[116]

Die Heranziehung des Selbstverwaltungsgedankens ist demnach nicht geeignet, den Vorwurf der Unvereinbarkeit der unter Verwendung von für die Gemeinden bindenden Wahl-/Entsendungsvorschlägen bewirkten Mitbestimmungseinführungen/-erweiterungen in Aufsichtsräten kommunaler Eigengesellschaften des Daseinsvorsorgebereichs mit dem Erfordernis persönlicher demokratischer Legitimation auszuräumen.

(c) Mehrheitsaspekt

Obwohl somit in einem öffentliche Gewalt ausübenden Organ (auch) nicht ausreichend persönlich legitimierte Organwalter tätig werden, wird ein derartiger Sachverhalt dennoch teilweise solange als verfassungsrechtlich unbedenklich eingestuft, wie noch die Mehrzahl[117] der Organwalter des Aufsichtsrats eine persönliche demokratische Legitimation aufweisen kann.[118]

Eine solche Betrachtungsweise verkennt jedoch, daß nicht erst die hälftige oder eine geringere (z.B. drittelparitätische) Besetzung des Aufsichtsrats

---

[114] Berliner Gutachten S. 20; *Vorbrugg,* S. 282f.

[115] Berliner Gutachten S. 20; vgl. auch *Schick* in: Verfassungsrechtliche Grenzen S. 270; *Püttner,* Die öffentlichen Unternehmen S. 140.

[116] Berliner Gutachten S. 22/3; ähnlich *Püttner,* Selbstverwaltung S. 181; *ders.,* DVBl. 88, 359; *Schelter,* S. 353; *Papier,* S. 54f.; *Böckenförde,* S. 81.

[117] Eine derartige Sitzverteilung ist durchaus nicht bei allen von der im 1. Teil der Arbeit dargestellten empirischen Untersuchung erfaßten Unternehmen vorzufinden, vgl. oben 1. Teil, II., 1., b), bb), (1) sowie 2., b), aa).

[118] Vgl. *Böckenförde,* S. 74ff.; *Ipsen,* DÖV 71, 474; *Bieback,* S. 46f., 62; *Ehlers,* JZ 87, 226f. (sämtlich für den Bereich der öffentlich-rechtlich organisierten Einrichtungen und Unternehmen); vgl. auch *Dickersbach* in: Geller / Kleinrahm, Art. 2 Anm. 6; *Kisker,* DRiZ 82, 83 (l. Sp.); *Tettinger,* Mitbestimmung S. 50, 82, 68/9; Hess.StGH StAnz. Hessen 21/1986 S. 1089 (1111 l. Sp. unter c)).

mit nicht persönlich legitimierten Arbeitnehmervertretern eine Übertragung von Befugnissen zur Ausübung staatlicher (gemeindlicher) Gewalt auf jene beinhaltet, sondern dies vielmehr immer schon dann der Fall ist, wenn nur ein solcher Vertreter im Aufsichtsrat sitzt – bereits in diesem Augenblick besteht eine „virtuelle Vollentscheidungsgewalt“[119] des unter Nichtbeachtung des Erfordernisses der persönlichen demokratischen Legitimation berufenen Organwalters, da bei einer entsprechenden Abstimmungssituation auch seine Stimme den Ausschlag geben kann.[120] Dies um so mehr, als in den vorliegend in Rede stehenden Unternehmen nicht immer monolithische Abstimmungsblöcke, sondern durchaus wechselnde Mehrheiten verzeichnet werden können.[121]

Es reicht somit nicht aus, daß lediglich die Mehrheit der Vertreter des Aufsichtsrats eine persönliche demokratische Legitimation aufweisen kann, sondern jedes einzelne Mitglied dieses Organs bedarf einer Berufung durch die gesamte Gemeindebevölkerung.[122]

An diesem Ergebnis vermögen auch die zur Rechtfertigung der gegenteiligen Auffassung vorgetragenen Argumente nichts zu ändern. Herangezogen werden hier insbesondere folgende Aspekte:

- „historische Traditionen“[123]
- „wichtige praktische Bedürfnisse“[124]
- die Möglichkeit des Einbaus „gewaltengliedernder, balancierender Elemente“[124]
- die Nutzung von Sonderkenntnissen der Arbeitnehmer[125]
- die „Autonomie“ der Unternehmen.[126]

---

119 *Leisner,* Mitbestimmung S. 40f.; *ders.,* ZBR 71, 65; *Püttner,* DVBl. 84, 167; *ders.,* ZögU 84, 238f.; *ders.,* Gutachten S. 20; *Erichsen,* Eildienst LKT 85, 243; *Kisker,* Gutachten Rdnr. 137; niedersächsisches Gutachten S. 17.

120 *Püttner,* DVBl. 84, 167; *ders.,* ZögU 84, 238/9; *ders.,* DVBl. 88, 359; *Leisner,* Mitbestimmung S. 40f.; *ders.,* ZBR 71, 165; *Hoschke,* ZBR 78, 224; rheinl.-pfälz. Gutachten S. 11; vgl. auch *Schönberger,* S. 107/8; *Schick,* in: Verfassungsrechtliche Grenzen S. 271; *Büchner,* S. 76/7; *Heinevetter,* § 8 Erl. 3 (für den Sparkassenbereich); *Hoffmann-Riem,* S. 87 (für den Rundfunkbereich).

121 Vgl. *Leisner,* Mitbestimmung S. 40; *Büchner,* S. 213; *Scholz,* ZBR 80, 303; vgl. auch *Erichsen,* Eildienst LKT 85, 243; rheinl.-pfälz. Gutachten S. 11; *Stüer,* StuGB 86, 24/5 für die öffentlich-rechtlichen Sparkassen; vgl. näher unten 7., a), aa) sowie 2. Abschnitt, FN 153.

122 *Püttner,* DVBl. 84, 167/8; *ders.,* ZögU 84, 239; *ders.,* in: HKWP Bd. 5 S. 191; *ders.,* Gutachten S. 20, 35; *ders.,* DVBl. 88, 359; *Hennies,* S. 411; *Schick* in: Verfassungsrechtliche Grenzen S. 271; *Papier,* S. 52; *Stüer,* StuGB 86, 23f.; rheinl.-pfälz. Gutachten S. 10ff. m.w.N.; BVerfGE 47, 253 (272/3); VGH/NW Sparkasse 86, 509 (510/511); sämtliche genannten Nachweise beziehen sich allerdings auf öffentlich-rechtlich organisierte Einrichtungen und Unternehmen.

123 *Bieback,* S. 46.

124 *Böckenförde,* S. 75; *Bieback,* S. 46.

125 *Böckenförde,* S. 76; *Dickersbach* in: Geller / Kleinrahm, Art. 2 Anm. 6.

126 Vgl. *Püttner,* DVBl. 84, 167.

Diese Gesichtspunkte sind nicht geeignet, ein Abrücken vom Erfordernis einer persönlichen demokratischen Legitimation aller Amtswalter zu rechtfertigen,[127] da die Berücksichtigung jener Aspekte ebensogut auf anderen Wegen, z.B. durch die Einräumung eines bloß beratenden Mitwirkungsrechts,[128] möglich erscheint. Insbesondere ist aber darauf hinzuweisen, daß auch das *Bundesverfassungsgericht* die persönliche demokratische Legitimation aller Amtswalter eines mit der Ausübung von öffentlicher Gewalt betrauten Kollegialorgans fordert.[129] Diese Auffassung hat das Gericht allerdings nicht schon immer vertreten.[130] So hat es zunächst in zwei Fällen,[131] in denen auch nicht persönlich legitimierte Amtswalter von Kollegialorganen mit der Ausübung öffentlicher Gewalt betraut waren, das Erfordernis einer persönlichen demokratischen Legitimation überhaupt nicht erörtert. Die Entscheidungsgründe beschränken sich vielmehr auf die Fragestellung, ob die den Gremien zugebilligte Unabhängigkeit von Parlament und Regierung dem demokratischen Erfordernis einer funktionsfähigen und verantwortlichen Regierung entgegenstünde.[132] Weder auf diesen Aspekt, noch auf den der persönlichen Legitimation aller Amtswalter hat das Gericht sodann in einer Entscheidung abgestellt, in der u.a. die Regelung über die Zusammensetzung eines öffentliche Gewalt ausübenden Organs zu überprüfen war, in dem auch nicht persönlich legitimierte Organwalter tätig waren; das Gericht befand diese Regelung schlicht als „offenkundig“ mit dem Bundesrecht vereinbar.[133] Nachdem die Rechtsprechung des *Bundesverfassungsgerichts* die hier abgelehnte Auffassung somit zunächst zu bestätigen schien,[134] hat es seine Judikatur in letzter Zeit geän-

---

[127] Vgl. auch *Püttner,* Gutachten S. 34; *Stüer,* StuGB 86, 21/25 für die öffentlich-rechtlichen Sparkassen.

[128] Vgl. auch *Schick* in: Verfassungsrechtliche Grenzen S. 271; *Püttner,* Gutachten S. 34; *Schmitt Glaeser,* DÖV 74, 155; vgl. für den Rundfunkbereich z.B. §§ 15 XIII WDR-Gesetz (v. 19.3.1985, GV NW S. 237); 5 VIII Radio-Bremen-Gesetz (v. 18.6.1979, GVBl. S. 245); 6 VIII SFB-Satzung (Anlage zum Gesetz über die Errichtung einer Rundfunkanstalt „Sender-Freies-Berlin“ idF. v. 5.12.1974, GVBl. 75, S. 145) sowie *Hoffmann-Riem,* S. 54 und das Muster-Rundfunkgesetz der RFFU, abgedr. in: Hörfunk-Fernsehen-Film, Heft 1/1980 S. 10f.

[129] Vgl. BVerfGE 38, 258 (271f.); 47, 253 (272ff.); 52, 95 (130); ebenso VGH/NW Sparkasse 86, 509 (511).

[130] Vgl. auch die ausführliche Rechtsprechungsübersicht bei *Tettinger,* Mitbestimmung S. 25ff.

[131] Vgl. BVerfGE 9, 268 (Einigungsstellen nach dem bremischen Personalvertretungsgesetz); 22, 106 (Einspruchsentscheidungen der Steuerausschüsse).

[132] Vgl. BVerfGE 9, 268 (281f.); 22, 106 (112); das Gericht stellt damit (allein) auf den Aspekt der inhaltlichen materiellen Legitimation (dazu unten II.) ab; ähnlich auch der Brem.StGH DÖV 75, 352 (354ff.) (zum Ausbildungs- und Prüfungsamt nach dem bremischen Juristenausbildungsgesetz).

[133] BVerfGE 24, 268 (274) (Richterwahlausschuß nach dem hamburgischen Richterwahlgesetz); in diese Richtung wohl auch BVerfGE 41, 1 (10) (zum Wahlverfahren des Präsidialrats verschiedener Gerichtszweige, vgl. § 74 II DRiG).

[134] So *Böckenförde,* S. 76; *Bieback,* S. 46f.; *Tettinger,* Mitbestimmung S. 54; vgl. auch *Püttner,* DVBl. 84, 167 FN 23.

dert und zunächst für die schleswig-holsteinischen Magistratsmitglieder,[135] dann für die nordrhein-westfälischen (Gemeinde)Bezirksvertretungen[136] und letzthin auch für die schleswig-holsteinischen Ämter[137] ausdrücklich klargestellt, daß *alle* Amtswalter eines mit der Wahrnehmung öffentlicher Aufgaben befaßten Kollegialorgans einer persönlichen demokratischen Legitimation bedürfen. Daß sämtliche Entscheidungen zum öffentlich-rechtlich organisierten Verwaltungsbereich ergangen sind, dürfte angesichts des Charakters der durch die in Rede stehenden Unternehmen wahrgenommenen Aufgaben ohne Bedeutung sein, da ansonsten dem Unterschied in der Organisationsform eine nicht gerechtfertigte Überbewertung zuteil würde[138] – nicht die Organisationsform ist demnach für die Legitimationsfrage maßgeblich, sondern allein der Aspekt des Charakters der zu erfüllenden Aufgabe.[139]

Es bleibt damit bei dem oben gefundenen Ergebnis, daß die Einführung/Erweiterung unternehmensbezogener Mitbestimmung in kommunalen Eigengesellschaften des Daseinsvorsorgebereichs unter Verwendung einer inhaltlichen Bindung der Gemeinde an die arbeitnehmerischen Wahl-/Entsendungsvorschläge nicht mit dem Erfordernis der persönlichen demokratischen Legitimation in Einklang steht.[140]

b) Direkte Bestellung

Gegen eine, auf freiwillig/rechtsgeschäftlicher Basis begründeten unternehmensbezogenen Mitbestimmung in kommunalen Eigengesellschaften des Daseinsvorsorgebereichs mittels einer Direktwahl der Arbeitnehmervertreter durch die Unternehmensbelegschaft[141] bestehen hinsichtlich der Beachtung des Grundsatzes über die persönliche demokratische Legitimation ähnliche Bedenken, wie sie soeben für den den Fall der mittelbaren Bestellung aufgezeigt worden sind.

---

[135] BVerfGE 38, 258 (271f.).

[136] BVerfGE 47, 253 (272ff.).

[137] BVerfGE 52, 95 (130).

[138] *Kisker,* DÖV 72, 525 FN 30; ähnlich BVerfGE 47, 253 (273); vgl. auch *Leisner,* ZBR 71, 65 (unter b)).

[139] *Vitzthum,* S. 589; ähnlich auch BVerfGE 47, 253 (273).

[140] Die Durchbrechung dieses Erfordernisses kann schließlich auch nicht damit gerechtfertigt werden, daß das Demokratieprinzip selbst bzw. andere Staatsstrukturprinzipien des Grundgesetzes – insbesondere das Rechtsstaats- und Sozialstaatsprinzip (vgl. dazu nur *Stern* I §§ 22, 23) – oder das Recht auf freie persönliche Entfaltung (Art. 2 I; 1 I GG) eine derartige Ausgestaltung der staatlichen Organisation gestatten, vgl. VGH/NW Sparkasse 86, 509 (511); entsprechende Begründungsversuche können mittlerweile als gescheitert betrachtet werden, vgl. nur *Kisker,* Gutachten Rdnr. 21ff., 136.

[141] Es handelt sich hierbei durchweg um Eigengesellschaften in der Rechtsform der GmbH, die keiner gesetzlichen Mitbestimmungsregelung unterliegen, vgl. oben 1. Teil, II., 1., b), bb), (2) mit FN 34.

Da die Gemeinde(vertretung) in den Fällen der Direktwahl in keinster Weise an der Bestellung der Arbeitnehmervertreter beteiligt wird, d.h. keine vom Volk ausgehende, ununterbrochene Kette von eigenen, individuellen Berufungsakten existiert, fehlt diesen Organwaltern für ihre Ausübung von öffentlicher Gewalt eine ausreichende persönliche demokratische Legitimation;[142] die im Rahmen des mittelbaren Bestellungsvorgangs zu den für die Gemeinde bindenden Wahl-/Entsendungsvorschlägen der Arbeitnehmerschaft gemachten Ausführungen[143] gelten hier sinngemäß, zumal der Gemeinde in den Fällen der Direktwahl noch nicht einmal die formale Bestellungsbefugnis[144] verbleibt.

Der Umstand, daß auch im Rahmen der direkten Arbeitnehmervertreterbestellung die ausreichend persönlich legitimierten Organwalter möglicherweise die Mehrheit im Aufsichtsrat stellen,[145] kann den zu verzeichnenden Mangel an persönlicher demokratischer Legitimation ebensowenig beseitigen wie eine übertragende Heranziehung des Selbstverwaltungsgedankens; die insoweit an früherer Stelle[146] gemachten Ausführungen gelten hier ebenfalls entsprechend.

6. Rechtsgleichheit

Wie oben dargestellt, verlangt das demokratische Prinzip des Grundgesetzes für die rechtmäßige Ausübung staatlicher (gemeindlicher) Gewalt neben der Existenz einer vom (Gemeinde)Volk ausgehenden, ununterbrochenen Kette von Berufungsakten hinsichtlich der mit der Wahrnehmung dieser Herrschaftsmacht betrauten Personen auch eine gleichmäßige Teilhabe des gesamten (Gemeinde)Volks an der Frage, auf welche Personen die Übertragung der Hoheitsgewalt erfolgen soll.[147] Ob die Einführung/Erweiterung der unternehmensbezogenen Mitbestimmung in kommunalen Eigengesellschaften des Daseinsvorsorgebereichs diesem grundgesetzlichen Erfordernis in ausreichendem Maße Rechnung trägt, soll nachfolgend, wiederum getrennt nach der Art des zugrundeliegenden Bestellungsakts, einer näheren Prüfung unterzogen werden.

---

[142] Ebenso für die die öffentlich-rechtlichen Sparkassen *Püttner,* DVBl. 84, 166ff.; *ders.,* Gutachten S. 28f.; *Stüer,* StuGB 86, 24; *Erichsen,* Eildienst LKT 85, 242f.; für den Bereich der Personalvertretung vgl. *Kisker,* Gutachten Rdnr. 8; *Ossenbühl,* Grenzen S. 40.

[143] Vgl. oben a), bb), (3); vgl. auch *Püttner,* Gutachten S. 25, 28; *ders.,* DVBl. 84, 169; *Stüer,* StuGB 86, 24 für die öffentlich-rechtlichen Sparkassen.

[144] Vgl. oben a), bb), (3), (a).

[145] Dies ist zumindest bei den Bremer Unternehmen mit den Ziff. 14) - 16) sowie bei dem Bremerhavener Unternehmen mit der Ziff. 24) nicht der Fall, vgl. oben 1. Teil, II., 1., b), bb), (2) mit FN 29.

[146] Vgl. oben a), bb), (3), (b) und (c).

[147] Vgl. oben 1. a.E.

a) Mittelbare Bestellung

Entsprechend der Untersuchung des Legitimationserfordernisses soll auch bei der Frage der Rechtsgleichheit dahingehend differenziert werden, ob die arbeitnehmerischen Wahl-/Entsendungsvorschläge hinsichtlich der von der Einführung/Erweiterung erfaßten (zusätzlichen) Arbeitnehmervertreter für die Gemeinde rechtlich bindend ausgestaltet sind oder ihr insoweit ein begrenztes oder uneingeschränktes Ablehnungs- bzw. Auswahlrecht zusteht.

aa) Bindungsfreie/begrenzt bindende Wahl-/Entsendungsvorschläge

Soweit die arbeitnehmerischen Wahl-/Entsendungsvorschläge hinsichtlich der aufgrund der freiwillig/rechtsgeschäftlich begründeten/erweiterten Mitbestimmungsbefugnisse in den Aufsichtsrat zu bestellenden (zusätzlichen) Arbeitnehmervertreter für die Gemeinde nicht bindend sind bzw. die Gemeinde die Kandidaten für die an die Arbeitnehmer (zusätzlich) zu vergebenden Aufsichtsratsmandate aus einer ausreichend großen Vorschlagsliste auswählen kann, wirft die Übertragung von Befugnissen zur Ausübung staatlicher (gemeindlicher) Gewalt auf die Arbeitnehmervertreter bzw. das hierauf gerichtete Handeln der Gemeinde auch unter dem Gesichtspunkt der Rechtsgleichheit keine Probleme auf. Die gleichmäßige Beteiligung aller Gemeindebürger an den Wahlen zur Gemeindevertretung, d.h. deren Betrauung mit der Ausübung gemeindlicher Herrschaftsmacht, setzt sich über die Gemeindevertretungsmitglieder bis zu den (zusätzlichen) Arbeitnehmervertretern fort. Zur Begründung können aufgrund des engen inhaltlichen Zusammenhangs der Prinzipien von persönlicher demokratischer Legitimation und Rechtsgleichheit insoweit die zur Legitimationsproblematik gemachten Ausführungen[148] entsprechend herangezogen werden.

bb) Bindende Wahl-/Entsendungsvorschläge

Erhebliche Bedenken an der Verfassungsmäßigkeit der freiwillig/rechtsgeschäftlichen Mitbestimmungseinführung/-erweiterung bzw. an dem darauf gerichteten Handeln der Gemeinde bestehen jedoch wiederum dann, wenn die Gemeinde zwingend an die Wahl-/Entsendungsvorschläge für die (zusätzlich) zu bestellenden Arbeitnehmervertreter gebunden ist, d.h. jene Vorschläge ohne eigene, inhaltliche Auswahlentscheidung übernehmen und realisieren muß – ob in diesem Fall noch eine gleichmäßige Teilhabe aller Gemeindebürger an der Übertragung der Befugnisse zur Ausübung

---

148 Vgl. oben 5., a), bb), (1) und (2).

gemeindlicher Gewalt auf die (zusätzlichen) Arbeitnehmervertreter gewährleistet ist, erscheint äußerst fraglich.

(1) Ungleichbehandlung

Allerdings ist auch hier wieder zwischen der Befugnis zur Vornahme des formalen Bestellungsaktes (Wahl/-Entsendung) und der materiellen, inhaltlichen Auswahlentscheidung über die Person des zu bestellenden Amtswalters erforderlich.[149]

Hinsichtlich der rein „technischen", formalen Realisierung des Bestellungsaktes verbleibt es unzweifelhaft bei einer gleichmäßigen Beteiligung aller Gemeindebürger, da die Umsetzung der arbeitnehmerischen Kandidatenvorschläge, auch sofern sie für die Gemeinde bindend sind, allein durch die Gemeindevertretung selbst bzw. deren Vertreter in den Gesellschaftsorganen[150] erfolgt und sich daher die gleichmäßige Teilhabe aller Gemeindebürger an den Wahlen zur Gemeindevertretung auch in dieser Frage fortsetzt.

Probleme ergeben sich jedoch wiederum dann, wenn man die Frage nach der inhaltlichen Auswahlbefugnis mit in die Betrachtung einbezieht. Die enge Verbindung der demokratischen Prinzipien von persönlicher Legitimation und Rechtsgleichheit sowie die Zielrichtung des grundgesetzlichen Demokratieprinzips auf die Ausgestaltung der grundlegenden Verteilung der Herrschaftsgewalt im Staat machen deutlich, daß es bei der Frage der gleichmäßigen Teilhabe aller Bürger an der Bestellung von mit staatlicher (gemeindlicher) Herrschaftsmacht betrauten Personen nicht allein auf die gleichmäßige Beteiligung an dem formalen Bestellungsvorgang ankommt, sondern daß damit gerade auch eine inhaltliche Auswahlkompetenz verbunden sein muß, soll die erstere Befugnis nicht zu einer leeren Hülse werden.

Die zwingende Bindung der Gemeinde an die arbeitnehmerischen Kandidatenvorschläge hat zur Folge, daß über die Frage, mit welchen Personen die an die Arbeitnehmer zu vergebenden (zusätzlichen) Aufsichtsratsmandate besetzt werden sollen, d. h. wer in Zukunft Träger staatlicher (gemeindlicher) Herrschaftsbefugnisse sein soll, nicht mehr die gesamte Gemeindebevölkerung, sondern allenfalls ein Teil[151] von ihr entscheidet; die infolge der

---

[149] Vgl. oben 5., a), bb), (3).

[150] Vgl. § 55 II, III GO/NW (für entsprechende Vorschriften anderer Bundesländer vgl. unten 2. Abschnitt, FN 82) iVm. §§ 101 AktG, 52 GmbHG.

[151] Gemeint ist insbesondere die Unternehmensbelegschaft bzw., soweit ihnen die Möglichkeit zur Erstellung bindender Kandidatenvorschläge eingeräumt ist, auch die Betriebsräte bzw. die Gewerkschaften, vgl. oben 1. Teil, II., 1., b), bb), (2) mit FN 30 sowie 2., b), bb).

Püttner, Mitbestimmung S. 76, 79; *ders.,* DVBl. 84, 168; *ders.,* Gutachten S. 31; *ders.* in: HKWP Bd. 5 S. 192; ihm folgend *Büchner,* S. 51, weist im Zusammenhang gleichmäßigen Teilnahme an der Wahl zur Gemeindevertretung grundsätzlich sichergestellte gleichmäßige Teilhabe der gesamten Gemeindebevölkerung an der Frage, wer in Zukunft die gemeindlichen Herrschaftsbefugnisse (mit)ausüben soll, wird durch die zwingende Bindung der Gemeinde in einem Teilbereich beseitigt. Oder anders – aus der Sicht der Arbeitnehmer – formuliert: Infolge der zwingenden Bindung der Gemeinde an die arbeitnehmerischen Besetzungsvorschläge werden die Möglichkeiten der Arbeitnehmer (soweit sie Gemeindebürger sind[152]) zur Teilnahme an der Ausübung von gemeindlicher Herrschaftsmacht durch zeitlich und zahlenmäßige Vervielfachung potenziert[153] – neben ihrem Stimmrecht bei den allgemeinen

---

mit der Frage der gleichmäßigen Teilhabe der *Gemeinde*bevölkerung zu Recht noch auf folgende Aspekte hin:

- es entspricht nicht der Regel, daß die Arbeitnehmer kommunaler Unternehmen durchweg nur Bürger der die Eigengesellschaft tragende Gemeinde sind;
- des weiteren wären auch die ausländischen Arbeitnehmer der kommunalen Unternehmen an dem Bestellungsakt zu beteiligen – dies könnte aber eine (zumindest teilweise) Einführung eines bisher abgelehnten Ausländerwahlrechts (vgl. dazu nur *Tettinger*, Bes. VerwR Rdnr. 46ff.; *Böcker*, S. 228; *Sennewald*, S. 77; *H. Meyer* in: HKWP Bd. 2 S. 64, FN 164; *Schild*, S. 664 jeweils m.w.N.) durch die Hintertür darstellen. Allerdings scheint sich in der gesetzgeberischen Praxis zu den Gemeindeordnungen eine Tendenz breit zu machen, die den Ausländern sogar Mitwirkungsmöglichkeiten an der Arbeit des Rates selbst gewähren will. So hat z.B. Nordrhein-Westfalen in §§ 42 IV; 30 II Nr. 6 GO/NW (zu ähnlichen Regelungen anderer Bundesländer vgl. §§ 41 I 3 GO/BW; 51 VI 2 GO/Nds.; 50 saarl. KSVG) festgelegt, daß als beratendes Mitglied eines Ausschusses nicht nur sachkundige Bürger, sondern auch sachkundige Einwohner der Gemeinde und damit auch Ausländer gewählt werden können (so ausdrücklich die amtliche Begründung zum Entwurf über das „Gesetz zur Änderung der Gemeindeordnung, Landkreisordnung und anderer Kommunalverfassungsgesetze des Landes Nordrhein-Westfalen“ v. 28.11.1983, LT-Dr. 9/2973, S. 35, 38; ebenso *Rehn / Cronauge*, § 42 Anm. IV 1). Im Gesetzgebungsverfahren über dieses Änderungsgesetz wurde, unter der Versicherung, auf diese Weise keine Vorarbeit für ein Ausländerwahlrecht leisten zu wollen, dem Gesichtspunkt der Integration mehr Gewicht beigelegt als den gegen die Mitwirkungsbefugnis vorgebrachten (kommunal)verfassungsrechtlichen Bedenken (vgl. Plenarprotokoll 9/88 v. 15.12.1983, S. 4986f., 4997, 5000; Protokoll des Ausschusses für Kommunalpolitik LT-Dr. 9/3405, S. 39; Plenarprotokoll 9/98 v. 15.5.1984, S. 5868, 5882f.; *Rehn / Cronauge*, § 42 Anm. IV 1 stellen im wesentlichen auf die Einbringung von Sachkunde und Erfahrung ab, äußern aber keine rechtlichen Bedenken gegen die Einrichtung des sachkundigen Einwohners; vgl. auch schon die Ausführungen *Rehns* in der vorgenannten Ausschußsitzung S. 8);
- die teilweise vorgesehene (vgl. oben 1. Teil, II., 1., b), bb), (2) mit FN 36 sowie 2., b), bb)) Mitwirkung betriebsfremder Gewerkschafter ist, betrachtet man die bundesweit ausgebaute Organisationsstruktur der Gewerkschaften, schwerlich mit dem Prinzip der Dezentralisation, einem maßgeblichen Aspekt des Selbstverwaltungsgedankens (vgl. nur *Stern* I § 12 I 2 m.w.N.) zu vereinbaren; *Püttner*, Mitbestimmung S. 79/80; vgl. auch *Leisner*, Mitbestimmung S. 59ff.

152 Vgl. oben FN 151.

153 *Erichsen*, Eildienst LKT 85, 243; *Püttner*, Mitbestimmung S. 49ff.; *ders.*, Verfassungsprobleme S. 56; *ders.* in: HKWP Bd. 5, S. 191; *ders.*, DVBl. 84, 166; *ders.*, ZögU 84, 238; rheinl.-pfälz. Gutachten S. 13; *Obermayer*, Mitbestimmung S. 30; *ders.*, RiA 73, 83; *Schick*, JZ 70, 450; *Schwarz*, S. 126; *Biedenkopf / Säcker*, S. 121; OLG Bremen DÖV 77, 899 (900); eine ähnliche Fragestellung findet sich unter dem Begriff der „gleichheitswidrigen Doppelrepräsentation“ in der Diskussion über die Einführung von Arbeitnehmermitbestimmung in den Verwaltungsräten der öffentlich-recht-

Wahlen zur Gemeindevertretung erhalten sie durch ihre Stellung als Arbeitnehmer eines gemeindliche Aufgaben erfüllenden Unternehmens eine weitere Gelegenheit, an der Ausübung öffentlicher Gewalt zu partizipieren.[154]

Die Einführung/Erweiterung unternehmensbezogener Mitbestimmungsbefugnisse in Aufsichtsräten kommunaler Eigengesellschaften des Daseinsvorsorgebereichs unter Verwendung bindender Wahl-/Entsendungsvorschläge hinsichtlich der infolge dieser Einführung/Erweiterung in den Aufsichtsrat zu bestellenden (zusätzlichen) Arbeitnehmervertreter schafft somit eine Ungleichbehandlung im Bereich der Teilhabe an der Ausübung staatlicher (gemeindlicher) Gewalt.[155]

(2) Sachgerechte Differenzierung

(a) Grundsatz

Mit der Feststellung einer Ungleichbehandlung[156] ist jedoch noch keine endgültige Aussage über die Verfassungsmäßigkeit des diesen Zustand bewirkenden Verhaltens getroffen. Wie die insoweit lediglich beispielhaften[157] Formulierungen der Art. 28 I 2 und Art. 38 I 1 GG verdeutlichen, geht der grundgesetzliche Demokratiebegriff hinsichtlich der Frage der Beteiligung der (Gemeinde)Bürger an der Ausübung staatlicher (gemeindlicher) Gewalt prinzipiell zwar von einer strengen formalen Gleichstellung aller Bürger aus[158] – jeder soll grundsätzlich die gleichen Chancen haben, seine

---

lichen Rundfunkanstalten, vgl. nur *Ipsen,* Mitbestimmung im Rundfunk S. 67 ff.; *Schmitt Glaeser,* Der Staat 13 (1974) S. 578 ff.; *Bethge,* Verfassungsprobleme S. 47; *Hoffmann-Riem,* S. 75; *Hermann,* S. 253; *Karpen,* S. 93; vgl. auch *Heinevetter,* § 8 Erl. 3, der diesen Begriff auch im Sparkassenbereich verwendet.

154 *W. Zeidler,* S. 724; *Ossenbühl,* Grenzen S. 55; *Schwarz,* S. 126; *Schick,* JZ 70, 450; *Hoschke,* ZBR 78, 224; *ders.,* Mitbestimmungskonkurrenzen S. 88; niedersächsisches Gutachten S. 24 ff.

155 Im Ergebnis ähnlich *Püttner,* Mitbestimmung S. 62/4; *ders.,* Verfassungsrechtliche Probleme S. 56; *ders.* in: HKWP Bd. 5 S. 191; *ders.,* DVBl. 84, 166; *Obermayer,* Mitbestimmung S. 30; *ders.,* RiA 73, 83; *Biedenkopf / Säcker,* S. 221; Kölner Gutachten zit. bei *Zeller,* S. 66; *Schwarz,* S. 126; *Scholz,* Mitbestimmung und GG S. 30; *Janson* in: HKWP Bd. 5 S. 218; *Schick,* JZ 70, 450; *W. Zeidler,* S. 724; *Mertens* in: Kölner Kommentar § 96 Rdnr. 23, 27; *Hoschke,* ZBR 78, 224; *ders.,* Mitbestimmungskonkurrenzen S. 88; *Schelter,* S. 355; *Scheerbarth / Höffken,* § 31 I 2 a); *Heinevetter,* § 8 Anm. 3; rheinl.-pfälz. Gutachten S. 13 ff.; niedersächsisches Gutachten S. 6; (letztere für den Bereich der öffentlich-rechtlichen Einrichtungen und Unternehmen); OLG Bremen DÖV 77, 899 (900).

156 Eine Ausräumung des Vorwurfs eines Gleichheitsverstoßes unter Heranziehung des Selbstverwaltungsgedankens bzw. des Mehrheitsaspekts entfällt aus den gleichen Gründen, wie sie bereits im Rahmen der Untersuchung des Aspekts der persönlichen demokratischen Legitimation angeführt worden sind; die dortigen Ausführungen gelten hier entsprechend; vgl. oben 5., a), bb), (3), (b) und (c).

157 *Maunz / Herzog* in: MDH Art. 20 II Rdnr. 9/10; Berliner Gutachten S. 15.

158 BVerfGE 28, 220 (225).

politischen Vorstellungen verwirklichen zu können.[159] Diese formale Ausgestaltung des Gleichheitsgebotes im Rahmen des Demokratieprinzips[159] gilt jedoch nicht uneingeschränkt; vielmehr sind unter engen Voraussetzungen auch hier unterschiedliche Behandlungen zulässig – nämlich dann, wenn „wesentliche Unterschiede“[158] oder „zwingende“, „besondere“ Gründe[160,161] in den Sachverhalten eine solch unterschiedliche Behandlung gebieten.[162] Untersucht man die Rechtsprechung des *Bundesverfassungsgerichts* auf die Frage hin, wann derartige Gründe als gegeben anzusehen sind, so stellt man fest, daß das Gericht nur dann Ungleichbehandlungen im Rahmen des demokratischen Prinzips zuläßt, wenn diese erforderlich erscheinen, um die Grundentscheidungen der Verfassung über die Demokratie zu verwirklichen, insbesondere um die ordnungsgemäße, staatspolitisch wirksame Betätigung der staatlichen Handlungsorgane Parlament und Regierung sicher zu stellen.[163] Obwohl auch das Handeln der kommunalen Eigengesellschaften des Daseinsvorsorgebereichs und damit auch das diese Tätigkeit kontrollierende Handeln des Aufsichtsrats Ausübung von staatlicher (gemeindlicher) Gewalt darstellen, muß dennoch bezweifelt werden, ob die unternehmensbezogene Arbeitnehmermitbestimmung in derartigen Unternehmen erforderlich oder auch nur geeignet ist, eine demokratischen Erfordernissen genügende Betätigung der Eigengesellschaften bzw. deren Organe zu gewährleisten.[164]

---

159 *Maunz / Herzog* in: MDH Art. 20 II Rdnr. 10; *Hesse*, Rdnr. 133; *Leibholz / Rinck*, Art. 38 Rdnr. 3; Berliner Gutachten S. 15; zum Begriff vgl. *Herzog* in: Ev. Staatslexikon, Art. Gleichheit Sp. 983 - 989; *Leibholz*, S. 136/7; neuerdings wieder *v. Arnim*, DÖV 84, 85; *Bieback*, S. 65.

160 BVerfGE 8, 51 (69); 11, 266 (272); 4, 375 (382f.); 11, 351 (361); 13, 243 (246); 14, 121 (133); 28, 220 (225); 30, 227 (246); 34, 81 (99), st. Rspr.; vgl. auch *Leibholz / Rinck*, Art. 38 Rdnr. 3 m.w.N.

161 Diese zur Wahlrechtsgleichheit des Art. 38 I 1 GG entwickelten Grundsätze sind ebenso wie der in Art. 38 I 1; 28 I 2 GG zum Ausdruck kommende formale Charakter des Gleichheitssatzes im Bereich des Demokratiebegriffs verallgemeinerungsfähig, vgl. Berliner Gutachten S. 28.

162 Anders im Bereich des allgemeinen Gleichheitssatzes des Art. 3 I GG; hier reichen nach st. Rspr. des *Bundesverfassungsgerichts* (seit BVerfGE 1, 14 (52), neuerdings wieder BVerfG NJW 84, 604 (605)) und der h.M. in der Literatur (vgl. nur *Hesse*, Rdnr. 438ff.) „vernünftige“, sich aus der Natur der Sache ergebende oder sonstwie einleuchtende Gründe zur Rechtfertigung einer Ungleichbehandlung aus.

163 Vgl. z.B. BVerfGE 4, 31 (40) „arbeitsfähige Parlamente und Regierungen“; 6, 84 (92/3); 34, 81 (99) „Parlament als funktionsfähiges Staatsorgan“; „aktionsfähige Regierung“; „Störungen des Verfassungslebens vorzubeugen“; „Sicherung ... staatspolitischer Ziele“; 11, 266 (272) „Grundentscheidungen der Verfassung über politische Parteien, Wahlen und kommunale Selbstverwaltung“ als Maßstäbe; 13, 243 (247) „die Funktionsunfähigkeit der Selbstverwaltung ... zu verhindern“.

164 So aber wohl die drei Modellentwürfe der Gewerkschaft ÖTV zur Mitbestimmung im öffentlichen Dienst vom November 1969, abgedr. bei *Zeller*, S. 17/8.

(b) Argumente zur Rechtfertigung der Mitbestimmungsforderung in der Privatwirtschaft

So sind zunächst die im Bereich der Mitbestimmungsdiskussion in der Privatwirtschaft vorgebrachten Argumente[165] zur Rechtfertigung der Einführung der unternehmensbezogenen Mitbestimmung nicht geeignet, zu begründen, warum es in kommunalen Eigengesellschaften des Daseinsvorsorgebereichs der Statuierung einer unternehmensbezogenen Mitbestimmung bedarf, um die Anforderungen des demokratischen Prinzips an die in der Betätigung dieser Unternehmen zum Ausdruck kommende Ausübung gemeindlicher öffentlicher Gewalt gewährleisten zu können.

Die wesentlichen Argumente zur Begründung der Mitbestimmungsforderung im Bereich der Privatwirtschaft lassen sich, schlagwortartig verkürzt, wie folgt zusammenfassen:

- Selbstbestimmung der Arbeitnehmer am Arbeitsplatz (Aspekt der Menschenwürde)
- Gleichstellung von unternehmerischem Kapital und Arbeitskraft der Arbeitnehmer
- Durchdringung der Wirtschaft mit demokratischen Prinzipien (sog. Demokratisierung[166])
- Kontrolle wirtschaftlicher, unternehmerischer Macht durch die Arbeitnehmer

---

165 Diese Argumente wurden und werden noch ganz oder teilweise auch bei den Bestrebungen nach der Einführung (erweiteter) unternehmensbezogener Mitbestimmung in öffentlich-rechtlich organisierten Unternehmen des Staates (insbesondere bei Bundesbahn und -post, Eigenbetrieben, Regiebetrieben, Sparkassen) und auch in den öffentlich-rechtlichen Rundfunkanstalten herangezogen; vgl. zum einen folgende Gesetzesmaterialien: Gesetzesvorlagen zum Bundesbahngesetz, BT-Dr. 1/1275, S. 26; 1/1341, S. 38, 49; zum Postverwaltungsgesetz, BT-Dr. 1/3479, S. 11; zum Postverfassungsgesetz, BT-Dr. 6/1385, S. 22; zum hessischen Eigenbetriebsgesetz, LT-Dr. 3/3945, S. 1027; zum nordrhein-westfälischen Mitbestimmungs-Artikelgesetz, LT-Dr. 9/3092, S. 9; daneben die Parlamentsprotokolle zu folgenden Gesetzen: zum Bundesbahngesetz, 1. Wahlp. S. 3473, 6203, 6272; zum Postverwaltungsgesetz, 1. Wahlp. S. 12725; zum baden-württembergischen Sparkassengesetz 6. Wahlp. S. 523; zum niedersächsischen Personalvertretungsgesetz, 7. Wahlp. S. 2492, 2507; zum nordrhein-westfälischen Mitbestimmungs-Artikelgesetz 9/93, S. 5499; 9/101, S. 6207; zum rheinland-pfälzischen Sparkassengesetz, 9. Wahlp. S. 2042, 2048; zum schleswig-holsteinischen Sparkassengesetz, 6. Wahlp. S. 3576; vgl. darüber hinaus zum nordrhein-westfälischen Sparkassengesetz das Ausschußprotokoll 9/1173 S. 46/7 sowie die Presseerklärung des Innenministers NRW vom Juli 1983 zu dem Grundsatzbeschluß der Landesregierung v. 5. 7. 1983 zu dem Plan über die Verabschiedung eines Mitbestimmungs-Artikelgesetzes (hekt.); vgl. weiterhin die Thesen des DGB zur Mitbestimmung in öffentlich-rechtlichen Unternehmen und Einrichtungen v. 5. 7. 1983 (hekt.); zum Rundfunkbereich vgl. den Entwurf des hamburgischen Senats zu einem Staatsvertrag über den NDR, abgedr. in: Media-Perspektiven 11/78 S. 805 (821); Begründung der nordrhein-westfälischen Landesregierung zum Entwurf eines Gesetzes über den „Westdeutschen Rundfunk Köln“ – WDR-Gesetz –, LT-Dr. 9/3712 v. 28. 9. 1984.

166 Zum Begriff der Wirtschaftsdemokratie vgl. nur das gleichnamige Werk von *Naphtali* S. 1 ff.

- Erzielung größerer wirtschaftlicher Effizienz durch erhöhte Arbeitsbereitschaft und Stärkung des innerbetrieblichen Friedens
- Einbringung von Sachverstand durch die Arbeitnehmer.[167]

Unabhängig von der Frage, ob diese Argumente auf den Bereich der öffentlichen Unternehmen übertragbar[168] oder nur zum Teil[169] oder überhaupt nicht[170] anwendbar sind,[171] ist für die hier zu beantwortende Frage wiederum festzustellen, daß, selbst wenn sie im vollen Umfang Geltung beanspruchen könnten, sie allenfalls als einleuchtende und sachlich gerechtfertigte Differenzierungskriterien[172] zu betrachten wären – keinesfalls aber würden sie „zwingende" Gründe im o.g. Sinn darstellen. Zu erwarten stünde möglicherweise ein verbessertes Arbeitsklima sowie eine gesteigerte innere Zufriedenheit der Arbeitnehmer, eventuell auch eine erhöhte Effizienz und vergrößerte Produktivität (insbesondere aus dem Gesichtspunkt des zusätzlich eingebrachten Sachverstandes). Doch abgesehen davon, daß der Eintritt und der Umfang gerade der letztgenannten Auswirkungen durchaus bezweifelt werden kann,[173] ist kein Anhaltspunkt dafür ersichtlich, daß eine demokratischen Erfordernissen genügende Funktionsfähigkeit der Unternehmen ohne die arbeitnehmerische Mitwirkung

---

167 Eine umfassende Zusammenstellung aller Argumente findet sich bei *Schwerdtfeger,* S. 69ff., 111ff.; *Fabricius,* Mitbestimmung S. 26ff.; speziell zu dem vorliegend in Rede stehenden Bereich: *Püttner,* Mitbestimmung S. 39ff.; *ders.,* Kommunalwirtschaft 76, 128 (130ff.); *ders.,* ZögU 84, 233; *ders.,* ZögU,Beiheft 3, 1980, S. 72ff.; *ders.,* ÖWG 73, 8; *ders.,* Gutachten S. 6f.; *ders.,* Die öffentlichen Unternehmen S. 138; *ders.* in: Ritschl-FS S. 181ff.; *ders.,* AfK 74, 253ff.; *ders.* in: HKWP Bd. 5 S. 188; Biedenkopf-Bericht, BT-Dr. 6/334 S. 18ff.; *Biedenkopf / Säcker,* S. 218ff.; *Leisner,* Mitbestimmung S. 17ff.; *ders.,* ZBR 71, 66; *Dietrich,* § 5 Anm. III; *Hoschke,* Mitbestimmungskonkurrenzen S. 89ff.; *Bieback,* S. 19ff., 65f., 90; *Ossenbühl,* Grenzen S. 18f.; zum Rundfunkbereich: *Ipsen,* Mitbestimmung im Rundfunk S. 15ff.; *Kübler,* S. 33ff.

168 So insbesondere die gewerkschaftliche Seite, vgl. z.B. die Einführung zu den oben Einleitung, FN 15 erwähnten Mitbestimmungsmodellen der Gewerkschaft ÖTV, zit. bei *Zeller,* S. 18.

169 So z.B. *Püttner* an den in FN 167 genannten Stellen; *Büchner* S. 212; *Tettinger,* Mitbestimmung S. 66; zweifelnd *Himmelmann,* S. 774; *Dietrich,* § 5 Anm. III; *W. Zeidler,* S. 726; *Fischer,* Sparkasse 86, 534; für den Rundfunkbereich: *Kübler,* S. 33ff.

170 So z.B. *Biedenkopf / Säcker,* S. 228; *Hoschke,* Mitbestimmungskonkurrenzen S. 95; *Ritter,* S. 111; *Farthmann,* ZögU, Beiheft 3, 1980 S. 89ff.; *Scholz,* Mitbestimmung und GG S. 31; *Biedenkopf,* S. 197ff.; *Schick,* JZ 70, 450; *Leisner,* Mitbestimmung S. 17ff.; *Püttner,* DVBl. 84, 166/9; *ders.* in: HöV Bd. 2 Rdnr. 31; *Scheerbarth / Höffken,* § 31 I; Minderheitenvotum bei Brem.StGH ZBR 57, 234 (237); für den Rundfunkbereich: *Ipsen,* Mitbestimmung im Rundfunk S. 19ff.

171 Ebenso unentschieden bleiben soll die an sich logisch vorrangige Frage, ob die behaupteten Vorteile, die durch eine unternehmensbezogene Mitbestimmung bewirkt werden sollen, tatsächlich auch durch diese erzeugt werden (können); dies wird zwar immer wieder behauptet, vgl. die Nachweise bei *Leisner,* Mitbestimmung S. 17 FN 12ff. – ein entsprechender Nachweis ist aber, insbesondere für den Aspekt der Arbeitseffizienz für den Bereich der öffentlichen Unternehmen, soweit ersichtlich, bislang nicht geführt worden; vgl. auch *Lecheler,* S. 2; zweifelnd auch *Püttner* in: HKWP Bd. 5 S. 190/192.

172 So ausdrücklich *Großmann u.a.,* § 68 Rdnr. 12; *Bieback,* S. 65f.

173 Vgl. *Püttner* an den in FN 167 genannten Stellen.

auf Unternehmensebene nicht (mehr) gegeben wäre[174] – von einer zwingenden Notwendigkeit zur Einführung/Erweiterung unternehmensbezogener Mitbestimmungsbefugnisse im Bereich kommunaler Eigengesellschaften des Daseinsvorsorgebereichs kann daher keine Rede sein.

(c) Sozialstaatsprinzip

Auch eine Heranziehung des Sozialstaatsprinzips mit der Begründung, die (Einführung/Erweiterung der) unternehmensbezogenen Mitbestimmungsbefugnisse in den kommunalen Eigengesellschaften des Daseinsvorsorgebereichs sei erforderlich, um diesen Grundsatz im Rahmen der Tätigkeit der Unternehmen und damit bei der Ausübung öffentlicher Gewalt durch die Gemeinde in ausreichendem Maße zur Geltung bringen zu können, kann die festgestellte Ungleichbehandlung nicht rechtfertigen.

Das Sozialstaatsprinzip verpflichtet[175] und legitimiert[175] alle staatliche Gewalt[176] zur Wahrnehmung sozialstaatlicher Aufgaben,[177] d.h. zum Aufbau einer sozialen Infrastruktur[178] und Herstellung sozialer Gerechtigkeit.[179] Diese funktionelle Grenzenlosigkeit[180] wird durch die Inhalte der anderen[181] Staatsstrukturprinzipien eingedämmt – neben dem Rechtsstaatsprinzip[182] erfolgt dies heute[183] vor allem durch das demokratische Prinzip.[183]

Dieses antinomische Verhältnis bildet auch den Ausgangspunkt für die Lösung der vorliegend in Rede stehenden Problematik.[184] Dem demokratischen Gebot der formalen Gleichbehandlung aller Bürger im Bereich der Legitimation der staatlichen Handlungsorgane steht die Forderung der Arbeitnehmer nach Mitbestimmungsrechten in einem dieser Organe gegen-

---

[174] Die Erfahrungen der Vergangenheit sprechen eher dagegen.

[175] Dieser „Direktivcharakter" des Sozialstaatsprinzips ist heute nahezu unumstritten, vgl. nur *Stern* I § 21 I 4 d); *Benda* in: Handbuch des Verfassungsrechts S. 509/10; *Herzog* in: MDH Art. 20 VIII Rdnr. 6 jeweils m.w.N.; vgl. auch BVerfGE 1, 97 (105), st. Rspr.

[176] *Stern* I § 21 I 4 d); *Benda* in: Handbuch des Verfassungsrechts S. 509/10 jeweils m.w.N.

[177] *Hesse*, Rdnr. 212f.

[178] *Stern* I § 21 II 2.

[179] *Ders.* § 21 I 5 c).

[180] *Stern* I § 21 II 4; vgl. auch *Herzog* in: MDH Art. 20 VIII Rdnr. 18ff.; Hess.StGH StAnz. Hessen 21/1986 S. 1089 (1101).

[181] Der Charakter als Staatsstrukturprinzip des Sozialstaatsprinzips ist heute ebenfalls nahezu unbestritten, vgl. nur *Stern* I Vorbem. zum 2. Kapitel S. 551f.; § 21 III 1; *Benda* in: Handbuch des Verfassungsrechts S. 510; *Hesse*, Rdnr. 207; *Herzog* in: MDH Art. 20 VIII Rdnr. 1, 6 jeweils m.w.N.; BVerfGE 6, 32 (41); vgl. auch Hess.StGH StAnz. Hessen 21/1986 S. 1089 (1101).

[182] *Herzog* in: MDH Art. 20 VIII Rdnr. 29ff.; *Stern* I § 21 IV 3 a).

[183] *Stern* I § 21 II 4 m.w.N.

[184] *Thieme*, Gutachten S. 59/60; *ders.* in: Verfassungsrechtliche Grenzen S. 413/4; *Hoschke*, ZBR 78, 225.

über – angesichts der ideengeschichtlichen Herkunft des Sozialstaatsprinzips[185] liegt der Gedanke nahe, die Forderung nach Gewährung von Mitbestimmungsbefugnissen prinzipiell als ein Verlangen nach erhöhter sozialer Gerechtigkeit zu qualifizieren.[186] Ob hierbei nicht vielleicht wiederum in unzulässiger Weise Ideen zur Mitbestimmung in der Privatwirtschaft auf den Bereich der öffentlichen Unternehmen übertragen werden, kann vorliegend dahinstehen. Denn selbst wenn eine derartige Übertragung zulässig und möglich wäre[187,188] und das angedeutete Spannungsverhältnis zwischen den Anforderungen des demokratischen und des sozialstaatlichen Prinzips tatsächlich bestünde, könnte eine Lösung dieser Problemlage nicht dergestalt bewirkt werden, daß man unter Berufung auf das Auslegungsprinzip[189] der praktischen Konkordanz[189] einen umfassenden Vorrang des Sozialstaatsprinzips und damit der Forderung nach Mitbestimmung begründet[190] bzw. diesen Vorrang auf einen Teilbereich beschränkt.[191] Da alle Staatsstruktur-

---

185 Insbesondere die Zeit der Industrialisierung zu Beginn des 19. Jahrhunderts, vgl. dazu nur *Stern* I § 21 I 3 m.w.N.

186 *Thieme,* Gutachten S. 59/60; *Großmann u.a.,* § 68 Rdnr. 16; *Raiser,* Gutachten S. 55/6; vgl. auch *Fabricius* in: Hilger / Stumpf-FS S. 174; a.A. wohl *Erichsen,* Eildienst LKT 85, 242.

187 Hier wäre aber zu bedenken, daß das Grundgesetz im Rahmen des Sozialstaatsprinzips allein das „Was", d.h. das Ziel der Herstellung einer gerechten Sozialordnung vorgibt, das „Wie", d.h. die Wege zur Erreichung dieses Ziels jedoch offen läßt (vgl. nur *Stern* I § 21 II 4 c); BVerfGE 22, 180 (204)), so daß nicht festgestellt werden kann, daß das Sozialstaatsprinzip eine Verpflichtung ausspricht, eine eventuell vorhandene soziale Ungerechtigkeit im Bereich der Erwerbstätigkeit gerade durch die Gewährung unternehmensbezogener Mitbestimmungsbefugnisse auszugleichen.

188 Weitaus bedeutender ist in diesem Zusammenhang darüber hinaus aber noch, daß (anders als in der Privatwirtschaft) auch auf der „anderen Seite", d.h. bei den übrigen Bürgern soziale Belange zu verzeichnen sind, da die Tätigkeit der kommunalen Unternehmen in der Daseinsvorsorge sozialen Bedürfnissen und damit der Unterstützung der Bevölkerung dient; *Püttner,* Mitbestimmung S. 86/7; *ders.,* Verfassungsprobleme S. 58/9; *ders.,* Selbstverwaltung S. 179f.; *Mertens* in: Kölner Kommentar § 96 Rdnr. 23.

189 Vgl. nur *Hesse,* Rdnr. 72; *Stern* I § 4 III 8 b); *Loschelder,* S. 396f.

190 So aber *Großmann u.a.,* § 68 Rdnr. 16; ähnlich wohl auch *Thieme,* Gutachten S. 59/60; *ders.* in: Verfassungsrechtliche Grenzen S. 413/4; *Fischer,* Sparkasse 86, 535; zweifelnd dagegen das Berliner Gutachten S. 25 und Anm. 79a); *Hoschke,* ZBR 78, 224; *ders.,* Mitbestimmungskonkurrenzen S. 96ff.

191 Vgl. *Hoschke,* ZBR 78, 224/5; *ders.,* Mitbestimmungskonkurrenzen S. 106ff., der davon ausgeht, daß das Sozialstaatsprinzip nicht nur dazu verpflichtet, die faktischen Voraussetzungen zur Verwirklichung der Freiheitsrechte zu schaffen, sondern darüber hinaus auch die Schaffung von Organen gebietet, mit deren Hilfe diese Rechte realisiert werden können; für den vorliegend fraglichen Bereich ist er daher grundsätzlich der Auffassung, daß die Einräumung von Mitbestimmungsrechten ein Mittel zur Durchsetzung der Arbeitnehmerrechte sei und dies auch erfolgen könne, ohne daß eine lückenlose demokratische Legitimation der Arbeitnehmer vorhanden sein müsse; das somit auch für ihn auftretende Spannungsverhältnis von Demokratie und Sozialstaat will er in der Weise auflösen, indem er zumindest für die Fragen, die lediglich innerbetriebliche Auswirkungen haben (z.B. die Art und Weise der Zahlung der Bezüge) ein Mitbestimmungsrecht gewährt, während er dieses Recht für Bereiche mit Außenwirkung (d.h. Fragen, die die gesamte Bevölkerung betreffen, wie z.B. die Tarifgestaltung) versagen will.

prinzipien grundsätzlich den gleichen Stellenwert haben,[192] verlangt der Auslegungsgrundsatz der praktischen Konkordanz, daß zwischen einander widerstreitenden Verfassungsregelungen ein Ausgleich erzielt werden muß, bei dem sich beide Regelungen gegenseitig durchdringen und keines auf Kosten des anderen bevorzugt wird.[193] Bei den obigen Lösungsvorschlägen erscheint es dagegen fraglich, wie diese einen derartigen Ausgleich zwischen den Anforderungen des Demokratie- und Sozialstaatsprinzips bewirken wollen, wenn den Interessen der Arbeitnehmer ganz oder teilweise der unbedingte Vorrang eingeräumt wird.

Doch auch diese Fragestellung bedarf an dieser Stelle keiner abschließenden Beantwortung, da das Auslegungsprinzip der praktischen Konkordanz für das vorliegende Problem nicht in der oben angedeuteten unumschränkten Weise gilt, da für die Frage der Staatsorganisation, um die es vorliegend letztlich geht,[194] die vom Konkordanzgedanken vorausgesetzte Gleichrangigkeit der Staatsstrukturprinzipien nicht besteht. Der Staat des Grundgesetzes ist in erster Linie ein Gesetzgebungs- und Verwaltungsstaat,[195] in dem die Ausübung von staatlicher Gewalt, basierend auf dem Repräsentationsgedanken, staatlichen Organen und Organwaltern überlassen ist.[196] Diese organisatorischen Leitlinien des Demokratie- und Rechtsstaatsprinzips sind gegenüber dem sozialstaatlichen Gedanken „logisch" vorrangig[197,198] – letzteres dient „lediglich" der menschenwürdigen Ausgestaltung des durch die erstgenannten Prinzipien konstituierten, in seinen Grundzügen geschaffenen Staatswesens, ist m.a.W. im Bereich der Staatsorganisation erst dessen Schlußpunkt.[195] Diese Feststellung bedeutet im Ergebnis jedoch nichts anderes, als daß das Sozialstaatsprinzip im Rahmen des Demokratieprinzips zwar ausgestaltende Wirkung entfalten, es aber nicht in seinem Geltungsumfang einschränken kann.[199]

---

192 *Herzog* in: MDH Art. 20 VIII Rdnr. 2; *Stern* in: Ev. Staatslexikon, Art. Sozialstaat Sp. 2097.

193 Vgl. nur *Hesse,* Rdnr. 72; *Stern* I § 4 III 8 b); § 21 IV 3 b); *Herzog* in: MDH Art. 20 VIII Rdnr. 29ff.; *Benda* in: Handbuch des Verfassungsrechts S. 514/5.

194 *Biedenkopf / Säcker,* S. 222.

195 *Stern* I § 21 II 4 b).

196 Vgl. oben 1.

197 Vgl. auch *Biedenkopf / Säcker,* S. 222, die, wenn auch nicht ohne Polemik, darauf hinweisen, daß das Sozialstaatsprinzip nicht als verfassungsimmanentes Mittel zur Umgestaltung der Verfassungsstruktur konzipiert ist; a.A. dagegen *Kempen,* S. 14: „gleichrangig".

198 In die gleiche Richtung gehend auch die Äußerung von *Hesse,* Rdnr. 214f., der ausführt, daß die Sozialgestaltung des Staates in vollem Umfang unter den Geboten des Rechtsstaates stehe, dort seine Grenze finde; vgl. auch BVerfGE 12, 354 (367), wo eine gegen den Gleichheitssatz verstoßende Sozialgestaltung abgelehnt wird.

199 Vgl. auch VGH/NW Sparkasse 86, 509 (511). BVerfGE 59, 231 (263); *Ossenbühl,* Grenzen S. 35.

b) Direkte Bestellung

Auch im Rahmen der Untersuchung zum Gebot der Rechtsgleichheit können die Ausführungen zur in der Form der Direktwahl realisierten freiwillig/rechtsgeschäftlichen Mitbestimmungseinführung/-erweiterung relativ kurz gehalten werden.

Berücksichtigt man, daß auch bei dieser Art von Organbestellung statt sämtlicher Gemeindebürger allenfalls ein Teil[200] von ihnen an der Übertragung der gemeindlichen Herrschaftsgewalt auf die Arbeitnehmervertreter beteiligt ist, erscheint ein derartiges Vorgehen ebenfalls unter dem Aspekt der Rechtsgleichheit nicht mit den Anforderungen des Demokratieprinzips vereinbar. Die an früherer Stelle[201] gemachten Ausführungen gelten hier sinngemäß; dies um so mehr, als in den Fällen der Direktwahl eine gleichmäßige Teilhabe der Gesamtheit der Gemeindebürger noch nicht einmal hinsichtlich des formalen Bestellungsvorgangs gewährleistet ist.[202]

Eine sachliche Rechtfertigung dieser Ungleichbehandlung scheidet hier aus denselben Gründen aus, wie sie bereits oben[203] aufgeführt worden sind, so daß die dortigen Ausführungen ebenfalls entsprechend gelten.

7. Personalvertretungsrecht und Mitbestimmung in öffentlich-rechtlich organisierten Kollegialorganen

Berücksichtigt man, daß aufgrund der Regelung des Personalvertretungsrechts sowie der in zunehmendem Maße gesetzlich begründeten Beteiligungsrechte der Beschäftigten an der Tätigkeit kollegialer Kontroll- und Leitungsorgane auch im Bereich öffentlich-rechtlich organisierter Einrichtungen und Unternehmen in weitem Umfang Mitbestimmungsbefugnisse der Bediensteten existieren, so liegt die Frage nahe, ob die vorstehend für die freiwillig/rechtsgeschäftlichen Mitbestimmungseinführungen/-erweiterungen in Eigengesellschaften des Daseinsvorsorgebereichs herausgearbeiteten Ergebnisse zur Problematik von persönlicher demokratischer Legitimation und Rechtsgleichheit auch unter Berücksichtigung der Existenz jener gesetzlich verankerten Mitbestimmungsregelungen aufrecht erhalten werden können.[204]

---

[200] Vgl. oben FN 151.

[201] Vgl. oben a), bb), (1).

[202] Vgl. oben a), bb), (1) am Anfang.

[203] Vgl. oben a), bb), (2).

[204] Die Möglichkeit einer vergleichenden bzw. übertragenden Betrachtung beider Mitbestimmungsbereiche wohl ablehnend das niedersächsische Gutachten S. 4, 14.

a) *Personalvertretungsrecht*

Vergleicht man die personalvertretungsrechtlichen Mitbestimmungsbefugnisse[205] und die unternehmensbezogene Mitbestimmung in kommunalen Eigengesellschaften des Daseinsvorsorgebereichs, so lassen sich gewisse Ähnlichkeiten in der Ausgestaltung, soweit diese für die vorliegend in Rede stehenden Prüfungsmaßstäbe von Bedeutung ist, nicht übersehen. Zum einen ist beiden Mitbestimmungsbereichen gemeinsam, daß sie ihr Wirkungsfeld außerhalb der Privatwirtschaft (materiell betrachtet) finden; daneben kennt auch das Personalvertretungsrecht einen Modus der direkten Bestellung der Bedienstetenvertreter[206]. Dessen ungeachtet erscheint eine vergleichende Heranziehung der personalvertretungsrechtlichen Regelungen dennoch nicht geeignet, die bislang gefundenen Ergebnisse zu erschüttern.

aa) Wirkungsbereich des Demokratieprinzips

Ein derartiges Vorgehen könnte bereits daran scheitern, daß das demokratische Prinzip (auf dessen Grundlage die bisher herausgearbeiteten Ergebnisse allein entwickelt worden sind), soweit es vorliegend von Interesse ist, im Bereich des Personalvertretungsrechts überhaupt keine Wirkung entfaltet – mangels einer vergleichbaren verfassungsrechtlichen Einbindung könnte dann allein aus der Existenz personalvertretungsrechtlicher Mitbestimmungsbefugnisse kein Argument gegen die bei der Untersuchung der unternehmensbezogenen Mitbestimmung in kommunalen Eigengesellschaften des Daseinsvorsorgebereichs gefundenen Ergebnisse zu den Prinzipien von persönlicher demokratischer Legitimation und Rechtsgleichheit hergeleitet werden.

Zwar hat der *Hessische Staatsgerichtshof*[207] erst kürzlich ausgeführt, daß auch die (interne) Organisation des Dienstbetriebs die Ausübung von Staatsgewalt darstelle[208] und die Grundsätze über die persönliche Legitimation auch im Bereich der personalvertretungsrechtlichen Mitbestimmung zu beachten seien.[209] Die Entscheidungsgründe des Gerichts lassen jedoch jegliche dogmatische Auseinandersetzung mit der Frage des Wirkungsbereichs

---

205 Vgl. §§ 75ff. iVm. §§ 12ff. BPersVG (v. 15. 3. 1974, BGBl. I S. 693) sowie die entsprechenden Vorschriften der Bundesländer.

206 Vgl. §§ 12ff. BPersVG sowie die entsprechenden Vorschriften der Landesgesetze.

207 StAnz. Hessen 21/1986 S. 1089 (1102) (= DVBl. 86, 936ff., gekürzt).

208 Hess.StGH StAnz. Hessen 21/1986 S. 1089 (1101/2); ähnlich *Kisker,* Gutachten Rdnr. 9ff.; *Kübel,* S. 130f.; vgl. auch *Kisker,* PersV 85, 139/40; inzident wohl auch schon BVerfGE 9, 268 (281f.); a. A. *Stein,* S. 227f.; *Lecheler,* S. 6.

209 Hess.StGH StAnz. Hessen 21/1986 S. 1089 (1098f.); ähnlich auch *Kisker,* Gutachten Rdnr. 11ff.; *ders.,* PersV 85, 139/40; *Ossenbühl,* Grenzen S. 42; *Ehlers,* JZ 87, 219f.

des demokratischen Prinzips vermissen, gehen vielmehr stillschweigend von der Anwendbarkeit gerade auch des Erfordernisses von persönlicher demokratischer Legitimation im Rahmen des Personalvertretungsrechts aus. Wie sich aus den Bestimmungen der Art. 20 II, 21, 28 I 2, 33 I und II, 38 I GG entnehmen läßt, erstreckt sich der maßgebliche Anwendungsbereich des Gedankens der persönlichen Legitimation nicht auf den Bereich staatsinternen Handelns, sondern vielmehr auf das Außenverhältnis zwischen den staatlichen Handlungsorganen und dem Staatsgewalt übertragenden Volk.[210] Ausgehend davon, daß die Staatsgewalt von der Gesamtheit des Volkes getragen wird, beschäftigt sich das Prinzip der persönlichen demokratischen Legitimation mit der Problematik, auf wen und in welcher Weise diese Herrschaftsmacht im Namen aller Bürger übertragen und in welche Richtung sie ihnen gegenüber zukünftig ausgeübt wird sowie mit der Frage, durch wen und mit welchen Instrumenten und unter welchen Voraussetzungen diese Betätigung beeinflußbar und abänderbar sein soll.[211] Auf eine Teilhabe an derartigen, nach außen gerichteten Fragen ist das Personalvertretungsrecht jedoch nicht ausgerichtet. Es regelt vielmehr lediglich die Beteiligung an Akten der *internen* Willensbildung in einem Verwaltungsorgan, den persönlichen und sozialen Verhältnissen der Beschäftigten sowie den sich darauf auswirkenden organisatorischen Maßnahmen der Behördenleitung.[212] Diese Akte interner Willensbildung mögen zwar auch eine Form von Ausübung öffentlicher Gewalt darstellen,[213] doch ihr Blick ist allein auf das Innenverhältnis von Bediensteten und Dienststelle ausgerichtet.[214] Es wird m. a. W. keine Teilhabe an der nach *außen*[215] gewandten Betätigung von Staatsgewalt gegenüber den Bürgern angestrebt, sondern es soll lediglich eine Einwirkungsmöglichkeit hinsichtlich der auf den Verwaltungsinnenbereich[214] beschränkten, ausschließlich[216] die dienstlichen

---

[210] Ähnlich *Heussen,* S. 107.

[211] Vgl. oben 1. - 5. mit entsprechenden Nachweisen.

[212] *Heussen,* S. 25, 70; *Schelter,* S. 353; *Scheerbarth / Höffken,* § 32 I a; *Starke,* S. 849; *v. Münch* in: v. Münch, Bes. VerwR. S. 83f.; *Wolff / Bachof* II § 108 I a; ebenso die Gesetzesmaterialien zum Bundespersonalvertretungsgesetz, vgl. BT-Dr. 7/176, S. 1.

[213] Vgl. oben FN 208.

[214] *Heussen,* S. 25, 70; *Starke,* S. 849; *Leisner,* ZBR 71, 66f.; *Bieback,* 15, 74f.; *Büchner,* S. 110.

[215] Zur Unterteilung im Innen- und Außenbereich vgl. *Lösch / Ortlieb* in: HÖD Sp. 1008.

[216] Nichts anderes gilt für Personalentscheidungen jeder Art (insbesondere auch für Neueinstellungen von Beschäftigten); es ist zwar nicht zu verkennen, daß im Falle einer Neueinstellung die Entscheidung für oder gegen eine Person immer auch auf das (spätere) nach außen gerichtete Verhalten der Verwaltung (durch diese Personen bzw. diesen Amtswalter) durchschlagen kann (vgl. *Schelter,* S. 351; vgl. auch *Leisner,* ZBR 71, 66), doch ändert das nichts an dem Charakter der Personalmaßnahme als einer dem Innenbereich der Verwaltung zuzurechnenden Ausübung von Staatsgewalt. Das Betroffensein eines „Noch-Nicht-Amtswalters“ bzw. die aufgrund seiner Person zu erwartende Tendenz seiner (späteren) Amtsführung sind vielmehr lediglich ein unvermeidbarer „Reflex“ der besonderen tatsächlichen Situation bei Personalentscheidun-

Belange der untergeordneten Organwalter betreffenden Entscheidungen der Behördenleitung beeinflußt werden. Eine derartige, sich allein innerbehördlich auswirkende Tätigkeit ist nicht Bezugspunkt der Erfordernisse von Rechtsgleichheit und persönlicher demokratischer Legitimation. Die Ausübung von Beteiligungsrechten nach dem Personalvertretungsrecht entspringt m. a. W. einem Bereich staatlichen Handelns, welcher der verfassungsrechtlichen Einbindung durch diese Erfordernisse nicht unterliegt.[217]

gen. Diese Reflexwirkung ist möglicherweise nicht zuletzt der Grund, warum die rechtliche Zulässigkeit der Bedienstetenbeteiligung in Personalfragen bezweifelt oder gar in Abrede gestellt wird, vgl. nur *Kratzmann,* S. 151 ff.; *Heussen,* S. 165 ff., 178 ff.; *Bieback,* S. 15; *Ossenbühl,* Grenzen S. 52 ff.; vgl. auch Hess.StGH StAnz. Hessen 21/1986 S. 1089 (1103 ff.); Brem.StGH ZBR 57, 234 m. Anm. *H. P.Schneider* S. 239 ff. sowie BVerfGE 9, 268 (282 ff.), die allerdings sämtlich entweder auf die inhaltliche, materielle Legitimation (vgl. dazu unten II., 1.) abstellen oder inhaltliche und persönliche Legitimation miteinander vermengen.

[217] In ähnlicher Richtung *Heussen,* S. 107; *Schelter,* S. 355; *Leisner,* Mitbestimmung S. 31; *Hesse,* Rdnr. 538; *Maunz / Herzog* in: MDH Art. 20 II Rdnr. 60; *Krüger,* S. 931; *Stein,* S. 227/8; *Scholz,* ZBR 80, 302; *Ehlers,* JZ 87, 220; a. A. insbesondere *Kisker,* Gutachten Rdnr. 11 ff.; *ders.,* PersV 85, 140; *Ossenbühl,* Grenzen S. 38 ff., 54 ff.; *Battis,* S. 886 f.; *Kübel,* S. 130 f.; Hess.StGH StAnz. Hessen 21/1986 S. 1089 (1101/2).

Im Ergebnis ähnlich wie hier, allerdings einen grundrechtlichen Argumentationsansatz wählend, wohl auch *Kempen,* S. 12 ff.: Nach seiner Auffassung setzt die Existenz einer umfassenden persönlichen demokratischen Legitimation aller Amtswalter einen uneingeschränkten, ohne grundrechtliche Gegenrechte strukturierten, hierarchischen und weisungsgebundenen Verwaltungsaufbau voraus (vgl. dagegen *Kisker,* Gutachten Rdnr. 16). Daran fehle es jedoch, da eine derartige, auf der dogmatischen Figur des sog. besonderen Gewaltverhältnisses (vgl. dazu nur *Ule,* VVDStRL 15 (1957) S. 133 (152 ff.); *Loschelder,* S. 7 ff.) beruhende Verwaltungsführung heute keine verfassungsmäßige Grundlage mehr besitze. Vielmehr seien die staatlichen Beschäftigungsverhältnisse durch das Recht auf persönliche Entfaltung ebenfalls grundrechtlich geschützt (S. 10, 16 ff.). Auch das Personalvertretungsrecht sei Ausdruck dieses Selbstbestimmungsrechts und damit eigenständig grundrechtlich fundiert (S. 11, 19 ff.). Aufbauend auf diese Grundlagen begreift Kempen die staatlichen Weisungsbefugnisse als grundrechtlich eingeschränkt und das Erfordernis persönlicher demokratischer Legitimation als von vorneherein unter dem Vorbehalt des Personalvertretungsrechts stehend. Dieser „zuvörderst aus der Perspektive der grundrechtlichen Absicherung von Selbstbestimmungsrechten am Arbeitsplatz“ (S. 23) gewonnene Argumentationssatz bewirke eine Einschränkung und Modifizierung des Legitimationsgrundsatzes und habe zur Folge, daß die Legitimationsverbindung vom Volk zum einzelnen Amtswalter „gelockert“ werde (S. 10 f., 15); etwas anderes gelte lediglich für das gesetzgeberisch programmierende Handeln sowie für den „hochpolitischen Bereich regierender Staatsleitung“ (S. 48). Hier seien die Entscheidungen demokratisch legitimiert und würden zusätzliche Einflußbefugnisse der Beschäftigten im Wege der Mitbestimmung zu einer gleichheitswidrigen Doppelvertretung führen – insoweit müsse das in den Regelungen des Personalvertretungsrechts zum Ausdruck kommende grundrechtliche Selbstbestimmungsrecht zurücktreten (S. 23 ff., 48 f.). Der *Hessische Staatsgerichtshof* (StAnz. Hessen 21/1986 S. 1089 (1100 ff., 1102 l. Sp.)) verwirft diesen komplexen Argumentationsansatz mit der knappen Begründung, daß eine „gleichberechtigte Mitbestimmung der Personalvertretung im öffentlichen Dienst ... verfassungsrechtlich nicht garantiert“ sei. Nur ergänzend sei von dieser Stelle noch angemerkt, daß die Ausführungen *Kempens* jegliche dogmatisch fundierte Auseinandersetzung mit dem grundlegenden Verhältnis von Staatsstrukturprinzipien und Grundrechten vermissen läßt, so daß sich seine Konzeption der grundrechtlichen Einschränkung des demokratischen Legitimationserfordernisses letztlich als eine, durch ein überdehntes Verständnis grundrechtlicher Wirkungsfelder bewirkte Aushöhlung grundgesetzlicher Staatsstrukturprinzipien darstellt; ähnlich wohl auch *Kisker,* Gutachten Rdnr. 26, 27; *Ossenbühl,* Grenzen S. 27 ff., 36.

Aber selbst wenn man der Auffassung des *Hessischen Staatsgerichtshofs* folgt und das Prinzip persönlicher demokratischer Legitimation auch auf die personalvertretungsrechtlichen Mitbestimmungsbefugnisse überträgt, können diese die bislang gefundene verfassungsrechtliche Beurteilung der freiwillig/rechtsgeschäftlichen Mitbestimmungseinführungen/-erweiterungen unternehmensbezogener Mitbestimmung in kommunalen Eigengesellschaften des Daseinsvorsorgebereichs nicht in Frage stellen. Denn auch für den Bereich des Personalrechts hat das Gericht unmißverständlich klar gestellt, daß die direkt gewählten Mitglieder der Personalvertretung keine den Erfordernissen des Demokratieprinzips genügende persönliche Legitimation aufweisen können und der Behördenleitung in wesentlichen Fragen nicht die Letztentscheidungsbefugnis[218] entzogen werden darf.[219] Damit hat der *Hessische Staatsgerichtshof* für das Personalvertretungsrecht ähnliche Anforderungen aufgestellt, wie sie für die vorliegend in Rede stehenden Mitbestimmungsregelungen vertreten[218] werden, so daß auch dann, wenn man der Auffassung des Gerichts in der Frage des Wirkungsbereichs des Erfordernisses der persönlichen demokratischen Legitimation folgt, die Existenz der personalvertretungsrechtlichen Mitbestimmungsbefugnisse keinen Anhalt für Unrichtigkeit der zu den letztgenannten Beteiligungsrechten ermittelten Ergebnissen begründen kann.

bb) Regelungsgegenstand

Unabhängig von den voranstehenden Ausführungen scheitert eine vergleichende Betrachtung von unternehmensbezogener und personalvertretungsrechtlicher Mitbestimmung jedenfalls an der bereits angedeuteten unterschiedlichen Zielrichtung der Mitbestimmungsbefugnisse.

Das Personalvertretungsrecht, als einer Parallele zum Betriebsverfassungsrecht der Privatwirtschaft gedacht,[220] bezieht sich lediglich auf eine Arbeitnehmerbeteiligung an den personalen, sozialen und organisatorischen Bedingungen des *inneren* Betriebsablaufs der öffentlichen Verwaltung. Demgegenüber steht bei der unternehmensbezogenen Mitbestimmung eine Mitwirkung der Beschäftigten an der Gesamtleitung, der nach *außen* wirkenden Tätigkeit des Unternehmens in Rede. Dieses diametrale Auseinan-

---

[218] Zum Letztentscheidungsrecht bzw. zu dem insoweit die verfassungsrechtliche Grundlage bildenden Erfordernis der inhaltlichen, materiellen Legitimation vgl. unten II., 1., 3., 4.

[219] Hess.StGH StAnz. Hessen 21/1986 S. 1089 (1098 f., 1102 ff.); ähnlich *Kisker,* Gutachten Rdnr. 7, 8; *ders.,* PersV 85, 140; *Ossenbühl,* Grenzen S. 41 f., 52, 72 f.; *Battis,* S. 887.

[220] *Lösch / Ortlieb* in HÖD: Sp. 1009; *Scheerbarth / Höffken,* § 31 I 1 a.E.; *v. Münch* in: v. Münch, Bes. VerwR S. 83 f.; *Wolff / Bachof* II § 108 I a; *Fitting-Auffarth-Kaiser,* § 130 Anm. 4; *Ule* in: Verfassungsrechtliche Grenzen S. 544; *Tofaute,* S. 186; *Püttner* in: HKWP Bd. 5 S. 184; *Büchner,* S. 120.

derstreben in der Frage des Regelungsgegenstandes schließt eine vergleichende Betrachtung beider Mitbestimmungsbereiche grundsätzlich aus – das konzeptionelle, eine derartige Betrachtungsweise ermöglichende Äquivalent zur unternehmensbezogenen Mitbestimmung in kommunalen Eigengesellschaften des Daseinsvorsorgebereichs findet sich vielmehr allein in den Beteiligungsrechten der Beschäftigten in den kollegialen Leitungs-/ Kontrollorganen öffentlich-rechtlich organisierten Einrichtungen und Unternehmen.[221]

b) Mitbestimmung in öffentlich-rechtlich organisierten Kollegialorganen

Eine andere Beurteilung der bisher zu den Fragen von persönlicher demokratischer Legitimation und Rechtsgleichheit herausgearbeiteten Ergebnisse könnte sich jedoch noch aufgrund einer vergleichenden Heranziehung der in den Kollegialorganen öffentlich-rechtlich organisierter Unternehmen und Einrichtungen zu findenden Mitbestimmungsbefugnisse ergeben. So wird insbesondere in den Verwaltungs- bzw. Sparkassenräten der öffentlich-rechtlichen Sparkassen,[222] den Betriebskommissionen, Werkausschüssen bzw. Verwaltungsräten der kommunalen Eigenbetriebe[223] oder den Verwaltungsräten der öffentlich-rechtlichen Rundfunkanstalten[224] mittels gesetzlicher Regelung eine Beteiligung von Belegschaftsvertretern an der Leitung und Kontrolle dieser Organisationen begründet. Für die Mehrzahl[225] dieser Organe ist zudem vorgesehen, daß die Belegschaftsvertreter direkt durch einen Wahlakt der Belegschaft bzw. der Personalvertretung in das Organ bestellt werden.[226] Wenn somit selbst in öffentlich-rechtlich orga-

---

[221] Vgl. dazu sogleich unter b). Vgl. auch *Schmitt Glaeser*, DÖV 74, 154; *Erichsen*, Eildienst LKT 85, 242; *Kisker*, Gutachten Rdnr. 1 a.E.; niedersächsisches Gutachten S. 4; *Ehlers*, JZ 87, 220; ähnlich wohl auch *Püttner*, DVBl. 84, 165; *ders.*, Die öffentlichen Unternehmen S. 136/7, der ebenfalls nur Aufsichtsrat und kollegiale Leitungs-/ Kontrollorgane der öffentlich-rechtlichen Einrichtungen und Unternehmen in Beziehung setzt, über das Personalvertretungsrecht dagegen kein Wort verliert.

[222] Vgl. §§ 12, 15 SpkG/BW (idF. v. 1.4.1975, GVBl. S. 270); § 5 SpkG/Berl. (idF. v. 28.6.1973, GBl. S. 970); § 5 SpkG/Brem. (v. 22.4.1955, GVBl. S. 68); § 5 SpkG/Hess. (idF. v. 2.1.1973, GVBl. I S. 16); § 104a PersVG/Nds. (idF. v. 8.8.1985, GVBl. S. 261); § 8 II, 10 II, 41 I Buchstabe h) SpkG/NW (idF. v. 2.7.1975, GVBl. S. 498); §§ 5 I Nr. 3, 26 IV 2 SpkG/RP (v. 1.4.1982, GVBl. S. 113); §§ 7, 8, 9 SpkG/Saarl. (v. 14.7.1975, Amtsbl. S. 930); §§ 8, 10 II SpkG/SH (idF. v. 2.2.1981, GVBl. S. 17).

[223] Vgl. § 6 EigBetrG/Berl. (idF. v. 1.10.1973, GVBl. S. 1742); § 68 PersVG/Brem. (v. 5.3.1974, GVBl. S. 131); § 6 II Nr. 3 EigBetrG/Hess. (idF. v. 1.4.1981, GVBl. I S. 119); § 67 PersVG/Hess. (idF. v. 2.1.1979, GVBl. I S. 1); § 104a PersVG/Nds.; § 93 III GO/NW.

[224] § 9 Radio-Bremen-Gesetz (v. 18.6.1979, GBl. S. 245); § 67 PersVG/Hess.; § 20 I 2 WDRG (v. 19.3.1985, GV/NW S. 237); § 24 des Entwurfs der Freien und Hansestadt Hamburg für einen Staatsvertrag über den NDR, abgedr. in: Media-Perspektiven 11/78 S. 805ff.

[225] Eine Ausnahme bilden z.B. § 6 II Nr. 3 EigBetrG/Hess.; § 93 III GO/NW (vgl. dazu *Püttner*, DVBl. 84, 168).

nisierten Unternehmen und Einrichtungen ein Mitbestimmungsmodus, der dem vorliegend in Rede stehenden äußerst ähnlich ist,[227] qua Gesetzgeber als zulässig angesehen wird, so liegt die Frage nahe, ob sich die bislang für die privatrechtlich organisierten Unternehmen der Gemeinden gefundenen Ergebnisse angesichts dieser gesetzgeberischen Wertung hinsichtlich der öffentlich-rechtlichen Einrichtungen und Unternehmen noch halten lassen, d.h., ob für den Bereich der privatrechtlich organisierten Unternehmen strengere Maßstäbe gelten können als für deren öffentlich-rechtlich ausgestalteten „Gegenstücke".

Ohne sich im Rahmen der vorliegenden Arbeit eingehend mit der verfassungsrechtlichen Problematik der Mitbestimmung in den öffentlich-rechtlichen Kollegialorganen[228] auseinandersetzen zu müssen oder auch nur zu können, kann dennoch die Feststellung getroffen werden, daß allein die Existenz dieser Mitbestimmungsregelungen die im vorliegenden Zusammenhang gefundenen Ergebnisse nicht in Frage zu stellen vermag. Denn obwohl zwischenzeitlich in fast allen Bundesländern[229] derartige Mitbestimmungsbefugnisse begründet worden sind, war die Frage ihrer Rechtmäßigkeit in einer Reihe von Gesetzgebungsverfahren durchaus umstritten; die insoweit erhobenen Bedenken entsprachen im wesentlichen den im vorliegenden Zusammenhang angemeldeten Zweifeln.[230]

Darüber hinaus mehren sich in letzter Zeit die Stimmen in der rechtswissenschaftlichen Literatur, die die Rechtmäßigkeit von Mitbestimmungsbefugnissen in Kollegialorganen öffentlich-rechtlicher Einrichtungen und Unternehmen in Frage stellen und dabei insbesondere unter Heranziehung

[226] Vgl. oben FN 222 - 224; hinsichtlich der in FN 222 genannten Gesetze bedarf es allerdings der Berücksichtigung folgender Änderungsgesetze:

SpkG/BW: v. 18.7.1983, GVBl. S. 379; SpkG/Hess.: v. 18.12.1984, GVBl. S. 344; SpkG/NW: v. 26.6.1984, GV NW S. 362; SpkG/Saarl.: v. 4.4.1984, Amtsbl. S. 517; SpkG/SH: v. 22.12.1982, GVBl. S. 308.

[227] Hinsichtlich des mittelbaren Bestellungsmodus gilt dies zumindest für die Fälle der bindenden Kandidatenvorschläge.

[228] Vgl. dazu nur *Püttner,* DVBl. 84, 164ff.; *ders.,* DVBl. 86, 1198f.; *ders.,* ZögU 84, 227ff.; *ders.,* Gutachten S. 5ff.; *Tettinger,* Mitbestimmung S. 20ff.; *Stüer,* StuGB 86, 19ff.; *Erichsen,* Eildienst LKT 85, 242f.; *Bieback,* S. 9ff.; *Papier,* S. 49ff.; niedersächsisches Gutachten S. 6ff.; rheinl.-pfälz. Gutachten S. 10ff.; Berliner Gutachten S. 11ff.; Hess.StGH StAnz. Hessen 21/1986 S. 1089ff.; VGH/NW Sparkasse 86, 509ff.; *Ipsen,* Mitbestimmung im Rundfunk S. 15ff., 66ff.; *Hoffmann-Riem,* S. 66ff.; *Bethge,* Verfassungsprobleme S. 33; *Ehlers,* JZ 87, 219, 221ff.

[229] *Tettinger,* Mitbestimmung S. 13, 16, 18, 80 spricht im Zusammenhang mit der Begründung von leitungsbezogenen Mitbestimmungsbefugnissen in öffentlich-rechtlichen Sparkassen und Landesbanken sogar von einem „Grundmuster" sowie von „länderübergreifend anerkannten und praktizierten allgemeinen ... Grundsätzen"; eine Ausnahme bilden insoweit lediglich Bayern, Hamburg und Rheinland-Pfalz, vgl. dazu *Tettinger,* Mitbestimmung S. 13ff.

[230] Vgl. z.B. SpkG/RP: Plenarprotokolle 9/40 S. 2208 und 9/50 S. 1845; zum SpkG/SH: Plenarprotokoll 6/77 S. 3877; zum Mitbestimmungs-Artikelgesetz/NW: Plenarprotokolle 9/93 S. 5499f.; 9/101 S. 6189, 6207ff.; zum WDRG: Ausschußprotokoll 9/1462 S. 93; Plenarprotokoll 9/121 S. 7687f.

des Erfordernisses der persönlichen demokratischen Legitimation als Prüfungsmaßstab in ähnlicher Weise argumentieren, wie es vorliegend für die freiwillig/rechtsgeschäftlichen Mitbestimmungseinführungen/-erweiterungen in den Aufsichtsräten kommunaler Eigengesellschaften des Daseinsvorsorgebereichs getan wird.[231]

Nicht unbeachtet bleiben sollten schließlich das bereits erwähnte Urteil des *Hessischen Staatsgerichtshofs*[232] sowie eine ebenfalls erst kürzlich ergangene Entscheidung des *Verfassungsgerichtshofs Nordrhein-Westfalens*.[233]

Der *Verfassungsgerichtshof Nordrhein-Westfalen* hatte im Rahmen eines von mehreren nordrhein-westfälischen Kreisen und Gemeinden angestrengten Verfassungsbeschwerdeverfahrens über die Verfassungsmäßigkeit des Art. III Nr. 2 des nordrhein-westfälischen Mitbestimmungs-Artikelgesetzes[234] zu entscheiden. Art. III Nr. 2 dieses Gesetzes änderte die Regelung des § 10 II SpkG/NW[235] dahingehend, daß die dem Verwaltungsrat angehörenden Dienstkräfte der Sparkasse nicht mehr wie früher, auf Vorschlag der Personalversammlung durch den Gewährsträger der Sparkasse (Gemeinde/ Gemeindeverband), sondern nunmehr unmittelbar von den Dienstkräften der Sparkasse in dieses Organ gewählt werden. Der *Verfassungsgerichtshof Nordrhein-Westfalen* kommt in seiner Entscheidung zu dem Ergebnis, daß die Einführung des Direktwahlmodus mit Art. 78 LVerf/NW[236] sowie mit dem grundgesetzlichen Demokratieprinzip unvereinbar ist. Er begründet seine Auffassung damit, daß die Erfüllung der den Sparkassen obliegenden Aufgaben, ungeachtet dessen, daß sie ganz überwiegend in Formen des Privatrechts erfolgt, eine Form der Ausübung von Staatsgewalt darstellt, an der auch der Verwaltungsrat und dessen Mitglieder beteiligt seien und daher den Anforderungen des Demokratieprinzips unterliege.[237] Mit dem aus diesem Prinzip abzuleitenden Erfordernis der uneingeschränkten persönlichen demokratischen Legitimation aller derer, die öffentliche Gewalt ausüben sei es jedoch unvereinbar, wenn die arbeitnehmerischen Mitglieder des Verwaltungsrats direkt von den Dienstkräften der Sparkasse bestellt

---

231 Vgl. *Püttner*, DVBl. 84, 164ff.; *ders.*, Gutachten S. 5ff.; *Stüer*, StuGB 86, 19ff.; *Erichsen*, Eildienst LKT 85, 242f.; *Heinevetter*, § 10 Anm. 1. 2); Berliner Gutachten S. 40/1; niedersächsisches Gutachten S. 16ff.; *Ipsen*, Mitbestimmung im Rundfunk S. 66ff., 79f.; *Bethge*, Verfassungsprobleme S. 45ff.; differenzierend *Tettinger*, Mitbestimmung S. 31ff., vgl. bereits oben 4.; *Fischer*, Sparkasse 86, 533f.; vgl. auch *Kisker*, Gutachten Rdnr. 90, 134ff.; *Ehlers*, JZ 87, 219, 221ff.; *Ossenbühl*, Grenzen S. 38ff.

232 StAnz. Hessen 21/1986 S. 1089ff. (= DVBl. 86, 936ff., gekürzt).

233 Sparkasse 86, 509ff. (= DVBl. 86, 1196; = DÖV 87, 108).

234 Vom 26. 6. 1984, GV NW S. 362.

235 IdF. v. 2. 7. 1975, GV NW S. 497.

236 Diese Regelung entspricht im wesentlichen Art. 28 II GG; vgl. auch unten 2. Abschnitt, FN 3.

237 VGH/NW Sparkasse 86, 509 (511f.).

würden; die Sparkassenbelegschaft sei verfassungsrechtlich nicht zur Vermittlung von demokratischer Legitimation berufen und könne daher den von ihr (unmittelbar) bestellten Vertretern im Aufsichtsrat nicht die für die Tätigkeit in diesem Organ erforderliche persönliche demokratische Legitimation vermitteln, so daß es hinsichtlich der Bestellung dieser Organwalter an dem Erfordernis einer auf das Volk zurückreichenden, ununterbrochenen Kette von Berufungsakten fehle.[238] Der *Verfassungsgerichtshof Nordrhein-Westfalen* hält die Einführung eines Direktwahlmodus für den Bereich der öffentlich-rechtlichen Sparkassen mithin aufgrund ähnlicher Erwägungen für verfassungswidrig, wie sie vorliegend auch gegenüber der auf freiwillig/rechtsgeschäftlicher Grundlage beruhenden Mitbestimmungseinführung/-erweiterung in den Aufsichtsräten kommunaler Eigengesellschaften des Daseinsvorsorgebereichs angeführt worden sind.

Im Gegensatz zum *Verfassungsgerichtshof Nordrhein-Westfalen* hatte sich der *Hessische Staatsgerichtshof,* wie bereits anfrüherer Stelle erwähnt,[239] nicht mit der unternehmensbezogenen, sondern der betriebsbezogenen, personalvertretungsrechtlichen Mitbestimmung zu beschäftigen. Aufgrund eines Normenkontrollantrags des hessischen Landesanwalts hatte das Gericht insbesondere solche Regelungen des hessischen Personalvertretungsgesetzes[240] zu überprüfen, die zum einen die Mitbestimmung der Personalvertretung in personellen Angelegenheiten von Beamten und hochgruppierten bzw. außertariflich bezahlten Angestellten des hoheitlichen Verwaltungsbereichs betrafen und die zum anderen in diesen Angelegenheiten im Streitfalle teilweise eine endgültige Entscheidungsbefugnis einer mit Bedienstetenvertretern und Vertretern der Behördenleitung paritätisch besetzten Einigungsstelle vorsahen. Trotz dieses andersartigen Verfahrensgegenstandes ist die Entscheidung des *Hessischen Staatsgerichtshofs* für den Bereich der Mitbestimmung in kollegialen Leitungsorganen öffentlich-rechtlicher Einrichtungen und Unternehmen nicht ohne Belang, da das Gericht auch für die – weniger weitreichende – innerbehördliche Mitbestimmung unmißverständlich klarstellt, daß auch die Organisation des inneren Dienstbetriebs eine Form der Ausübung von Staatsgewalt darstelle und daher die daran beteiligten Amtswalter (soweit deren Mitwirkung an den o.g. Angelegenheiten in Rede steht) ebenfalls eine den Erfordernissen des Demokratieprinzips genügende persönliche Legitimation aufweisen können müßten, was aber gerade bei den von den Bediensteten direkt bestellten Mitgliedern der Personalvertretung nicht der Fall sei. Darüber hinaus weist das Gericht noch darauf hin, daß durch die (personalvertretungsrechtlichen) Mitbestimmungsbefugnisse der Behördenleitung nicht die Letztentschei-

---

[238] VGH/NW Sparkasse 86, 509 (510/511).

[239] Vgl. oben a), aa).

[240] IdF. v. 2.1.1979, GVBl. I S. 2.

dungsbefugnis in Fragen, die für die Organisation, die Leitung und Steuerung der Behörde wesentlich sind (wozu auch die oben erwähnten Angelegenheiten zu zählen seien), entzogen werden dürfe.[241] Damit hat der *Hessische Staatsgerichtshof* auch für das Personalvertretungsrecht ähnliche Maßstäbe aufgestellt, wie sie in gleicher Weise von Rechtsprechung und Literatur an die Mitbestimmung in öffentlich-rechtlich organisierten Leitungs- und Kontrollorganen angelegt werden.[242]

Angesichts dessen, daß somit sowohl in der Rechtsprechung als auch in der Literatur gegenüber den gesetzlich verankerten Mitbestimmungsbefugnissen im Bereich der öffentlich-rechtlich organisierten Verwaltung in zunehmendem Maße Bedenken erhoben werden, wie sie vorliegend auch hinsichtlich der auf freiwillig/rechtsgeschäftlicher Grundlage beruhenden Mitbestimmungseinführungen/-erweiterungen in den Aufsichtsräten kommunaler Eigengesellschaften des Daseinsvorsorgebereichs angemeldet werden,[243] kann die bloße Existenz vergleichbarer Mitbestimmungsregelungen im öffentlich-rechtlichen Bereich die aufgezeigten verfassungsrechtlichen Zweifel bzgl. der freiwillig/rechtsgeschäftlichen Mitbestimmungsregelungen in kommunalen Eigengesellschaften bzw. das hierauf bezogene Handeln der Gemeinde nicht ausräumen.

8. Ergebnis

Als Ergebnis der Untersuchung der dem Demokratieprinzip entspringenden Erfordernisse von persönlicher Legitimation und Rechtsgleichheit kann

---

[241] Hess.StGH StAnz. Hessen 21/1986 S. 1089 (1098f., 1102ff.).

[242] Ebenso die insoweit einschlägige Literatur, vgl. insbesondere *Kisker*, Gutachten Rdnr. 90, 134ff.; *Ossenbühl*, Grenzen S. 38ff., 46ff., 60ff.

[243] Allerdings beschränkt sich die verfassungsrechtliche Problematik der Mitbestimmung im Bereich der öffentlich-rechtlich organisierten Verwaltung nicht auf die Frage nach der Existenz einer persönlichen demokratischen Legitimation der Amtswalter. Als weitere, z.T. in unterschiedlicher Weise in Ansatz gebrachte Prüfungsmaßstäbe finden sich insbesondere:
- das Rechtsstaatsprinzip, Art. 20 II und III, 28 I GG (vgl. dazu *Damkowski*, S. 41ff.; *Bieback*, S. 63; *Kübel*, S. 132, 133f.);
- die Garantie der kommunalen Selbstverwaltung, Art. 28 II GG (vgl. dazu *Tettinger*, Mitbestimmung S. 73ff.; *Ossenbühl*, Grenzen S. 60ff.; *Püttner*, Gutachten S. 31; rheinl.-pfälz. Gutachten S. 25ff.; *Damkowski*, S. 45ff.; *Papier*, S. 55f.);
- Art. 33 II GG (vgl. dazu *Kübel*, S. 135f.);
- Art. 33 IV, V GG (vgl. dazu *Bieback*, S. 67ff.; *Damkowski*, S. 7ff.; *Püttner*, Mitbestimmung S. 72f.; *Ossenbühl*, Grenzen S. 56f.; *H. P. Schneider*, S. 603; *Leisner*, Mitbestimmung S. 49ff.; rheinl.-pfälz. Gutachten S. 28/9; *Kisker*, Gutachten Rdnr. 19; *Battis*, S. 886; *Kübel*, S. 133f.; BVerfGE 9, 268 (285ff.);
- Art. 137 I GG (vgl. dazu *Tettinger*, Mitbestimmung S. 77ff.; *Püttner*, Gutachten S. 32; *ders.*, DVBl. 84, 168; *ders.*, Mitbestimmung S. 73ff.; *Stüer*, StuGB 86, 26f.) sowie
- der Grundsatz der Funktionsfähigkeit der Verwaltung (vgl. dazu *Ossenbühl*, Grenzen S. 58ff.; *Kübel*, S. 131f.; BVerfGE 9, 268 (281, LS 2a));

hinsichtlich der Prüfungsmaßstäbe aus Art. 33 V und Art. 137 I GG vgl. auch noch unten FN 551.

somit festgehalten werden, daß solche (zusätzlichen) Arbeitnehmervertreter, die infolge freiwillig/rechtsgeschäftlich begründeter/erweiterter Mitbestimmungsbefugnisse in den Aufsichtsrat einer kommunalen Eigengesellschaft des Daseinsvorsorgebereichs gelangt sind, im Hinblick auf diese Erfordernisse Mängel aufweisen, sofern sie ihre Position im Aufsichtsrat und damit die Befugnis zur Ausübung von öffentlicher Gewalt entweder aufgrund eines für die Gemeinde bindenden arbeitnehmerischen Wahl-/Entsendungsvorschlags oder aber mittels einer Direktwahl durch die Unternehmensbelegschaft erlangt haben, da diese Bindung bzw. Direktwahl eine eigene (inhaltliche), individuelle Berufung der einzelnen Organwalter durch die Gemeinde verhindert und wegen der dadurch auf die Arbeitnehmerschaft beschränkten (materiellen) Beteiligung an dem Berufungsakt auch keine gleichmäßige Teilhabe aller Gemeindebürger an der Übertragung der Herrschaftsbefugnisse mehr gewährleistet ist. Dies bedeutet wiederum, daß die freiwillig/rechtsgeschäftlichen Einführungen/Erweiterungen der unternehmensbezogenen Mitbestimmungsbefugnisse durch die Gemeinden aus der Sicht der Erfordernisse der persönlichen demokratischen Legitimation sowie der Rechtsgleichheit verfassungsrechtlich nicht haltbar sind.

II. Inhaltliche, materielle Legitimation

1. Begriff

Der Begriff der persönlichen demokratischen Legitimation beschreibt die grundgesetzliche Vorstellung von demokratischer Legitimation nur zu einem Teil. Neben die persönliche Legitimation eines jeden Amtswalters muß immer auch eine inhaltliche, materielle Legitimation des staatlichen Handelns selbst treten.[244] Die Notwendigkeit eines derartigen weiteren „Legitimationsstranges“[245] ergibt sich aus dem Umstand, daß die durch die regelmäßig wiederkehrenden Wahlen zu den Vertretungskörperschaften als dem „Kristallisationskern“[246] aller demokratischer Legitimation bewirkte persönliche demokratische Legitimation in der Regel allein die Spitze der Verwaltung erfaßt, während es hinsichtlich der einmal in ihr Amt eingesetz-

---

[244] *Maunz / Herzog* in: MDH Art. 20 II Rdnr. 48; *Kriele,* S. 63, 82 (LS 7); *Bieback,* S. 44; *Dickersbach* in: Geller / Kleinrahm, Art. 2 Anm. 6; *Böckenförde,* S. 73, 79, der in „organisatorische“ und inhaltliche Legitimation unterteilt; eine ähnliche Differenzierung findet sich auch bei Vorbrugg, S. 272ff. (unter Berufung auf *Schüle,* S. 341ff.); *Hoschke,* Mitbestimmungskonkurrenzen S. 83ff., die die Begriffe „organisatorische“ und „aktuelle“ Legitimation verwenden; vgl. auch *Erichsen,* Eildienst LKT 85, 243, allerdings ohne ausdrückliche terminologische Unterteilung; ähnlich auch niedersächsisches Gutachten S. 18ff.; *Kisker,* Gutachten Rdnr. 8 spricht von einem „besonderen Ausschnitt der Legitimationskette“; noch weiter differenzierend *Ossenbühl,* Grenzen S. 38ff., 46ff.

[245] *Maunz / Herzog* in: MDH Art. 20 II Rdnr. 47.

[246] *Hoschke,* Mitbestimmungskonkurrenzen S. 84.

ten Amtswalter in den darunter liegenden Verwaltungsbereichen mit der bei deren Einstellung bewirkten persönlichen Legitimation sein Bewenden hat[247] – die auch in diesem Bereich der Verwaltung erforderliche permanente Rückkoppelung[248] der Verwaltungstätigkeit an den Willen des Volkes muß daher anderweitig bewerkstelligt werden. Hierzu bietet sich insbesondere das Mittel der rechtlichen und politischen Kontrolle des Amtswalterhandelns durch das Parlament an.[249] Eng mit dem Begriff der (parlamentarischen) Kontrolle verbunden ist der Komplementärbegriff[250] der Verantwortung, der sog. parlamentarischen Verantwortlichkeit der Regierung.[251] Kontrolle und Verantwortlichkeit sind Grundelemente der demokratischen Verfassungsordnung[252] und stellen lediglich eine unterschiedliche Betrachtungsweise der einheitlichen Frage dar, wie das gesamte staatliche Handeln inhaltlich an den Willen des Volkes gebunden werden kann[253] – der Begriff der parlamentarischen Kontrolle verkörpert die Sicht aus dem Blickwinkel

---

[247] Ähnlich auch *Vorbrugg,* S. 272/3; *Hoschke,* Mitbestimmungskonkurrenzen S. 83ff.; vgl. auch *Maunz / Herzog* in: MDH Art. 20 II Rdnr. 75; *Ehlers,* Verwaltung S. 142f.

[248] *Magiera,* S. 276; *E. Klein,* S. 162; wenn bereits bei den Ausführungen zur persönlichen Legitimation deren Bedeutung für diesen Rückkoppelungsvorgang (dort durch das Erfordernis der ununterbrochenen Kette von Berufungsakten) betont wurde, so wird deutlich, daß beide Legitimationsstränge nicht strikt getrennt, sondern miteinander verzahnt zu begreifen sind; vgl. auch *Püttner,* Die öffentlichen Unternehmen S. 135/6; *Ossenbühl,* Gutachten S. 62; *ders.,* Grenzen S. 38/9.

[249] *Maunz / Herzog* in: MDH Art. 20 II Rdnr. 48; *Kriele,* S. 63, 82; *Böckenförde,* S. 79; *Püttner,* Die öffentlichen Unternehmen S. 135/6, die darüber hinaus weitere Bindungen aufführen: Abhängigkeiten organisatorischer und budgetmäßiger Art, Gesetzesbindung sowie das Verwerfungsmonopol des Bundesverfassungsgerichts.

[250] *Stern* I, 1. Aufl. 1977, § 22 III 3 d).

[251] *Fichtmüller,* S. 328; *E. Klein,* S. 1, 17, 43; *Löwenstein,* S. 48/9; *Magiera,* S. 271; *Stein,* S. 227; *Obermayer,* Mitbestimmung S. 31; *ders.,* RiA 73, 83; *Kevenhörster* in: HKWP Bd. 3 S. 441/2; *Stern* I § 22 III 3; *Ossenbühl,* Gutachten S. 32; *Püttner* in: HKWP Bd. 3 S. 435, 438f.; BVerfGE 9, 268 (281); 22, 106 (113); Brem.StGH DÖV 75, 352 (356); Hess.StGH StAnz. Hessen 21/1986 S. 1089 (1099); vgl. auch schon BayVGH n.F. Bd. 4 (1951) Teil II S. 30 (32, 47); ausführlich zum Begriff der Verantwortung: Wilke, S. 509ff., 512f., 514, der zwischen kompetenzrechtlicher und sanktionsrechtlicher Verantwortung differenziert; vgl. dagegen die andersartige Differenzierung bei *Ossenbühl,* Grenzen S. 39, 42ff., 46ff.

[252] *Scheuner* in: Müller-FS S. 384; *Magiera,* S. 270 m.w.N. Die Ableitung dieser Begriffe aus dem Grundgesetz ist im Prinzip nicht streitig; abweichende Auffassungen bestehen lediglich in der Frage, wo genau diese Prinzipien zu verorten sind:
- im Demokratiebegriff: *Vorbrugg,* S. 276 m.w.N.; *H. P. Schneider,* S. 604; *v. Arnim,* Staatslehre S. 116, 176/7, 342; *Biedenkopf / Säcker,* S. 253; *Ritter,* S. 110; *Damkowski,* S. 21; *Böckenförde,* S. 79; Minderheitenvotum zu Brem.StGH ZBR 57, 234 (237f.) m. Anm. *H. P. Schneider,* S. 240f.; BVerfGE 1, 14 (33); 2, 1 (13) jeweils zur freiheitlich demokratischen Grundordnung;
- im Gewaltenteilungsprinzip: Nachweise bei Vorbrugg, S. 211ff.; *Püttner,* Mitbestimmung S. 66; *Leisner,* Mitbestimmung S. 44ff.;
- im parlamentarischen Regierungssystem: *Ossenbühl,* Gutachten S. 33/4; Nachweise bei *Vorbrugg,* S. 211ff.; *Stern* I § 22 III 3; *Füßlein,* S. 308 m.w.N.; *Fichtmüller,* S. 329, 349/50; *Obermayer,* Mitbestimmung S. 30; *ders.,* RiA 73, 83;
- im demokratischen Rechtsstaat: *Wössner,* S. 116; *Berkemann,* S. 143; *Ossenbühl,* Grenzen S. 48; BVerfGE 9, 268 (281f.); BayVGH n.F. Bd. 4 (1951) Teil II S. 30 (32, 47); Brem.StGH DÖV 75, 352 (356).

[253] *Maunz / Herzog* in: MDH Art. 20 II Rdnr. 48.

der Vertretungskörperschaft, während die parlamentarische Verantwortlichkeit die Situation quasi „von unten nach oben“ aus der Perspektive der Verwaltung darstellt.[254]

2. Wirkungsbereich

Wirft man einen Blick auf die geschichtliche Entwicklung des Prinzips der parlamentarischen Verantwortlichkeit/Kontrolle,[255] so fällt auf, daß dieses Prinzip seinen Wirkungsbereich vornehmlich auf das Verhältnis von Parlament und Regierung im gesamt- oder gliedstaatlichen Bereich ausgerichtet sieht. Das Vorhandensein zweier im Grundsatz[256] getrennter, distanziert einander gegenüberstehender Instanzen ist somit eine wesentliche Voraussetzung für die Geltung dieses Prinzips.[257] Es stellt sich daher die Frage, ob ein derartiges Gegenüber und damit die Geltung der Grundsätze von Verantwortlichkeit und Kontrolle auch im Bereich der kommunalen Selbstverwaltung festgestellt werden kann.[258]

Würde man zur Beantwortung dieser Frage maßgeblich auf die organisatorischen und funktionsverteilenden Regelungen der gegenwärtig geltenden Kommunalverfassungssysteme[259] abstellen,[260] so ließe sich allenfalls für die sog. Magistratsverfassung, die zumindest zwei, Parlament und Regierung des Gesamt- oder Gliedstaates ähnelnde, organisatorisch getrennte Gemeindeorgane kennt,[261] ein Gegenüber in der oben beschriebenen Weise feststellen, während dies bei der sog. Ratsverfassung ausgeschlossen erschiene, da hier lediglich ein Organmonismus zu verzeichnen und überdies eine grundsätzliche Allzuständigkeit für dieses Organ festgelegt ist.[262] Es erscheint jedoch zweifelhaft, ob es für die Frage nach der Existenz zweier getrennter

---

[254] Ähnlich *E. Klein,* S. 1/2.

[255] Dazu *Scheuner* in: Müller-FS S. 384ff.; *Stein,* S. 227.

[256] Zu den zunehmenden Wandlungen und Verschränkungen im Verhältnis von Parlament und Regierung vgl. nur *Scheuner* in: Müller-FS S. 394ff.

[257] *Scheuner* in: Müller-FS S. 391f.; *Stern* I § 22 II 5 d); *Magiera,* S. 272 m.w.N.; *Wilke,* S. 513; *Stein,* S. 227.

[258] Vgl. die ähnliche Fragestellung bei *Ossenbühl,* Gutachten S. 34; rheinl.-pfälz. Gutachten S. 27/8.

[259] Dazu nur *Schmidt-Aßmann* in: v. Münch, Bes. VerwR S. 131f.; *v. Mutius,* JuS 78, 537f.; *Pagenkopf I* S. 214ff.; *Wolff / Bachof II* § 87 II c; *Tettinger,* Bes. VerwR Rdnr. 51ff.

[260] So *Ossenbühl,* Gutachten S. 34; *Damkowski,* S. 45.

[261] Zu erwähnen ist u.U. auch die sog. Bürgermeisterverfassung, die trotz Organmonismus erhebliche eigenständige Kompetenzen des Oberbürgermeisters kennt, vgl. nur *v. Mutius,* JuS 78, 538; *Pagenkopf* I S. 222; *Tettinger,* Bes. VerwR Rdnr. 54f.

[262] So i.E. *Damkowski,* S. 45; *Ossenbühl,* Gutachten S. 34; vgl. aber auch *Karpen,* S. 96; demgegenüber weist *Leisner,* Mitbestimmung S. 53 jedoch zu Recht darauf hin, daß in diesem Fall die Verletzung von Leitungsbefugnissen nicht „nur“ den Bereich der – hier nicht existierenden – Regierung, sondern sogar des Parlaments selbst treffen würde.

Instanzen entscheidend auf die organisatorischen Festsetzungen der einzelnen Gemeindeordnungen und der diesen zugrundeliegenden Verfassungssystemvorstellungen ankommen kann.[263]

So wird zum einen versucht, die Gemeinde bzw. deren Tätigkeit in den landesstaatlichen Verantwortungs- und Kontrollmechanismus zu integrieren. Ausgehend von der organisatorischen Stellung der Gemeinde als einem Teil der vollziehenden Gewalt[264] wird dabei die gemeindliche Verwaltungstätigkeit über die staatsaufsichtlichen Kompetenzen zum Bestandteil der Verwaltungsbefugnisse der landesstaatlichen Exekutive erklärt, die wiederum der Verantwortlichkeit und Kontrolle des Landesparlaments unterliegen.[265] Infolge der so bewirkten Integration der gemeindlichen Verwaltungstätigkeit in die Verwaltungsbefugnisse der landesstaatlichen Exekutive wäre dann sogar auch ein Gegenüber nach dem „ursprünglichen" Vorstellungsbild des parlamentarischen Verantwortlichkeits- und Kontrollbegriffs zu verzeichnen.

Andererseits ist aber zu überlegen, ob nicht bereits das Volk selbst, d.h. hier das „Teilvolk"[266] der Gemeindeangehörigen, ein taugliches Gegenüber des/der Verwaltungsorgans/-organe der Gemeinde darstellen kann.[267] Trotz der organisatorischen Trennung der einheitlichen Staatsgewalt im verfaßten Staat und der damit verbundenen Verteilung der Befugnisse und Funktionen besteht die Verantwortung für alles Handeln der Organe des Staates letztlich nicht gegenüber dem Parlament als „bloßem" Vertretungsorgan, sondern gegenüber dem Volk selbst, als dem durch das Parlament Repräsentierten. Die Fixierung des Verantwortlichkeits-/Kontrollbegriffs auf das Verhältnis von Parlament und Regierung verstellt daher den Blick für den eigentlichen, ursprünglichen „Verantwortungsgläubiger", dem Volk.[268,269] Selbst wenn man also für den Bereich der kommunalen Selbstverwaltung davon ausgeht, daß hier immer oder häufig ein Parlament alle Aufgaben des

---

263 So wohl *Damkowski*, S. 45; *Ossenbühl*, Gutachten S. 34.

264 Vgl. nur *Wolff / Bachof* II § 83 I c; *Tettinger*, Bes. VerwR Rdnr. 5, 87; *Rudolf* in: Erichsen / Martens, Allg. VerwR § 57 II 2, III; vgl. auch die Regelung des Art. 3 II LVerf/NW.

265 So *Obermayer*, Mitbestimmung S. 31; *ders.*, RiA 73, 83/4; vgl. zu dieser Überlegung auch unten 6., b) a.E.

266 Vgl. oben I., 1.

267 Vgl. *Magiera*, S. 273; *Scheuner* in: Müller-FS S. 394.

268 *Magiera*, S. 274; *Löwenstein*, S. 48; *Kevenhörster* in: HKWP Bd. 3 S. 441/2; *Kraft*, Verwaltungsgesellschaftsrecht S. 85; ähnlich *Böckenförde*, S. 79; *Ehlers*, Verwaltung S. 128/9; auch das *Bundesverfassungsgericht* stellt in E 9, 268 (281) auf eine Verantwortung der Regierung gegenüber Volk und Parlament ab.

269 Dies übersieht *Ossenbühl*, Gutachten S. 42ff., wenn er meint, aus verfassungsrechtlicher Sicht (Art. 28 II GG) sei wegen der insoweit zu verzeichnenden „Substanzschwäche" nichts für die Frage von Verantwortlichkeit und Kontrolle im gemeindlichen Bereich zu gewinnen; i.E. ähnlich *Kraft*, Verwaltungsgesellschaftsrecht S. 103.

Gemeinwesens in eigener Person wahrnimmt, m. a. W. eine Gewaltenkonfusion[270] herrscht, so bleibt als Verantwortungsgläubiger/Kontrolleur immer noch die Gemeindebevölkerung übrig.[271]

Welcher der geschilderten Überlegungen man letztlich folgen will, bedarf keiner abschließenden Entscheidung, da jedenfalls im Ergebnis gilt, daß das Prinzip der (parlamentarischen) Verantwortlichkeit und Kontrolle auch im Bereich der kommunalen Selbstverwaltung Beachtung beanspruchen kann.[272,273,274] Es ist somit davon auszugehen, daß auch das gemeindliche (Verwaltungs)Handeln grundsätzlich einer inhaltlichen, materiellen Legitimation bedarf und daher ebenfalls den Anforderungen von parlamentarischer Verantwortlichkeit und Kontrolle genügen muß.

---

[270] Vgl. nur *Gönnenwein,* S. 310.

[271] Auf dieses oder eines der zuvor geschilderten Verhältnisse der Gemeindevertretung kommt es beim Prinzip der parlamentarischen Verantwortung und Kontrolle an und nicht etwa, wie *Nipperdey,* Gutachten S. 30/1 zu meinen scheint, auf das Verhältnis von Gemeinde zur Eigengesellschaft; die Gemeinde ist vielmehr lediglich dem, gleich wie zu bestimmenden, Verantwortungsgläubiger/Kontrolleur gegenüber für das Handeln der Eigengesellschaft verantwortlich (dazu sogleich näher).

[272] So ausdrücklich auch *Ehlers,* Verwaltung S. 128/9; *Leisner,* Mitbestimmung S. 53, 70ff.; i.E. wohl auch *Engel,* S. 245/6; *Büchner,* S. 69, 71/2; *Kevenhörster* in: HKWP Bd. 3 S. 442ff.; *Obermayer,* Mitbestimmung S. 33/4; *ders.,* RiA 73, 83/4; *Biedenkopf / Säcker,* S. 238, 253; *Wössner,* S. 116; *Püttner,* Mitbestimmung S. 66, 68; *Ossenbühl,* Grenzen S. 66/7; widersprüchlich insoweit *Leisner,* WiVerw 83, 223, der einerseits ausführt, daß eine „zeitweise", „gewisse" Unabhängigkeit der Eigengesellschaft als Folge der Rechtsformwahl hingenommen werden müsse, weil eine permanente Verantwortlichkeit und Kontrolle für deren Handeln aufgrund bestehender gesellschaftsrechtlicher Vorschriften nicht zu erreichen sei, andererseits aber auf S. 224/5 den Mangel an (parlamentarischer) Kontrolle hinsichtlich des Handelns der Eigengesellschaft beklagt.

[273] Ungleich schwieriger erscheint dagegen der Nachweis der Geltung dieser Prinzipien im gemeindlichen Bereich für diejenigen, die diese aus dem Gewaltenteilungsgrundsatz oder dem parlamentarischen Regierungssystem (als eigenständigem Staatsstrukturprinzip, vgl. dazu nur *Stern* I Vorbem. zum 2. Kapitel, S. 552, § 22 II 5 d) a.E., III) abzuleiten suchen, da für das parlamentarische Regierungssystem anerkannt ist, daß dieses nicht über die Homogenitätsklausel des Art. 28 I GG zwingend auch in den Ländern (und damit in den Gemeinden) gilt (vgl. nur *Rauschning,* S. 224; *Menzel,* S. 768; *Partsch,* S. 23; *Bieback,* S. 50; *Püttner,* Mitbestimmung S. 66; *Maunz / Herzog* in: MDH Art. 20 II Rdnr. 96; *Maunz* in: MDH Art. 28 Rdnr. 32; BVerfGE 6, 104 (111, 115f.); 9, 268 (281); a. A., allerdings ohne Begründung BVerfGE 27, 44 (51f.)) bzw. die Geltung des Gewaltenteilungsprinzips im gemeindlichen Bereich sogar überwiegend verneint wird (vgl. z.B. *Herzog* in: MDH Art. 20 V Rdnr. 129; *Stern,* BK Art. 28 Rdnr. 50; *v. Unruh* in: v. Münch, Bes. VerwR, 6. Aufl. 1982, S. 146; *Pagenkopf* I S. 47/8; *Berner,* S. 58 m.w.N.; *Forsthoff,* Verwaltungsrecht S. 536; *Gönnenwein,* S. 310; *H. P. Schneider,* S. 604; *Nipperdey,* Gutachten S. 23/28; *Ossenbühl,* Gutachten S. 33/4 – *Nipperdey* und *Ossenbühl* verneinen dementsprechend die Geltung der Prinzipien der parlamentarischen Verantwortlichkeit und Kontrolle im gemeindlichen Bereich –; OVG Münster OVGE 9, 84 (89); MDR 57, 635 (637); DÖV 57, 374 (376); a. A. nur *v. Hoffmann,* S. 326/7; *v. Mangoldt / Klein,* Art. 28 Anm. III 3).

[274] Zu Recht weist *Ossenbühl,* Grenzen S. 48, 54 darauf hin, daß dies bis in die letzte Verästelung der Verwaltungsorganisation gilt.

3. Einwirkungspflicht

Verantwortlichkeit und Kontrolle sind jedoch nur denkbar, wenn die Möglichkeit einer Steuerungsbefugnis, einer eigenständigen Entscheidungsmacht des Verantwortlichen/Kontrollierten über das von ihm gegenüber dem Verantwortungsgläubiger/Kontrolleur zu verantwortende/dessen Kontrolle unterliegende Verhalten besteht, da niemand für etwas verantwortlich sein kann, das nicht seiner Steuerung unterliegt.[275] Jegliches Verwaltungshandeln ist daher grundsätzlich[276] nur dann inhaltlich, materiell legitimiert, wenn der verantwortlich Handelnde/der zu Kontrollierende in der Lage ist, jederzeit[276] die Durchsetzung seines Willens zu gewährleisten.

Für den vorliegend relevanten Fall der Auslagerung von Verwaltungstätigkeit auf rechtlich selbständige Organisationsformen des Privatrechts bedeutet dies wiederum in erster Linie eine Verpflichtung zur Schaffung und/oder Ausnutzung von Bindungen/Steuerungsmitteln[277] hinsichtlich der

---

[275] Vgl. nur *Scheuner* in: Müller-FS S. 391f.; *Stern* I, 1. Aufl. 1977, § 22 III 3 d) m.w.N.; *Püttner* in: HöV Bd. 2 Rdnr. 28; *Ossenbühl,* Grenzen S. 47, 49; *Engel,* S. 245ff.; *Büchner,* S. 68; BVerfGE 9, 268 (282); 22, 106 (133); BayVGH n.F. Bd. 4 (1951) Teil II S. 30 (47); Brem.StGH DÖV 75, 352 (356); Hess.StGH StAnz. Hessen 21/1986 S. 1089 (1098); zur geschichtlichen Entwicklung dieses Gedankens vgl. *Jellinek,* Ausgewählte Schriften II S. 105ff.

[276] Ob und unter welchen Voraussetzungen von dem grundsätzlichen Erfordernis einer permanent gewährleisteten Möglichkeit zur Durchsetzung des Willens des parlamentarisch Verantwortlichen Ausnahmen zulässig sind, soll hier nicht näher erörtert werden. Angesprochen ist damit die Frage der Zulässigkeit sog. ministerialfreier, d.h. dem Einfluß eines parlamentarisch Verantwortlichen entzogener, Räume (zu diesem seit *Loening,* S. 171ff. gebräuchlichen Begriff vgl. nur *Vorbrugg,* S. 77f.; *Roller,* S. 26ff.; *Schumacher,* S. 18; *Amelunxen,* S. 53; *Maunz* in: MDH Art. 88 Rdnr. 19; BVerwGE 7, 66 (73)); vgl. z.B. *Ehlers,* Verwaltung S. 124ff.; *Leisner,* WiVerw 83, 225; *Obermayer,* Mitbestimmung S. 30ff.; *ders.,* RiA 73, 84; *Püttner,* Die öffentlichen Unternehmen, S. 224. Diese vielfach diskutierte und äußerst umstrittene Problematik (vgl. eingehend, jeweils m.w.N. nur *Füßlein,* S. 277ff., 281ff., 292/3; *E. Klein,* S. 144ff., 190ff.; *Vorbrugg,* S. 218ff.; *Roller,* S. 127ff.; *Bieback,* S. 47 FN 14, S. 53ff.; BVerfGE 9, 268 (281f.); 22, 106 (113); Brem.StGH DÖV 75, 352 (356); Hess.StGH StAnz. Hessen 21/1986 S. 1089 (1099, 1102ff.)) beschäftigt sich im wesentlichen mit der Frage der Notwendigkeit der durchgehenden Existenz ausreichender Steuerungsmittel in der Hand parlamentarisch Verantwortlicher sowie den Konsequenzen im Falle eines Mangels solcher Möglichkeiten, insbesondere, ob und unter welchen Voraussetzungen Ausnahmen von einer durchgehenden Steuerungsbefugnis zuzulassen sind (vgl. näher die vorstehend genannten Nachweise). Zumindest die Frage nach den Konsequenzen kann sinnvoll jedoch erst dann gestellt werden, wenn feststeht, daß in einem bestimmten Verwaltungsbereich keine ausreichenden Steuerungsmittel bestehen. Da dies für die vorliegende Arbeit jedoch noch nicht überprüft worden ist, kann angesichts der bereits vorhandenen umfangreichen Literatur eine abstrakte Prüfung der ersteren Frage unterbleiben und der Hinweis auf diese Literatur sowie auf die Rechtsprechung genügen; eine Auseinandersetzung mit der Problematik des ministerialenfreien Raumes im vorliegenden Zusammenhang ist somit erst und nur dann erforderlich, wenn sich herausstellen sollte, daß für die Gemeinden infolge der Auslagerung von Verwaltungsaufgaben auf rechtlich selbständige Organisationsformen keine Möglichkeit besteht, ihren Willen hinsichtlich der Richtung der Erfüllung der ausgelagerten Aufgaben durchzusetzen (vgl. dazu unten 6.).

[277] Eine andere Möglichkeit wäre die Verpflichtung zur Bereitstellung von Ausweichsmöglichkeiten (so insbesondere *Gallwas,* S. 229ff.). Da es in der vorliegenden

Tätigkeit dieser Organisationsformen als dem zu verantwortenden Handeln. Oder anders formuliert: Der Verantwortliche/Kontrollierte verstößt gegen das Erfordernis der inhaltlichen, materiellen Legitimation allen Verwaltungshandelns, wenn er zur Erfüllung seiner (Verwaltungs)Aufgaben Formen und Mittel wählt, die er nicht jederzeit umfassend steuern/beeinflussen kann – er unterliegt demnach m.a.W. einer Einwirkungs- oder Ingerenzpflicht bzw. Garantenstellung.[278,279]

4. Problemstellung

Wendet man die vorstehenden Ausführungen zur inhaltlichen, materiellen Legitimation auf den in Rede stehenden Sachverhalt an, so ergibt sich folgendes Bild:

Die Erfüllung von Aufgaben der Daseinsvorsorge durch Organisationsformen des Privatrechts stellt, wie bereits mehrfach betont, materiell und funktionell die Ausübung von öffentlicher Verwaltung dar.[280] Dieses Han-

Arbeit um die Beurteilung der Tätigkeit von kommunalen *Eigengesellschaften* des Daseinsvorsorgebereichs geht, käme als Ausweichsmöglichkeit wohl nur eine Bereitstellung von öffentlich-rechtlich organisierten Ersatzunternehmen in Betracht (vgl. auch *Gallwas*, S. 230). Berücksichtigt man jedoch, daß die Wahl der Privatrechtsform gerade mit dem Ziel der Erreichung der damit verbundenen Vorzüge gegenüber den öffentlich-rechtlich organisierten Unternehmensformen (zu den Gründen der Wahl privatrechtlicher Organisationsformen vgl. nur *Ossenbühl*, DVBl. 71, 519f.; *ders.*, VVDStRL 29 (1971) S. 146f.; *Rüfner*, S. 253ff.; *Kraft* in: HKWP Bd. 5 S. 170; *Engel*, S. 38ff. m.w.N.; *Alfuß*, S. 4 m.w.N.; *Scholz / Pitschas*, S. 130ff.; *Leisner*, WiVerw 83, 215f.; *Steincke*, S. 85ff.; *Püttner*, Mitbestimmung S. 69; *ders.*, DVBl. 75, 352; *ders.* in: HöV Bd. 2 Rdnr. 52; *Ehlers*, Verwaltung S. 292ff.; *Schmidt-Jortzig*, Kommunalrecht Rdnr. 214 m.w.N.) erfolgt, so erscheint dieser Weg zur Erfüllung der Einwirkungspflicht vorliegend nicht gangbar.

278 Vgl. *Gallwas*, S. 226; *Püttner*, DVBl. 75, 354ff. m.w.N.; *ders.*, Mitbestimmung S. 70; *ders.* in: HöV Bd. 2 Rdnr. 29; *ders.* in: HKWP Bd. 3 S. 438/9; *ders.*, JA 80, 218; *ders.*, Die öffentlichen Unternehmen S. 136f.; *ders.*, DÖV 83, 696; *Ehlers*, Verwaltung S. 124/5, 131; *Vitzthum*, S. 587, 626f.; *Ossenbühl*, DVBl. 73, 289; *ders.*, Gutachten S. 36ff.; *Kraft*, Verwaltungsgesellschaftsrecht S. 20ff.; *Büchner*, S. 54; *Scholz / Pitschas*, S. 140/1; *Schmidt-Jortzig*, Kommunalrecht Rdnr. 712; *Wössner*, S. 115ff.; *Berner*, S. 68ff.; *Duden*, S. 31; *Obermayer*, Mitbestimmung S. 40ff.; *ders.*, RiA 73, 84f.; *Schuppert*, S. 11 spricht von Organisationsverantwortung; vgl. auch VG Düsseldorf DVBl. 71, 225 (226); anders dagegen *Schaper*, Idee S. 161f., der die Auffassung vertritt, die öffentliche Verwaltung könne die Eigengesellschaften aus der Geltung des Demokratieprinzips mittels freiwilliger Einräumung von unternehmensbezogenen Mitbestimmungsbefugnissen „herauslösen"; dagegen zu Recht *Ehlers*, Verwaltung S. 394 FN 77.

279 Die Herleitung einer derartigen Pflicht aus dem demokratischen bzw. des parlamentarischen Prinzip des Grundgesetzes (*Ehlers*, Verwaltung S. 124ff., 148ff.; *Kraft*, Verwaltungsgesellschaftsrecht S. 82ff.; *ders.* in: HKWP Bd. 5 S. 178/9; *Büchner*, S. 66ff., 73ff.; *Damkowski*, S. 21ff.; *Ossenbühl*, Gutachten S. 35ff.; *Stumpf*, S. 105ff.; *Obermayer*, Mitbestimmung S. 30ff.; *ders.*, RiA 73, 83f.; *Püttner* in: HöV Bd. 2 Rdnr. 28ff.; *Schmidt-Jortzig*, Kommunalrecht Rdnr. 712) ist, wie noch zu zeigen sein wird, nicht die einzige Möglichkeit zur verfassungsrechtlichen Fundierung (vgl. *Ehlers*, Verwaltung S. 129 sowie unten B.).

deln muß sich die Gemeinde wie eigene Verwaltungstätigkeit zurechnen lassen, ist m. a. W. lediglich eine besondere Form gemeindlichen Verwaltungshandelns,[280] was wiederum zur Folge hat, daß es u. a. auch verfassungsrechtlichen Bindungen unterliegt, mithin ebenfalls einer inhaltlichen, materiellen Legitimation bedarf.[281] Die Bewirkung einer derartigen Legitimation ist wiederum nur dann möglich, wenn die Gemeinde hinsichtlich des Handelns ihrer Eigengesellschaften ein dem Verantwortlichkeits- und Kontrollprinzip genügendes Steuerungspotential besitzt. Die Gemeinde hat somit auch im Hinblick auf dieses Glied ihrer Verwaltungsorganisation (untechnisch verstanden) dafür einzustehen, daß es die ihm obliegenden Aufgaben ordnungsgemäß erfüllt. Gegenstand des von der Gemeinde zu Verantwortenden ist in diesem Fall deshalb die Zusammensetzung der Gesellschaftsorgane sowie insbesondere deren gesamte Betätigung.[282]

Die Schaffung/Erweiterung unternehmensbezogener Arbeitnehmermitbestimmung in den Aufsichtsräten kommunaler Eigengesellschaften der Daseinsvorsorge wäre schließlich mit dem Erfordernis der inhaltlichen, materiellen Legitimation allen Verwaltungshandelns unvereinbar, wenn die Einräumung derartiger Befugnisse zur Folge hätte, daß eine ausreichende Steuerung (Einwirkung) hinsichtlich der Tätigkeit der (Organe der) Eigengesellschaft durch die Gemeinde in Richtung auf die ordnungsgemäße, den Vorstellungen der Gemeinde entsprechende Erfüllung der Daseinsvorsorgeaufgaben nicht mehr gewährleistet wäre und damit eine Verantwortlichkeit/Kontrolle im obigen Sinn entfiele.[283]

---

280 BGH NJW 85, 197 (200); BVerfGE 45, 63 (80); vgl. schon oben Einleitung, II., 1., b), 2. Teil, 1. Abschnitt, A., I., 3.

281 *Ehlers,* Verwaltung S. 125, 130 m. w. N.; *Leisner,* WiVerw 83, 224; i. E. auch *Püttner,* Die öffentlichen Unternehmen S. 137, 235; *ders.* in: HöV Bd. 2 Rdnr. 28 ff.; *ders.,* Mitbestimmung S. 69 f.; vgl. auch *Engel,* S. 244 ff.

282 *Obermayer,* Mitbestimmung S. 32, 33/4; *ders.,* RiA 73, 84; vgl. auch *Ehlers,* Verwaltung S. 125, 130; *E. Klein,* S. 38, 43; nicht eindeutig insoweit *Püttner,* Mitbestimmung S. 70; ähnlich *ders.,* Die öffentlichen Unternehmen S. 234 f., der einerseits die Auffassung vertritt, daß nur das Handeln der Gemeinde als Gesellschafter in der Eigengesellschaft, nicht aber deren Tätigkeit selbst der parlamentarischen Kontrolle unterliege, andererseits jedoch unmittelbar im Anschluß an diese Feststellung ebenfalls davon ausgeht, daß die Gemeinde für das Handeln ihrer Eigengesellschaften verantwortlich sei und auf deren Tätigkeit zwecks Sicherung des öffentlichen Zwecks einzuwirken habe.

283 So oder ähnlich der allgemeine Denk- und Argumentationsansatz; vgl. *Püttner,* Mitbestimmung S. 65, 69 f., 102; *ders.,* Kommunalwirtschaft 76, 132; *ders.,* AfK 74, 256; *ders.,* ZögU, Beiheft 3, 1980 S. 81; *ders.* in: Mitbestimmung in öffentlichen und gemeinwirtschaftlichen Unternehmen S. 56 f.; *ders.* in: HKWP Bd. 3 S. 439; *ders.* in: HKWP Bd. 5 S. 191; *ders.* in: HöV Bd. 2 Rdnr. 28 ff.; *ders.,* DVBl. 84, 166; *ders.,* Die öffentlichen Unternehmen S. 141; *Obermayer,* Mitbestimmung S. 30 ff., 35, 50; *ders.,* RiA 73, 83 ff.; *Scholz,* ZBR 80, 303; *Ehlers,* Verwaltung S. 148; *Papier,* S. 53; *Schwarz,* S. 125; *Ritter,* S. 110 ff.; rheinl.-pfälz. Gutachten S. 29 ff.; *Ossenbühl,* Gutachten S. 35 ff.; *Raiser,* Gutachten S. 53 ff.; *ders.,* ZGR 76, 109 f.; *Berner,* S. 49 ff., 66 ff.; *Wössner,* S. 115 ff.; *Stumpf,* S. 105 ff.; *Duden,* S. 31; *Leisner,* Mitbestimmung S. 70 ff.; *ders.,* ZBR 71, 65; *Damkowski,* S. 21 ff., 49; *Kisker,* DÖV 72, 525 ff.; *H. P. Schneider,* S. 604;

Diese Fragestellung impliziert jedoch mehrere Vorfragen, die es vorab zu beantworten gilt. Wenn zuvor von dem Erfordernis einer ausreichenden Steuerung der Tätigkeit der Eigengesellschaft die Rede war, so stellt sich zunächst die Frage, welches Maß, welche Qualität das im Rahmen des Verantwortlichkeits- und Kontrollbegriffs erforderliche Steuerungspotential aufweisen muß (dazu sub 5.). Berücksichtigt man die rechtliche Eigenständigkeit der Eigengesellschaft, so ergibt sich das weitere Problem, ob der Gemeinde ein derartiges Steuerungspotential auch gegenüber ihren Eigengesellschaften zusteht (dazu sub 6.).[284,285,286] Erst im Anschluß an die Klärung dieser Fragen kann schließlich untersucht werden, ob und welche Auswirkungen eine unternehmensbezogene Arbeitnehmermitbestimmung im Aufsichtsrat der Eigengesellschaft bzw. das auf die Einführung/Erweiterung dieser Befugnis gerichtete Handeln der Gemeinde auf das eventuell vorhandene und ausreichende Steuerungspotential der Gemeinde hat (dazu sub 7.).

Bieback, S. 31, 39, 90; *Kraft* in: HKWP Bd. 5 S. 178/9; *Büchner,* S. 68, 215 f.; vgl. auch *Stern* I § 22 II 5 d); *Mertens* in: Kölner Kommentar § 96 Rdnr. 24; *Dietz-Richardi,* Anh. 3 zu § 129 BetrVG 72, Vorbem. zu § 76 BetrVG 52 Rdnr. 47; *Fitting-Auffarth-Kaiser,* § 76 BetrVG 52 Rdnr. 8; *Fitting-Wlotzke-Wißmann,* Vorbem. Rdnr. 41; *Hoffmann-Lehmann-Weinmann,* § 7 Rdnr. 47; *Tettinger,* Mitbestimmung S. 50; OLG Bremen DÖV 77, 899 f.; LG Bremen DVBl. 77, 50 (51 ff.); VG Düsseldorf DVBl. 71, 225 (226 f.); VG Gelsenkirchen NJW 74, 378 (379); VG Schleswig, Urteil v. 13. 9. 1972 Az.: 8 A 135/71 S. 13.

Vgl. in diesem Zusammenhang die interessante Regelung des Art. 47 Brem. Verf. (v. 21. 10. 1947, GBl. S. 251), die auch für die „Betriebe", die in „öffentlicher Hand" sind, bei der Einführung von Mitbestimmungsregelungen die Beachtung des Prinzips der parlamentarischen Verantwortlichkeit verlangt. Art. 47 Brem. Verf. bezieht sich, wie schon sein Wortlaut zeigt, allerdings allein auf die betriebsbezogene (und nicht auf die vorliegende in Rede stehende unternehmensbezogene) Mitbestimmung (vgl. *Spitta,* S. 107 ff.; zweifelnd auch *Raiser,* Gutachten S. 59; vgl. auch Hess.StGH StAnz. Hessen 21/1986 S. 1089 (1100/1) zu der ähnlichen Regelung des Art. 37 der Hess. Verf. (v. 1. 12. 1946, GVBl. S. 229)); darüber hinaus wird die Aussagekraft dieser Regelung für die vorliegende Frage weiter dadurch relativiert, daß sie nach überwiegender Auffassung nicht als zwingendes Recht, sondern lediglich als eine Gesetzgebungsdirektive und Auslegungshilfe anzusehen ist (vgl. *Raiser,* Gutachten S. 59/60; *Ossenbühl,* Gutachten S. 45 ff.; *Spitta,* S. 106).

284 Ähnlich *Engel,* S. 264.

285 Von einem regelmäßig eintretendem Steuerungsverlust bereits als Folge der Wahl privatrechtlicher Organisationsformen gehen aus *Kraft,* Verwaltungsgesellschaftsrecht S. 8; *ders.* in: HKWP Bd. 5 S. 174, 183; *v. Trott zu Solz,* S. 2, 75; *Gallwas,* S. 220; *Berner,* S. 69, 93; *Scholz / Pitschas,* S. 147 m. w. N.; *Janson,* Rechtsformen S. 147; vgl. auch *Wössner,* S. 114 FN 265; *Leisner,* Mitbestimmung S. 70; *Püttner,* Die öffentlichen Unternehmen S. 235.

286 Die Anwendung der im Verlauf der nachfolgenden Untersuchung sich insoweit darbietenden Ergebnisse auf die im Zusammenhang mit der Erstellung des 1. Teils der Arbeit ermittelten Unternehmen erfolgt der Übersichtlichkeit wegen erst gegen Ende der theoretischen Überlegungen; vgl. unten 7.

5. Qualität des erforderlichen Steuerungspotentials

Nähere Aufschlüsse über die Qualität der notwendigen Steuerungsbefugnis[287] im Rahmen des Verantwortlichkeits- und Kontrollbegriffs lassen sich mit hinreichender Deutlichkeit dem Charakter der zwischen dem Verantwortlichen/Kontrollierten und demjenigen, dessen Verhalten dieser zu verantworten hat, bestehenden Verhältnisses entnehmen. Dieses Verhältnis ist wesentlich durch eine Über-/Unterordnungsbeziehung, dem sog. Hierarchieprinzip,[288,289] gekennzeichnet. Die Herkunft[290] dieses Prinzips aus dem kirchlich-religiösen Bereich sowie die Ableitung[290] aus dem Souveränitätsbegriff, lassen den Schluß zu, daß es sich dabei um ein tragendes Strukturprinzip des modernen Staates handelt.[291] Das typische Mittel zur Realisierung dieses Subordinationsverhältnisses ist die Weisung,[292] d.h. eine „Willensäußerung eines Verwaltungsorgans, die einem ... untergeordneten Organwalter ein bestimmtes ... Verhalten beim Führen der Verwaltung verbindlich vorschreibt."[293] Mit der Einräumung einer Weisungsbefugnis ist dem Verantwortlichen ein wirksames Steuerungsmittel an die Hand gegeben, daß es ihm erlaubt, umfassend, jederzeit, ohne Zeitverlust und eigenständig seinen Willen hinsichtlich der Tätigkeit, die er zu verantworten hat, zu realisieren[294] – man könnte insoweit von einer „aktuellen" oder auch „präventiven"[295] Steuerungsbefugnis sprechen. Die Weisung stellt demnach ein hervorragend geeignetes Mittel dar, mit dessen Hilfe die Gemeinde die ihr obliegende Ingerenzpflicht zu realisieren vermag.

Neben der Befugnis zur Erteilung von Weisungen bestehen jedoch noch andere Möglichkeiten, den Willen des Verantwortlichen zur Geltung zu bringen.[296] Zu nennen sind insbesondere etwa Kassation, Beanstandung,

---

[287] Zur Problematik der Steuerung öffentlicher Unternehmen aus verwaltungswissenschaftlicher Sicht vgl. *Schuppert,* S. 10ff.

[288] Dazu allgemein *Thieme,* Verwaltungslehre Rdnr. 128ff.; *Krüger,* S. 117ff.; speziell zum Thema *Püttner,* Mitbestimmung S. 66f.; *Obermayer,* Mitbestimmung S. 31, 34; *ders.,* RiA 73, 83/4.

[289] Daran ändern auch vorfindbare faktische Durchbrechungen dieses Prinzips in der Verwaltungsrealität, auf die *Damkowski,* S. 22f. unter Bezugnahme auf Untersuchungen von *Luhmann* und *Ellwein* hinweist, nichts.

[290] *Krüger,* S. 114, 117; zur geschichtlichen Entwicklung vgl. auch *Jellinek,* Ausgewählte Schriften II S. 105f.; *Fichtmüller,* S. 301ff.

[291] *Krüger,* S. 118, 121, 124.

[292] Vgl. die in FN 288 Genannten sowie *Böckenförde,* S. 79; *Schuppert,* S. 11.

[293] *Barfuß,* S. 61; ähnlich *E. Klein,* S. 44; *Risken,* S. 26; *Obermayer,* Verwaltungsakt S. 107f.

[294] *E. Klein,* S. 48; *Füßlein,* S. 128; *Obermayer,* Mitbestimmung S. 31, 34; *ders.,* RiA 73, 83/4; *Kisker,* Gutachten Rdnr. 16; *Ehlers,* JZ 87, 227; OVG Münster Rspr. Entsch. Nr. 1 zu § 72 GO/NW, S. 1 (10/1); vgl. auch *Büchner,* S. 75, 140; *Wenger,* S. 437; *Kübel,* S. 130.

[295] So *Obermayer,* Mitbestimmung S. 34; *ders.,* RiA 73, 84; *Scholz,* ZBR 80, 303 spricht von „positiver Kompetenzverantwortung"; ähnlich auch *Papier,* S. 53; *Böckenförde,* S. 76ff.

[296] Vgl. auch *Berg,* S. 2300.

Selbsteintritt, Insichprozeß, personelle Einwirkungsbefugnisse,[297] Rechnungs- und Geschäftsprüfung,[298] Enquêterechte (Art. 44 GG), Bindung an normative Zielvorgaben (Art. 20 III GG) sowie Budgetrechte des Parlaments (Art. 104a ff. GG).[299] Bei näherer Betrachtung[300] dieser Steuerungsinstrumente fällt allerdings auf, daß sie allesamt nicht ein vergleichbares Maß an Durchsetzungskraft vermitteln können, wie es das Weisungsrecht vermag.[301] So versagen[300] Kassation, Insichprozeß und Gesetzesbindung bei der Durchsetzung von Zweckmäßigkeitserwägungen; hinsichtlich der Bindung an normative Zielvorgaben kommt noch hinzu, daß diese vielfach infolge zu dürftiger und allgemeiner Formulierungen in ihrer Steuerungskraft beeinträchtigt werden.[302] Beanstandung, Budgetrechte, Enquêterechte sowie Rechnungs- und Geschäftsprüfungsbefugnisse gewähren allenfalls die Hemmung eines in Gang gebrachten Verhaltens, aber nicht die Möglichkeit der verbindlichen Festlegung, daß und wie anders verfahren werden soll.[303] Das Selbsteintrittsrecht kann zu nicht kompensierbaren Zeitverlusten führen[304] und die personellen Einwirkungsbefugnisse sind schließlich auch nur ein äußerst mittelbares Einwirkungsinstrument, das insbesondere nicht die Regelung konkreter Einzelfälle gewährleistet.[305]

Im Ergebnis kann daher festgehalten werden, daß die weiteren Einflußmittel sowohl einzeln als auch zusammengenommen lediglich eine partielle, nachträgliche, mit zeitlicher Verzögerung eintretende sowie teilweise nur unter Inanspruchnahme der Hilfe Dritter zu erzielende und damit weitaus weniger wirksame Steuerung erlauben – im Gegensatz zu oben könnte man hier von einer bloß „potentiellen“ oder auch „reaktiven“[306] Steuerungsmög-

---

[297] Vgl. nur *E. Klein,* S. 48ff.; *Füßlein,* S. 121ff.; *Haas,* S. 25ff.; *Wilke,* S. 513f.; *Leisner,* WiVerw 83, 223; *Bolsenkötter,* S. 90ff.; *Berg,* S. 2301 FN 72; *Wenger,* S. 446, 454; *Schuppert,* S. 11, 42ff.

[298] *Kraft* in: HKWP Bd. 5 S. 182; *Schuppert,* S. 38ff.; vgl. auch die Nachweise bei *Berg,* S. 2301 FN 72.

[299] *Bieback,* S. 50ff., 62; BVerfG NJW 86, 907 (908) (zu den Budgetrechten); vgl. auch die Nachweise bei *Berg,* S. 2301 FN 72; zur Steuerung durch Normsetzung vgl. *Schuppert,* S. 10f., 12ff.

[300] Dazu im einzelnen *E. Klein,* S. 48ff.; *Füßlein,* S. 121ff.; andererseits aber auch *Haas,* S. 25ff.

[301] Zweifelnd auch *Kisker,* Gutachten Rdnr. 16 mit FN16.

[302] Vgl. *Schuppert,* S. 13, der noch weitere, die Steuerungskraft normativer Zielvorgaben einschränkende Faktoren aufzeigt (S. 13ff.).

[303] Vgl. auch *Büchner,* S. 75, 231; *Kraft,* Verwaltungsgesellschaftsrecht S. 216ff.; *ders.* in: HKWP Bd. 5 S. 182; *v. Trott zu Solz,* S. 126ff.; 130.

[304] *Füßlein,* S. 122; a. A. *E. Klein,* S. 51 FN 42.

[305] Höher bewertet wird diese Befugnis von *Dagtoglou,* S. 152f.; *Leisner,* WiVerw 83, 223; vgl. auch OLG Hamburg AG 72, 184 (188/9). *Biedenkopf / Säcker,* S. 244 sehen in ihm, allerdings ohne nähere Berücksichtigung der hier erwähnten übrigen Einflußmittel, sogar die einzige Steuerungsmöglichkeit; ohne nähere Begründung auch *Damkowski,* S. 23, 49.

[306] So *Obermayer,* Mitbestimmung S. 34; *ders.,* RiA 73, 84; *Scholz,* ZBR 80, 303 spricht hier von einer „negativen Verhinderungsmöglichkeit; ähnlich auch *Papier,* S. 53; *Böckenförde,* S. 76ff.; *Püttner,* Die öffentlichen Unternehmen S. 137.

lichkeit sprechen. Diese Instrumente gewähren damit kein Steuerungspotential, das dem des Weisungsrechts gleich kommt. Infolge des entwicklungsbedingten Ursprungs des Verantwortlichkeits-/Kontrollbegriffs im Hierarchieprinzip sowie des Charakters des Weisungsrechts als dem typischen Mittel zur Realisierung von Verantwortlichkeit und Kontrolle kann eine derart eingeschränkte Steuerungsmacht nicht als ausreichendes Potential angesehen werden, das es dem Verantwortlichen ermöglicht, der ihm obliegenden Ingerenzpflicht nachzukommen und auf diese Weise seinem Handeln die erforderliche inhaltliche, materielle Legitimation zu verschaffen. Mangels Existenz einer dem Weisungsrecht gleichstehenden Einflußmöglichkeit kann von Verantwortlichkeit und Kontrolle im verfassungsrechtlichen Sinn und daher von inhaltlicher, materieller Legitimation demnach nur dann gesprochen werden, wenn dem Verantwortlichen ein Weisungsrecht vorstehend geschilderter Art eingeräumt ist.[307]

6. Rechtsgrundlagen gemeindlicher Weisungsbefugnisse

Als nächstes stellt sich damit die Frage, ob der Gemeinde das Recht zusteht bzw. zustehen kann, ihren Eigengesellschaften hinsichtlich deren Tätigkeit Weisungen zu erteilen. Zwar stellt das Weisungsrecht ein den Ansprüchen des Erfordernisses einer inhaltlichen, materiellen Legitimation allen Verwaltungshandelns genügendes Steuerungspotential dar. Dem Legitimationserfordernis und somit der Verfassung läßt sich jedoch weder ausdrücklich noch konkludent entnehmen, welcher rechtlichen Grundlage das Weisungsrecht zu entstammen hat, damit eine dadurch bewirkte inhaltliche, materielle Legitimation bejaht werden kann;[308], d.h. nicht die Art und Weise, sondern allein das Ergebnis ausreichender Steuerung (mittels eines Weisungsrechts) ist verfassungsrechtlich vorgegeben.[309]

Angesichts der durch die Erfüllung von Aufgaben der öffentlichen Verwaltung in Formen und mit Mitteln des Privatrechts bewirkten Gemengelage von privatem und öffentlichem Recht können Weisungsrechte der

---

[307] *E. Klein,* S. 47/8; *Vorbrugg,* S. 49ff.; *Böckenförde,* S. 79; *Schuppert,* S. 11, 37/8; weitere Nachweise bei *Bieback,* S. 47 FN 14; i.E. auch *Engel,* S. 259, 263; *Ossenbühl,* Grenzen S. 73; niedersächsisches Gutachten S. 16; *Feindt,* S. 366f.; *Kraft,* Verwaltungsgesellschaftsrecht S. 252; a.A. *Damkowski,* S. 23, der allerdings aufgrund einer bloß *faktischen* Durchbrechung der Weisungshierarchie die hier vorgenommene *rechtliche* Ableitung ablehnt; Bedenken auch bei *Bieback,* S. 49ff., 62; *Berg,* S. 2300; widersprüchlich *Püttner,* Die öffentlichen Unternehmen S. 137, der einerseits die Notwendigkeit eines Weisungsrechts als „Gängelei" ablehnt, andererseits für den „Konfliktfall" (wann sonst?) auch für Einzelfragen eine Durchgriffsmöglichkeit der Gemeinde verlangt, ohne gleichzeitig aufzuzeigen, wie diese aussehen könnte.

[308] Ähnlich *Wössner,* S. 117; *Püttner,* Mitbestimmung S. 65 FN 1, S. 102; *ders.* in: HöV Bd. 2 Rdnr. 29; *Ossenbühl,* Gutachten S. 41ff., 58; *H. P. Schneider,* S. 603; vgl. auch *Schuppert,* S. 26; a.A. wohl *Obermayer,* Mitbestimmung S. 41, der allerdings allein auf die unten unter b) dargestellten Einflußmöglichkeiten abstellt.

[309] Ähnlich *Ehlers,* Verwaltung S. 132.

Gemeinde im Hinblick auf die Tätigkeit ihrer Eigengesellschaften sowohl dem öffentlichen wie dem privaten Recht entspringen. Nachfolgend sollen deshalb sachlich naheliegende Rechtsmaterien des öffentlichen wie des privaten Rechts daraufhin untersucht werden, ob sie der Gemeinde eine Weisungsbefugnis zur Steuerung der Tätigkeit ihrer Eigengesellschaften einräumen.

a) Organisationsstrukturprinzip

Wie bereits ausgeführt,[310] stellt das Hierarchieprinzip ein tragendes Strukturprinzip der Organisation des modernen Staatswesens dar und bildet gleichzeitig die allgemeine Grundlage einer Weisungsbefugnis im Bereich der öffentlichen Verwaltung.[311] Angesichts dieser allgemeinen[312] Grundlage des Weisungsrechts im Bereich der öffentlichen Verwaltung stünde daher auch der Gemeinde ein Weisungsrecht gegenüber ihren Eigengesellschaften zu, wenn diese einen organisatorischen Teil der Gemeindeverwaltung bilden würden, da die Organe der Gemeinde dann gleichzeitig auch Organe der Eigengesellschaft wären.[313]

Trotz des Charakters der Eigengesellschaften als rechtlich selbständige juristische Personen des Privatrechts und ihrer damit an sich zu vermutenden externen Stellung im Hinblick auf die Gemeindeorganisation[314] wird gelegentlich zu begründen versucht, daß die Eigengesellschaften organisatorischer, formeller Teil der Gemeindeverwaltung seien.[315] Begründet wird diese Auffassung sowohl mit der Zugehörigkeit der Tätigkeit der fraglichen Gesellschaften zum Bereich der Daseinsvorsorge, als auch mit der Ausrichtung der Tätigkeit der gemeindlichen Unternehmen auf den Begriff des „öffentlichen Zwecks",[316] sowie schließlich der vielfach anzutreffenden Existenz eines Konzessionsvertrages zwischen Gemeinde und Eigengesellschaft, der die Eigengesellschaft der Kontrolle der Gemeinde unterwerfe und sie daher zu einer Beliehenen mache. Gegen ein derartiges Verständnis

---

310 Vgl. oben 5.

311 Vgl. *Barfuß*, S. 68f., der allerdings von Art. 20 I Österreichischer Bundesverfassung (v. 27. 12. 1929, abgedr. bei *Machek*, S. 26) ausgeht – einer Regelung, für die es im Grundgesetz keine Entsprechung gibt; in der Kommentierung zu dieser Norm geht *Machek*, S. 32 jedoch ebenfalls ganz allgemein von der Existenz eines hierarchischen Aufbaus der Verwaltungsorganisation des österreichischen Staates aus; vgl. auch *Thieme*, Verwaltungslehre Rdnr. 189, 191; *Wittmeyer* in: Anschütz / Thoma, HdbDStR II § 85 VII S. 35f.; *Krüger*, S. 117 - 125.

312 Die in verschiedenen öffentlich-rechtlichen Spezialgesetzen ausdrücklich geregelten Weisungsbefugnisse (z.B. im Gemeinde- oder Beamtenrecht, vgl. unten d) bzw. e)) können wohl als Ausfluß dieses allgemeinen Prinzips betrachtet werden.

313 *Nesselmüller*, S. 76.

314 Ähnlich *v. Trott zu Solz*, S. 199.

315 Zum folgenden vgl. eingehend *Nesselmüller*, S. 70ff. m.w.N.

316 Vgl. nur § 88 I Nr. 1 GO/NW; für entsprechende Vorschriften anderer Bundesländer vgl. *Pagenkopf* II S. 147ff.

der organisatorischen Einordnung der Eigengesellschaft in den gemeindlichen Organismus sprechen sowohl die Gesetzessystematik der Gemeindeordnungen, die strikt in Gemeindewirtschaft und Verwaltung der Gemeinde unterteilen,[317] als auch die erheblichen strukturellen Unterschiede von Verwaltung und Unternehmen – so insbesondere hinsichtlich der Organisationsform (juristische Person des öffentlichen Rechts – des Privatrechts), des Aufgabenumfangs (Allzuständigkeit – begrenzte Versorgungsaufgabe) und der Mittelbewirtschaftung (Ausgabenwirtschaft – Ertragswirtschaft). Infolge dieser andersartigen Ausgestaltung von Gemeinde und Eigengesellschaft erscheint es mehr als zweifelhaft, ob allein mit Hilfe unscharfer Begriffe wie „Daseinsvorsorge" und „öffentlichem Zweck" die in Rede stehende Eingliederung der Eigengesellschaft begründet werden kann.[318]

Nichts anderes gilt auch im Hinblick auf die vielfach vorfindbaren[319] Konzessionsverträge zwischen Gemeinde und Eigengesellschaft. Selbst wenn derartige vertragliche Regelungen der Gemeinde eine Kontrolle über die Unternehmensleitung sollten verschaffen können,[320] so kann angesichts des privatrechtlichen Charakters[321] dieser Verträge weder eine Beleihung[322], noch ein über die normale Staatsaufsicht hinausgehender Eingliederungsakt festgestellt werden.[323] Die Existenz von auf die Steuerung der Eigengesellschaften abzielenden Konzessionsverträgen zwischen diesen und den Gemeinden sollte vielmehr sogar als Ausdruck dafür gewertet werden, daß letztere gerade keinen förmlichen Teil der Gemeindeverwaltung bilden.[324]

Im Ergebnis ist daher davon auszugehen, daß die Eigengesellschaften keinen organisatorischen, formellen Teil der Gemeindeverwaltung darstellen,[325] so daß ein Weisungsrecht der Gemeinde auf der Grundlage des Hierarchieprinzips selbst nicht gegeben ist.

b) *Energiewirtschaftsrecht/Personenbeförderungsrecht*

Soweit die vorliegend in Rede stehenden Eigengesellschaften Versorgungs- und Verkehrsleistungen erbringen, sehen sowohl das Energiewirtschaftsgesetz[326] (§§ 1, 3 - 8 EnWG) – für die Lieferung von Elektrizität und

---

[317] *Maunz,* VerwArch 59, 326.
[318] *Nesselmüller,* S. 83, 89/90.
[319] Vgl. dazu näher unten f), bb) a. E.
[320] Diese Frage ist nicht unbestritten, vgl. dazu näher unten f), bb).
[321] So die wohl h. M.; vgl. dazu die Nachweise bei *Vogel,* S. 137 ff.; *Berkemann,* S. 53 ff.; *Kraft,* Verwaltungsgesellschaftsrecht S. 221 FN 111; *Büchner,* S. 223.
[322] Zum Begriff *Wolff / Bachof* II § 104.
[323] *Nesselmüller,* S. 91 m. w. N.
[324] *Stern / Püttner,* S. 105; *Püttner,* Die öffentlichen Unternehmen S. 234 f.
[325] *Nesselmüller,* S. 80; *Püttner,* Die öffentlichen Unternehmen S. 136/7, 234/5.
[326] Vom 13. 12. 1935, RGBl. I S. 1451.

Gas – wie auch das Personenbeförderungsgesetz[327] (§§ 2, 9ff., 21f., 39, 40, 45, 51, 54 PBefG) Weisungsbefugnisse der öffentlichen Verwaltung vor.[328,329]

Es erscheinen jedoch Zweifel angebracht, ob diese Befugnisse eine *umfassende* Leitungsmacht hinsichtlich der Tätigkeit dieser Unternehmen und damit der Erfüllung der Daseinsvorsorgeaufgaben gewähren (können).

Allein der Wortlaut der genannten Normen läßt bereits die Feststellung zu, daß hier kein „lückenloses Instrumentarium"[330] zur Beeinflussung der Unternehmenstätigkeit bereitgestellt wird. Vielmehr sind wesentliche Teilbereiche der Unternehmensführung wie Kapitalausstattung, Personalfragen und Investitionstätigkeit von diesen Weisungsbefugnissen ausgespart.[331] Weitere Bedenken ergeben sich aus den unterschiedlichen Zielsetzungen der Daseinsvorsorge einerseits und der Wirtschaftsaufsicht nach dem Energiewirtschaftsgesetz und dem Personenbeförderungsgesetz andererseits.[332] Zwar ist beiden Bereichen das Bestreben nach der Sicherstellung des Gemeinwohls eigen,[333] doch sind die dabei zugrundeliegenden Maßstäbe und Bewertungsprärogativen nicht deckungsgleich. Die Wirtschaftsaufsicht nach dem Energiewirtschaftsgesetz und dem Personenbeförderungsgesetz verlangt eine mehr globale, die Fixierung auf die Belange einer einzelnen Gemeinde ausschließende Berücksichtigung der Bedürfnisse und Erfordernisse der Allgemeinheit,[334] während die Erfüllung von Daseinsvorsorgeaufgaben in der Gemeinde gerade die spezifischen Probleme dieses Kleinbereichs erfassen soll – es liegt auf der Hand, daß bei derartig verschiedenen Blickwinkeln die Interessen von Gemeinde und Wirtschaftsaufsicht nicht zwangsläufig kongruent sein müssen. Das bedeutet aber wiederum, daß die Weisungsbefugnisse nach dem Energiewirtschaftsgesetz und dem Personenbeförderungsgesetz keine Steuerungsmittel darstellen, die durchgängig die Erfüllung gerade der von den vorliegend in Rede stehenden Eigengesellschaften wahrzunehmenden und von der Gemeinde zu verantwortenden Aufgaben bewirken können. Schließlich darf nicht unberücksichtigt bleiben, daß vorliegend, obwohl es gerade um die Erfüllung von Handlungs-

---

[327] Vom 21.3.1961, BGBl. I S. 241.

[328] Die Geltung des Energiewirtschaftsgesetzes und des Personenbeförderungsgesetzes auch für die kommunalen Eigengesellschaften ist unbestritten (vgl. nur *Berner,* S. 104; *Engel,* S. 184ff.; *Hensche,* S. 49; *Raiser,* RdA 72, 72); Anknüpfungspunkt für die Anwendbarkeit dieser Gesetze ist allein das Bestehen eines entsprechenden Unternehmens, ohne Rücksicht auf Rechtsform und Trägerschaft.

[329] Vgl. nur *Hensche,* S. 43f.; *Berner,* S. 103f.; *Raiser,* RdA 72, 72f.; *ders.,* Gutachten S. 53f.; *v. Trott zu Solz,* S. 136ff.; BVerfG NJW 74, 1872 (1873).

[330] So aber *Hensche,* S. 44; *Raiser,* RdA 72, 73; zurückhaltender *ders.,* Gutachten S. 54; ähnlich auch BVerfG NJW 84, 1872 (1873).

[331] *Berner,* S. 104f.; vgl. auch *Püttner,* Energieversorgung S. 48; *Büchner,* S. 133/5.

[332] Vgl. auch *Obermayer,* Mitbestimmung S. 42; *H. P. Schneider,* S. 604 FN 55.

[333] *Raiser,* RdA 72, 72.

[334] Ähnlich *Püttner,* Energieversorgung S. 30; vgl. auch *Wössner,* S. 169 FN 436.

pflichten aus einer der *Gemeinde* obliegenden Einwirkungspflicht *durch* die Gemeinde geht, die Weisungsbefugnisse nach dem Energiewirtschaftsgesetz und dem Personenbeförderungsgesetz eben nicht durch die Gemeinde, sondern allein durch die Aufsichtsbehörde ausgeübt werden (können) und die Gemeinde allein aufgrund der Existenz dieser Befugnisse auch nicht von der Erfüllung ihrer Einwirkungspflicht frei wird.[335]

Eine andere Beurteilung des Wirkungsgrades personenbeförderungs- und energiewirtschaftsrechtlicher Weisungsbefugnisse ergibt sich schließlich auch dann nicht, wenn man im vorliegenden Zusammenhang jene Auffassung berücksichtigt, welche die Geltung des Verantwortlichkeits- und Kontrollprinzips im gemeindlichen Bereich dadurch zu begründen versucht, daß sie die gemeindliche Verwaltungstätigkeit über die staatsaufsichtlichen Kompetenzen zu einem Teil der Verwaltungsbefugnisse der landesstaatlichen Exekutive erklärt, die wiederum der parlamentarischen Verantwortlichkeit und Kontrolle des Landesparlaments unterliegen.[336] In diesem Fall läge es zwar nahe, den Mangel der eigenen Kompetenz der Gemeinde hinsichtlich jener Weisungsbefugnisse deshalb als unbeachtlich anzusehen, weil jedenfalls für den übergeordneten Regierungsapparat (als der Aufsichtsbehörde) eine Weisungsbefugnis bestünde und es letztlich nur auf die inhaltliche, materielle Legitimation, d.h. die Billigung des gesamten Verwaltungshandelns durch den Verantwortungsgläubiger ankäme. Demgegenüber fiele jedoch wiederum den unterschiedlichen Zielrichtungen von Daseinsvorsorge und Wirtschaftsaufsicht entscheidendes Gewicht zu. Da die globale Blickrichtung der Wirtschaftsaufsicht von der einzelnen Gemeinde rechtlich (und wohl auf faktisch) nicht beeinflußbar ist, kann allein durch die Existenz von Weisungsbefugnissen nach dem Energiewirtschafts- und Personenbeförderungsrecht in der Hand der Wirtschaftsaufsicht nicht gleichzeitig auch die inhaltliche, materielle Legitimation des gemeindlichen Handelns hinsichtlich der Erfüllung von (bloß partikularen) Daseinsvorsorgeaufgaben bewirkt werden. Dies bedeutet wiederum, daß die von der Aufsichtsbehörde auszuübenden Weisungsbefugnisse nach dem Energiewirtschafts- und Personenbeförderungsgesetz keinen Ersatz für die insoweit nicht zu bewirkende Bindung der Eigengesellschaft durch die Gemeinde selbst bilden können.

Zusammenfassend kann daher hinsichtlich der Weisungsbefugnisse nach dem Energiewirtschaftsgesetz und Personenbeförderungsgesetz festgestellt werden, daß diese der Gemeinde keine Leitungsmacht gewähren, die eine maßgebliche Steuerung der Tätigkeit der Eigengesellschaft nach ihrem, der Gemeinde, Willen zulassen.[337]

---

[335] *Obermayer*, Mitbestimmung S. 42; *Berner*, S. 105; *Püttner*, Energieversorgung S. 48.

[336] Vgl. zu dieser Überlegung bereits oben 2. sowie die Nachweise in FN 265.

c) *Gesellschaftsrecht*

Als weitere Grundlage eines gemeindlichen Weisungsrechts hinsichtlich des Handelns der als GmbH oder AG ausgestalteten Eigengesellschaften kommt aufgrund der gesellschaftsrechtlichen Stellung der Gemeinde als alleiniger Inhaberin der Gesellschaft die Herleitung einer Weisungsbefugnis aus dem privatrechtlichen Gesellschaftsrecht, d.h. den Regelungen des Gesetzes betreffend die Gesellschaft mit beschränkter Haftung[338] und dem Aktiengesetz,[339] in Betracht. Infolge der unterschiedlichen rechtlichen Ausgestaltung von GmbH und AG sowie deren Organe ist für die weitere Untersuchung zwischen beiden Rechtsformen zu unterscheiden und innerhalb dieser wiederum nach den einzelnen Gesellschaftsorganen zu trennen.

aa) GmbH

(1) Gesellschafterversammlung/Geschäftsführung

Für den Bereich der GmbH ist anerkannt, daß die Gesellschafterversammlung der Geschäftsführung Weisungen hinsichtlich deren Tätigkeit erteilen darf.[340] Dies gilt sowohl für den Fall, daß entsprechende Befugnisse im Gesellschaftsvertrag eingeräumt sind (§ 45 I GmbHG) als auch dann, wenn eine derartige Regelung fehlt (vgl. § 37 I GmbHG).[341]

Die Gemeinde ist infolge ihres alleinigen Anteilsbesitzes einzige Gesellschafterin einer in der Rechtsform der GmbH geführten Eigengesellschaft und damit alleinige Inhaberin der vorstehend genannten Weisungsbefugnisse. Ihr steht daher hinsichtlich des Handelns dieses Unternehmens ein ausreichendes Steuerungspotential zu,[342] daß sie sogar unmittelbar ausüben

---

[337] So i.E. auch *Berner*, S. 104f.; *Obermayer*, Mitbestimmung S. 42; *H. P. Schneider*, S. 604 FN 55; *Mertens* in: Kölner Kommentar § 96 Anm. 24; *Kraft*, Verwaltungsgesellschaftsrecht S. 197; *Engel*, S. 184ff.

[338] Vom 20.4.1892, RGBl. I S. 477.

[339] Vom 6.9.1965, BGBl. I S. 1089.

[340] In welchem Umfang die Geschäftsführung von der Gesellschafterversammlung übernommen werden darf, insbesondere, ob eine Degradierung der Geschäftsführung zu einem bloßen Ausführungsorgan zulässig ist, ist streitig (vgl. nur die Nachweise bei *Wiedemann*, S. 335f.; *Martens*, ZfA 80, 638ff.; *Bardorf*, S. 66ff.; *Theisen*, S. 102), bedarf hier aber keiner abschließenden Erörterung, da der demokratisch-parlamentarische Verantwortungs- und Kontrollbegriff nur verlangt, daß die Gemeinde ihren Willen hinsichtlich der Tätigkeit der Gesellschaft realisieren können muß, nicht aber, daß sie deren Handeln permanent und umfassend in eigener Person wahrnehmen kann.

[341] H.M.; vgl. nur *Mertens* in: Hachenburg, GmbHG § 37 Rdnr. 8f., 25ff.; *Schilling* in: Hachenburg, GmbHG § 46 Rdnr. 27; *Bardorf*, S. 65f. Selbst *Wiedemann*, S. 335f. und *Hommelhoff*, S. 119, 127ff., die bzgl. der Weisungsbefugnisse zwischen außergewöhnlichen und laufenden Geschäften differenzieren wollen, lassen auch für den Bereich der laufenden Geschäfte einzelne Weisungen der Gesellschafterversammlung zu, was für den Verantwortungs- und Kontrollbegriff ausreicht, vgl. oben FN 340.

kann, da zu dessen Anwendung nicht zuerst eine förmliche Gesellschafterversammlung, in der die Gemeinde durch einen Vertreter repräsentiert würde, einberufen und entsprechend angewiesen werden muß; vielmehr ist bereits der Beschluß der Gemeindevertretung über die Vornahme von Geschäftsführungsmaßnahmen als ein solcher Gesellschafterversammlungsbeschluß anzusehen.[343]

An dieser Einschätzung der Wirkung des gemeindlichen Steuerungspotentials nach dem GmbH-Recht ändert sich auch dann nichts, wenn die GmbH einen fakultativen (§ 52 GmbHG) oder obligatorischen (§ 77 BetrVG 52) Aufsichtsrat besitzt.[344] In beiden Fällen gehen etwaige Mitwirkungsbefugnisse des Aufsichtsrats Weisungsbefugnissen der Gesellschafterversammlung aus §§ 37 I, 45 I GmbHG unstreitig nach.[345] Selbst Zustimmungsvorbehalte gem. § 52 GmbHG iVm. § 111 IV AktG können durch einfachen Gesellschafterbeschluß übergangen werden;[346] schließlich sind beim fakultativen Aufsichtsrat sogar direkte Weisungen der Gemeinde(vertretung) an die einzelnen Aufsichtsratsmitglieder möglich.[347]

(2) Aufsichtsrat

Nicht näher eingegangen werden soll an dieser Stelle auf die Frage der Weisungserteilung an den Aufsichtsrat. Soweit ein obligatorischer Aufsichtsrat besteht, gelten die nachfolgenden Ausführungen zur AG[348] entsprechend, da in diesem Fall die Regelungen des AktG über den Aufsichtsrat zwingend auch im Bereich der GmbH gelten.[349] Hinsichtlich eines fakultativen Aufsichtsrats wurde bereits darauf hingewiesen, daß dessen Mitglieder in vollem Umfang der Weisungsmacht der Gemeinde unterstehen.[347]

Im Ergebnis kann daher festgehalten werden, daß der Gemeinde, soweit sie die Organisationsform der GmbH wählt, ein den Anforderungen des Verantwortlichkeits- und Kontrollbegriffs genügendes Steuerungspotential zusteht bzw. zustehen kann.[350]

---

342 *Ehlers,* Verwaltung S. 133; *Häuselmann,* S. 234.

343 *Nesselmüller,* S. 59/60; *Häuselmann,* S. 235; vgl. auch OVG Münster GemHaus. 83, 286 (287).

344 *Ehlers,* Verwaltung S. 133.

345 H.M.; vgl. nur *Schilling* in: Hachenburg, GmbHG § 52 Rdnr. 7, 9; *U. Schneider* in: Scholz, GmbHG § 52 Rdnr. 80, § 37 Rdnr. 32; *Bardorf,* S. 69ff.

346 Vgl. die Nachweise in FN 345.

347 Vgl. *Nesselmüller,* S. 49; *Wicher,* S. 68; *Häuselmann,* S. 234; zu der sich anschließenden Frage, ob und welchen Einfluß die Gemeinde aufgrund eines solchen Weisungsrechts auf die Tätigkeit der Eigengesellschaft erhält, vgl. die Ausführungen unten d), bb), (2), die wiederum entsprechend gelten.

348 Vgl. unten bb).

349 Vgl. nur *Nesselmüller,* S. 49 m.w.N.; *Büchner,* S. 219ff.; *Wicher,* S. 68/9.

350 Im Ergebnis ähnlich *Ehlers,* Verwaltung S. 135; *ders.,* JZ 87, 226/7; *Janson,* Rechtsformen S. 149; anders wohl *ders.* in: HKWP Bd. 5 S. 199; *Raiser,* ZGR 76, 110;

bb) AG

Ein gänzlich anderes Erscheinungsbild findet sich dagegen im Falle der AG als gewählter Organisationsform.

(1) Vorstand/Aufsichtsrat

Eine auf gesellschaftsrechtlichen Regelungen und Vereinbarungen beruhende Befugnis der Gemeinde, aufgrund ihrer Stellung als Alleininhaberin des Aktienbestandes bindende Weisungen an den Vorstand sowie an gewählte Aufsichtsratsmitglieder erteilen zu können, ist, wie die Regelungen des § 76 I AktG bzw. der §§ 116, 93 I und 119 II AktG verdeutlichen, mit den dem Aktienrecht zugrundeliegenden Vorstellungen über die Unabhängigkeit dieser Organe unvereinbar und daher gesellschaftsrechtlich[351] unzulässig.[352] Nichts anderes gilt (aus gesellschaftsrechtlicher Sicht[351]) für Weisungen an von der Gemeinde entsandte (vgl. § 101 II AktG) Aufsichtsratsmitglieder. Sie haben als Angehörige des Aufsichtsrats dieselben gesellschaftsrechtlichen Rechte und Pflichten wie die gewählten (vgl. § 101 I AktG) Mitglieder dieses Organs und sind u. a. verpflichtet, allein die Interessen der Gesellschaft wahrzunehmen, ohne an Weisungen der entsendungsberechtigten Gemeinde gebunden zu sein.[353]

(2) Hauptversammlung

An der Willensbildung des Vertretungsorgans der AG, der Hauptversammlung, ist die Gemeinde als alleinige Aktionärin der in dieser Rechtsform geführten Eigengesellschaft entscheidend beteiligt, § 118 I AktG. Ohne bereits jetzt auf den Weg der Einflußnahme der Gemeinde auf dieses Gesellschaftsorgan näher eingehen zu müssen,[354] soll hier allein festgehalten wer-

---

Schroeder, S. 161; *Nesselmüller,* S. 35, 60; *Pagenkopf* II S. 185f.; *Werner,* S. 72; *Häuselmann,* S. 234/5; *Ahrens,* S. 63ff., 79/80; a. A. *Kraft,* Verwaltungsgesellschaftsrecht S. 142; *Büchner,* S. 221, die beide maßgeblich auf die Regelung des § 111 IV 2 AktG abstellen, dabei aber die einfache Überstimmungsmöglichkeit nach § 111 IV 3, 4 AktG vernachlässigen.

[351] Zur gemeinderechtlichen Sicht vgl. unten d), bb).

[352] H.M.; vgl. nur *Emmerich,* Wirtschaftsrecht S. 198ff., 206ff.; *Püttner,* Energieversorgung S. 83ff.; *ders.,* Die öffentlichen Unternehmen S. 236; *Pagenkopf* II S. 181; *Leisner,* WiVerw 83, 216/7; *Engel,* S. 163; *Kraft,* Verwaltungsgesellschaftsrecht S. 152ff., 158; *Büchner,* S. 202, 206; *Nesselmüller,* S. 32, 43f. m.w.N.; *v. Trott zu Solz,* S. 28ff.; *Werner,* S. 71; *Schroeder,* S. 154; *Janson,* Rechtsformen S. 144ff.; *Ehlers,* Verwaltung S. 136; *Ellerich* S. 56f.; *Wicher,* S. 60, 69; BGHZ 36, 296 (306).

[353] H.M.; vgl. nur *Ehlers,* Verwaltung S. 136; *ders.,* JZ 87, 226/7; *Nesselmüller,* S. 43f.; *Leisner,* WiVerw 83, 217; *Büchner,* S. 207ff. alle m.w.N.; *Berkemann,* S. 78/9; *Wicher,* S. 62; *U. Schneider,* ZGR 77, 340; *Lang,* S. 93; BGHZ 36, 296 (306).

[354] Vgl. dazu sogleich unten d), bb), (1).

den, daß der Gemeinde mit Hilfe ihrer gesellschaftsrechtlichen Befugnisse hinsichtlich der Hauptversammlung nicht die Möglichkeit eröffnet ist, (mittels Erteilung von Weisungen an dieses Organ) die Tätigkeit der Eigengesellschaft maßgeblich steuern zu können. Anders als bei der Gesellschafterversammlung der GmbH[355] kann die Gemeinde über die entsprechend angewiesene[354] Hauptversammlung dem Vorstand keine Weisungen erteilen bzw. die Tätigkeit des Vorstandes ganz oder zum Teil an sich ziehen; die Wahrnehmung der Aufgaben der Unternehmensleitung ist gem. § 76 I AktG vielmehr allein Sache des Vorstandes (sog. Prinzip der eigenverantwortlichen Leitungsmacht).[356] Einer besonderen Weisungsmacht der Hauptversammlung hinsichtlich der Tätigkeit des Vorstandes bedürfte es jedoch nicht, wenn die Gemeinde durch bloße Ausübung der originären, gesetzlich vorgesehenen und möglichen Befugnisse der Hauptversammlung maßgeblich die Tätigkeit der Eigengesellschaft beeinflussen könnte. Die Organkompetenzen der Hauptversammlung nach dem Aktiengesetz beschränken sich jedoch auf Fragen der Kontrolle,[357] der grundlegenden Verfassung und des Bestandes[358] des Unternehmens sowie dessen Kapitalausstattung.[359, 360] Geschäftsführungsbefugnisse hat sie dagegen nur ausnahmsweise und nur auf Verlangen des Vorstandes, § 119 II AktG. Bereits diese kurze Übersicht macht deutlich, daß der Gemeinde auch über ihre Stellung in der Hauptversammlung auf der Grundlage des Gesellschaftsrechts keine „aktuelle", d. h. eigenständige, jederzeit wirkende Einflußnahme, sondern allenfalls eine „potentielle", also erst nachträglich greifende Einwirkung auf das Handeln der Eigengesellschaft eingeräumt ist.[361]

Mithin fehlt es auf gesellschaftsrechtlicher Grundlage in jeglicher Hinsicht an einem dem Verantwortlichkeits- und Kontrollbegriff genügenden Steuerungspotential der Gemeinde im Hinblick auf die Tätigkeit ihrer Eigengesellschaft, wenn diese in der Rechtsform der AG geführt wird.

Im Ergebnis kann demnach festgehalten werden, daß der Gemeinde eine dem Verantwortlichkeits- und Kontrollbegriff genügende Steuerungsmacht auf gesellschaftsrechtlicher Basis nur im Falle der Wahl der GmbH als Organisationsform zusteht.[362]

---

355 Vgl. oben aa), (1).

356 *Mertens* in: Kölner Kommentar § 76 Rdnr. 15.

357 Vgl. z. B. §§ 119 I Nr. 3, 7; 120; 142 AktG.

358 Vgl. z. B. §§ 119 I Nr. 5, 8; 319 f.; 340; 362 AktG.

359 Vgl. z. B. §§ 119 I Nr. 2, 6; 23 III Nr. 3; 182 ff.; 222 ff. AktG.

360 Vgl. *Büchner*, S. 197; *Ellerich*, S. 50.

361 So i. E. auch die überwiegende Einschätzung; vgl. nur *Büchner*, S. 196 f. m. w. N.; *v. Trott zu Solz*, S. 25; *Leisner*, WiVerw 83, 216/7; *Ellerich*, S. 50; *Kraft*, Verwaltungsgesellschaftsrecht S. 154; *Püttner*, JA 80, 218; *Häuselmann*, S. 234; a. A. offenbar *Nesselmüller*, S. 52, der allerdings nicht konkret auf die Frage einer „aktuellen" Einflußmöglichkeit abstellt, sondern lediglich nach Einflußmöglichkeiten schlechthin fragt.

362 Vgl. schon *Wicher*, S. 47; vgl. auch *Bremme*, S. 685.

d) Gemeinderecht

Teils im Einklang mit, teils im Widerspruch zu den soeben dargestellten Regelungen des Gesellschaftsrechts sieht die Mehrzahl der Gemeindeordnungen der Bundesländer Weisungsbefugnisse der Gemeinde an ihre Vertreter in den Gesellschaftsorganen vor.[363] Je nach Ausgestaltung sind dabei entweder nur Weisungen an einzelne Gesellschaftsorgane oder aber auch an sämtliche Organe des Unternehmens vorgesehen. Nachfolgend wird aus Raumgründen allein § 55 II, III GO/NW[364] Gegenstand der Betrachtung sein,[365] der sowohl die Erteilung von Weisungen an die Vertreter der Gemeinde in der Haupt- bzw. Gesellschafterversammlung (§ 55 II GO/NW) als auch an ihre Vertreter in Aufsichtsrat und Vorstand bzw. Geschäftsführung (§ 55 III GO/NW) vorsieht. Angesichts der unterschiedlichen Gestaltung von GmbH und AG erscheint wiederum eine differenzierende Betrachtungsweise angezeigt.

aa) GmbH

(1) Gesellschafterversammlung

In Anbetracht der umfassenden, gesellschaftsrechtlich zulässigen[366] Weisungsbefugnisse der Gesellschafterversammlung im Hinblick auf die Geschäftsführungstätigkeit werfen die Regelungen des § 55 II, III GO/NW keine (Konkurrenz)Probleme[367] auf.[368] Darüberhinaus kommt dem Weisungsrecht an die Vertreter der Gemeinde in der Gesellschafterversammlung gem. § 55 II 2 GO/NW[369] auch keine besondere Bedeutung zu, da, wie oben ausgeführt,[366] bei der GmbH ein förmlicher Zusammentritt dieses Organs nicht zwingend vorgeschrieben ist und bereits Beschlüsse der Gemeindevertretung über die Geschäftspolitik der Eigengesellschaft als Weisungen der Gesellschafterversammlung an die Geschäftsführung zu werten sind, so daß es einer gesonderten Bestellung von Vertretern für die

---

[363] Vgl. die Übersicht bei *Nesselmüller,* S. 67 ff.; *Kraft,* Verwaltungsgesellschaftsrecht S. 204 ff.

[364] IdF. v. 13. 8. 1984, GV NW S. 475.

[365] Für entsprechende oder ähnliche Regelungen anderer Bundesländer vgl. die Übersicht nebst Ausführungen bei *Nesselmüller,* S. 67 ff.; *Kraft,* Verwaltungsgesellschaftsrecht S. 204 ff. sowie unten 2. Abschnitt, FN 82.

[366] Vgl. oben c), aa), (1).

[367] Der Vorrangklausel des § 55 II 4 GO/NW (dazu näher unten bb), (2)) kommt in diesem Rahmen daher keine Bedeutung zu; anders ist die Situation dagegen beim obligatorischen Aufsichtsrat sowie beim Vorstand; vgl. unten bb), (2).

[368] Ähnlich (allerdings ohne Bezugnahme auf § 55 II, III GO/NW) *Nesselmüller,* S. 35, 60, 65.

[369] Für die übrigen Bundesländer vgl. §§ 105 I 3 GO/BW; 52 I Bremerhav. Stadtverf.; 125 I 2 GO/Hess.; 111 I 2 GO/Nds.; 88 I 3 GO/RP; 110 I, III saarl. KSVG; 25 I iVm. 104 II GO/SH.

Gesellschafterversammlung sowie die Erteilung von Weisungen durch die Gemeinde an diese Vertreter überhaupt nicht bedarf.

(2) Geschäftsführung/Aufsichtsrat

Größere Bedeutung kann dagegen der Weisungsbefugnis gem § 55 III iVm. Abs. II 2 GO/NW zukommen. Mittels dieser Vorschrift wird der Gemeinde auch hinsichtlich der Mitglieder des Vorstandes bzw. der Geschäftsführung sowie des Aufsichtsrats eine Weisungsbefugnis eingeräumt, soweit der Gemeinde (gesellschaftsrechtlich) das Recht eingeräumt ist, dessen Mitglieder zu bestellen oder vorzuschlagen.

Gem. §§ 45, 46 Nr. 5 GmbHG steht der Gemeinde als einziger Gesellschafterin die Befugnis zu, die Geschäftsführung ihrer in der Rechtsform der GmbH geführten Eigengesellschaft zu bestellen. Angesichts der gesellschaftsrechtlich vorgesehenen Weisungsgebundenheit der Geschäftsführung[370] wirft auch die in § 55 III, II 2 GO/NW vorgesehene Weisungsbefugnis keine (Konkurrenz)Probleme[371] auf, so daß auch das Gemeinderecht angesichts dieser gesellschaftsrechtlichen Stellung der Gemeinde ihr in zulässiger Weise eine Weisungsbefugnis an die Geschäftsführung der Eigengesellschaft einräumt und damit eine umfassende Steuerung der Tätigkeit des Unternehmens ermöglicht.[372]

Aufgrund identischer bzw. mangels bestehender Problematik soll an dieser Stelle ebenso wie zuvor bei der Untersuchung der Weisungsbefugnisse auf gesellschaftsrechtlicher Grundlage[373] auf die Frage nach einem Weisungsrecht an die Mitglieder des Aufsichtsrats gem. § 55 III, II 2 GO/NW nicht näher eingegangen werden. Statt dessen mag hier ebenso der Hinweis genügen, daß einerseits hinsichtlich des obligatorischen Aufsichtsrats nach § 77 BetrVG 52 infolge der in diesen Fällen zwingenden Geltung[374] der Vorschriften des Aktiengesetzes über den Aufsichtsrat das nachfolgend zum Aufsichtsrat der AG ausgeführte[375] entsprechend gilt und daß andererseits die Mitglieder eines fakultativen Aufsichtsrat nach § 52 GmbHG in vollem Umfang einer Weisungserteilung durch die Gesellschafterversammlung und damit durch die Gemeinde unterliegen;[376] auch insoweit würde das Gemeinderecht daher in zulässiger Weise ein gemeindliches Weisungsrecht statuieren.

---

[370] Vgl. oben c), aa), (1).

[371] Vgl. schon oben (1) sowie FN 367.

[372] *Nesselmüller,* S. 35; *Pagenkopf* II S. 185f.; *Berner,* S. 111.

[373] Vgl. oben c), aa), (2).

[374] *Nesselmüller,* S. 49 m.w.N.; *Büchner,* S. 219f.

[375] Vgl. unten bb), (2).

[376] Vgl. *Nesselmüller,* S. 49; für die sich anschließende Frage, ob und welchen Einfluß die Gemeinde aufgrund eines solchen Weisungsrechts auf die Tätigkeit der Eigengesellschaft erhält, vgl. die Ausführungen unten bb), (2).

bb) AG

(1) Hauptversammlung

An der Willensbildung des Vertretungsorgans der AG, der Hauptversammlung, ist die Gemeinde als alleinige Aktionärin ihrer Eigengesellschaft maßgeblich beteiligt, § 118 I AktG. Sie muß sich dabei jedoch der Hilfe eines Vertreters bedienen, da bei der AG, anders als bei der GmbH,[377] der förmliche Zusammentritt des Vertretungsorgans, mindestens einmal im Jahr, gesetzlich vorgeschrieben ist, § 120 I AktG und die Gemeinde als einer juristischen Person des öffentlichen Rechts nicht selbst an dieser Zusammenkunft teilnehmen kann.[378] Eine Gleichsetzung von Zusammenkunft und Beschlußfassung der Gemeindevertretung mit dem Zusammentritt und der Beschlußfassung des Vertretungsorgans der Eigengesellschaft unter Verzicht auf eine Vertreterbestellung wie bei der GmbH[377] ist bei der AG daher nicht möglich.

Die Bindung der Vertreter in der Hauptversammlung an Weisungen der Gemeinde ist mit den Vorstellungen des Aktiengesetzes nicht unvereinbar,[379] da dieses die Weisungsgebundenheit von Aktionärsvertretern selbst vorsieht (vgl. §§ 128 II 3, 135 I 2 AktG). Dementsprechend bestehen auch keine rechtlichen Bedenken (Konkurrenzprobleme[380]) gegen die in § 55 II 2 GO/NW vorgesehene Weisungsbefugnis der Gemeinde an ihre Vertreter in der Hauptversammlung.[379] Allerdings wurde schon bereits oben[381] darauf hingewiesen, daß die Möglichkeit der weisungsmäßigen Einflußnahmen auf die Hauptversammlung der Gemeinde aufgrund der unzureichenden Organkompetenzen dieses Gesellschaftsorgans keine umfassende, „aktuelle" Einflußnahme auf das Handeln der Eigengesellschaft in der Rechtsform der AG gewährt und damit kein Steuerungspotenial begründet, daß den Anforderungen des Verantwortlichkeits- und Kontrollbegriffs genügen könnte; die insoweit zur Weisungsbefugnis auf gesellschaftsrechtlicher Grundlage gemachten Ausführungen[381] gelten, einschließlich des gefundenen Ergebnisses, daher entsprechend.

(2) Vorstand/Aufsichtsrat

Aufgrund des eindeutigen Wortlauts des § 55 III GO/NW kann sich, sofern der Gemeinde ein entsprechendes Recht zur Bestellung[382] bzw. zum Vor-

---

[377] Vgl. oben c), aa), (1).

[378] Vgl. nur *Nesselmüller*, S. 53 m. w. N.

[379] H.M.; vgl. nur *Nesselmüller*, S. 68; *Püttner*, Die öffentlichen Unternehmen S. 237; *Engel*, S. 159; *Büchner*, S. 195; *Kraft*, Verwaltungsgesellschaftsrecht S. 206; *Burger*, S. 43 FN 85; *Lang*, S. 91.

[380] Vgl. schon oben aa), (1) sowie FN 367.

[381] Vgl. oben c), bb), (2).

schlag[382] von Mitgliedern des Aufsichtsrats oder des Vorstands eingeräumt ist,[383] das gemeindliche Weisungsrecht aus § 55 II 2 GO/NW nach dieser Vorschrift auch auf derartige Mitglieder des Vorstands und/oder des Aufsichtsrats einer in der Rechtsform der AG geführten Eigengesellschaft erstrecken.[384] Anläßlich der Untersuchung der auf gesellschaftsrechtlicher Basis beruhenden Weisungsbefugnisse der Gemeinde hinsichtlich der Einflußnahme auf die Tätigkeit von Vorstand und Aufsichtsrat wurde jedoch bereits dargelegt, daß das Aktiengesetz jegliche Erteilung von Weisungen an die Mitglieder dieser Organe ausschließt.[385] Diese somit einander widersprechenden Regelungen von Gesellschaftsrecht und Gemeinderecht haben, insbesondere hinsichtlich der Erteilung von Weisungen an entsandte Aufsichtsratsmitglieder (§ 101 AktG), noch basierend auf der Grundlage des § 70 DGO, einen ausgiebigen Meinungsstreit über die Frage, wie dieser Widerspruch zu lösen bzw. welchem Rechtsgebiet der Vorrang einzuräumen sei, ausgelöst, der bis in die Gegenwart andauert.[386] Zumindest mit Blick auf die Regelung des § 55 II 4 GO/NW,[387] der in Nordrhein-Westfalen an die Stelle des § 70 II DGO getreten ist,[388] scheinen jedoch nunmehr Zweifel an der Berechtigung dieses Streits angebracht. § 55 II 4, III GO/NW bestimmt u.a. auch, daß Weisungen an bestellte und gewählte Mitglieder des Vorstands und des Aufsichtsrats einer AG nur dann zulässig sind, wenn „durch Gesetz nichts anderes bestimmt ist“. Diese in Nordrhein-Westfalen erstmals

---

[382] Zu diesen Begriffen vgl. *Rehn / Cronauge*, § 55 Anm. III 3.

[383] Auf die an sich vorrangige Frage, ob und auf welcher Grundlage der Gemeinde ein solches Recht im Falle der Wahl der AG als Rechtsform für die Eigengesellschaft überhaupt eingeräumt ist bzw. eingeräumt werden kann (dazu eingehend *Wicher*, S. 37/8; *Voges*, S. 202ff.), soll vorliegend angesichts der sogleich näher zu erörternden Regelung des § 55 II 4 GO/NW nicht weiter eingegangen werden.

[384] Vgl. auch *Rehn / Cronauge*, § 55 Anm. III 5; *v. Loebell*, § 55 Anm. 15.

[385] Vgl. oben c), bb), (1).

[386] Vgl. nur die Meinungsübersichten und Stellungnahmen bei *Nesselmüller*, S. 73ff.; *Fischer*, AG 82, 87ff.; *Ehlers*, Verwaltung S. 136/7; *Janson*, Rechtsformen S. 145; *Berner*, S. 109ff.; *Pagenkopf* II S. 187; *Raiser*, ZGR 78, 402f.; *v. Trott zu Solz*, S. 118ff.; *Hengeler*, S. 89f.; *Emmerich*, Wirtschaftsrecht S. 202/3, 208/9, 229; *Mertens* in: Kölner Kommentar § 74 Anm. 4; *Wicher*, S. 36ff.; *Vogel*, S. 170ff., 194; *Sudhoff*, S. 93; *Berkemann*, S. 83ff.; *U. Schneider*, ZGR 77, 340f.; *Lang*, S. 95ff.; *Voges*, S. 204ff.; *Püttner*, Energieversorgung S. 89f.; *Schuppert*, S. 24ff.

[387] Vgl. die ähnlichen Regelungen der §§ 52 II 3 Bremerhav. Stadtverf.; 88 III 1 GO/RP; 110 III saarl. KSVG.

[388] § 70 II iVm. I DGO sah ebenso wie viele der heutigen Gemeindeordnungen die Möglichkeit der Erteilung von Weisungen der Gemeinde an Mitglieder des Aufsichtsrats und des Vorstands vor; zu der durch die Schaffung des Aktiengesetzes von 1965 inzwischen wohl überholten Streitfrage, ob diese Regelung des § 70 DGO trotz der Einfügung ähnlicher Regelungen in die Gemeindeordnungen einer Reihe von Bundesländern neben diesen als Bundesrecht fortgilt und damit eine Weisungsbefugnis statuiert, die vom Rang der Rechtsquelle her den anderslautenden Vorschriften des Aktiengesetzes gleichsteht, vgl. nur die Darstellungen bei *Berkemann*, S. 83ff., 87; *Nesselmüller*, S. 73ff. m.w.N.; *Vogel*, S. 172ff.; *Thieme*, Gutachten S. 38ff.; *Lang*, S. 97ff.; *Surén-Loschelder*, § 70 Anm. 2 b) aa); *Schattenfroh*, § 70 Anm. II 2; *Hahne*, S. 243.

durch die Gesetzesänderung vom 29. 5. 1984[389] eingefügte Regelung verdeutlicht, daß der Gemeindeordnungsgesetzgeber die Regelung auch der Weisungsbefugnisse aus § 55 II 2, III GO/NW hinter speziellen, d.h. gesellschaftsrechtlichen Vorschriften zurücktreten lassen will.[390] Zu fragen ist demnach, ob und inwieweit das Aktiengesetz hinsichtlich der Frage der Weisungsgebundenheit von Mitgliedern des Vorstands und des Aufsichtsrats „etwas anderes bestimmt" als § 55 II 2, III GO/NW.

Eine eindeutige Regelung der Weisungsfreiheit hinsichtlich der Mitglieder des Vorstands der AG findet sich in den §§ 76 I, 78, 83, 91 AktG, wenn dort die Leitung der Gesellschaft dem Vorstand „in eigener Verantwortung übertragen wird.[391]

Für die Mitglieder des Aufsichtsrats kennt das Aktiengesetz dagegen keine vergleichbar eindeutige Regelung. Aus den §§ 93, 116, 119 II AktG läßt sich jedoch mittelbar entnehmen, daß auch Aufsichtsratsmitglieder nach den Vorstellungen des Aktiengesetzes weisungsfrei gestellt sein sollen, da eine Verantwortlichkeit, wie sie in § 93 AktG niedergelegt ist, mit einer Weisungsgebundenheit nicht zu vereinbaren ist.[392]

Selbst wenn man aber letztere Einschätzung nicht teilt und hinsichtlich des Aufsichtsrats davon ausgeht, daß das Aktiengesetz im Hinblick auf die Frage der Weisungsgebundenheit „nichts anderes bestimmt", als § 55 II 2, III GO/NW vorsieht und daher eine Bindung aller oder zumindest eines Teils[393] der Aufsichtsratsmitglieder unterstellt, erscheint es fraglich, ob die Gemeinde durch die Einwirkung auf dieses Gesellschaftsorgan alleine (oder zusammen mit ihrem Einfluß auf die Hauptversammlung) einen ausreichenden Einfluß auf die Tätigkeit der Eigengesellschaft erlangt. Wie schon mehrfach angeklungen ist, bedarf die Gemeinde im Rahmen des Verantwortlichkeits- und Kontrollbegriffs einer „aktuellen", d.h. eigenständigen, jederzeit wirkenden Einwirkungsbefugnis hinsichtlich des Handelns ihrer Eigengesellschaften. Ebensowenig wie über ihre Stellung in der Hauptver-

---

[389] GV NW S. 314.

[390] Vgl. *Püttner*, Die öffentlichen Unternehmen S. 234/5; *ders.*, DVBl. 86, 751; in § 55 II 4 GO/NW (sowie in den entsprechenden Vorschriften anderer Bundesländer) kann wohl die von *Püttner*, Die öffentlichen Unternehmen S. 234/5 geforderte gesetzliche Klarstellung gesehen werden; vgl. auch *Rehn / Cronauge*, § 55 Anm. III 6; *Engel*, S. 161 FN 1. Auch wenn die Begründung der Landesregierung zu ihrem Gesetzesentwurf hinsichtlich der Regelung des § 55 II 4 keine näheren Erläuterungen enthält (vgl. LT-Dr. 9/2973 S. 39), so kann dennoch davon ausgegangen werden, daß auch der Gesetzgeber die gesellschaftsrechtliche Problematik seiner Weisungsregelung erkannt hat und in der geschilderten Weise geregelt verstanden sehen wollte; so auch der Beigeordnete *Dr. Böcker* vom Städtetag/NW in der Ausschußsitzung vom 22. 2. 1984 (vgl. Ausschußprotokoll 9/1173 S. 10).

[391] Vgl. die in FN 352 genannten Nachweise der ganz h.M. sowie *v. Loebell*, § 55 Anm. 15; *Körner*, § 55 Erl. 4.

[392] Vgl. *v. Loebell*, § 55 Anm. 15; *Körner*, § 55 Erl. 4; sowie die Nachweise in FN 352.

[393] Gemeint sind die nach § 101 II AktG entsandten Aufsichtsratsmitglieder.

sammlung[394] kann die Gemeinde über ihre Position im Aufsichtsrat dem Vorstand Weisungen in Bezug auf die Unternehmensleitung erteilen bzw. die Vorstandstätigkeit auf dieses Organ übertragen.[395] Einer solchen, durch den Aufsichtsrat vermittelten Weisungsmacht bedürfte es allerdings auch nicht, wenn die Gemeinde das Handeln der Eigengesellschaft mittels (weisungsmäßiger) Ausnutzung der ihr aktienrechtlich eingeräumten Aufsichtsratskompetenzen in „aktueller“ Weise steuern könnte. Ebenso wie bei der Hauptversammlung beschränkt sich die gesetzlich vorgesehene Einflußnahme des Aufsichtsrats auf die Tätigkeit der Eigengesellschaft jedoch auf eine bloß „potentielle“, nachträgliche Einwirkung. Selbst wenn man dem Aufsichtsrat eine „sekundäre Betriebsleitung“sfunktion[396] – im Gegensatz zur „primären Betriebsleitung“sfunktion[396] des Vorstands – zugesteht, so besteht dessen Tätigkeit doch im wesentlichen allein in der Überwachung der Vorstandsarbeit (§§ 90, 84, 111 I AktG) sowie in der Wahrnehmung bestimmter Prüfungsbefugnisse (§§ 111 II, 171 AktG). Die Übertragung von Maßnahmen der Geschäftsführung ist ausdrücklich untersagt (§ 111 IV 1 AktG); bei den in § 111 IV 2 AktG vorgesehenen Zustimmungsvorbehalten kann er gem. § 111 IV 3, 4 AktG unschwer von der Hauptversammlung überstimmt werden. Trotz der in den vorstehend aufgeführten Regelungen zum Ausdruck kommenden nicht unerheblich faktischen[397] Machtstellung des Aufsichtsrats kommt ihm aufgrund seiner gesetzlichen Kompetenzen kein eigenständiger, bestimmender, umfassender – ebenso „aktueller“ – Einfluß zu.[398] Beschränkt man schließlich, wie es vielfach von denjenigen getan wird, die eine Weisungsbindung der Aufsichtsmitglieder für möglich halten,[399] die gemeinderechtlichen Weisungsregelungen auf eine Weisungsbe-

---

394 Vgl. oben c), bb), (2).

395 Vgl. nur *Emmerich,* Wirtschaftsrecht S. 198/9; *Büchner,* S. 197; *Vogt,* S. 197; *Hueck,* § 23 VII 2 a; *Janson,* Rechtsformen S. 144.

396 *Nesselmüller,* S. 38.

397 *Ellerich,* S. 55.

398 Vgl. nur *Kraft,* Verwaltungsgesellschaftsrecht S. 150 f., 154 ff.; *Büchner,* S. 204 ff., 214; *Emmerich,* Wirtschaftsrecht S. 206; *Nesselmüller,* S. 37 f.; ähnlich *v. Trott zu Solz,* S. 32; *Werner,* S. 71; *Raiser,* ZGR 78, 403/4; i.E. wohl auch *Voges,* S. 210, 216.

Vgl. in diesem Zusammenhang die interessanten Vorschriften des Haushaltsrechts über die Beteiligung des Staates an privatrechtlichen Unternehmen (vgl. § 65 I Nr. 3, IV BHO sowie für das Landesrecht § 65 I Nr. 3, IV LHO/NW), die jedoch von unzutreffenden Anforderungen an Maß und Qualität der erforderlichen Einflußnahme (vgl. oben 5.) ausgehen bzw. die Eignung der gesetzlichen Kompetenzen des Aufsichtsrats zur Beeinflussung der Richtung der Unternehmenstätigkeit falsch beurteilen, wenn sie bestimmen, daß sich der Bund/das Land nur dann an privatrechtlichen Unternehmen beteiligen soll, wenn er/es „einen angemessenen Einfluß, insbesondere im Aufsichtsrat ... erhält“ und sie unterstellen, daß die Interessen des Bundes/Landes mittels dieses Organs ausreichend sicher zur Geltung gebracht werden könnten.

399 *Ehlers,* Verwaltung S. 136 f.; *Emmerich,* Wirtschaftsrecht S. 206 f.; *Gönnenwein,* S. 505 und FN 53; *Wicher,* S. 60 ff.; *Berner,* S. 112 f.; *v. Loebell,* § 55 Anm. 15; *Rauball,* § 55 Rdnr. 9; *Stüer,* StuGB 81, 245; *Domisch,* S. 108; vgl. auch *Vitzthum,* S. 611 ff.; *Fischer,* AG 82, 88/9; BGHZ 36, 296 (304 ff.); VG Aachen, Urteil v. 13. 11. 1980, Az.: 4 K 498/80 S. 10/1.

fugnis an die gemäß § 101 II AktG entsandten Aufsichtsratsmitglieder, so wird der Mangel eines „aktuellen“ Einflusses der Gemeinde auf dieser Grundlage noch deutlicher. Da eine Entsendung von Aufsichtsratsmitgliedern nur bis zu einer Höhe von ⅓ der gesetzlichen oder satzungsmäßig vorgesehenen Mitgliederzahl des Aufsichtsrats zulässig ist, § 101 III 4 AktG, können die weisungsgebundenen Aufsichtsratsmitglieder jederzeit von den nichtgebundenen Mitgliedern überstimmt werden, was die Wirkung einer gemeindlichen Weisung auf ein nahezu irrelevantes Maß reduzieren würde.[400]

Gleichgültig also, ob man hinsichtlich der Weisungsbefugnisse der Gemeinde an die Mitglieder des Aufsichtsrats „etwas anderes“ im Aktiengesetz bestimmt sieht oder nicht, ist als Ergebnis festzuhalten, daß die Gemeinde bei der Wahl der Organisationsform der AG für ihre Eigengesellschaft auch aus der gemeinderechtlichen Regelung des § 55 II 2, III GO/NW kein dem Verantwortlichkeits- und Kontrollbegriff genügendes Steuerungspotential hinsichtlich der Tätigkeit der Eigengesellschaft erwächst, sondern dies wiederum nur dann der Fall ist, wenn sie die Eigengesellschaft in der Form der GmbH betreibt.

e) Beamtenrecht

Da auch Beamte der Gemeinde als deren Vertreter in die Organe der Eigengesellschaft entsandt bzw. gewählt werden können, liegt die Untersuchung der Frage nahe, ob der Gemeinde nicht durch die in den Beamtengesetzen geregelte Weisungsbefugnis[401] des Dienstvorgesetzten[402] eine Weisungsmöglichkeit hinsichtlich des Verhaltens ihrer Beamten in den Gesellschaftsorganen eingeräumt und damit die Steuerung der Unternehmenstätigkeit insgesamt ermöglicht wird. Ähnlich wie bei den zuvor untersuchten Weisungsbefugnissen aus dem Gemeinderecht stünde eine solche Rechtsstellung nur teilweise mit den Regelungen des Gesellschaftsrechts in Einklang; auch hier muß daher zwischen Rechtslage bei der GmbH einerseits und der AG andererseits entschieden werden.

aa) GmbH

Eine Weisungserteilung an Gemeindebeamte in dem eigentlichen Leitungsorgan der GmbH, der Gesellschafterversammlung, basierend auf

[400] Ähnlich auch *Ehlers,* Verwaltung S. 135 f.; *Büchner,* 209; *Kraft,* Verwaltungsgesellschaftsrecht S. 149, 207 f.; *v. Trott zu Solz,* S. 125, 292.

[401] Vgl. §§ 37 BRRG; 55 BBG; für das Landesrecht vgl. § 58 LBG/NW.

[402] Vgl. § 3 BBG; für das Landesrecht vgl. nur § 3 LBG/NW; zur Dienstherrnfähigkeit der Gemeinden vgl. § 121 BRRG sowie Art. 33 IV; 28 II GG, vgl. auch *Wolff / Bachof* II § 109 II b 2.

beamtenrechtlichen Weisungsbefugnissen wirft, wiederum infolge der gesellschaftsrechtlichen Stellung der Gemeinde innerhalb der Gesellschaft und damit aufgrund der ihr schon nach dem Gesellschaftsrecht zustehenden Kompetenzen, ebenso wie die Erteilung von Weisungen auf gemeinderechtlicher Grundlage keinerlei (Konkurrenz)Probleme auf. Es kann deshalb für den Bereich der Gesellschafterversammlung auf die vorstehenden Ausführungen[403] verwiesen werden.

Hinsichtlich einer Weisungserteilung an beamtete Mitglieder des Aufsichtsrats ergeben sich ebenfalls keine andersgelagerten Aspekte, so daß insoweit wiederum eine Bezugnahme auf die entsprechenden Ausführungen zu den gemeinderechtlichen Weisungsbefugnissen[404] ausreicht.

Problematisch erscheint dagegen die Annahme einer (gemeinderechtlichen) Weisungsbefugnis der Gemeinde an beamtete Mitglieder der Geschäftsführung; hier stellt sich die Rechtslage ähnlich dar wie beim Vorstand der AG, so daß auf die dazu gemachten Ausführungen[405] verwiesen werden kann.

bb) AG

Auch bei der AG ergibt sich im Vergleich zu den gemeinderechtlichen Weisungsbefugnissen ein kaum verändertes Bild.

(1) Hauptversammlung

Zwar steht eine beamtenrechtliche Weisungsbefugnis an beamtete Vertreter der Gemeinde in der Hauptversammlung ebenfalls[406] mit aktienrechtlichen Vorstellungen im Einklang. Doch gewährt auch dieses Weisungsrecht der Gemeinde im Hinblick auf das Handeln der Eigengesellschaft kein Steuerungspotential, dem Verantwortlichkeits- und Kontrollbegriff genügt; insoweit kann, wie schon bei den Ausführungen zu den gemeinderechtlichen Weisungsbefugnissen, auf die entsprechenden Darlegungen zu den gesellschaftsrechtlichen Weisungsmöglichkeiten[407] verwiesen werden.

(2) Aufsichtsrat

Ebenso wie bei der Untersuchung gemeinderechtlicher Weisungsbefugnisse ist auch die Problematik einer beamtenrechtlich fundierten Weisungs-

---

403 Vgl. oben d), aa), (1).
404 Vgl. oben d), aa), (2).
405 Vgl. unten bb), (3).
406 Vgl. oben d), bb), (1).
407 Vgl. oben c), bb), (2).

möglichkeit gegenüber (beamteten) Mitgliedern des Aufsichtsrats äußerst umstritten.[408] Ob in diesem Streit,[409] der überwiegend vertretenen Meinung, die ein Weisungsrecht an die Aufsichtsratsmitglieder ablehnt,[410] oder der ein solches Recht bejahenden gegenteiligen Auffassung[411] der Vorzug zu geben ist, braucht für die vorliegende Arbeit nicht entschieden zu werden, da, selbst wenn man eine beamtenrechtlich fundierte Weisungsbefugnis an den Aufsichtsrat unterstellt, die Gemeinde dadurch keinen „aktuellen" Einfluß auf das Handeln der Eigengesellschaft erlangen würde; insoweit gelten die vorstehenden Ausführungen zum gemeinderechtlich begründeten Weisungsrecht[412] hier entsprechend.

(3) Vorstand

Problematisch erscheint schließlich wiederum eine Weisungserteilung der Gemeinde an den Vorstand. Die in den Beamtengesetzen festgelegte Weisungsmacht des Vorgesetzen erstreckt sich, wie schon der systematische Zusammenhang mit weiteren Vorschriften des Beamtenrechts verdeut-

---

[408] Vgl. nur die Meinungsübersichten bei *Berkemann,* 209ff.; *v. Trott zu Solz,* S. 107ff.; *Emmerich,* Wirtschaftsrecht S. 207; *Büchner,* S. 198ff.; *Burger,* S. 43f.; *Voges,* S. 210ff.

[409] Die Stellungnahmen zu diesem Streit, der sich im wesentlichen auf die Frage des Vorrangs von Gesellschaftsrecht oder Beamtenrecht (so insbesondere *Berkemann,* S. 225; *Emmerich,* Wirtschaftsrecht S. 204/5; *Ellerich,* S. 57; *Schroeder,* S. 154/5 m.w.N.) beschränkt, übersehen regelmäßig, daß das beamtenrechtliche Weisungsrecht nicht allein im einfachen Bundesrecht bzw. Landesrecht verankert ist, sondern als hergebrachter Grundsatz des Beamtentums (vgl. dazu nur *v. Münch* in: v. Münch, Bes. VerwR S. 41; *Stern* I § 11 III 4 g) a.E., m.w.N.; *Berkemann,* S. 233) verfassungsrechtliche Qualität besitzt und deshalb in der Normenhierarchie durchaus über den Regelungen des einfachgesetzlichen Aktienrechts angesiedelt werden kann (vgl. *Maunz* in: MDH Art. 33 Rdnr. 59). Übersehen wird außerdem, daß die Beamtengesetze selbst eine Art „Subsidiaritätsklausel" kennen, wenn sie bestimmen, daß das Weisungsrecht nur bestehen soll, solange der Beamte nicht aufgrund „besonderer gesetzlicher Vorschrift an Weisungen nicht gebunden und nur dem Gesetz unterworfen ist" (vgl. §§ 37, 2 BRRG; 55, 2 BBG; für das Landesrecht vgl. nur § 58, 2 LBG/NW). Berücksichtigt man die obigen Ausführungen zur aktienrechtlich festgelegten Weisungsfreiheit von Vorstand/Aufsichtsrat (vgl. c), bb), (1)), so liegt, wie schon bei der Erörterung des § 55 II 4 GO/NW (vgl. oben d), bb), (2)) die Frage nahe, ob diese Regelungen des Aktiengesetzes nicht besondere gesetzliche Vorschriften im Sinne dieser „Subsidiaritätsklausel" darstellen, vgl. schon *Burger,* S. 44; auch *Voges,* S. 216.

Ein interessanter Ansatz findet sich bei *Degenhardt,* S. 24, die eine Begründung der Vorrangigkeit des öffentlichen Rechts gegenüber privatrechtlichen Beschränkungen der gemeindlichen Einwirkung auf ihre Eigengesellschaften mit Hilfe der im Privatrecht entwickelten Konstruktion des sog. Durchgriffs (zu diesem Begriff, seiner Entstehung sowie seiner Verwendung im öffentlichen Recht vgl. nur *Degenhardt,* S. 1ff.; *Rüfner,* S. 414ff.; *Böckstiegel,* S. 10ff.) für möglich hält; vgl. auch schon *Rüfner,* S. 414ff..

[410] Vgl. *Emmerich,* Wirtschaftsrecht S. 207 m.w.N.; *v. Trott zu Solz,* S. 117; *Büchner,* S. 202; *Wicher,* S. 39ff. (60); *Schroeder,* S. 154/5; *Ehlers,* Verwaltung S. 137; *Konow,* S. 31f.; *Burger,* S. 44; *Voges,* S. 216.

[411] *Berkemann,* S. 225ff.; *Rauball,* DVBl. 72, 763; *Backhaus,* S. 224/5.

[412] Vgl. oben d), bb), (2).

licht,[413] allein auf die dienstliche Tätigkeit des Beamten, so daß, will sich die Gemeinde auch im vorliegenden Fall mit Erfolg auf eine Weisungsbefugnis aus diesen Vorschriften berufen können, die Tätigkeit des Beamten im Vorstand einer Eigengesellschaft ebenfalls als eine „dienstliche" zu qualifizieren sein müßte.

Was als dienstliche Tätigkeit eines Beamten anzusehen ist, bestimmt der Dienstherr im Rahmen seiner Organisationsgewalt.[414] Da der in den Vorstand der Eigengesellschaft bestellte Beamte als Beamter regelmäßig zur Erfüllung eines anderweitigen Aufgabenbereichs eingestellt worden sein wird, kann der Dienstcharakter der Vorstandstätigkeit nicht automatisch mit dieser (ursprünglichen) Dienststellung erklärt werden.

Die Tätigkeit eines Beamten für eine Eigengesellschaft wird jedoch in den Regelungen über eine Nebentätigkeit im öffentlichen Dienst einer „dienstlichen Tätigkeit" im o.g. Sinn gleichgestellt.[415] Es erscheint allerdings zweifelhaft, ob auch die Vorstandstätigkeit von diesen Regelungen erfaßt wird. Dagegen spricht sowohl der Begriff der Nebentätigkeit als auch der Zweck des Nebentätigkeitsrechts. Bereits aus dem Begriff der Nebentätigkeit läßt sich unschwer entnehmen, daß hier nur solche Betätigungen erfaßt werden sollen, die *neben* dem eigentlichen Amt, dem Hauptamt, erfüllt werden.[416] Dementsprechend wird der Zweck des Instituts der Nebentätigkeit im öffentlichen Dienst allgemein dahingehend bestimmt, daß es dem Dienstherrn ermöglichen soll, einen nicht ausgelasteten Beamten voll mit Arbeit auszulasten.[417] Vergegenwärtigt man sich nunmehr die umfassenden Aufgaben- und Tätigkeitsbereiche des Vorstands,[418] so wird deutlich, daß eine Betätigung in diesem Gesellschaftsorgan nicht als Nebentätigkeit im Sinne des Nebentätigkeitsrechts angesehen werden kann.[419] Eine derart herausgehobene Stellung verlangt zumindest bei Eigengesellschaften von der Größe, wie sie vorliegend in Rede stehen, den umfassenden Einsatz der gesamten

---

[413] Vgl. § 37, 2 iVm. § 38 BRRG; § 55, 2 iVm. § 56 BBG; für das Landesrecht vgl. nur § 58, 2 iVm. § 59 LBG/NW; vgl. auch *Strunk,* S. 79f.; *Ule,* Beamtenrecht § 37 BRRG Rdnr. 3.

[414] *C. Jansen,* S. 23.

[415] Vgl. §§ 42 BRRG, 64, 69 BBG; 2 II Nr. 1 BNV idF. v. 28. 8. 1974 (BGBl. III 2030-3-9); für das Landesrecht vgl. nur §§ 67ff. LBG/NW; 3 II Nr. 1 NtV/NW v. 21. 9. 1982 (GV NW S. 605).

[416] Ähnlich *v. Trott zu Solz,* S. 108.

[417] *Scheerbarth / Höffken,* § 16 II 1.

[418] Vgl. nur *Nesselmüller,* S. 31f.; *Kraft,* Verwaltungsgesellschaftsrecht S. 145ff.

[419] Anders ist wohl, angesichts des erheblich geringeren Arbeitsaufwandes, für die Mitglieder des Aufsichtsrats zu entscheiden (so wohl auch die Einschätzung von *v. Trott zu Solz,* S. 108). Die Frage, ob eine „dienstliche Tätigkeit" im o.g. Sinn vorliegt, wird von den Befürwortern der Auffassung, die eine Weisungsunterworfenheit der Aufsichtsratsmitglieder aufgrund beamtenrechtlicher Regelungen bejahen (vgl. oben FN 411) allerdings regelmäßig gar nicht erst aufgeworfen, sondern es wird vielmehr ohne nähere Erörterung von der Erfüllung der tatbestandlichen Voraussetzungen der beamtenrechtlichen Weisungsregelungen ausgegangen.

Arbeitskraft des Organwalters; sie stellt m. a. W. eine Vollzeitbeschäftigung dar, die in ordnungsgemäßer Weise nicht neben einem Hauptamt ausgeübt werden kann, so daß die Annahme einer „dienstlichen Tätigkeit" über den Umweg des Nebentätigkeitsrechts ausscheidet.[420]

Die umfassende Dienstleistung für eine andere Behörde oder einen anderen Dienstherrn und damit die ausfüllende Ausübung einer anderen Tätigkeit als die, für die die Einstellung erfolgte, sieht jedoch das Institut der Abordnung vor.[421] „Abordnung" im beamtenrechtlichen Sinn meint „die Anordnung einer vorübergehenden Dienstleistung bei einer anderen Behörde (Dienststelle) desselben oder eines anderen Dienstherren unter Fortbestand der bisherigen Rechtsstellung und weisungsmäßige Unterstellung unter neue Vorgesetzte."[422] Die Eigengesellschaft kann jedoch weder als Behörde noch als Dienstherr im vorstehenden Sinn betrachtet werden. Dem Behördenbegriff ist das Merkmal der fehlenden eigenen Rechtsfähigkeit immanent,[423] so daß diese Alternative angesichts der Rechtsfähigkeit der in Rede stehenden Eigengesellschaft (vgl. §§ 1 I 1 AktG, 13 I GmbHG) schon aus diesem Grund ausscheidet. Auch die Einordnung als „Dienstherr" ist nicht möglich, da dort begrifflich nur juristische Personen des öffentlichen Rechts, nicht aber solche des Privatrechts erfaßt werden.[424]

Scheidet mithin auch die Annahme einer dienstlichen Tätigkeit aufgrund einer Abordnung aus, so kann die Vorstandstätigkeit eines Beamten beamtenrechtlich allein im Wege der Beurlaubung[425] verwirklicht werden. Während einer Beurlaubung ruhen, wenn auch nicht sämtliche Rechte und Pflichten des Beamten, so doch zumindest die Pflicht zur Leistung von Diensten.[426] Da sich das beamtenrechtliche Weisungsrecht allein auf den Bereich der Dienstleistungspflicht bezieht (vgl. oben), scheidet somit, selbst wenn man entgegen den vorstehenden Ausführungen die Vorstandstätigkeit als „dienstliche Tätigkeit" ansehen würde, während der Beurlaubung des Beamten eine Weisungsbefugnis auf dieser Grundlage zumindest im Hinblick auf Art und Weise der Ausübung der Vorstandstätigkeit aus.[427]

Der Gemeinde steht daher mittels beamtenrechtlicher Regelungen keine Weisungsbefugnis an den Vorstand ihrer Eigengesellschaft zu.[428]

---

[420] *V. Trott zu Solz,* S. 108.

[421] Vgl. §§ 17 BRRG; 27 BBG; für das Landesrecht vgl. nur § 29 LBG/NW.

[422] *Strunk,* S. 166; sowie *Wolff / Bachhof* II § 112 III b 1.

[423] Vgl. nur *Wolff / Bachhof* II § 76 I d 5.

[424] Vgl. nur § 121 BRRG sowie *Wolff / Bachhof* II § 109 II a; *v. Trott zu Solz,* S. 108.

[425] Vgl. § 13 SUrlV/Bund (idF. v. 13. 11. 1980, BGBl. I S. 2074); für das Landesrecht vgl. nur § 12 SUrlV/NW (idF. v. 2.1. 1967, GV NW S. 13).

[426] *Sembdner,* S. 211.

[427] Im Ergebnis ebenso *v. Trott zu Solz,* S. 108, der insoweit jedoch darauf abstellt, daß der Beamte während seiner Beurlaubung zeitweilig aus einer beamtenrechtlichen Dienststellung ausscheide.

Als Ergebnis kann damit festgehalten werden, daß die Gemeinde auch im Hinblick auf eine Weisungsbefugnis aus den Vorschriften des Beamtenrechts allein bei der Wahl der GmbH,[429] nicht aber bei der Verwendung der Form der AG ein Steuerungspotential inne hat, daß ihr einen „aktuellen“ und damit den Erfordernissen des Verantwortlichkeits- und Kontrollbegriffs genügenden Einfluß auf das Handeln der Eigengesellschaft einräumt.[430]

f) Rechtsgeschäft

Rechtsgeschäftlich begründete Weisungsbefugnisse der Gemeinde an die Organe ihrer Eigengesellschaft können sowohl auf entsprechenden Regelungen in der Satzung[431] bzw. dem Gesellschaftsvertrag der jeweiligen Eigengesellschaft (dazu sub aa)) beruhen, als auch mittels eines zwischen der Eigengesellschaft und der Gemeinde abgeschlossenen Konzessionsvertrags (dazu sub bb)) oder durch beherrschungsvertragliche Abreden (dazu sub cc)) begründet werden.[432]

aa) Gesellschaftsvertrag/Satzung

Die Frage nach einer gemeindlichen Weisungsbefugnis aufgrund von Bestimmungen im Gesellschaftsvertrag oder der Satzung der Eigengesellschaft kann relativ kurz beantwortet werden, da insoweit erneut weitgehend auf frühere Ausführungen zurückgegriffen werden kann.

(1) Gesellschaftsvertrag

Die Regelungen des GmbH-Rechts erlauben, wie bereits oben dargelegt,[433] in weitem Umfang die Weisungserteilung durch die Gesellschafterversamm-

---

[428] So die, wenn auch unterschiedlich begründete, ganz h. M.; vgl. nur die Nachweise bei *Wicher,* S. 41.

[429] Allerdings mit Einschränkungen hinsichtlich der Geschäftsführung, vgl. bereits oben aa), a. E.

[430] Im Ergebnis ähnlich *v. Trott zu Solz,* S. 117/8; *Büchner,* S. 202.

[431] Zur streitigen Rechtsnatur der Satzung vgl. nur BGHZ 47, 179; *Palandt / Heinrichs,* § 25 Anm. 2 b).

[432] Mangels größerer praktischer Relevanz soll auf sonstige denkbare vertragliche Abreden zwischen Gemeinde und Eigengesellschaft, die auf die Einräumung von Leitungsbefugnissen der Gemeinde abzielen, nicht näher eingegangen werden (vgl. dazu insbesondere *Lang,* S. 71 ff.; *Wicher,* S. 41 f.; *Engel,* S. 292 ff., 328 ff.; *v. Trott zu Solz,* S. 90, 98, 139; *Emmerich,* Wirtschaftsrecht S. 199 ff.); derartige Abreden können insbesondere in den Fällen relevant werden, in denen der Abschluß eines Konzessionsvertrages nicht in Betracht kommt, weil das Unternehmen keiner Konzession bedarf, wie z. B. bei den nicht schienen- und leitungsgebundenen Verkehrsformen (vgl. *Berner,* S. 109).

[433] Vgl. oben c).

lung an die Geschäftsführung. Aufgrund entsprechender Regelungen können derartige Weisungsbefugnisse auch grundlegend im Gesellschaftsvertrag festgelegt werden, § 45 I GmbHG.[433] Da die Gemeinde die einzige Gesellschafterin ist, bestehen für sie keine Schwierigkeiten, eine Festschreibung derartiger Bestimmungen im Gesellschaftsvertrag zu erreichen und sich auf diese Weise einen ausreichenden weisungsmäßigen Einfluß auf das Handeln des Unternehmens zu sichern.

(2) Satzung

Ein anderes Bild ergibt sich wiederum für die AG. Wie bereits oben dargelegt,[434] ist die Kompetenzverteilung der Gesellschaftsorgane der AG im Aktiengesetz zwingend festgelegt, so daß insbesondere die Einräumung einer Weisungsbefugnis gegenüber dem Vorstand und dem Aufsichtsrat ausscheidet.[434] Satzungsbestimmungen, die dieser Verteilung zuwiderlaufen, sind grundsätzlich nichtig, § 134 BGB iVm. § 23 V 1 AktG.[435] Die Gemeinde kann sich daher über den Weg einer satzungsmäßigen Regelung keinen ausreichenden weisungsmäßigen Einfluß auf das Handeln der Organe und damit auf das der Eigengesellschaft sichern.

Im Ergebnis kann deshalb festgehalten werden, daß im Rahmen von gesellschaftsvertraglichen und satzungsmäßigen Regelungen allein im ersteren Fall die Schaffung ausreichender Weisungsbefugnisse der Gemeinde gewährleistet ist.

bb) Konzessionsvertrag

Soweit die vorliegend in Rede stehenden Eigengesellschaften Versorgungs- und Verkehrsleistungen erbringen, wird als Mittel zur Sicherung ausreichenden Einflusses der Gemeinde vielfach der Abschluß eines Konzessionsvertrages zwischen Gemeinde und Eigengesellschaft angeregt.[436] Derartige Verträge zwischen (Gebiets)Körperschaften des öffentlichen Rechts und privatrechtlichen Versorgungs- und Verkehrsunternehmen enthalten regelmäßig eine Abrede, in der letzteren gegen Zahlung von (Konzessions)Abgaben und Einräumung von Sondervergünstigungen für die Körperschaft von dieser das Recht eingeräumt wird, öffentliche Sachen (insbesondere öffentliche Wege und Plätze) über den Gemeingebrauch hinausgehend nutzen zu dürfen (insbesondere Verlegung von Kabeln, Röhren, Schie-

---

[434] Vgl. oben c), bb) sowie d), bb), (2).

[435] Vgl. nur *Emmerich,* Wirtschaftsrecht S. 198/9, 206 m.w.N.; vgl. auch *Nesselmüller,* S. 61 ff. (62/3, 65); *Lang,* S. 61; *v. Trott zu Solz,* S. 99.

[436] Vgl. *Püttner,* Energieversorgung S. 86, 96; *ders.,* Die öffentlichen Unternehmen S. 236; *ders.* in: HöV Bd. 2 Rdnr. 62; *ders.,* JA 80, 218; *Stern / Püttner,* S. 105; *Ellerich,* S. 61; *Ellerich / Schubert,* S. 122; *Scholz / Pitschas,* S. 149; *Berner,* S. 107 ff.

nen oder Oberleitungen), sog. Wegekonzession.[437] Insoweit ist die Abrede also rein wegerechtlicher Art, d.h. sie begründet nicht das Recht zur Errichtung und zum Betrieb des Unternehmens, sondern nur die intensive Nutzung öffentlicher Wege und Plätze,[438] so daß auf den ersten Blick nicht recht einleuchtet, wie eine solche Abrede der Gemeinde einen Einfluß auf das Handeln des Unternehmens sollte gewähren können. Ein anderes Bild ergibt sich jedoch, wenn man berücksichtigt, daß Konzessionsverträge außer der entgeltlichen Vergabe der Wegekonzession immer auch Bestimmungen sollen enthalten können, mit deren Hilfe die öffentlich-rechtliche Körperschaft Einfluß auf die Unternehmensleitung zu erlangen sucht.[439] Neben der Verpflichtung des Unternehmens, seinen Betrieb zu errichten und aufrecht zu erhalten und einer Kontrahierungspflicht zugunsten der Bevölkerung soll der Gemeinde u.a. das Recht eingeräumt werden können, über Tariffragen, Fahrplangestaltung und Lieferbedingungen im Wege entsprechender Zustimmungsvorbehalte mitzuentscheiden sowie die Aufsicht über die Leistungsfähigkeit und Betriebssicherheit des Unternehmens zu führen. Darüber hinaus sollen aber auch Befugnisse der Gemeinde zur Einflußnahme auf die Personalpolitik, die Finanz- und Investitionsplanung bis hin zu Fragen der inneren Organisation des Unternehmens (Satzungsänderungen, Veräußerung oder Belastung des Unternehmens) sowie schließlich sogar die Statuierung allgemeiner Richtlinien oder die Erteilung von Einzelweisungen hinsichtlich der Geschäftspolitik möglich sein.[440] Sollten der Einräumung derart weitreichender Einwirkungsbefugnisse der Gemeinde keine rechtlichen Bedenken entgegenstehen, so wäre ein so ausgestalteter Konzessionsvertrag unzweifelhaft ein taugliches Instrument zur Begründung eines „aktuellen" Einflusses der Gemeinde auf das Handeln der Eigengesellschaft.[441]

---

437 *Huber,* S. 65ff.; *Ludwig* in: HKWP Bd. 5 S. 254ff., 257f.

438 *Huber,* S. 566.

439 *Huber,* S. 566.

440 Vgl. zum Ganzen *Kraft,* Verwaltungsgesellschaftsrecht S. 220ff.; *v. Trott zu Solz,* S. 99ff.; *Berkemann,* S. 50ff.; *Vogel,* S. 139ff.; *Huber,* S. 574ff.; *Berner,* S. 109; *Lang,* S. 65; *Schmidt-Jortzig,* Kommunalrecht Rdnr. 727; enger *Nesselmüller,* S. 117.

441 Im Ergebnis ebenso die Einschätzung bei *Büchner,* S. 222/3; *Kraft,* Verwaltungsgesellschaftsrecht S. 224 sowie die in FN 436 Genannten; a.A., allerdings ohne nähere Begründung, *Leisner,* WiVerw 83, 218.

Es trifft auch nicht zu, wie *Büchner,* S. 224/5 meint, daß Weisungsbefugnisse auf konzessionsvertraglicher Grundlage nicht unmittelbar gegenüber den Gesellschaftsorganen durchsetzbar seien, denn es bestehen keine durchgreifenden Bedenken gegen die Aufnahme der gesamten konzessionsvertraglichen Regelungen in den Gesellschaftsvertrag einer GmbH (anders dürfte die Situation bei der AG sein, vgl. oben aa), (2)), was aufgrund des alleinigen Anteilsbesitzes der Gemeinde von dieser auch unschwer durchgesetzt werden kann; an die Regelung des Gesellschaftsvertrages sind wiederum alle Gesellschaftsorgane unmittelbar gebunden; vgl. zum Ganzen *Lang,* S. 73ff., 77ff., der weitergehend als hier auch die Inkorporation des Vertrages in die Satzung der AG befürwortet.

Zweifel an der Rechtmäßigkeit einer solchen Vertragsgestaltung ergeben sich jedoch zunächst daraus, daß auf der einen Seite die Verkehrs- und Versorgungsunternehmen zur Ausübung ihrer Tätigkeit unabdingbar auf die Erteilung von Wegekonzessionen angewiesen sind,[442] dagegen auf der anderen Seite die Gemeinde zur Sicherung lediglich ihrer wegerechtlichen Interessen, die allein durch die Konzessionsvergabe unmittelbar berührt werden, nicht eines derart weitreichenden Einflusses auf die gesamte Geschäftstätigkeit der Unternehmen bedarf. Wenn die Gemeinde daher die Vergabe der Wegekonzession von der Einräumung von Befugnissen abhängig macht, bzw. diese mit solchen verknüpft, die über die Sicherung rein wegerechtlicher Aspekte hinausgehen und ihr Kontrollbefugnisse über die Unternehmensleitung selbst verschaffen, so liegt darin eine sachwidrige Verknüpfung von Interessen und, da die Gemeinde mangels entsprechender Rechtsgrundlagen, nicht in der Lage ist, sich diese Befugnisse durch einseitig verpflichtende Anordnungen zu verschaffen,[443] ein Mißbrauch staatlicher Machtbefugnisse.[444] Ein solches Vorgehen verstößt, sofern man den Konzessionsvertrag als einen öffentlich-rechtlichen Vertrag qualifiziert,[445] gegen das aus dem Grundsatz der Gesetzmäßigkeit der Verwaltung (Art. 20 III GG) fließende sog. Verbot der sachwidrigen Koppelung[444, 446] bzw. stellt bei der Bejahung eines privatrechtlichen Charakters[447] dieser Verträge, einen Gesetzes- und Sittenverstoß gem. §§ 134, 138 BGB dar.[448]

Soweit die Gemeinde ihre Eigengesellschaft gerade in der Rechtsform der AG führt, könnten der Zulässigkeit eines Konzessionsvertrages, der die Führung des Unternehmens unter den weisungsmäßigen Einfluß der Gemeinde stellt, zusätzlich noch Bedenken im Hinblick auf die aktienrechtliche Regelung über den Beherrschungsvertrag, §§ 291 ff AktG – vorausgesetzt, man hält den Abschluß eines derartigen Vertrages unmittelbar zwischen Gemeinde und Eigengesellschaft für möglich[449] – entgegenstehen.[450] Die Regelungen über den Beherrschungsvertrag stellen eine Durchbrechung

---

[442] Etwas anderes gilt lediglich für den nicht schienen- und leistungsgebundenen Verkehr, vgl. oben FN 432.

[443] *Lang,* S. 69; *Maunz,* VerwArch 50 (1959) S. 338 FN 2.

[444] So *Kraft,* Verwaltungsgesellschaftsrecht S. 225; vgl. auch *Huber,* S. 566, der von einem „détournement de pouvoir" spricht; ebenso *Büchner,* S. 223; *Lang,* S. 69/70.

[445] Vgl. die Nachweise bei *Lang,* S. 66; sowie *Berkemann,* S. 53 ff.; *Vogel,* S. 148 ff..

[446] Zu diesem Begriff vgl. nur *Wolff / Bachhof* I § 30 II b) 1; *Erichsen / Martens* in: Erichsen / Martens, Allg. VerwR §§ 12 II 2 c) bb); 27 III, jeweils m. w. N.; vgl. auch die Regelung des § 56 VwVfG/Bund sowie für das Landesrecht § 56 VwVfG/NW.

[447] So die wohl h. M.; vgl. *Kraft,* Verwaltungsgesellschaftsrecht S. 220 ff.; *Büchner,* S. 222 ff.; *Berner,* S. 107 f.; *Lang,* S. 71 sowie die dort auf S. 67 FN 1 genannten Nachweise; *Maunz,* VerwArch 50 (1959) S. 333 ff., 339 sowie die Nachweise oben FN 432.

[448] *Kraft,* Verwaltungsgesellschaftsrecht S. 225.

[449] Vgl. dazu näher unten cc).

[450] Gleiches würde auch für den von *Engel,* S. 292 ff., 328 ff. vorgeschlagenen (und als öffentlich-rechtlich qualifizierten) „Einwirkungs- oder Ingerenzvertrag" gelten; vgl. auch oben FN 432.

der eigenverantwortlichen Unternehmensleitungszuständigkeit des Vorstandes, § 76 I AktG, dar, da aufgrund eines solchen Vertrages auch das Leitungsorgan der AG in weisungsmäßige Abhängigkeit gerät, vgl. § 308 I AktG. Mit Rücksicht auf die detaillierte Ausformung des Beherrschungsvertrages im Aktiengesetz erhebt sich daher das Problem, ob neben diesem Institut vertragliche Abreden, die ebenfalls auf eine Weisungsbindung des Vorstandes abzielen, zulässig sind oder ob die Vorschriften über den Beherrschungsvertrag nicht insoweit abschließenden Charakter haben. Sowohl aus der Fassung der §§ 291 I 1, 1. Fall, 308 AktG, in der zum Ausdruck kommt, daß mit Hilfe des Beherrschungsvertrages die Leitungsbefugnis des Vorstandes des beherrschten Unternehmens auf das herrschende Unternehmen übertragen werden soll, als auch aus dem Umstand, daß für die anderen im Aktiengesetz erwähnten Formen von Unternehmensverträgen[451] keine den §§ 291 I 1, 1. Fall; 308 AktG vergleichbaren Regelungen existieren, läßt sich die Entscheidung des Gesetzgebers entnehmen, daß die Vorschriften der §§ 291 I 1, 1. Fall; 308 AktG als abschließend gedacht sind und der Grundsatz der eigenverantwortlichen Leitungsmacht des Vorstandes durch anderweitige vertragliche Abreden nicht eingeschränkt werden können soll.[452] Konzessionsverträge, die darauf abzielen, den Vorstand einer AG der weisungsmäßigen Kontrolle der Gemeinde zu unterstellen, würden somit eine Umgehung des § 76 1 AktG darstellen und könnten aus diesem Grund keine Wirkung entfalten (§ 134 BGB).[453]

---

[451] Vgl. §§ 291 I 1, 2. Fall; 292 AktG.

[452] Vgl. nur *Dierdorf*, S. 112 ff.; *Biedenkopf / Koppensteiner* in: Kölner Kommentar § 292 Rdnr. 6, 8 m. w. N.; *Mertens* in: Kölner Kommentar § 15 Rdnr. 4 m. w. N.; *Emmerich*, Wirtschaftsrecht S. 200 ff. m. w. N.; BGHZ 36, 296 (315); RGZ 65, 80 f.; vgl. auch *Kraft*, Verwaltungsgesellschaftsrecht S. 224; *v. Trott zu Solz*, S. 139 f.; *Wicher*, S. 142 f.; *Lang*, S. 71 ff.; *Büchner*, S. 223 f.; *Janson*, Rechtsformen S. 148; *Schroeder*, S. 153; a. A. *Berkemann*, S. 196; *Vogel*, S. 187, 192, 195, die ihre gegenteilige Auffassung auf die Forderung des § 48 II RHO nach „Abmachungen" zur Sicherung der staatlichen Zweckverfolgung sowie den (nach ihrer Meinung zu bejahenden) öffentlich-rechtlichen Charakter des Konzessionsvertrages stützen. Gegen diese Argumentation ist zum einen darauf zu verweisen, daß § 48 II RHO durch § 65 BHO abgelöst worden ist und dieser keine dem § 48 II RHO entsprechende Regelung über zwecksichernde „Abmachungen" kennt. Aber auch der angeblich öffentlich-rechtliche Charakter des Konzessionsvertrages steht der hier vertretenen Auffassung nicht entgegen, da die Gegenauffassung nicht berücksichtigt, daß gerade auch bei der Annahme einer öffentlich-rechtlichen Natur der Abschluß eines mit gemeindlichen Kontrollbefugnissen versehenen Konzessionsvertrags wegen des damit verbundenen Verstoßes gegen das Koppelungsverbot ausgeschlossen ist.

Vgl. schließlich auch *Püttner*, Energieversorgung S. 96, der auf den Konzessionsvertrag sowie auf sonstige vertragliche Abreden, die auf die Erlangung von Leitungsmacht über die AG abzielen, die Vorschriften der §§ 291 ff. AktG analog anwenden will; ähnlich auch *Emmerich*, Wirtschaftsrecht S. 202 ff., 219 ff.; *Dierdorf*, S. 112/3; dagegen *Büchner*, S. 224.

[453] Im Ergebnis ebenso *Kraft*, Verwaltungsgesellschaftsrecht S. 224/5; *Büchner*, S. 223/4. Die Anwendung des § 134 BGB ist unabhängig von der Rechtsnatur des Konzessionsvertrages, da § 134 BGB auch auf öffentlich-rechtliche Verträge anwendbar ist, vgl. § 62, 2 VwVfG/Bund sowie für das Landesrecht § 62, 2 VwVfG/NW sowie *Kopp*, § 62 Rdnr. 4; *Wolff / Bachhof* I § 44 II e) 1.

Die vorstehend aufgezeigten Bedenken gegen die Begründung einer gemeindlichen Kontrollbefugnis auf konzessionsvertraglicher Basis können schließlich auch nicht unter Hinweis auf den tatsächlichen Befund ausgeräumt werden, daß die Gewährung derartiger Befugnisse vielfach in der Wirklichkeit gemeindlicher Unternehmen (des Daseinsvorsorgebereichs) angetroffen werden kann, da eine gewohnheitsrechtliche Legalisierung dieser Praxis nicht in Betracht kommt.[454] Die Annahme einer gewohnheitsrechtlichen Zulässigkeit solcher Regelungen erscheint zunächst schon deshalb bedenklich, weil diese Regelungen, wie bereits oben dargelegt, im Widerspruch zum sog. Koppelungsverbot als einem anerkannten Rechtsgrundsatz des Verwaltungsrechts stehen oder darüberhinaus möglicherweise sogar der positivrechtlichen Regelung des § 56 VwVfG/Bund[455] widersprechen – es erscheint m. a. W. äußerst fraglich, ob die Bildung von Gewohnheitsrecht, das anerkannten Rechtsgrundsätzen bzw. positivem Recht zuwiderläuft, überhaupt denkbar ist.[456] Entscheidend gegen eine gewohnheitsrechtliche Zulässigkeit spricht jedoch, daß die Voraussetzungen zu dessen Entstehung vorliegend nicht erfüllt sind. Gewohnheitsrecht entsteht nach allgemeiner Auffassung durch eine langdauernde, allgemeine Übung, die durch die gemeinsame Überzeugung aller Beteiligten von der Rechtmäßigkeit der Übung getragen wird.[457] Angesichts des raschen Wandels sowie der Schnelllebigkeit der (rechtlichen) Vorstellungen im gegenwärtigen Jahrhundert erscheint es schon fraglich, ob ein Zeitraum von ca. 50 Jahren – seit dieser Zeit etwa ist das Instrument des Konzessionsvertrages bekannt[458] – eine ausreichend lange Zeitspanne für die Annahme einer „langdauernden" Übung darstellt.[458] Insbesondere ist aber nicht ersichtlich, daß die Aufnahme von unternehmensbezogenen Einflußmöglichkeiten der Gemeinde in einen Konzessionsvertrag dem regelmäßigen Inhalt eines solchen Vertrages entspricht und deshalb das Merkmal einer „allgemeinen" Übung zu bejahen wäre.[459] Vielmehr enthalten weder amtliche noch wissenschaftliche Musterentwürfe von Konzessionsverträgen derartige Klauseln.[460] Auch sonst findet sich in Literatur und Rechtsprechung nur eine verschwindend geringe Anzahl von Mitteilungen über Abreden dieser Art.[461] Nicht wesentlich ergiebiger war schließlich die anläßlich dieser Arbeit durchgeführte empirische Untersuchung.[462] Obwohl bei insgesamt 10 (von einer freiwillig/rechtsge-

---

[454] So schon *Lang,* S. 69f.; *Büchner,* S. 223; a. A. *Huber,* S. 566/7; *Berner,* S. 107.

[455] Vgl. oben FN 446.

[456] Vgl. *Wolff / Bachhof* I § 25 III; *Ossenbühl* in: Erichsen / Martens, Allg.VerwR § 7 VII 1 jeweils m. w. N.; *Lang,* S. 69 FN 4.

[457] Vgl. nur *Ossenbühl* in: Erichsen / Martens, Allg.VerwR § 7 VII 1; *Wolff / Bachhof* I § 25 III jeweils m. w. N.

[458] So *Huber,* S. 566/7.

[459] Im Ergebnis ähnlich *Lang,* S. 69 FN 4 a. E.

[460] Vgl. *Kraft,* Verwaltungsgesellschaftsrecht S. 226.

[461] Vgl. die Nachweise bei *Büchner,* S. 222 FN 181; *Vogel,* S. 140.

[462] Vgl. dazu oben 1. Teil.

schäftlichen Mitbestimmungseinführung/-erweiterung erfaßten) Unternehmen[463] ein Konzessionsvertrag mit der Gemeinde bestand, fand sich lediglich in einem Fall[464] eine Regelung, in der der Gemeinde ein Zustimmungsvorbehalt hinsichtlich der Tarifgestaltung eingeräumt worden war; außerdem war in einem weiteren Fall[465] die Mitwirkung der Gemeinde bei Investitionsfragen in einem Teilbereich der Unternehmenstätigkeit[466] vorgesehen. Weitergehende Einflußrechte der Art, wie sie oben aufgeführt worden sind (insbesondere Weisungsbefugnisse im Hinblick auf die Geschäftspolitik des Unternehmens) bzw. in der vorliegend vorgenommenen Befragung enthalten waren,[467] fanden sich dagegen in keinem Fall. Schließlich läßt die Sonderstellung der öffentlichen Rechtsträger erheblichen Zweifel daran aufkommen, ob in der Frage der unternehmensbezogenen Einflußmöglichkeiten überhaupt von einer „gemeinsamen" Überzeugung im o.g. Sinn die Rede sein kann.[468]

Als Ergebnis kann daher festgehalten werden, daß ein Konzessionsvertrag kein taugliches Mittel darstellt, um der Gemeinde einen „aktuellen" Einfluß auf das Handeln ihrer Eigengesellschaft zu verschaffen.[469]

cc) Beherrschungsvertrag

Aus der Regelung des § 308 I AktG läßt sich entnehmen, daß dem Vorstand einer AG[470] im Rahmen eines Beherrschungsvertrags (§ 291 I 1, 1. Fall AktG)[471] entgegen der Festschreibung des § 76 I AktG Weisungen hinsicht-

---

463 Es handelt sich dabei um die Unternehmen mit den Ziff. 5), 22), 23), 39), 53), 60), 72), 73), 85), 100).

464 Das Unternehmen mit der Ziff. 5).

465 Das Unternehmen mit der Ziff. 60).

466 Beim Schwimmhallenbetrieb.

467 Vgl. oben 1. Teil, I., 2.

468 So *Lang*, S. 69 FN 4 a.E.

469 Im Ergebnis ebenso *Kraft*, Verwaltungsgesellschaftsrecht S. 226; *ders.* in: HKWP Bd. 5 S. 175; *Büchner*, S. 225; vgl. auch *Janson*, Rechtsformen S. 148; *Leisner*, WiVerw 83, 218; vgl. auch *Engel*, S. 291/3; a.A. insbesondere *Püttner* in: HöV Bd. 2 Rdnr. 29, 62; *ders.*, JA 80, 218; *ders.*, Energieversorgung S. 86, 96; *ders.*, Mitbestimmung S. 70; *ders.*, Die öffentlichen Unternehmen S. 236 (allerdings jeweils ohne nähere Begründung); *Vogel*, S. 137 ff.; *Berkemann*, S. 49 f.

470 Ein den §§ 291 ff. AktG vergleichbarer Regelungskomplex findet sich im GmbH-Recht nicht; die Vorschriften des Aktiengesetzes sind auf die GmbH insoweit auch nicht analog anwendbar; vgl. nur *Nesselmüller*, S. 104 f.

471 Auf die Problematik eines gemeindlichen Einflusses mittels einer bloß tatsächlichen Leitungsmacht aufgrund einer faktischen Abhängigkeit der Eigengesellschaft von der Gemeinde, dem sog. faktischen Konzernverhältnis (vgl. §§ 311 ff. AktG), soll vorliegend nicht näher eingegangen werden (dazu eingehend schon *Nesselmüller*, S. 118 ff.; *Emmerich*, Wirtschaftsrecht S. 221 ff.; *Ellerich*, S. 138 ff.; *Ehlers*, Verwaltung S. 143 ff.; *Büchner*, S. 229 f.; *Kraft*, Verwaltungsgesellschaftsrecht S. 168 ff.; *v. Trott zu Solz*, S. 70; *Engel*, S. 167 ff.). In einem solchen Verhältnis ist die Erteilung *bindender* Weisungen gerade nicht möglich, sondern die Einflußnahme des herrschenden Unternehmens stützt sich hier lediglich auf eine rein tatsächliche Machtstellung

lich der Leitung der Unternehmenstätigkeit erteilt werden können. Sollten die Regelungen über den Beherrschungsvertrag auch im Verhältnis von Gemeinde und Eigengesellschaft anwendbar sein, so könnte sich erstere angesichts der sich aus diesen Vorschriften ergebenden weitreichenden Weisungsbefugnissen auf diese Weise unzweifelhaft einen umfassenden, „aktuellen" Einfluß hinsichtlich ihrer in der Rechtsform der AG geführten Eigengesellschaft sichern.[472] Eine Anwendung der aktienrechtlichen Regeln über den Beherrschungsvertrag im Bereich kommunaler Eigengesellschaften kommt sowohl mittelbar im Wege des sog. kommunalen Konzerns (dazu sub (1)) als auch unmittelbar im Verhältnis zwischen Gemeinde und ihrer Eigengesellschaft selbst (dazu sub (2)) in Betracht.

(1) Kommunale Konzerne

Unter einem kommunalen Konzern versteht man die vertikale oder horizontale Verschachtelung mehrerer privatrechtlicher Gesellschaften in der Weise, daß eine Eigengesellschaft der Gemeinde (oder eine unter ihrem

---

(vgl. nur *Geßler* in: Geßler u. a., AktG § 311 Anm. 1; *Godin / Wilhelmi,* § 311 Anm. 1; *Würdinger* in: AktG, Großkommentar § 311 Anm. 4; *Fischer,* AG 82, 92; *Schönberger,* S. 158 sowie die vorstehend genannten Nachweise). Der oben unter 5. dargelegte Weisungsbegriff läßt es jedoch nicht ausreichen, wenn statt eines Weisungs*rechts* lediglich eine im Tatsächlichen wurzelnde Chance zur Weisungsrealisierung, eine schlichte Weisungs*möglichkeit* besteht (zu dieser Differenzierung vgl. *Berkemann,* S. 209f.; *Bilfinger,* S. 18). Dies ergibt sich, bestärkt durch die Fundierung des Weisungsbegriffs im Hierarchieprinzip und Ministerialsystem sowie deren geschichtlichen Entwicklung (vgl. dazu oben 5.), im wesentlichen aus dem Zweck des Weisungsbegriffs, der eine unverzügliche, durchgängige Verwirklichung des Willens des Anweisenden verlangt (vgl. *Berkemann,* S. 209/10), was aber allein dann gewährleistet ist, wenn gerade auch ein Weisungs*recht* besteht (wobei offen bleiben kann, ob die Folgepflicht als Bestandteil des Weisungsbegriffs selbst anzusehen ist, so *Barfuß,* S. 95, oder lediglich ein Ausfluß der Weisungsbefugnis darstellt, so *Wicher,* S. 44/5; ähnlich *Risken,* S. 26). Der Gemeinde würde somit auf der Grundlage der §§ 311ff. AktG kein Einfluß zufallen, der den Anforderungen des Verantwortlichkeits- und Kontrollbegriffs entspräche, so daß ein näheres Eingehen auf die Vorfrage, ob die Regelungen der §§ 311ff. AktG überhaupt auf die Gemeinde anzuwenden sind (vgl. dazu die eingangs der Fußnote erwähnten Nachweise), entfallen kann; i.E. ähnlich *Engel,* S. 170ff.

472 So i.E. die einhellige Einschätzung; vgl. nur *Kraft,* Verwaltungsgesellschaftsrecht S. 166ff.; *ders.* in: HKWP Bd. 5 S. 175; *Büchner,* S. 226; *Püttner,* Energieversorgung S. 86, 96; *ders.* in: HöV Bd. 2 Rdnr. 62; *ders.,* JA 80, 218; *ders.,* Mitbestimmung S. 70; *ders.,* Die öffentlichen Unternehmen S. 236; *Ahrens,* S. 87f., 91; *Ehlers,* Verwaltung S. 137; *Schroeder,* S. 160f.; *Ellerich,* S. 150ff.; *Emmerich,* Wirtschaftsrecht S. 217ff.; *Raiser,* ZGR 76, 110; *ders.,* RdA 72, 71; *v. Trott zu Solz,* S. 70ff.; *Ellerich / Schubert,* S. 127ff.; *Scholz / Pitschas,* S. 150; *Pagenkopf* II S. 182ff.; *Leisner,* WiVerw 83, 219; *Engel,* S. 172; kritisch, insbesondere für den Fall des sog. kommunalen Konzerns dagegen *Stober,* S. 455; *Schmidt-Jortzig,* Kommunalrecht Rdnr. 730; *Schuppert,* S. 34; *Janson,* Rechtsformen S. 292f.; a.A. die Stellungnahme des Innenministers S. 16, die allerdings ohne nähere Auseinandersetzung mit den originären Kompetenzen des Aufsichtsrats hinsichtlich der Unternehmensleitung pauschal auf „so wichtige Zuständigkeiten" dieses Organs verweist, die ihm auch bei Bestehen eines Beherrschungsvertrags verbleiben würden, so daß derartige Abreden mit der Eigengesellschaft der Gemeinde keinen ausreichenden Einfluß auf die Tätigkeit des Unternehmens verschaffen könnten.

beherrschenden Einfluß stehende Beteiligungsgesellschaft) Unterbeteiligungen an anderen (Eigen-/Beteiligungs)Gesellschaften erwirbt.[473] Im gemeindlichen Bereich findet man ein derartiges Beteiligungsverhalten zum einen in der Weise, daß Gemeinde-Muttergesellschaft-Tochtergesellschaft-etc. vertikal aufeinander aufbauen (sog. Mutter-Tochter-Modell).[474] Andererseits kann es auch dadurch bewirkt werden, daß eine kommunale Dachgesellschaft (Holding) alle Anteile eines oder mehrerer anderer (gemeindlicher) Gesellschaften hält und gegenüber dieser/diesen Untergesellschaft(en) die Geschäftsleitungsfunktion übernimmt, während die Gemeinde wiederum alle Anteile der Holdinggesellschaft inne hat (sog. Holding-Modell).[475] Beherrschungsvertragliche Abreden finden sich im Rahmen solcher Unternehmensverbindungen allein zwischen Dach-/Muttergesellschaft und der/den Untergesellschaft(ten).[476] Für die Nutzung der aus diesen vertraglichen Bindungen fließenden Weisungsbefugnisse durch die Gemeinde gegenüber einer Untergesellschaft in der Rechtsform der AG bedeutet dies, daß sie diese nicht unmittelbar, sondern lediglich über die Dach-/Muttergesellschaft zur Geltung bringen kann, denn nur letzterer steht aus dem Beherrschungsvertrag fließende Weisungsrecht zu (arg. § 308 I 1 AktG).[477] Damit hängt die Geltendmachung dieser Einwirkungsmöglichkeit durch die Gemeinde davon ab, ob und inwieweit sie auf die Dach-/Muttergesellschaft (weisungsmäßig) Einfluß nehmen kann.[478] Da für die Dach-/Muttergesellschaft bei der Ausübung der beherrschungsvertraglichen Befugnisse deren gesetzliche Vertreter, d.h. für die AG der Vorstand, § 78 AktG, und bei der GmbH die Geschäftsführung, § 35 GmbHG, handeln (arg. § 309 I AktG),[479] kommt es letztlich wiederum allein darauf an, ob und in welchem Umfang die Gemeinde weisungsmäßig auf diese Organe Einfluß nehmen kann. Insoweit kann auf die bisherigen Ausführungen zur Frage nach den gemeindlichen Weisungsrechten gegenüber ihren Eigengesellschaften Bezug genommen werden.[480] Dort war bereits dargelegt worden, daß der Gemeinde eine

---

473 *Pagenkopf* II S. 190; *Häuselmann,* S. 235.

474 *Häuselmann,* S. 235.

475 Zu dieser in der Praxis gerade auch im Bereich der vorliegend in Rede stehenden Eigengesellschaften des Daseinsvorsorgebereichs sehr häufig anzutreffenden Möglichkeit vgl. insbesondere *Ahrens,* S. 1ff., 24ff.; *Häuselmann,* S. 235; *Pagenkopf* II S. 190ff.; *Püttner* in: HKWP Bd. 5 S. 119ff. (120), 185ff. (186); *ders.* in: HöV Bd. 2 Rdnr. 63; *ders.,* JA 80, 219; *Kraft,* Verwaltungsgesellschaftsrecht S. 190; *ders.* in: HKWP Bd. 5 S. 175; *Büchner,* S. 38, 43f.; *Schmidt-Jortzig,* Kommunalrecht Rdnr. 729.

476 *Kraft* in: HKWP Bd. 5 S. 175; *Häuselmann,* S. 235; *Schmidt-Jortzig,* Kommunalrecht Rdnr. 730.

477 Vgl. nur *Biedenkopf / Koppensteiner* in: Kölner Kommentar § 308 Rdnr. 2; *Würdinger* in: AktG, Großkommentar § 308 Anm. 4.

478 Vgl. *Stober,* S. 455; *Schmidt-Jortzig,* Kommunalrecht Rdnr. 730.

479 *Kraft* in: HKWP Bd. 5 S. 175; *Häuselmann,* S. 235; *Schmidt-Jortzig,* Kommunalrecht Rdnr. 730.

480 Vgl. oben c) - e).

ausreichende, „aktuelle“ Einwirkungsbefugnis auf das Handeln ihrer Eigengesellschaften bzw. deren Organe nur dann zukommt, wenn sie die Gesellschaften in der Rechtsform der GmbH führt. Im vorliegenden Zusammenhang bedeutet dies, daß der Gemeinde auf beherrschungsvertraglicher Grundlage allein dann ein ausreichender, „aktueller“ Einfluß auf die Geschäftspolitik von Untergesellschaften in der Rechtsform der AG zusteht, wenn die Dach-/Muttergesellschaft als GmbH ausgestaltet ist.[481] Da die eigentliche unmittelbare Weisungsmacht der Gemeinde (auch) bei Bestehen eines kommunalen Konzerns und beherrschungsvertraglicher Abreden innerhalb dieser Unternehmensverbindung damit im wesentlichen unmittelbar auf ihrer sonstigen, insbesondere gesellschaftsrechtlichen Stellung beruht, kommt den beherrschungsvertraglichen Weisungsbefugnissen (der Dach-/Muttergesellschaft) lediglich eine untergeordnete, mittelbare Rolle bei der Frage nach gemeindlichen Weisungsmöglichkeiten gegenüber ihren Eigengesellschaften, speziell gegenüber solchen in der Rechtsform der AG, zu.

(2) Gemeinden als Unternehmen

Eine unmittelbare Geltendmachung beherrschungsvertraglicher Weisungsrechte durch die Gemeinde gegenüber einer in der Rechtsform der AG geführten Eigengesellschaft käme dagegen in Betracht, wenn ein Beherrschungsvertrag auch direkt zwischen der Gemeinde und ihrer Eigengesellschaft abgeschlossen werden könnte.

Der wirksame Abschluß eines Beherrschungsvertrages würde auf der Seite der Gemeinde jedoch voraussetzen, daß diese als „Unternehmen“ im Sinne des § 291 I 1, 1. Fall AktG betrachtet werden kann. Diese an sich schon schwierige, weil gleichzeitig öffentlich-rechtliche wie auch privatrechtliche Aspekte berührende Fragestellung wird zusätzlich noch dadurch erschwert, daß im gesellschaftsrechtlichen Schrifttum bislang noch keine Einigkeit darüber erzielt werden konnte, welche Kriterien für die aktien-, insbesondere konzernrechtliche Unternehmenseigenschaft (iSd. §§ 15ff, 291ff AktG) begriffsmäßig von entscheidender Bedeutung sind.[482] Unter ausdrücklichem Verzicht auf die Schaffung einer Legaldefinition hatte der Gesetzgeber des Aktiengesetzes von 1965[483] es der Rechtsprechung und Lite-

---

[481] Im Holding-Modell ist dies regelmäßig der Fall; vgl. *Kraft*, Verwaltungsgesellschaftsrecht S. 190; *ders.* in: HKWP Bd. 5 S. 175 sowie die Angaben unten in FN 513 - 516.

[482] Vgl. die Nachweise unten in FN 487.

[483] Vgl. die Begründung zu § 15 des Regierungsentwurfs zum Aktiengesetz 1965, abgedr. bei *Kropff*, AktG 1965 S. 27; vgl. auch *Ellerich*, S. 79; *Kraft*, Verwaltungsgesellschaftsrecht S. 171; *Borggräfe*, S. 1433; *Rittner*, S. 247; LG Köln NJW 76, 2167; AG Köln AG 75, 230 (231); BGHZ 69, 334 (335f.).

ratur überlassen, die notwendige Konkretisierung des Unternehmensbegriffs zu bewirken. Da somit von einer Auslegung unter historisch/genetischen,[484] grammatikalischen[485] und systematischen[485] Gesichtspunkten keine entscheidende Hilfestellung erwartet werden konnte,[486] wurde der Schwerpunkt der notwendigen Auslegungsarbeit zwangsläufig auf die Frage des Gesetzeszwecks gelenkt, was wiederum die Entwicklung einer Vielzahl unterschiedlicher Unternehmensbegriffe zu Folge hatte.[487] So wurde entweder die Existenz einer gegenständlichen Einrichtung, d.h. eines Gewerbebetriebes, als dem notwendigen Ausdruck jeglicher unternehmerischer Tätigkeit verlangt (sog. institutioneller Unternehmensbegriff)[488] oder aber der Nachweis einer unternehmerischen Planungs- und Entscheidungsgewalt gefordert (sog. funktioneller Unternehmensbegriff)[488] oder auch der mögliche Widerstreit von Unternehmensinteressen (sog. Theorie vom Interessenkonflikt)[488] als maßgeblich betrachtet.[489] Die Frage, ob juristische Personen des öffentlichen Rechts aufgrund des einen oder anderen von der Literatur entwickelten Unternehmensbegriffs als „Unternehmen" im Sinne des Konzernrechts eingestuft werden können, wird in Rechtsprechung und Literatur ebenfalls nicht einheitlich beantwortet.[490, 491] Der Grund dafür mag in dem Widerspruch zu finden sein, daß die juristischen Personen des öffentlichen Rechts einerseits zwar ihre Beteiligungen zumeist nicht in einer gesonderten Unternehmensorganisation, sondern als Verwaltungsvermögen von dem zuständigen Behördenteil ihrer Verwaltungsorganisation betreuen lassen, so daß angesichts des Fehlens eines äußeren Erscheinungsbildes eines Unternehmens Zweifel an der Unternehmenseigenschaft der öffentlichen Verwaltung nicht von vorneherein unberechtigt erscheinen. Anderer-

---

484 Dazu eingehend nur *Wiedemann / Martens,* S. 199f.; *Rittner,* S. 246ff.

485 Vgl. dazu eingehend nur *Wiedemann / Martens,* S. 198f.; *Müllmann,* S. 12ff., 28ff.

486 So die überwiegende Einschätzung; vgl. nur *Koppensteiner,* S. 92; *Wiedemann / Martens,* S. 198/9; *Borggräfe,* S. 1433; *Ellerich,* S. 79; AG Köln AG 75, 330 (331); LG Köln NJW 76, 2167; LG Essen AG 76, 136 (137); BGHZ 69, 334 (335); a.A. wohl *Rittner,* S. 246ff. hinsichtlich der Aussagekraft der Gesetzesmaterialien.

487 Vgl. im einzelnen die ausführlichen Darstellungen bei *Nesselmüller,* S. 107ff.; *Kraft,* Verwaltungsgesellschaftsrecht S. 171ff.; *Werner,* S. 132ff.; *Ellerich,* S. 79ff.; *Haesen,* S. 7ff.; *Wiedemann / Martens,* S. 198; *Dielmann,* S. 86ff.; *Voges,* S. 150ff.; *Nordmeyer,* S. 29ff.; *Schönberger,* S. 12ff.; *Müllmann,* S. 6ff. jeweils m.w.N.

488 Vgl. dazu näher die Nachweise in FN 487.

489 So die am häufigsten vertretenen Auffassungen; zu weiteren, hier nicht genannten Unternehmensbegriffen vgl. die Nachweise in FN 487.

490 Vgl. nur die Meinungsübersichten bei *Rittner,* S. 242ff.; *Kraft,* Verwaltungsgesellschaftsrecht S. 178 FN 99 - 101; *Biedenkopf / Koppensteiner* in: Kölner Kommentar § 15 Anm. 15ff.; *Dielmann,* S. 102ff.; *Wiedemann / Martens,* S. 232; *Borggräfe,* S. 1433; *Werner,* S. 132ff.; *Ehlers,* Verwaltung S. 142f., 138 FN 154, 157; *Schroeder,* S. 156 FN 44; *Müllmann,* S. 6ff.

491 Zu der in diesem Zusammenhang auch überlegenswerten und wohl auch zu bejahenden Frage, ob das Konzernrecht überhaupt uneingeschränkt und unverändert auf juristische Personen des öffentlichen Rechts angewendet werden kann, vgl. eingehend *Dielmann,* S. 119, 189ff.; *Schönberger,* S. 148ff.

seits läßt sich jedoch auch nicht leugnen, daß die Gemeinden sowie sonstige Verwaltungsträger auch ohne besondere Unternehmensorganisation die Geschäftspolitik ihrer Beteiligungen maßgeblich zu beeinflussen suchen und damit Verhaltensweisen an den Tag legen, die eine starke Übereinstimmung mit typisch unternehmerischen Planungs- und Entscheidungsaktivitäten aufweisen.[492] Trotz dieses gegensätzlichen Befundes verneinte bis etwa 1976/7 die ganz h.M. im Schrifttum, jeweils abhängig davon, welcher der genannten Unternehmensbegriffe gerade zugrunde gelegt wurde, die Existenz der nach diesen Begriffen als maßgeblich betrachteten Wesensmerkmale bei den juristischen Personen des öffentlichen Rechts und damit deren Unternehmenseigenschaft;[493] die gegenteilige, bejahende Auffassung wurde nur sehr vereinzelt vertreten.[494] Eine Wende bahnte sich dagegen an, als zunächst einige untergerichtliche Entscheidungen[495] und später auch der *Bundesgerichtshof*[496] die Auffassung vertraten, daß auch die Bundesrepublik Deutschland ein Unternehmen im Sinne des Aktiengesetzes sein könne. Seit diesen gerichtlichen Äußerungen nimmt die Zahl der Befürworter der konzernrechtlichen Unternehmenseigenschaft von juristischen Personen des öffentlichen Rechts ständig zu.[497] Angesichts der begrenzten Entscheidungsgegenstände der erwähnten gerichtlichen Entscheidungen einerseits – sie behandeln die Problematik der Unternehmenseigenschaft entweder im Rahmen des § 312 AktG[498] (Berichtspflicht des Vorstands des abhängigen Unternehmens im sog. faktischen Konzern) oder im Zusammenhang mit

---

[492] Zur Problemskizzierung vgl. *Wiedemann / Martens*, S. 197.

[493] Vgl. nur die zahlreichen Nachweise bei *Rittner*, S. 242/3 FN 15 sowie die Ausführungen bei *Kraft*, Verwaltungsgesellschaftsrecht S. 179, 184ff.; *ders.* in: HKWP Bd. 5 S. 183; *Büchner*, S. 227/8; *Berner*, S. 107; *Würdinger*, DB 76, 615; *Geßler* in: Geßler u.a., AktG § 15 Rdnr. 53ff.; *v. Trott zu Solz*, S. 79, 86; *Nordmeyer*, S. 119ff.; *Herrnring*, S. 88ff., 96; *Leisner*, WiVerw 83, 220; *Wiedemann / Martens*, S. 202, 235, 239 jeweils m.w.N. sowie speziell zum Fall der kommunalen Eigengesellschaften der Daseinsvorsorge *Borggräfe*, S. 1438/9.

[494] So insbesondere *Emmerich*, Wirtschaftsrecht S. 218ff.; *ders.* in: Böhm-FS S. 119ff.; *Emmerich / Sonnenschein*, § 2 A II 4 a); *Müllmann*, S. 28ff.; 114ff.; *Voges*, S. 168ff., 180; *Püttner*, Energieversorgung S. 86, 96; *ders.*, Mitbestimmung S. 70; *Raiser*, RdA 72, 71.

[495] AG Köln AG 75, 330; LG Essen AG 76, 136; LG Köln NJW 76, 2167; vgl. auch OLG Köln BB 78, 421 sowie den Beschluß des Bundeskartellamts vom 10. 8. 1983, Az.: B 8 – 820000 – U – 74/83.

[496] BGHZ 69, 334.

[497] Vgl. *Ehlers*, Verwaltung S. 141/2, 138 FN 157; *Badura*, S. 14/5; *Püttner*, Die öffentlichen Unternehmen S. 236; *ders.*, JA 80, 218; *ders.* in: HöV Bd. 2 Rdnr. 62; *Emmerich*, AG 76, 228; *ders.*, Auftrag S. 100; *Schroeder*, S. 160; *v. Mutius / Nesselmüller*, S. 1879/80; *Nesselmüller*, S. 110ff.; *Kraft*, Verwaltungsgesellschaftsrecht S. 184ff.; *Pagenkopf* II S. 183ff.; *Backhaus*, S. 227ff.; *Werner*, S. 158ff., 186ff.; *Schönberger*, S. 112, 160ff., 166; *Ellerich / Schubert*, S. 120ff.; *Ellerich*, S. 87f., 103ff., 150ff.; *Rittner*, S. 248; *Koppensteiner*, S. 96; *Lutter / Timm*, S. 837ff.; *Müller*, S. 63ff.; *Dielmann*, S. 144ff.; *Kropff*, ZHR 144 (1980) S. 98; *Biedenkopf / Koppensteiner* in: Kölner Kommentar § 15 Anm. 15f.; *Fischer*, AG 82, 92/93; *Häuselmann*, S. 234; *Wiedemann / Martens*, S. 202; *Engel*, S. 168, 172, 296.

[498] So die Entscheidungen AG Köln AG 75, 330; LG Köln NJW 76, 2167.

§ 320 II Nr. 2, V 3 AktG[499] (Abfindung von Aktionären bei der Eingliederung von Unternehmen) – sowie des für die vorliegende Fragestellung wichtigen Umstandes, daß der *Bundesgerichtshof* in seiner erwähnten Entscheidung gerade das Problem, ob die Gebietskörperschaften auch Unternehmen im Sinne der §§ 291 ff AktG sein können, ausdrücklich offen gelassen hat[500] andererseits, erscheint es nicht von vorneherein abwegig zu bezweifeln,[501] ob der Streit über die konzernrechtliche Unternehmenseigenschaft juristischer Personen des öffentlichen Rechts bereits als abschließend entschieden angesehen werden kann und in bejahendem Sinn zu beantworten ist.[502] Auch wenn im Hinblick auf den Charakter und die Funktion der §§ 15 ff AktG als Definitionsnormen nicht recht einleuchten würde, warum der Gesetzgeber für das Aktiengesetz, zumindest aber für den Bereich des Konzernrechts, unterschiedliche Unternehmensbegriffe gewollt haben könnte,[503] so wären doch Überlegungen dahingehend, wie der *Bundesgerichtshof* möglicherweise in der Frage der Unternehmenseigenschaft juristischer Personen des öffentlichen Rechts im Rahmen der Beherrschungsvertragsregelungen gem. §§ 291 ff AktG entscheiden würde,[504] bloße Spekulation, die im Ergebnis nicht weiter führen würde, so daß auf derartige Erörterungen vorliegend verzichtet werden soll.

Aufgrund des durch die Themenstellung begrenzten Raums sowie angesichts der Existenz einer Reihe von ausführlichen und überzeugenden Einzeluntersuchungen zur Frage der konzernrechtlichen Unternehmenseigenschaft juristischer Personen des öffentlichen Rechts[505] soll an dieser Stelle eine Darstellung der Problematik genügen und auf eine vertiefende Auseinandersetzung mit den in der Diskussion vorgebrachten Argumenten verzichtet werden. Für die weitere Bearbeitung soll statt dessen vielmehr auch für den Bereich der §§ 291 ff AktG im Anschluß an die im Vordringen befindliche Literaturmeinung[506] die Unternehmenseigenschaft der juristischen Personen des öffentlichen Rechts und damit der Möglichkeit des wirk-

---

499 So die Entscheidungen LG Essen AG 76, 136; BGHZ 69, 334.

500 BGHZ 69, 334 (343).

501 Vgl. *Rittner,* S. 250/2; *Zöllner,* AG 78, 42; *Borggräfe,* S. 1439; *Engel,* S. 169; *Leisner,* WiVerw, 83, 219; *Lutter / Timm,* S. 839; *Werner,* S. 192; *Büchner,* S. 226/7; *Kraft,* Verwaltungsgesellschaftsrecht S. 183.

502 So oder ähnlich aber *Fischer,* AG 82, 92; *Püttner,* Die öffentlichen Unternehmen S. 236 FN 91; *ders.,* JA 80, 218; *ders.* in: HöV Bd. 2 Rdnr. 62; *Emmerich,* Auftrag S. 100.

503 *Rittner,* S. 252; ähnlich *Wiedemann / Martens,* S. 202 FN 59.

504 So z.B. *Büchner,* S. 226/7.

505 Vgl. die Nachweise in FN 497.

506 So insbesondere *Ehlers,* Verwaltung S. 142; *Badura,* S. 14/5; *Schönberger,* S. 160 ff., 166; *Ellerich / Schubert,* S. 122/4; *Ellerich,* S. 150; *Lutter / Timm,* S. 840; *Müller,* S. 64/5; *Voges,* S. 193; *Dielmann,* S. 167 ff.; *Püttner,* Die öffentlichen Unternehmen S. 236; *ders.,* JA 80, 218; *ders.* in: HöV Bd. 2 Rdnr. 62; *ders.,* Mitbestimmung S. 70; *ders.,* Energieversorgung S. 86, 96; *ders.,* DVBl. 86, 753 FN 36; *Engel,* S. 172, 296; *Raiser,* ZGR 76, 110; *Schmidt-Jortzig,* Kommunalrecht Rdnr. 727 mit FN 84.

samen Abschlusses eines Beherrschungsvertrags zwischen Gemeinde und Eigengesellschaft bejaht werden. Mittels eines solchen Vertrages könnte sich die Gemeinde auch einen umfassenden, „aktuellen" Einfluß auf das Handeln einer in der Rechtsform der AG geführten Eigengesellschaft sichern.[507]

g) Zwischenergebnis

Als Zwischenergebnis kann damit zunächst festgehalten werden:

Eine umfassende Weisungsbefugnis der Gemeinde an ihre Eigengesellschaft, die allein den Anforderungen der Prinzipien von Verantwortlichkeit und Kontrolle im oben geschilderten Sinn und damit dem Erfordernis der inhaltlichen, materiellen Legitimation allen Verwaltungshandelns genügt, ist, soweit für die Eigengesellschaft die Rechtsform der GmbH gewählt wird, aufgrund der Regelungen des GmbH-Rechts und, weil an diese Vorgaben anknüpfend, auch nach gemeinde- und beamtenrechtlichen Vorschriften in vollem Umfang gewährleistet. Soweit die Eigengesellschaft dagegen in der Rechtsform der AG geführt wird, ist dies, sofern man nicht die Möglichkeit des Abschlusses eines Beherrschungsvertrags zwischen Gemeinde und Eigengesellschaft selbst bejaht, nur dann der Fall, wenn die AG in einen Vertragskonzern eingebunden ist und die Dach-/Muttergesellschaft dieses Konzerns von einer in der Rechtsform der GmbH geführten Eigengesellschaft der Gemeinde gebildet wird.

Bezogen auf die im 1. Teil der Arbeit erfaßten (von einer freiwillig/rechtsgeschäftlichen Mitbestimmungseinführung-/erweiterung betroffenen) Unternehmen[508] ergibt sich damit folgendes Bild:

Soweit diese Unternehmen in der Rechtsform der GmbH geführt werden – so in insgesamt 26[509] Fällen – bestehen für die diese Gesellschaften tragenden Gemeinden keine Probleme hinsichtlich der Steuerung und damit der Erfüllung ihrer Ingrerenzpflicht. Weniger eindeutig ist dagegen die Situation bei den 21[510] als AG ausgestalteten Unternehmen. Ein Beherrschungsvertrag zwischen einer Gemeinde und einer Eigengesellschaft in der Rechtsform der AG ließ sich, wohl nicht zuletzt infolge der streitigen Rechtslage,[511] in keinem Fall ermitteln.[512] In 9[513] Fällen existierte jedoch eine vertragskon-

---

[507] Vgl. auch die Nachweise in FN 472.

[508] Die Unternehmen mit der Ziff. 63) wurden dabei mangels näherer Aufschlüsselung (vgl. oben 1. Teil, FN 5, 9) außer Betracht gelassen.

[509] So die Unternehmen mit den Ziff. 4), 7), 12) - 21), 24), 25), 27), 33), 34), 46), 48), 50) - 52), 56), 60), 83), 84).

[510] So die Unternehmen mit den Ziff. 5), 6), 22), 23), 39), 44), 45), 47), 49), 53), 58), 61), 64), 72), 73), 85), 87) - 89), 94), 100).

[511] Vgl. oben f), cc), (2).

[512] Vgl. auch *Ehlers,* Verwaltung S. 150 FN 222; *Ellerich,* S. 139, 150, *Fischer,* S. 92; *Püttner,* Energieversorgung S. 96; *Büchner,* S. 229; *Ruchty,* S. 367 ff.

zernmäßige Einbindung in oben beschriebener Weise,[514] mittels derer immerhin 11[515] Unternehmen erfaßt werden. Entsprechend den obigen Ausführungen kann somit für diese Eigengesellschaften festgestellt werden, daß den sie tragenden Gemeinden hinsichtlich der Unternehmenstätigkeit eine den Anforderungen des Verantwortlichkeits- und Kontrollbegriffs genügendes Steuerpotential zur Verfügung steht.[516]

Eine andere Bewertung gilt dagegen für jene 10[517] AG, die eine derartige Einbindung nicht aufweisen können. Infolge des demnach zu verzeichnenden Fehlens jeglicher weisungsmäßiger Steuerungsmöglichkeiten hinsichtlich dieser Unternehmen sind die sie tragenden Gemeinden daher nicht in der Lage, ihrer Ingerenzpflicht und damit den Anforderungen des Verantwortlichkeits- und Kontrollbegriffs im erforderlichen Maße nachzukommen,[518] so daß der gemeindlichen Aufgabenerfüllung (durch diese Unternehmen) insoweit jegliche inhaltliche, materielle Legitimation fehlt.[519]

---

[513] So in Braunschweig (Ziff. *4*) - 6)), Bremen (Ziff. *9*) - 11)), Bremerhaven (Ziff. *21*) - 23)), Duisburg (Ziff. *37*) - 39)), Hamburg (Ziff. *54*) - 57)), Hanau (Ziff. 64), *65*)), Kiel (Ziff. *71*) - 73)), Ludwigshafen (Ziff. *81*) - 83)), Mannheim (Ziff. *86*) - 89)); erfaßt sind nur solche Städte, in denen mindestens eine auf freiwillig/rechtsgeschäftlicher Basis mitbestimmte Eigengesellschaft auf diese Weise konzernmäßig eingebunden ist; die kursiv gedruckten Ziffern weisen auf das herrschende Unternehmen hin.

[514] Vgl. oben f), cc), (1).

[515] So die Unternehmen mit den Ziff. 5), 6), 22), 23), 39), 58), 72), 73), 87) - 89)); eine eingehende Darstellung tatsächlicher Art hinsichtlich des Konzerns der Stadt Mannheim (Ziff. 86) - 89)) findet sich bei *Ahrens,* S. 43; vgl. auch die Zahlenangaben bei *Kraft* in: HKWP Bd. 5 S. 169; *Büchner,* S. 43.

[516] Diese Bewertung trifft auch für jene Eigengesellschaften in der Rechtsform der AG zu, die ausschließlich nach dem Mitbestimmungsgesetz 1976 oder dem Betriebsverfassungsgesetz 1952 mitbestimmt sind und eine entsprechende konzernmäßige Einbindung aufweisen können; bezogen auf die von der vorliegenden Untersuchung erfaßten Städte und Gesellschaften gilt diese Feststellung für Bochum (Ziff. *2*) - 3)), Essen (Ziff. *40*) - 42)), Hannover (Ziff. *66*) - 68)), Kassel (Ziff. *69*) - 70)), Köln (Ziff. *74*) - 78)), Nürnberg (Ziff. *90*) - 92)), Stuttgart (Ziff. *95*) - 97)); eine nähere Darstellung tatsächlicher Art hinsichtlich der Konzerne in Köln, Nürnberg und Stuttgart findet sich bei *Ahrens,* S. 26ff.

[517] Es handelt sich hierbei um die Unternehmen mit den Ziff. 44), 45), 47), 48), 53), 61), 64), 85), 94), 100).

[518] *Schuppert,* S. 38 spricht von einem „Einflußknick".

[519] Eine entsprechende Bewertung gilt wiederum für jene AG, die ausschließlich den gesetzlichen Mitbestimmungsregeln unterliegen und keine konzernmäßige Einbindung aufweisen können (so die Unternehmen mit den Ziff. 28) - 32), 35), 36), 43), 49), 52). Nichts anderes gilt aber auch für jene ausschließlich gesetzlich mitbestimmten Unternehmen, die zwar konzernmäßig eingebunden sind, bei denen aber das herrschende Unternehmen keine GmbH, sondern eine AG ist (so bei den Konzernen mit den Ziff. *69*), 70) und *81*) - 83); die kursiv gedruckten Ziffern weisen auf das herrschende Unternehmen hin); da, wie oben unter f), cc), (1) ausgeführt, die weisungsmäßige Steuerungsmacht der Gemeinde im Rahmen der kommunalen Konzerne allein auf ihrer gesellschaftsrechtlichen Stellung hinsichtlich einer als GmbH ausgestalteten Obergesellschaft beruht, sind die Gemeinden in diesen Fällen, da auch keine anderen Weisungsmöglichkeiten bestehen, ebenfalls nicht in der Lage, die Geschäftspolitik dieser in der Rechtsform der AG geführten Unternehmen in ausreichendem Maße (weisungsmäßig) zu steuern.

7. Auswirkungen der Mitbestimmung

Damit stellt sich abschließend nunmehr die Frage, ob und wie sich die auf freiwillig/rechtsgeschäftlicher Basis beruhende Schaffung/Erweiterung unternehmensbezogener Arbeitnehmermitbestimmung in Aufsichtsräten kommunaler Eigengesellschaften des Daseinsvorsorgebereichs auf die als ausreichend angesehenen Einfluß(Weisungs-)möglichkeiten der Gemeinde hinsichtlich der Geschäftspolitik dieser Unternehmen auswirkt, d.h., ob die Gemeinde unabhängig von diesen Mitwirkungsbefugnissen in der Lage ist bzw. bleibt, deren Handeln nach ihren Vorstellungen zu steuern, so daß auch unter solchen Voraussetzungen dem Verantwortlichkeits- und Kontrollgedanken genügt ist und von einer ausreichenden inhaltlichen, materiellen Legitimation des gemeindlichen Handelns (durch die Eigengesellschaft) ausgegangen werden kann. Bei der Untersuchung dieser Frage soll aus Gründen der Übersichtlichkeit zunächst hinsichtlich der für die Eigengesellschaft gewählten Rechtsform und innerhalb dieser wiederum nach den als tauglich erkannten Weisungsgrundlagen unterschieden werden.

a) GmbH

Sofern die Gemeinde die GmbH als Rechtsform für ihre Eigengesellschaft wählt, gewähren sowohl die Regelungen des Gesellschaftsrechts bzw. gesellschaftsvertragliche Regelungen (dazu sub aa)) wie auch das Gemeinde- und Beamtenrecht (dazu sub bb)) einen ausreichenden „aktuellen" Einfluß auf das Handeln der Eigengesellschaft.[520]

aa) Gesellschaftsrecht

Die Schaffung/Erweiterung unternehmensbezogener Mitbestimmungsbefugnisse auf freiwillig/rechtsgeschäftlicher Basis hat keine Beeinträchtigung oder gar Beseitigung der gesellschafts(vertrags) rechtlichen Weisungsbefugnisse der Gemeinde hinsichtlich der Unternehmensleitung zur Folge. Der Grund hierfür liegt in der unterschiedlichen Zielrichtung von Mitbestimmungsregelung und Weisungsbefugnis. Erstere richtet sich primär auf die Beeinflussung der Tätigkeit des Aufsichtsrats, während letztere die Einflußnahme auf das Leitungsorgan der Gesellschaft, der Gesellschafterversammlung und/oder der Geschäftsführung, zum Inhalt hat. Ein formaler Ausschluß oder auch nur eine Beeinträchtigung der gesellschafts(vertrags-) rechtlichen Weisungsbefugnisse der Gemeinde durch die Mitbestimmungsregelungen ist damit überhaupt nicht denkbar; sie bleiben davon unberührt, so daß die Gemeinde in ihrer Verpflichtung zur Wahrung von Verantwort-

[520] Vgl. insoweit die oben unter 6., c) - e) sowie f), aa), (1) gemachten Ausführungen.

lichkeit und Kontrolle nicht behindert wird und ihr Handeln durch die Eigengesellschaft deshalb auch weiterhin als inhaltlich, materiell legitimiert betrachtet werden kann.

Wenn somit eine *formale* Beeinträchtigung oder gar Beseitigung der gesellschafts(vertrags)rechtlichen Weisungsbefugnisse nicht in Betracht kommt, so könnte doch überlegt werden, ob diese Befugnisse nicht zumindest einer *faktischen* Einbuße unterliegen,[521] wenn die Arbeitnehmervertreter im Aufsichtsrat mit Hilfe der originären Kompetenzen dieses Gesellschaftsorgans Einfluß auf die Geschäftspolitik des Unternehmens auszuüben suchen. Damit ist erneut die Frage nach dem Maß der dem Aufsichtsrat selbst zustehenden Möglichkeiten, auf das Handeln des Unternehmens einzuwirken, gestellt. Insoweit wurde bereits an früherer Stelle darauf hingewiesen, daß der Aufsichtsrat[522] im wesentlichen auf eine nachträgliche Kontrolle der Unternehmensleitung beschränkt ist (sog. sekundäre Unternehmensleitung).[523] Demgegenüber steht die eigentliche („primäre") Unternehmensleitung aufgrund der gesetzlichen Regelungen allein der Gesellschafterversammlung bzw. der Geschäftsführung zu.[524] Darüber hinaus sind Gesellschafterversammlung und Geschäftsführung auch im Bereich des unternehmensbezogen mitbestimmten Aufsichtsrats jederzeit in der Lage, durch Beschlüsse und Weisungen Entschließungen des Aufsichtsrats zu überspielen.[525] Dies gilt selbst in den Fällen, in denen der Aufsichtsrat die ausschließliche Entscheidungsbefugnis über eine Angelegenheit besitzt.[526] Zwar ist es in diesen Bereichen möglich, daß aufgrund eines abweichenden Stimmverhaltens gemeindlicher Vertreter im Aufsichtsrat der Willen der Gemeinde nicht unmittelbar zum Tragen kommt,[527] da gerade in kommunalen Eigengesellschaften der in Rede stehenden Art anders als bei Unternehmen der Privatwirtschaft mangels einer vergleichbaren Interessenhomogenität aufgrund der besonderen Art des Aufgabenbestandes sowie der Zugehörigkeit der gemeindlichen Aufsichtsratsvertreter zu unterschiedlichen

---

521 Vgl. auch OLG Bremen DÖV 77, 899 (900 r. Sp.).

522 Dies gilt zumindest für den obligatorischen Aufsichtsrat nach dem Betriebsverfassungsgesetz 1952, da insoweit das zwingende Kompetenzgefüge des Aufsichtsrats nach dem Aktiengesetz im wesentlichen auch für die GmbH gilt (vgl. § 77 BetrVG 52). Beim fakultativen Aufsichtsrat gem. § 52 GmbHG können diese Befugnisse dagegen weitgehend durch Regelungen im Gesellschaftsvertrag beseitigt werden.

523 Vgl. oben I., 3. sowie 6., d), bb), (2); *Nesselmüller,* S. 38; *Büchner,* S. 203ff.

524 Vgl. nur *Nesselmüller,* S. 34, 38, 59f.

525 Vgl. §§ 111 IV 3 AktG; 46, 52 GmbHG iVm. § 77 BetrVG 52 sowie die Regelungen des sog. Bremerhavener Modells, soweit hier von Interesse, wiedergegeben bei OLG Bremen DÖV 77, 899. Zum Fortbestand der Weisungsbefugnisse der Gesellschafterversammlung vgl. die Ausführungen unter 6., c), aa), (1).

526 Vgl. z.B. §§ 111, 112, 171, 268 II AktG iVm. § 77 BetrVG 52.

527 Sofern man davon ausgeht, daß die gemeindlichen Vertreter im Aufsichtsrat nicht weisungsgebunden sind; andernfalls würde sich die Problematik erst gar nicht stellen. Zur Frage der Weisungserteilung an Aufsichtsratsmitglieder vgl. oben 6., d), bb), (2) sowie 6., e), bb), (2).

Parteien und Gesellschaftsschichten schwerlich geschlossene „Arbeitnehmer"- und „Arbeitgeberbänke" anzutreffen sind.[528] Selbst wenn aber durch ein solches Stimmverhalten der gemeindlichen Aufsichtsratsvertreter der Gemeinde eine ihr nicht genehme Entscheidung aufgezwungen wird, so ist dies nicht weiter von Belang, da ihr über die Gesellschafterversammlung nach wie vor[529] eine unbeschränkte Weisungsbefugnis gegenüber der Geschäftsführung zwecks Durchsetzung ihrer Vorstellungen über die Richtung der Unternehmenstätigkeit zusteht.

An dieser Stelle wird deutlich, daß die Anfang der siebziger Jahre geführten heftigen Diskussionen um die Anzahl der Arbeitnehmervertreter[530] infolge einer ungenügenden Untersuchung der Anforderungen an das erforderliche Maß und die Qualität des verfassungsrechtlich notwendigen Einflußmittels[531] sowie der Wirkungsweise der gesetzlich gewährten Einflußmöglichkeiten der Gemeinde auf die Tätigkeit ihrer Eigengesellschaften[532] nicht den Kern der Problematik treffen konnten. Entweder man bejaht die Beeinträchtigung der gemeindlichen Leitungsmacht aufgrund der bloßen Möglichkeit eines abweichenden Stimmverhaltens gemeindlicher Vertreter im Aufsichtsrat, dann kann aber selbst die Anwesenheit eines einzigen Arbeitnehmervertreters in diesem Gremium bei einer entsprechenden Abstimmungssituation den Ausschlag geben und den Willen der Gemeinde verkehren.[533] Oder aber man folgt der hier vorgeschlagenen Argumentation und verneint jeglichen Einflußverlust aufgrund der nach wie vor bestehenden Weisungsmacht der Gesellschafterversammlung[534] – in diesem Fall kann dann aber auch von einer bloß faktischen Beeinträchtigung der gesellschaftsrechtlichen Weisungsbefugnisse der Gemeinde durch eine unternehmensbezogene Arbeitnehmermitbestimmung im Aufsichtsrat, zumindest soweit sie sich in den gegenwärtig vorfindbaren Grenzen hält,[535] keine Rede sein.

---

528 Vgl. die ähnlichen Einschätzungen bei *Scholz,* ZBR 80, 303; *Leisner,* Mitbestimmung S. 40; *Büchner,* S. 213; vgl. auch *Erichsen,* Eildienst LKT 85, 243; rheinland-pfälzisches Gutachten S. 11; *Stüer,* StuGB 86, 24/5 (für die öffentlich-rechtlichen Sparkassen); vgl. bereits oben I., 5., a), bb), (3), (c).

529 Vgl. oben zu Beginn von aa).

530 Vgl. dazu die Nachweise in FN 283.

531 Vgl. oben I., 5.

532 Vgl. oben I., 6.

533 *Leisner,* Mitbestimmung S. 40; *Püttner,* Gutachten S. 64; *ders.,* ÖWG 73, 8; *ders.,* DVBl. 84, 167; *ders.,* ZögU 84, 238f.; *Büchner,* S. 215; *Erichsen,* Eildienst LKT 85, 243; niedersächsisches Gutachten S. 17; *Heinevetter,* § 8 Erl. 3 (für die öffentlich-rechtlichen Sparkassen); *Hoffmann-Riem,* S. 87 (für den Rundfunkbereich); *Hoschke,* ZBR 78, 224; *Schwarz,* S. 125; *Kisker,* Gutachten Rdnr. 137.

534 Ob im Falle einer über die gegenwärtig durch das Mitbestimmungsgesetz 1976 gezogenen Grenzen hinausgehenden, vollen oder gar überparitätischen Mitbestimmung anders zu entscheiden wäre, kann vorliegend offen bleiben, da derartige Ausweitungen des Mitbestimmungsrahmens z.Z. nicht ersichtlich sind; vgl. insbesondere die Thesen des DGB vom 5. 7. 1983, in denen diese Grenzen ausdrücklich anerkannt werden (S. 1ff.).

Als Ergebnis kann demnach bislang festgehalten werden, daß die der Gemeinde auf gesellschafts(vertrags)rechtlicher Grundlage gewährten weisungsmäßigen Einflußmöglichkeiten auf das Handeln ihrer in der Rechtsform der GmbH organisierten Eigengesellschaften durch die Einführung/Erweiterung unternehmensbezogener Mitbestimmungsbefugnisse nicht beeinträchtigt werden und die Gemeinde damit nicht an der Erfüllung ihrer Verpflichtung zur Wahrung von Verantwortlichkeit und Kontrolle gehindert wird, so daß ihre Aufgabenerfüllung mittels einer privatrechtlichen Organisationsform auch unter diesen Umständen als inhaltlich, materiell legitimiert zu betrachten ist; daß auf die Einführung/Erweiterung der Mitbestimmungsbefugnisse bezogene Handeln der Gemeinde unterliegt daher insoweit keinen Bedenken.

bb) Gemeinderecht/Beamtenrecht

Die Regelungen über Weisungsbefugnisse der Gemeinde an ihre Eigengesellschaften nach dem Gemeinde- sowie dem Beamtenrecht knüpfen, wie oben ausgeführt,[536] an die diesbezüglichen Vorgaben des Gesellschaftsrechts an, werden durch diese vermittelt. D.h., soweit das Gesellschaftsrecht der Gemeinde Weisungsbefugnisse hinsichtlich des Handelns ihrer Eigengesellschaften gewährt, können solche Einwirkungsmöglichkeiten auch auf gemeinde- und beamtenrechtliche Grundlagen gestützt werden; eine eigenständige, über den Umfang der Gewährung nach dem Gesellschaftsrecht hinausgehende Einflußnahme gestatteten diese Vorschriften dagegen nicht.[537] Das bedeutet wiederum, daß für die Frage der Auswirkungen der auf freiwillig/rechtsgeschäftlicher Grundlage beruhenden Schaffung/Ausweitung unternehmensbezogener Arbeitnehmermitbestimmung in Aufsichtsräten kommunaler Eigengesellschaften des Daseinsvorsorgebereichs auf diese Weisungsbefugnisse die gleichen Probleme und Fragestellungen auftreten, wie sie im vorstehenden Abschnitt[538] behandelt worden sind; auf diese Ausführungen einschließlich des dort gefundenen Ergebnisses kann deshalb vollinhaltlich Bezug genommen werden.

b) AG

Die abschließend anstehende Untersuchung der Auswirkungen der Einführung/Erweiterung unternehmensbezogener Arbeitnehmermitbestimmung auf die Weisungsbefugnisse der Gemeinde hinsichtlich der Tätigkeit

---

535 Vgl. oben FN 534.

536 Vgl. oben 6., d) und e).

537 Vgl. oben 6., d) und e), jeweils a. E.

538 Vgl. oben a), aa).

ihrer Eigengesellschaften in der Rechtsform der AG fällt ebenfalls relativ kurz aus, da auch in diesem Rahmen weitgehend auf frühere Ausführungen[538] verwiesen werden kann.

Die Mitwirkungsbefugnisse der Arbeitnehmer beeinträchtigen die für den Bereich der AG als ausreichend erkannten Weisungsbefugnisse der Gemeinde[538] nicht, da sie sich, wie bereits ausgeführt,[538] primär auf die Beeinflussung der Aufsichtsratstätigkeit richten, während die Weisungsbefugnisse der Gemeinde auch bei der AG die Einflußnahme auf das Leitungsorgan, den Vorstand, zum Inhalt haben.[539]

Im einzelnen ergibt sich folgendes Bild:

aa) Vertragskonzernmäßige Konstruktionen

Soweit die AG in einem kommunalen Konzern eingebunden ist,[540] beruhen die Weisungsbefugnisse der Gemeinde, wie oben dargestellt,[541] weniger auf konzernrechtlichen bzw. beherrschungsvertraglichen Grundlagen als vielmehr auf der gesellschaftsrechtlichen Stellung der Gemeinde im Hinblick auf die als GmbH ausgestattete Dach-/Muttergesellschaft des Konzerns.[541] Damit stellen sich in diesem Zusammenhang erneut die gleichen Probleme, wie sie bereits oben[542] erörtert worden sind – diese Ausführungen einschließlich des Ergebnisses können hier somit ebenfalls Geltung für sich beanspruchen.[543]

bb) Beherrschungsvertragliche Direktverbindung

Sofern man den Abschluß eines Beherrschungsvertrags direkt zwischen Gemeinde und Eigengesellschaft als zulässig und möglich erachtet,[544] wird dadurch eine unmittelbare Weisungsbefugnis der Gemeinde an den Vorstand der AG begründet.[545] Aufgrund der bereits erwähnten aufsichtsratsgerichteten Zielrichtung der unternehmensbezogenen Arbeitnehmermitbestimmung wird auch dieses gemeindliche Steuerungspotential durch die arbeitnehmerischen Beteiligungsbefugnisse demnach *rechtlich* nicht beeinträchtigt.

---

539 Vgl. oben a), aa) vgl. auch die ähnliche funktionelle Betrachtungsweise bei *Fabricius* in: Hilger / Stumpf-FS S. 174.

540 Vgl. oben 6., f), cc), (1).

541 Vgl. oben 6., f), cc), (1) a. E.

542 Vgl. a), aa).

543 Im Ergebnis einen Steuerungsverlust verneinend auch *Ahrens*, S. 88, 91.

544 Zu dieser Problematik vgl. oben 6., f), cc), (2).

545 Vgl. § 308 I AktG sowie die Nachweise oben in FN 472.

Im Hinblick auf die Zuständigkeiten des Aufsichtsrats, über bestimmte Angelegenheiten ausschließlich entscheiden zu können, stellt sich erneut die Frage nach einer *faktischen* Beeinträchtigung[546] dieser Weisungsmöglichkeit. Auch insoweit kann jedoch auf die früheren Ausführungen[546] verwiesen werden – eine *faktische* Schwächung beherrschungsvertraglicher Weisungsbefugnisse scheidet demnach ebenfalls aus.[547]

Für den Bereich der AG kann daher gleichfalls festgehaltenwerden, daß die Gemeinde, soweit die AG im Rahmen eines kommunalen Vertragskonzerns eingebunden ist bzw. zwischen ihr und der Gemeinde selbst ein Beherrschungsvertrag besteht, ungeachtet der Existenz einer (erweiterten) unternehmensbezogenen Arbeitnehmermitbestimmung auf freiwillig/rechtsgeschäftlicher Basis in der Möglichkeit zur Erfüllung ihrer Verpflichtung zur Wahrung von Verantwortlichkeit und Kontrolle nicht eingeschränkt wird und damit ihre Aufgabenerfüllung mittels einer privatrechtlichen Organisationsform auch unter diesen Umständen als inhaltlich, materiell legitimiert zu betrachten ist; das auf die Schaffung/Erweiterung der Mitbestimmungsbefugnisse gerichtete Handeln der Gemeinde unterliegt daher auch insoweit keinen Bedenken.

Aber selbst in den Fällen, in denen es an einer konzernmäßigen Einbindung fehlt,[548] könnten unternehmensbezogene Mitbestimmungsbefugnisse der Arbeitnehmer keine Beeinträchtigung des gemeindlichen, zur Herstellung inhaltlicher, materieller Legitimation erforderlichen Steuerungspotentials (mehr) bewirken, da den Gemeinden insoweit ausreichende Einwirkungsmöglichkeiten schon kraft Rechtsformwahl nicht zustehen, so daß

---

[546] Vgl. a), aa) am Anfang.

[547] *Büchner,* S. 228/9 ist der Auffassung, daß der „Gedanke der Einheit der (Gesellschafts-)Rechtsordnung“ die Begründung beherrschungsvertraglicher Weisungsbefugnisse aus einem zwischen der Gemeinde und der Eigengesellschaft abgeschlossenen Beherrschungsvertrag im Bereich unternehmensbezogener Arbeitnehmermitbestimmung verbiete, da sich gerade aus §§ 5 MitG 76; 77a BetrVG 52 das Bestreben des Gesetzgebers entnehmen lasse, zu verhindern, daß die Mitbestimmungsrechte der Arbeitnehmer durch konzernmäßige Verflechtungen unterlaufen werden – genau das sei aber beim Abschluß eines solchen Vertrages die Folge; da die privatrechtlich organisierten Unternehmen der juristischen Personen des öffentlichen Rechts nicht von dem Anwendungsbereich der Mitbestimmungsgesetze ausgenommen seien, würde die Duldung der Schaffung derartiger Weisungsbefugnisse zugunsten des Staates und seiner Untergliederungen einen dem Gesetzgeber schwerlich zu unterstellenden Systembruch bewirken. Büchner übersieht bei diesen Ausführungen, daß die Mitbestimmungsgesetze lediglich an das bestehende Gesellschaftsrecht anknüpfen und dieses nicht etwa modifizieren wollten (vgl. nur *Scholz* in: Scholz, GmbHG § 37 Rdnr. 35; *Hoffmann / Lehmann / Weinmann,* § 25 Rdnr. 92; *Mertens* in: Hachenburg, § 37 Rdnr. 11; *Ehlers,* Verwaltung S. 134 FN 130); die Frage, ob der Abschluß eines Beherrschungsvertrags zwischen Gemeinde und Eigengesellschaft möglich und zulässig ist, kann deshalb nicht aus einer, wie auch immer abgeleiteten „Einheit der (Gesellschafts-)Rechtsordnung“, sondern allein aus den Vorschriften des Aktiengesetzes beantwortet werden.

[548] Vgl. oben 6., g) a.E.

m. a. W. auch in diesen Fällen keine „Kausalität" zwischen Mitbestimmungsbefugnissen und Steuerungsverlust festgestellt werden könnte.[549]

8. Ergebnis

Als Ergebnis der Untersuchung des Prinzips der inhaltlichen, materiellen Legitimation kann somit folgendes festgehalten werden:

Die Gemeinde genügt bei der Wahl privatrechtlicher Organisationsformen zur Erfüllung von Daseinsvorsorgeaufgaben ihrer Verpflichtung zur Wahrung von Verantwortlichkeit und Kontrolle mit der Folge, daß auch diese Form gemeindlichen Verwaltungshandelns die vom demokratischen Prinzip geforderte inhaltliche, materielle Legitimation aufweist, nur dann, wenn sie ihren Willen im Hinblick auf das Handeln, die Geschäftspolitik der Eigengesellschaft mittels der Erteilung von Einzelweisungen an die gesellschaftlichen Leitungsorgane durchsetzen kann. Dazu ist die Gemeinde uneingeschränkt in der Lage, sofern sie als Organisationsform für ihre Eigengesellschaft die Rechtsform der GmbH wählt. Soweit sie dagegen die Form der AG verwendet, ist dies, falls man nicht die Möglichkeit des Abschlusses eines Beherrschungsvertrags direkt zwischen der Gemeinde und der Eigengesellschaft bejaht, nur dann der Fall, wenn die AG in einen Vertragskonzern gemeindlicher Unternehmen eingebunden ist und die Dach-/Muttergesellschaft dieses Konzerns von einer in der Rechtsform der GmbH geführten Eigengesellschaft der Gemeinde gebildet wird. Da die auf die Kompetenzen des Aufsichtsrats wirkenden unternehmensbezogenen Mitbestimmungsbefugnisse der Arbeitnehmer diese an die Unternehmensleitung der Eigengesellschaft gerichteten Weisungsbefugnisse der Gemeinde weder rechtlich noch tatsächlich beeinträchtigen, ist eine derartige Mitwirkung der Arbeitnehmer bzw. das auf die Schaffung/Erweiterung der Mitbestimmungsrechte bezogene Handeln der Gemeinde im Hinblick auf das verfassungsrechtliche Erfordernis der inhaltlichen, materiellen Legitimation der gemeindlichen Aufgabenerfüllung nicht zu beanstanden.[550]

---

[549] Daß durch die Mitbestimmungsbefugnisse auch in diesen Fällen andere Steuerungsmittel der Gemeinde (vgl. oben 5.), so insbesondere die sog. personellen Einwirkungsbefugnisse (Besetzung von Aufsichtsrat und Vorstand mit von der Gemeinde favorisierten Kandidaten) nachteilig beeinflußt werden können und damit der Steuerungsmangel noch intensiviert würde, soll damit nicht in Abrede gestellt werden. Für die vorliegend vertretene Konzeption kommt es auf diese Fragestellung jedoch nicht (mehr) an, da jene Steuerungsmittel wie oben unter 5. dargelegt, schon nicht in der Lage sind, der Gemeinde einen Einfluß zu verschaffen, der den Anforderungen des Verantwortlichkeits- und Kontrollbegriffs und damit den Erfordernissen des Prinzips der inhaltlichen, materiellen Legitimation allen Verwaltungshandelns genügt; oder anders formuliert: auch ohne unternehmensbezogene Mitbestimmungsbefugnisse der Arbeitnehmer stünde der Gemeinde keine Steuerungsmacht zu, die ihr Handeln in ausreichendem Maße inhaltlich, materiell legitimieren könnte.

[550] So im Ergebnis, wenn auch mit anderer Begründung die wohl überwiegende Meinung; vgl. *Püttner*, Mitbestimmung S. 65, 69 f.; *ders.*, AfK 74, 256; *ders.*, Kommu-

B. Rechtsstaatsprinzip, Sozialstaatsprinzip Selbstverwaltungsgarantie[551]

I. Prüfungsansätze

Bereits oben[552] wurde angedeutet, daß die gemeindliche Verpflichtung zur Wahrung von Verantwortlichkeit und Kontrolle nicht zwingend dem demo-

---

nalwirtschaft 76, 132; *ders.* in: Mitbestimmung in öffentlichen und gemeinwirtschaftlichen Unternehmen S. 56f.; *ders.*, ZögU, Beiheft 3, 1980 S. 81; *ders.*, DÖV 77, 901; *ders.* in: HKWP Bd. 3 S. 439; *ders.* in: HKWP Bd. 5 S. 191; *ders.*, DVBl. 84, 166; *ders.* in: HöV Bd. 2 Rdnr. 28ff.; *ders.*, Die öffentlichen Unternehmen S. 141; *Biedenkopf / Säcker*, S. 253; *Ossenbühl*, Gutachten S. 35ff.; *Wössner*, S. 115ff.; *Raiser*, Gutachten S. 53ff.; *ders.*, ZGR 76, 109f.; *Stumpf*, S. 105ff.; *Duden*, S. 31; *Ehlers*, Verwaltung S. 148; *Mertens* in: Kölner Kommentar § 96 Rdnr. 24; *Dietz / Richardi*, Anh. 3 zu § 129 BetrVG 72, Vorbem. zu § 76 BetrVG 52 Rdnr. 47; *Fitting / Auffahrth / Kaiser*, Anh. 3 zu § 76 BetrVG 52 Rdnr. 8; *Fitting / Wlotzke / Wißmann*, Vorbem Rdnr. 41; *Hoffmann / Lehmann / Weinmann*, § 7 Rdnr. 47; *Kisker*, DÖV 72, 525 FN 30; *Damkowski*, S. 23f.; *Fabricius* in: Hilger / Stumpf-FS S. 172ff.; OLG Bremen DÖV 77, 899; VG Schleswig, Urteil v. 13. 9. 1972, Az.: 8 A 135/71, S. 13;

a.A. Obermayer, Mitbestimmung S. 33ff.; *ders.*, RiA 73, 83ff.; *Leisner*, Mitbestimmung S. 70ff.; *ders.*, ZBR 71, 65; *Berner*, S. 94; *H. P. Schneider*, S. 604; *Schwarz*, S. 125; *Ritter*, S. 110ff.; *Büchner*, S. 215ff.; *Scholz*, ZBR 80, 303; *Papier*, S. 53; LG Bremen DVBl. 77, 54.

551 In der Diskussion um die Verfassungsmäßigkeit der freiwillig/rechtsgeschäftlichen Mitbestimmungseinführungen/-erweiterungen finden sich noch eine Reihe weiterer Prüfungsmaßstäbe:

a) Zu nennen ist insoweit zunächst die Untersuchung von verfassungsrechtlichen Grundlagen des öffentlichen Dienstes, insbesondere des Art. 33 V GG und des Art. 137 I GG.

aa) Während Art. 33 V GG im Rahmen der freiwillig/rechtsgeschäftlichen Mitbestimmungseinführungen/-erweiterungen nur vereinzelt als Prüfungsansatz Verwendung findet, (vgl. z.B. *Püttner*, Mitbestimmung S. 72f.; *Scholz*, ZBR 80, 298/9), wird diese Regelung im Zusammenhang mit den Mitbestimmungsbestrebungen im öffentlich-rechtlich organisierten Verwaltungsbereich recht häufig bemüht (vgl. die Nachweise oben FN 243). Die aus Art. 33 V GG entwickelten Bedenken lassen sich wie folgt zusammenfassen: Zum einen gehöre zu den hergebrachten Grundsätzen des Beamtentums auch die hierarchische Struktur des öffentlichen Dienstes, die Garant für dessen Neutralität und Unparteilichkeit sei und durch die Mitbestimmungsbefugnisse gefährdet werde. Außerdem gehöre es zum traditionellen Bild des öffentlichen Dienstes, daß es Aufgabe der Bediensteten sei, den demokratisch legitimierten Staatswillen zu vollziehen ohne ihn zu korrigieren oder gar erst zu bilden – eine Bedienstetenbeteiligung vertrage sich damit nicht. Schließlich wird noch darauf verwiesen, daß es dem den Bediensteten obliegenden Pflichten- und Treueverhältnis widerspreche, wenn die Bediensteten an der inhaltlichen Konzeptionierung ihrer Tätigkeit mitwirken könnten (zum Ganzen vgl. nur *Bieback*, S. 67f.; *Damkowski*, S. 7f. sowie die Nachweise oben FN 243). Angesichts dessen, daß auch die Eigengesellschaften des Daseinsvorsorgebereichs materiell und funktionell Verwaltungsaufgaben erfüllen, liegt die Überlegung nahe, den vorstehenden Erwägungen auch im vorliegend relevanten Verwaltungsbereich Geltung zu verschaffen. Soweit ersichtlich, hat bislang lediglich *Scholz* (ZBR 80, 298/9) die Auffassung geäußert, die Grundsätze des Art. 33 V GG könnten auch für die kommunalen Eigengesellschaften des Daseinsvorsorgebereichs und die Arbeitsverhältnisse der Bediensteten dieser Unternehmen Geltung beanspruchen. Eine derartige Ausstrahlung des Regelungsgehalts des Art. 33 V GG hat *Scholz* allerdings lediglich für die Frage der inhaltlichen Ausgestaltung der Beschäftigungsverhältnisse der Bediensteten der Eigengesellschaften erörtert; zum kratischen bzw. parlamentarischen Prinzip entnommen werden muß, sondern auch aus anderen verfassungsrechtlichen Grundsätzen hergeleitet werden kann.[553]

Problem der Eignung des Art. 33 V GG als Prüfungsmaßstab im Rahmen der Untersuchung der Verfassungsmäßigkeit der unternehmensbezogenen Mitbestimmungserweiterung her er sich dagegen nicht geäußert. Ausdrücklich gegen eine solche Eignung des Art. 33 V GG hat sich *Püttner* (Mitbestimmung S. 72f.; *ders.*, Gutachten S. 32) ausgesprochen. Unter Bezugnahme auf die Entscheidung des *Bundesverfassungsgerichts* zum Bremischen Personalvertretungsgesetz (E 9, 268 (285ff.)), in der das Gericht eine Form von behördenleitender Bedienstetenmitbestimmung ausdrücklich nur für die Beamten, nicht aber auch für die Angestellten als mit Art. 33 V GG unvereinbar erklärt hat, will er eine verfassungsrechtliche Überprüfung von unternehmensbezogenen Mitbestimmungsbefugnissen in kommunalen Eigengesellschaften anhand von Art. 33 V GG nur dann zulassen, sofern die Tätigkeit von Beamten in Rede steht. Schließlich hat *Kübel* (S. 133; ähnlich wohl auch *Püttner,* Mitbestimmung S. 75) darauf hingewiesen, daß aus Art. 33 V GG keine Erkenntnisse gewonnen werden könnten, die nicht auch aus den Grundsätzen des Demokratieprinzips ableitbar seien.

bb) Im Zusammenhang mit der Untersuchung der Verfassungsmäßigkeit der Mitbestimmungsbefugnisse der Bediensteten in öffentlich-rechtlichen Kollegialorganen werden vereinzelt Art. 137 I GG sowie die darauf beruhenden Inkompatibilitätsvorschriften des einfachen Rechts als Prüfungsmaßstab herangezogen (vgl. die Nachweise oben FN 243). Ausgehend von dem Verständnis dieser Normen als einer Ausprägung des dem Gewaltenteilungsprinzips (zu Begriff und Herleitung des Gewaltenteilungsgrundsatzes vgl. nur *Stern* I § 20 III 3 b), IV 3; *Maunz / Dürig / Herzog* in: MDH Art. 20 VII Rdnr. 22; *Maunz / Zippelius,* § 10 I) zu entnehmenden allgemeinen Verbots der Teilidentität von Kontrolleuren und Kontrollierten wird die Auffassung vertreten, die Begründung der Mitbestimmungsbefugnisse in den Kollegialorganen habe eine derartige Teilidentität zur Folge, da die an sich der Kontrolle durch die Kollegialorgane unterliegenden und infolge der Mitbestimmungsbefugnisse nunmehr in diesen Kontrollorganen befindlichen Bediensteten sich auf diese Weise zumindest teilweise gewissermaßen selbst kontrollierten; dies habe wiederum den Verlust einer ausreichenden Kontrolle der Verwaltungstätigkeit zur Folge (zu einer ähnlichen Argumentation aus dem Rundfunkbereich vgl. insbesondere *Bethge,* Verfassungsprobleme S. 46; *ders.*, Grundrechtskollisionen S. 183; Kommissionsbericht S. 201; *Lerche,* S. 55; *v. Boecklin,* S. 8). Im vorliegenden Zusammenhang bedarf es keines näheren Eingehens auf vorstehende Überlegungen, da die (insoweit allein in Rede stehenden untergeordneten) Bediensteten der Eigengesellschaften des Daseinsvorsorgebereichs nicht unter den Anwendungsbereich des Art. 137 I GG und den darauf beruhenden Inkompatibilitätsregelungen fallen (so *Püttner,* Mitbestimmung S. 75).

b) Als weiterer im Rahmen der Diskussion um die Verfassungsmäßigkeit der freiwillig/rechtsgeschäftlichen Mitbestimmungseinführungen/-erweiterungen herangezogener Prüfungsmaßstab ist der aus dem bundesstaatlichen Prinzip fließende, ungeschriebene (BVerfGE 12, 205 (254)) Grundsatz des bundesfreundlichen Verhaltens (Bundestreue) (vgl. dazu nur *Stern* I §19 III 4; *Herzog* in: MDH Art. 20 IV Rdnr. 61ff. jeweils m.w.N.; BVerfGE 1, 299 (315); 4, 115 (141f.)) zu nennen. In Anlehnung an diesen Grundsatz, der Bund und Länder sowie die Länder untereinander verpflichtet, im gegenseitigen Umgang, insbesondere bei der Ausübung von Kompetenzen, Rücksicht auf die Interessen des Gesamtstaates sowie der übrigen Länder zu nehmen und damit durch Zusammenarbeit zum Wohl des gesamten Staatswesens beizutragen (vgl. *Stern* I §19 III 4; BVerfGE 1, 299 (315); 12, 205 (239f., 254)), war bereits vor dem Auftreten der Diskussion um die freiwillig/rechtsgeschäftlichen Mitbestimmungserweiterungen im Zusammenhang mit der Auseinandersetzung zwischen dem Bund und dem Land Hessen über die beabsichtigte Volksbefragung in hessischen Gemeinden zur Atombewaffnung (vgl. dazu die Entscheidung des *Bundesverfassungsgerichts* in E 8, 122) versucht worden, einen Grundsatz des staatsfreundlichen Verhaltens der Gemeinden gegenüber dem Bund zu entwickeln, d.h., auch die Gemeinden sollten bei der Erfüllung ihrer Aufgaben zur Rücksichtnahme auf die Interessen des Bundes ver-

1. Rechtsstaatsprinzip, Art. 20 II, III; 28 I GG

So wird zunächst der im Rechtsstaatsprinzip (Art. 1 III, 19 IV, 20 II und III, 28 I, 101 ff. GG)[554] verankerten Bindung allen staatlichen Handelns an Recht und Gesetz die Verpflichtung der Verwaltung entnommen, auch bei der Ausübung von Verwaltungstätigkeit in Formen und mit Mitteln des Pri-

---

pflichtet sein (vgl. insbesondere OVG Münster DVBl. 64, 678 (681) im Anschluß an *Weber*, S. 30 sowie *Macher*, S. 139 ff.; *v. Kempis*, S. 61 ff.; *Bayer*, S. 56 f.; *Ossenbühl*, Gutachten S. 29 ff.; *Berner*, S. 33 ff.). Berücksichtigt man, daß die Modelle zu den freiwillig/rechtsgeschäftlichen Mitbestimmungserweiterungen in kommunalen Eigengesellschaften in erster Linie das Ziel verfolgten, „bereits vor einem Gesetzgebungsakt des Bundestags die Ausdehnung der Mitbestimmungsbefugnisse ganz oder teilweise zu verwirklichen" (Stellungnahme des DGB in: Welt der Arbeit v. 7. 10. 1970) und daß dieses „präjudizierende Beispiel" „nicht ohne Auswirkungen auf die Betriebe der Privatwirtschaft bleiben" könne (*K. H. Hoffmann*, Gesellschaftspolitische Kommentare Nr. 17/1970 S. 202/3), so lag die Frage nahe, ob mit den (partiellen) Bestrebungen zur Mitbestimmungserweiterung der Bundesgesetzgeber im Hinblick auf die erstrebte (umfassende) gesetzliche Mitbestimmungserweiterung in „Zugzwang" (*Ossenbühl*, Gutachten S. 28) gebracht würde und damit ein Verstoß gegen den obigen Grundsatz zu bejahen sei (vgl. nur *Ossenbühl*, Gutachten S. 27 ff.; *Thieme*, Gutachten S. 56 ff.; *Wössner*, S. 118 ff.; *Püttner*, Mitbestimmung S. 103; *Berner*, S. 32 ff.; OLG Bremen DÖV 77, 899 (900)). Ein solcher Vorstoß wurde, wenn auch mit teilweise unterschiedlicher Begründung im Ergebnis durchweg verneint (vgl. die vorstehend genannten Nachweise; a. A. lediglich die Stellungnahme des Innenministers S. 12, die allerdings keine nähere Begründung enthält, sondern nur eine Parallele zum „Atomwaffenbefragungsurteil" des *Bundesverfassungsgerichts* in E 8, 122 zieht). Darüber hinaus hat die Problematik durch den zwischenzeitlichen Erlaß des Mitbestimmungsgesetzes von 1976 weitestgehend ihre Erledigung gefunden (so wohl auch, die Entwicklung schon vorausahnend, *Berner*, S. 33); von der Wirkung einer „Präjudizierung" oder eines „Zugzwangs" auf den Bundesgesetzgeber aufgrund der gegenwärtig noch existierenden geringen Anzahl von Fällen freiwillig/rechtsgeschäftlicher Mitbestimmungseinführung/-erweiterung (vgl. die Angaben oben 1. Teil) kann schließlich ebenfalls keine Rede mehr sein.

c) Auch die Überlegung, ob infolge der freiwillig/rechtsgeschäftlichen Mitbestimmungseinführungen/- erweiterungen eine Verletzung des Art. 9 III GG zu verzeichnen ist, soll schließlich nicht weiter vertieft werden, da es sich hierbei um eine allgemeine Problemstellung in der Frage nach der Zulässigkeit unternehmensbezogener Mitbestimmung handelt (*Ossenbühl*, Gutachten S. 22), die keinerlei Besonderheiten im Hinblick auf die Mitbestimmung in kommunalen Eigengesellschaften aufwirft. Darüber hinaus ist diese Problematik bereits an anderer Stelle umfassend untersucht und ein Verstoß überzeugend verneint worden; vgl. nur die umfangreichen Nachweise bei *Berner*, S. 9 ff., 14 ff.; BVerfGE 50, 290 (366 ff.) (für das Mitbestimmungsgesetz 1976); besonders für die vorliegend in Rede stehenden Fälle vgl. *Berner*, S. 9 ff.; *Püttner*, Mitbestimmung S. 75 f.; *Obermayer*, Mitbestimmung S. 36 ff.; *Ossenbühl*, Gutachten S. 22 ff.; *Wössner*, S. 112/3, die aus unterschiedlichen Gründen ebenfalls einen Verstoß verneinen. Angesichts der eindeutigen Aussage des *Bundesverfassungsgerichts* (in E 61, 82 (100 ff.) zur (Nicht)Geltung der Grundrechte für die öffentliche Verwaltung (auch) soweit sie öffentliche Aufgaben erfüllt, stellt sich schon die Frage nach der Anwendbarkeit dieses Prüfungsmaßstabs für den vorliegenden Fall, vgl. *Püttner*, DVBl. 84, 166; zur Relevanz der Grundrechte hinsichtlich dieses Fragenkomplexes vgl. auch *Bieback*, S. 73 ff.

[552] Vgl. oben FN 279.

[553] *Ehlers*, Verwaltung S. 129; *Kraft*, Verwaltungsgesellschaftsrecht S. 252 sowie 25 ff., 71 ff., 82 ff.

[554] Vgl. allgemein zu diesem Staatsstrukturprinzip nur *Stern* I § 20; *Maunz / Dürig / Herzog* in: MDH Art. 20 VII jeweils m. w. N.

vatrechts mittels umfassender Einflußnahme auf die Einhaltung von Recht und Gesetz hinzuwirken.[555]

2. Sozialstaatsprinzip, Art. 20 I; 28 I GG

Eine Pflicht zur Sicherstellung von Einwirkungsmöglichkeiten läßt sich weiterhin auch dem Sozialstaatsgedanken[556] des Grundgesetzes (Art. 20 I, 28 I GG) entnehmen. Diese Verfassungsentscheidung verpflichtet alle Träger öffentlicher Gewalt auf eine gleichmäßige Lastenverteilung hinzuwirken, für Ausgleich und soziale Gerechtigkeit zu sorgen sowie das Existenzminimum für ein menschenwürdiges Dasein sicher zu stellen.[557] Speziell für die gemeindliche Aufgabenerfüllung in Formen und mit Mitteln des Privatrechts bedeutet dies eine Handlungspflicht dahingehend, den Bestand und die Funktionsfähigkeit derjenigen Einrichtungen und Unternehmen zu gewährleisten, die zur Erfüllung der sozialen, wirtschaftlichen und kulturellen Grundbedürfnisse der Bürger unabdingbar sind; dies kann jedoch nur durch Schaffung bzw. Anwendung wirksamer Einfluß- und Kontrollmöglichkeiten bewirkt werden.[558]

3. Selbstverwaltungsgarantie, Art. 28 II GG

Da es vorliegend gerade um die Erfüllung von Selbstverwaltungsaufgaben durch die Gemeinde geht,[559] liegt schließlich[560] auch die Heranziehung des Art. 28 II GG als Grundlage für die Ableitung einer Einwirkungs- bzw. Garantenpflicht nahe. Mit dem in Art. 28 II GG verankerten Recht der Gemeinde, alle Angelegenheiten der örtlichen Gemeinschaft in eigener Verantwortung regeln zu dürfen,[561] ist untrennbar die den Gemeindebürgern

---

555 Vgl. *Kraft,* Verwaltungsgesellschaftsrecht S. 25ff. (67f.); *Büchner,* S. 62ff.; *Püttner,* DVBl. 75, 353 (355); *ders.,* Mitbestimmung S. 70; *Janson,* Rechtsformen S. 137; *Wössner,* S. 116 unter Bezugnahme auf *Berkemann,* S. 143; *Ehlers,* Verwaltung S. 129f.

556 Vgl. allgemein zu diesem Staatsstrukturprinzip *Stern* I § 21; *Herzog* in: MDH Art. 20 VIII jeweils m.w.N.

557 Vgl. nur BVerfGE 5, 85 (197ff.); 22, 180 (204); 29, 402 (412); 45, 376 (387).

558 *Büchner,* S. 54ff.; *Kraft,* Verwaltungsgesellschaftsrecht S. 71ff.; *Ehlers,* Verwaltung S. 179f.

559 Die Erfüllung von Daseinsvorsorgeaufgaben ist nach nahezu einhelliger Meinung dem Kern des Selbstverwaltungsbereichs zuzuordnen; vgl. nur *Rehn / Cronauge,* § 2 Anm. I 3; *Pagenkopf* I S. 161ff. (164); *Tettinger,* Bes. VerwR Rdnr. 28; *Büchner,* S. 50 m.w.N.

560 Auf die Darstellung des Ableitungsversuchs aus Art. 33 IV, 137 GG soll vorliegend verzichtet werden; vgl. dazu *Kraft,* Verwaltungsgesellschaftsrecht S. 105ff.; *Püttner,* Mitbestimmung S. 72ff., die beide für den Bereich der Eigengesellschaft die Herleitung einer Einwirkungspflicht aus den genannten Grundlagen ablehnen; vgl. auch *Damkowski,* S. 7ff.; *Bieback,* S. 67ff.; *Ossenbühl,* Grenzen S. 56f.

561 Zur sog. Allzuständigkeit vgl. nur *Pagenkopf* I S. 48ff.; *Stern* I § 12 II 4; *Maunz* in: MDH Art. 28 Rdnr. 60; *Stern* in: HKWP Bd. 1 S. 206ff.; *Tettinger,* Bes. VerwR Rdnr. 24ff.

gegenüber bestehende Verpflichtung zur Wahrnehmung und ordnungsgemäßen Erledigung dieser Angelegenheiten verbunden.[562,563] Die Erfüllung dieser Verpflichtung auch im Rahmen der Erfüllung von Aufgaben der Daseinsvorsorge mittels Formen des Privatrechts ist der Gemeinde jedoch nur dann möglich, wenn sie hinsichtlich dieser Organisationsformen über ausreichende Einfluß- und Kontrollmittel verfügt, zu deren Sicherstellung bzw. Handhabung sie daher verpflichtet ist.[564]

II. Mitbestimmungsauswirkungen

Entsprechend den zuvor geschilderten Ansatzpunkten für eine verfassungsrechtliche Fundierung der Einwirkungs- oder Garantenpflicht ist die Frage der Rechtmäßigkeit der unternehmensbezogenen Arbeitnehmermitbestimmung in kommunalen Eigengesellschaften des Daseinsvorsorgebereichs bzw. das auf die Schaffung/Ausweitung derartiger Beteiligungsrechte bezogene Handeln der Gemeinde auch unter diesen verfassungsrechtlichen Vorgaben untersucht worden.[565] D.h. es wurde anhand des Rechts- und Sozialstaatsprinzips sowie der Selbstverwaltungsgarantie ebenso wie bei der aus dem Demokratieprinzip fließenden Frage nach einer inhaltlichen, materiellen Legitimation allen Verwaltungshandelns[566] geprüft, ob die Einräumung/Erweiterung der Mitbestimmungsbefugnisse als ausreichend erkannte Einwirkungs- und Kontrollmöglichkeiten[567] der Gemeinde beeinträchtigt und daher mit diesen Verfassungsgrundsätzen unvereinbar ist.[568]

---

[562] *Stern / Püttner,* S. 153f.; *Stern* in: BK Art. 28 Rdnr. 92; *Vitzthum,* S. 626f.; *Becker* in: Bettermann / Nipperdey, die Grundrechte Bd. IV 2 S. 717 m.w.N.; *Haman / Lenz,* Art. 28 Anm. B 5 d; *Wössner,* S. 115; *Büchner,* S. 38; *Kraft,* Verwaltungsgesellschaftsrecht S. 121ff.; *Obermayer,* Mitbestimmung S. 38; *ders.,* RiA 73, 84; *Berner,* S. 60/78; *Ehlers,* Verwaltung S. 129 FN 105.

[563] Aus diesem Grund geht auch die Auffassung von *Kraft,* Verwaltungsgesellschaftsrecht S. 127; ähnlich *Ossenbühl,* Gutachten S. 42, 44, daß aus dem Selbstverwaltungsgedanken (mangels Substanz, so *Ossenbühl*) für die Pflicht zur Einwirkung nichts gewonnen werden könne, fehl; so auch *Ehlers,* Verwaltung S. 129 FN 105.

[564] *Büchner,* S. 46ff. (50); *Ehlers,* Verwaltung S. 129f.; vgl. auch *Stern / Püttner,* S. 154.

[565] Vgl. nur *Püttner,* Mitbestimmung S. 66ff., 77ff., 84ff.; *ders.,* Verfassungsprobleme S. 58ff.; *Damkowski,* S. 41ff., 45ff.; *Thieme,* Gutachten S. 52ff.; *Wössner,* S. 113ff.; *Ossenbühl,* Gutachten S. 25ff.; *Obermayer,* Mitbestimmung S. 34ff.; *ders.,* RiA 73, 84; *Raiser,* Gutachten S. 52ff.; *Berner,* S. 49ff.; *Büchner,* S. 45ff., 54ff., 62ff.; OLG Bremen DÖV 77, 899 (900); LG Bremen DVBl. 77, 50 (52); vgl. auch rheinl.-pfälz. Gutachten S. 25ff.; *Bieback,* S. 63; *Papier,* S. 55ff.; *H. P. Schneider,* S. 604; *Püttner,* Kommunalwirtschaft 76, 132 (für die öffentlich-rechtlich organisierten Einrichtungen und Unternehmen).

[566] Vgl. oben A., II.

[567] Das Bestehen derartiger Ingerenzmöglichkeiten wird vielfach ohne eingehendere Untersuchung mehr oder weniger stillschweigend unterstellt.

[568] Vgl. oben FN 565.

Angesichts der – bezogen auf das Erfordernis der inhaltlichen, materiellen Legitimation – ähnlichen Fragestellungen im Rahmen des Rechts- und Sozialstaatsprinzips bzw. der Selbstverwaltungsgarantie vermögen diese Prüfungsmaßstäbe keine Erkenntnisse zu vermitteln, die über jene hinausgehen, welche in der bisherigen verfassungsrechtlichen Prüfung, d.h. insbesondere im Zusammenhang mit der Untersuchung des Erfordernisses der inhaltlichen, materiellen Legitimation allen Verwaltungshandelns gewonnen werden konnten. Sämtliche vorstehenden Ausführungen zu den Fragen der Existenz ausreichender Einflußmöglichkeiten der Gemeinde auf das Handeln ihrer Eigengesellschaften sowie den Auswirkungen der Einräumung/Erweiterung der unternehmensbezogenen Arbeitnehmermitbestimmung hierauf einschließlich der insoweit gefundenen Ergebnisse gelten daher für diese Prüfungsmaßstäbe entsprechend. Aufgrund der damit zu verzeichnenden umfassenden Absicherung der gemeindlichen Verpflichtung zur Wahrung von Verantwortlichkeit und Kontrolle[569] werden diese Ausführungen und Ergebnisse somit bestätigt bzw. sogar noch bestärkt.[570]

C. Ergebnis des 1. Abschnitts

Als Ergebnis der verfassungsrechtlichen Untersuchung kann damit zusammenfassend festgehalten werden, daß eine auf freiwillig/rechtsgeschäftlicher Grundlage beruhende Einführung/Erweiterung unternehmensbezogener Arbeitnehmermitbestimmung in Aufsichtsräten kommunaler Eigengesellschaften des Daseinsvorsorgebereichs durch die Gemeinde den demokratischen Prinzipien von persönlicher Legitimation und Rechtsgleichheit zuwiderläuft, sofern dieses gemeindliche Handeln entweder – im Falle einer mittelbaren Bestellung – eine zwingende Bindung der Gemeinde an die arbeitnehmerischen Kandidatenvorschläge hinsichtlich der von der Einführung/Erweiterung erfaßten (zusätzlichen) Arbeitnehmervertreter begründet oder aber die Möglichkeit einer Direktwahl der Arbeitnehmervertreter durch die Unternehmensbelegschaft gewährt, da diese Bindung bzw. Direktwahl eine eigene (inhaltliche), individuelle Berufung der einzelnen Organwalter durch die Gemeinde verhindert und wegen der dadurch (materiell) auf die Arbeitnehmerschaft beschränkten Beteiligung an dem Berufungsakt auch keine gleichmäßige Teilhabe aller Gemeindebürger an der Übertragung der Herrschaftsbefugnisse mehr gewährleistet ist.

Dagegen ergeben sich gegen ein Mitbestimmungsbefugnisse begründendes bzw. erweiterndes Handeln der Gemeinde unter dem Aspekt der Ver-

---

569 *Ehlers,* Verwaltung S. 130.

570 Ähnlich *Püttner,* Mitbestimmung S. 66, 75; vgl. auch *Bieback,* S. 64; rheinl.-pfälz. Gutachten S. 27 (beide Nachweise für die öffentlich-rechtlich organisierten Einrichtungen und Unternehmen) sowie die Nachweise in FN 565.

pflichtung der Gemeinde zur Wahrung von Verantwortlichkeit und Kontrolle, unabhängig davon, wo man dieses Erfordernis im Grundgesetz verankert sieht, keine verfassungsrechtlichen Bedenken, sofern die Gemeinde für ihre Eigengesellschaft die Organisationsform der GmbH wählt oder aber, soweit sie die Form der AG verwendet, entweder mit der AG selbst einen Beherrschungsvertrag abschließt oder, falls man diesen Weg für unzulässig hält, die AG in einen Vertragskonzern gemeindlicher Unternehmen eingebunden und dieser Konzern von einer in der Rechtsform der GmbH geführten Eigengesellschaft der Gemeinde als Dach-/Muttergesellschaft geleitet wird. Sofern die in der Rechtsform der AG betriebenen Eigengesellschaften allerdings isoliert geführt werden, kann die gemeindliche Aufgabenerfüllung durch diese Unternehmen nicht mehr als inhaltlich, materiell legitimiert betrachtet werden – dies jedoch nicht erst aufgrund der Einführung/ Erweiterung von unternehmensbezogenen Mitbestimmungsbefugnissen, sondern bereits als Folge der Rechtsformwahl.

2. Abschnitt

Gemeindeordnung Nordrhein-Westfalen

Im 2. Abschnitt der rechtlichen Untersuchung soll die Frage der Vereinbarkeit der Schaffung/Ausdehnung von unternehmensbezogener Arbeitnehmermitbestimmung in Aufsichtsräten kommunaler Eigengesellschaften des Daseinsvorsorgebereichs an Vorschriften der nordrhein-westfälischen[1] Gemeindeordnung[2] gemessen werden.[3] Die durch Art. 28 I 2 GG angestrebte Angleichung der Organisationsstrukturen von Bund, Ländern und Gemeinden/Gemeindeverbänden hat dabei zur Folge, daß in diesem Prüfungszusammenhang teilweise Argumentationsansätze auftreten, wie sie ähnlich auch im 1. Abschnitt der Untersuchung zu finden sind.

I. §§ 23, 30 II GO/NW[4,5]

Bereits die Beschlußfassung in der Gemeindevertretung, arbeitnehmerische Mitbestimmungsbefugnisse in den Aufsichtsräten kommunaler Eigengesellschaften auf freiwillig/rechtsgeschäftlicher Basis zu begründen bzw.

---

[1] Die entsprechenden Vorschriften der Gemeindeordnungen anderer Bundesländer finden sich jeweils in den Fußnoten des Textes.

[2] IdF. v. 13. 8. 1984, GV NW S. 475.

[3] Nicht näher eingegangen werden soll auf die Regelungen der nordrhein-westfälischen Landesverfassung (v. 18. 6. 1950, GV NW S. 127), da diese entweder – wie Art. 78 LVerf/NW – trotz abweichenden Wortlauts gegenüber dem Grundgesetz – hier Art. 28 II GG – inhaltlich im wesentlichen gleich sind (vgl. *Fleck* in: Geller / Kleinrahm, 2. Aufl., Art. 78 Anm. 1; *Ossenbühl,* Gutachten S. 45 m. w. N.; *Tettinger,* Mitbestimmung S. 73; *ders.,* Bes.VerwR Rdnr. 45; *Thieme,* Gutachten S. 52ff.; Stellungnahme des Innenministers S. 11; VGH/NW OVGE 9, 74 (82); 11, 149 (150); OVG Münster NJW 79, 1201; DÖV 80, 691 (692)), so daß insoweit auf die entsprechenden Ausführungen des 1. Abschnitts verwiesen werden kann (vgl. oben A., I., 3. sowie B., I., 3.) oder aber – wie Art 26 LVerf/NW – kein zwingendes Recht, sondern bloße Gesetzgebungsdirektiven, Auslegungshilfen darstellen (so *Dickersbach* in: Geller / Kleinrahm, Art. 26 Anm. 2 a.E.; *Ossenbühl,* Gutachten S. 40ff. m.w.N.; Stellungnahme des Innenministers S. 12; vgl. auch oben S. 110 FN 1 zu Art. 47 Brem.Verf.) bzw. bei denen bereits der Wortlaut gegen die Erfassung gerade auch der *öffentlichen* Unternehmen spricht (vgl. *Ossenbühl,* Gutachten S. 47; VGH/NW Sparkasse 86, 509 (511) sowie oben 1. Abschnitt, FN 283) und die deshalb für die rechtliche Untersuchung nichts beitragen können.

[4] Vgl. § 18 GO/BW; Art. 49 GO/Bay.; Art. 84 iVm. 148 I 2 Brem. Verf.; §§ 11 Bremhav. Stadtverf.; 32 III hamb. BezVG; 25 iVm. 35 II GO/Hess.; 26 iVm. 39 III GO/Nds.; 22 GO/RP; 27 iVm. 30 I 3 saarl. KSVG; 22 iVm. 32 III GO/SH.

[5] § 23 GO/NW regelt an sich nur den Ausschluß von einem Ehrenamt, gem. § 30 II GO/NW gilt diese Regelung jedoch auch für die Mitglieder der Gemeindevertretung.

zu erweitern, könnte mit gemeinderechtlichen Vorschriften unvereinbar sein, wenn diese Beschlußfassung unter Mitwirkung von Personen zustande käme, die von Gesetzes wegen an einer solchen Mitwirkung gehindert wären; ein Verstoß gegen die nachfolgend näher zu untersuchenden §§ 23, 30 II GO/NW hat grundsätzlich die Nichtigkeit des Beschlusses zur Folge.[6]

1. § 23 I Nr. 1 GO/NW

§ 23 I Nr. 1 GO/NW schließt diejenigen Mitglieder der Gemeindevertretung von einer Mitwirkung an einer Beschlußfassung aus, denen aus der der Beschlußfassung zugrundeliegenden Angelegenheit ein unmittelbarer Vor- oder Nachteil erwachsen kann. Solchermaßen ausgeschlossen könnten aufgrund des mit der Mitbestimmungsbegründung bzw. deren Ausweitung möglicherweise verbundenen Machtzuwachses zunächst die Mitglieder der Gemeindevertretung sein, die gleichzeitig Arbeitnehmer des von der Mitbestimmung betroffenen Unternehmens sind (dazu sub a)). Außerdem könnten auch solche Gemeindevertretungsmitglieder betroffen werden, die sich als Folge der Mitbestimmungseinführung bzw. -erweiterung eine Chance auf den Erhalt eines Aufsichtsratsmandats versprechen (dazu sub b)).[7]

a) Arbeitnehmer als Mitglieder der Gemeindevertretung

Die Ausschließung eines Gemeindevertretungsmitgliedes, daß gleichzeitig Arbeitnehmer[8] der von der Mitbestimmungsbeschlußfassung betroffenen kommunalen Eigengesellschaft ist, wäre jedoch nur dann begründet, wenn die Folgen der Mitbestimmungseinführung/-erweiterung für das Mitglied einen „unmittelbaren Vorteil oder Nachteil“ im Sinne des § 23 I GO/NW beinhalten würden.

aa) Vorteil/Nachteil

Der Begriff des Vor- bzw. Nachteils in § 23 GO/NW muß weit ausgelegt werden,[9] da mit § 23 GO/NW das Vertrauen der Öffentlichkeit in die Unvoreingenommenheit der Verwaltungstätigkeit geschützt, bereits der „böse

---

[6] Ganz h.M.; vgl. näher *Rehn / Cronauge,* § 23 Anm. VII 1; *v. Loebell,* § 23 Anm. 11 b) jeweils m.w.N.; *Rauball u.a.,* § 23 Rdnr. ; *v. Mutius,* JuS 79, 40; *ders.,* VerwArch 65 (1974) S. 440; a.A. – bloße Rechtswidrigkeit –: *v. Loebell,* § 23 Anm. 11 b) m.w.N. für die Zeit nach der Einführung der Heilungsvorschriften der §§ 4 VI, 39 IV GO/NW durch das Änderungsgesetz v. 29. 5. 1984, GV NW S. 314.

[7] Vgl. *Biedenkopf / Säcker,* S. 245f.; *Ossenbühl,* Gutachten S. 22/3.

[8] Die Eigenschaft als Arbeitnehmer einer kommunalen Eigengesellschaft schließt die Wählbarkeit zur Gemeindevertretung nicht aus, vgl. § 13 VI KWahlG/NW (v. 8. 1. 1979, GV NW S. 2.)

[9] Ganz h.M.; vgl. nur *Rehn / Cronauge,* § 23 Anm. II 1); *v. Loebell,* § 23 Anm. 3; *Rauball u.a.,* § 23 Rdnr. 6.

Schein" vermieden werden soll,[10] so daß nicht nur wirtschaftliche, sondern auch Vor- und Nachteile wissenschaftlicher, ethischer oder sonstiger ideeller Art erfaßt werden.[11] Auch die Möglichkeit einer Machterweiterung bzw. Machtverringerung kann daher einen Vorteil oder Nachteil in diesem Sinne begründen. Ob auch im Falle der arbeitnehmerischen Gemeindevertretungsmitglieder ein derartiger Machtzuwachs verzeichnet werden kann, erscheint allerdings zumindest bei den Formen der mittelbaren Bestellung,[12] bei denen die Kandidatenvorschläge der Arbeitnehmer für die Gemeinde nicht oder nur begrenzt bindend sind,[13] mehr als zweifelhaft. Die Arbeitnehmer erhalten hier lediglich ein Vorschlagsrecht eingeräumt, dessen Realisierung allein in der Hand der Gemeinde(vertretung) liegt, d.h. die (zusätzlichen) Arbeitnehmervertreter erlangen ihr Aufsichtsratsmandat erst und nur aufgrund eines formal und inhaltlich vom Willen der Gemeinde(vertretung) abhängigen Bestellungsakts. Der „Machtzuwachs" für den einzelnen Arbeitnehmer besteht somit allein in der Möglichkeit, bei der Erarbeitung von Bestellungsvorschlägen mitzuwirken – ob und inwieweit sich die Vorstellungen des einzelnen letztlich durchsetzen, ist demnach äußerst ungewiß; in dieser bloßen Chance einen realen Machtzuwachs zu erblicken, hieße sowohl den Wortlaut als auch den Zweck des § 23 GO/NW zu überdehnen.

Anders könnte allenfalls in den Fällen zu entscheiden sein, in denen die (zusätzlichen) Arbeitnehmervertreter ihr Aufsichtsratsmandat aufgrund für die Gemeinde bindender Bestellungsvorschläge oder sogar mittels einer Direktwahl erhalten. Hier hängt die Bestellung zumindest inhaltlich, materiell[14] und bei den direkt bestellten Vertretern darüber hinaus auch formell[15] allein vom Willen der Arbeitnehmerschaft ab, so daß die Annahme eines realen Machtzuwachses insoweit nicht von vorneherein abwegig erscheint.

bb) Unmittelbarkeit

Neben diese – zumindest teilweisen – Bedenken hinsichtlich des Eingreifens des Vor- bzw. Nachteilsbegriffs tritt – und zwar ohne daß es insoweit auf die Frage des Bestellungsmodus ankäme – das eng mit diesem Begriff verbundene Problem, ob ein eventueller Machtzuwachs überhaupt in „unmittelbarer" Weise erfolgen würde. Insoweit kommt es weniger auf eine formale Sicht dergestalt an, daß das Interesse einer natürlichen Person an

---

[10] Vgl. nur *Rauball u.a.*, § 23 Rdnr. 3; *Rehn / Cronauge*, § 23 Anm. II 1); *v. Loebell*, § 23 Anm. 1; VGH Mannheim BaWüVBl. 70, 170; OVG Lüneburg NVwZ 82, 44.

[11] Vgl. nur *Rehn / Cronauge*, § 23 Anm. II 1); *v. Loebell*, § 23 Anm. 3; *Krebs*, S. 181/2; *Körner*, § 23 Erl. 3.

[12] Vgl. oben 1. Teil, II., 1., b), bb), (2) sowie 1. Teil, II., 2., a), bb).

[13] Vgl. oben 1. Teil, II., 1., b), bb), (2) sowie 1. Teil, II., 2., a), bb) jeweils a.E.

[14] Vgl. oben 1. Abschnitt, A., 5., a), bb), (3) sowie 1. Abschnitt, A., 6., a), bb).

[15] Vgl. oben 1. Abschnitt, A., 5., b) sowie 1. Abschnitt, A., 6., b).

der Beschlußfassung ohne Hinzutreten eines weiteren Umstandes berührt wird.[16] Entscheidend ist vielmehr, ob das Gemeindevertretungsmitglied ein individuelles Sonderinteresse an der Entscheidung hat, das zu einer Interessenkollision führen kann und deshalb aus dem „Empfängerhorizont" eines objektiven Betrachters die Besorgnis einer beeinflußten Stimmabgabe gerechtfertigt ist.[17] Unabhängig von der Frage des Bestellungsmodus beschränkt sich der Machtzuwachs eines jeden einzelnen Arbeitnehmers in der Möglichkeit, mittels Stimmrechtsausübung einen (zusätzlichen) Vertreter in den Aufsichtsrat des Unternehmens bestellen zu können, d.h. auf die Einräumung eines (zusätzlichen) Stimmrechts. Angesichts dessen, daß nicht die Stimme eines einzelnen Arbeitnehmers, sondern nur jede einzelne Stimme im Verbund mit mehreren anderen den mit der Stimmabgabe bezweckten Erfolg der Bestellung einer bestimmten Person erreichen kann, wird aus der Sicht eines objektiven Betrachters deutlich, daß es bei der Einräumung eines Stimmrechts für eine Mitbestimmungseinführung/-erweiterung weniger auf den *individuellen* Machtzuwachs des einzelnen Arbeitnehmers ankommt, sondern allein die Stärkung des gesamten Kollektivs, d.h. der gesamten Belegschaft des von dem Mitbestimmungsbeschluß betroffenen Unternehmens bezweckt ist – damit fehlt es für die einzelnen arbeitnehmerischen Gemeindevertretungsmitglieder auf jeden Fall an einem „unmittelbaren" Vorteil im oben genannten Sinn.

Angesichts der zu verzeichnenden kollektiven Interessenlage könnte man darüber hinaus auch überlegen, ob die Annahme eines Mitwirkungsverbots im vorliegenden Zusammenhang nicht schon von Gesetzes wegen gem. § 23 III Nr. 1 GO/NW ausgeschlossen ist, wenn dort eine Ausnahme vom Mitwirkungsverbot für den Fall vorgesehen wird, daß der Vor- bzw. Nachteil „nur darauf beruht, daß jemand einer Berufs- oder Bevölkerungsgruppe angehört, deren gemeinsame Interessen durch die Angelegenheit berührt werden" (§ 23 III Nr. 1 GO/NW).[18]

b) Aufsichtsratsmandat

Auch die Erwartung einzelner Mitglieder der Gemeindevertretung, infolge der Mitbestimmungseinführung/-erweiterung in den Genuß eines Mandats im Aufsichtsrat der betroffenen Eigengesellschaft gelangen zu können, rechtfertigt keinen Ausschluß gem. § 23 I Nr. 1 GO/NW.[19] Zwar

[16] So aber VGH Kassel NVwZ 82, 44 (45); weitere Nachweise bei *Borchmann*, S. 18 FN 4, 5.

[17] So die ganz h.M.; vgl. nur *Rehn / Cronauge*, § 23 Anm. II 2); *v. Loebell*, § 23 Anm. 3, 4; *Hidien*, S. 130 jeweils m.w.N.; OVG Lüneburg NVwZ 82, 44; *v. Mutius*, VerwArch 65 (1974) S. 435; *Körner*, § 23 Erl. 3.

[18] Diese Überlegung verneinend dagegen *Biedenkopf / Säcker*, S. 245.

[19] A.A., allerdings ohne normativ ansetzende Begründung, wiederum *Biedenkopf / Säcker*, S. 245f.

würde die Erlangung einer solchen Stellung aufgrund des oben geschilderten weiten Vorteilsbegriffs infolge der mit dieser Stellung verbundenen Machtposition sowie (insbesondere auch wirtschaftlichen) Vergünstigungen[20] einen „Vorteil" im Sinne des § 23 GO/NW darstellen.[21] Dieser Vorteil wäre jedoch nicht „unmittelbar" durch die Beschlußfassung über die Mitbestimmungseinführung/-erweiterung bewirkt, sondern allenfalls eine mittelbare Folge dieser Entscheidung. Wie bereits oben ausgeführt,[22] reicht es für die Auslegung des Unmittelbarkeitsbegriffs nicht aus, lediglich auf die Existenz eines reinen Kausalzusammenhangs abzustellen. Erforderlich ist vielmehr eine wertende Betrachtung der Gesamtsituation, d.h. es muß aus der Sicht des erwähnten objektiven Betrachters ein individuelles Sonderinteresse des jeweiligen Gemeindevertretungsmitgliedes feststellbar sein, daß die Besorgnis rechtfertigt, das Mitglied werde nicht mehr unvoreingenommen und allein zum Wohle der Gemeinde handeln.[21] Zwar wird man nicht von der Hand weisen können, daß die Hoffnung auf die Erlangung eines Aufsichtsratsmandats für die Entscheidungsfindung einzelner Mitglieder der Gemeindevertretung motivierend sein kann,[23] doch genügt die bloße Möglichkeit der Existenz einer solchen Motivation nicht, um das Vorhandensein eines unmittelbaren Vorteils zu bejahen. Einer solchen Annahme steht zunächst entgegen, daß bei der Beschlußfassung über die Mitbestimmungseinführung/-erweiterung noch in keiner Weise feststeht, in welche Richtung dieser Beschluß anschließend realisiert wird, d.h. welche Personen konkret in den Aufsichtsrat gewählt oder entsandt werden; diese Entscheidung ist vielmehr dem zuständigen Gesellschaftsorgan bzw. einem weiteren Gemeindevertretungsbeschluß oder – im Falle der Direktwahl – dem Wahlakt der Unternehmensbelegschaft vorbehalten. Da jedoch grundsätzlich jedes Mitglied der Gemeindevertretung, soweit dessen Wählbarkeit nicht ausgeschlossen ist, in den Aufsichtsrat gewählt (bzw. entsandt) werden kann, fehlt es zur Zeit der Beschlußfassung über die Mitbestimmungseinführung/-ausweitung[24] schon an einem sichtbaren, individuellen Sonderinteresse eines bestimmten Amtswalters. Gerade auf die objektive Erkennbarkeit des Sonderinteresses kommt es aber, wie die oben vorgenommene Auslegung

---

[20] Vgl. insbesondere §§ 113 AktG; 52 GmbHG.

[21] So inzident auch *Biedenkopf / Säcker,* S. 245 f.; *Ossenbühl,* Gutachten S. 72/3.

[22] Vgl. oben a), bb).

[23] Vgl. auch *Biedenkopf / Säcker,* S. 245 f.; *Ossenbühl,* Gutachten S. 73; interessanterweise befreit die Gemeindeordnung in § 23 III Nr. 3 sogar diejenigen Bewerber für ein Aufsichtsmandat von dem für sie an sich (aufgrund der wirtschaftlichen Vorteilhaftigkeit der Aufsichtsratstätigkeit) bestehenden Mitwirkungsverbot, die als Gemeindevertretungsmitglied mit über die Frage abstimmen (vgl. § 35 II, III, IV iVm. § 55 II, III GO/NW; für entsprechende Vorschriften anderer Bundesländer vgl. unten FN 51), welche Personen im einzelnen für ein Aufsichtsratsmandat entsandt bzw. vorgeschlagen werden.

[24] Bei der sich anschließenden Beschlußfassung der Gemeindevertretung über die Erstellung von Wahl- bzw. Entsendungsvorschlägen besteht ebenfalls kein Mitwirkungsverbot, vgl. die vorstehende Fußnote.

des Unmittelbarkeitsbegriffs verdeutlicht, entscheidend an.[25] Wenn danach die Beurteilung dieses Begriffs maßgeblich aus der Sicht des Empfängerhorizonts eines objektiven Betrachters zu erfolgen hat, so kann dies ausschließlich anhand von für diesen äußerlich erkennbaren Umständen geschehen,[25] da ansonsten allein die innere Einstellung des Gemeindevertretungsmitglieds zum Gegenstand der Ausschließungserwägungen gemacht würde – einem solchen Verfahren stünde nicht zuletzt auch der Wortlaut des § 23 GO/NW entgegen, der insbesondere in seinen Abs. 2 und 3 mittels der dort aufgeführten Fallgestaltungen deutlich macht, daß Ausschlußerwägungen allein auf der Grundlage von objektiv erkennbaren Anknüpfungspunkten der Außenwelt angestellt werden dürfen. Die bloße Erwartung einzelner Gemeindevertretungsmitglieder, in den Genuß eines Aufsichtsratsmandats gelangen zu können, stellt somit ebenfalls keinen Ausschließungsgrund im Sinne des § 23 I Nr. 1 GO/NW dar.[26]

2. § 23 II Nr. 1 GO/NW

Weiterhin könnte überlegt werden, ob der durch den Beschluß über die Mitbestimmungseinführung/-erweiterung bewirkte Machtzuwachs der gesamten Unternehmensbelegschaft einen „Nachteil“ für das von dem Mitbestimmungsbeschluß betroffene Unternehmen darstellt und daher ein Gemeindevertretungsmitglied, daß gleichzeitig Arbeitnehmer dieses Unternehmens ist, bei der Beschlußfassung über die Mitbestimmungserweiterung aufgrund seiner beruflichen Stellung in einen Interessenkonflikt gerät, so daß es gem. § 23 II Nr. 1 GO/NW von der Mitwirkung an dieser Beschlußfassung ausgeschlossen wäre.

Die durch die Mitbestimmungseinführung/-erweiterung vergrößerten Mitwirkungsbefugnisse der Unternehmensbelegschaft hinsichtlich der Tätigkeit des Aufsichtsrats und damit bis zu einem gewissen Grad auch im Hinblick auf die gesamte Unternehmenstätigkeit[27] können angesichts der gebotenen weiten Auslegung des Vor- bzw. Nachteilsbegriffs durchaus als „Nachteil“ in diesem Sinne verstanden werden.[28]

Desweiteren stellen auch die kommunalen Eigengesellschaften des Daseinsvorsorgebereichs in den Rechtsformen der GmbH und der AG juristische Personen im Sinne des § 23 II Nr. 1 GO/NW dar (vgl. §§ 1 I AktG; 13 GmbHG).[29]

---

[25] Vgl. *v. Mutius,* VerwArch 65 (1974) S. 435; *ders.,* JuS 79, 39; *Krebs,* S. 187.

[26] Im Ergebnis ebenso *Ossenbühl,* Gutachten S. 73.

[27] Zu den Möglichkeiten des Aufsichtsrats auf die Geschäftspolitik des Unternehmens Einfluß zu nehmen, vgl. oben 1. Abschnitt, II., 6., d), bb), (2).

[28] Vgl. Brem.StGH NJW 77, 2307 (2308/9); so wohl auch schon *Biedenkopf / Säker,* S. 245 f.; vgl. auch oben 1., a), aa).

[29] Vgl. Brem.StGH NJW 77, 2307 (2309); *Röper,* S. 167/8.

Nicht ersichtlich ist jedoch, daß und wie das arbeitnehmerische Gemeindevertretungsmitglied aufgrund der (nachteiligen) Wirkung des Mitbestimmungsbeschlusses in einen Interessenkonflikt gestürzt werden könnte. § 23 II Nr. 1 GO/NW verlangt in diesem Zusammenhang, daß die Entstehung des Konflikts gerade aus einem Widerspruch zwischen dem Inhalt der Beschlußfassung und der konkreten Art der Beschäftigung des Gemeindevertretungsmitglieds resultiert, d.h. erstere sich positiv oder negativ auf letztere auswirken kann.[30] Ob das Gesetz überhaupt Arbeitnehmer in nichtleitenden Positionen, wie sie vorliegend in Rede stehen, in § 23 II Nr. 1 GO/NW erfassen will, kann durchaus bezweifelt werden.[31] Unabhängig davon ist in den hier zu entscheidenden Fällen aber jedenfalls kein Interessenwiderstreit erkennbar. Die konkrete persönliche Arbeitsplatzsituation eines arbeitnehmerischen Gemeindevertretungsmitglieds in untergeordneter Stellung wird durch eine Beschlußfassung über die Mitbestimmungseinführung/-ausweitung im Unternehmensbereich in keiner Weise berührt. Weder hängt der Bestand des Arbeitsplatzes (unmittelbar) vom Ausgang der Beschlußfassung ab, noch wird das Gemeindevertretungsmitglied mit den Auswirkungen des Mitbestimmungseinführungs-/erweiterungsbeschlusses an seinem konkreten Arbeitsplatz befaßt, da es sich dabei lediglich um eine kollektiv wahrzunehmende, die gesamte Unternehmensbelegschaft betreffende und allein die Unternehmensleitungsebene, nicht aber die betriebliche Arbeit (unmittelbar) tangierende Angelegenheit handelt.

3. § 23 II Nr. 2 GO/NW

Von einer Mitwirkung an dem Mitbestimmungseinführungs- bzw. erweiterungsbeschluß der Gemeindevertretung könnten schließlich jedoch gem. § 23 II Nr. 2 GO/NW solche Gemeindevertretungsmitglieder ausgeschlossen sein, die in leitender Funktion einer Gewerkschaft angehören, welche sich in der von dem Mitbestimmungsbeschluß betroffenen Eigengesellschaft betätigt.[32]

Der Vorteilsbegriff des § 23 GO/NW umfaßt, wie bereits oben dargelegt,[33] u.a. auch jegliche Art von Machtzuwachs. Berücksichtigt man nun, daß in der Praxis teilweise ausdrücklich vorgesehen war bzw. ist, daß ein Teil der (zusätzlichen) Aufsichtsratsmandate an (unternehmensfremde) Gewerkschaftsvertreter zu vergeben waren bzw. sind,[34] so erscheint die Schlußfol-

---

30 *F. v. Loebell,* § 23 Anm. 7a; *Rehn / Cronauge,* § 23 Anm. III 2.

31 Unter Bezugnahme auf die Gesetzesmaterialien insoweit verneinend *Rauball u.a.,* § 23 Rdnr. 11; ähnlich auch, *Körner,* § 23 Erl. 6; a.A., unter Hinweis auf § 13 VI KWahlG/NW, wohl *v. Loebell,* § 23 Anm. 7a; a.A. auch *Rehn / Cronauge,* § 23 Anm. III 2.

32 Vgl. *Biedenkopf / Säcker,* S. 245f.; *Ossenbühl,* Gutachten S. 72/3.

33 Vgl. oben 1., a), aa).

34 Vgl. oben 1. Teil, II., 1., b), bb), (1) sowie 1. Teil, II., 2., b), aa) jeweils a.E.

gerung gerechtfertigt, daß durch die Mitbestimmungseinführung/-erweiterung der Wirkungsbereich und damit die Machtposition der Gewerkschaft ausgeweitet wird[35] und ihr daher durch diese Beschlußfassung ein „Vorteil" im Sinne des § 23 GO/NW zufließt.

Da mit dem Begriff „Vereinigung" in § 23 II Nr. 2 GO/NW auch nichtrechtsfähige Organisationsformen erfaßt werden sollen,[36] fallen die regelmäßig als nichtrechtsfähige Vereine (vgl. § 54 BGB) organisierten Gewerkschaften[37] ebenfalls unter § 23 II Nr. 2 GO/NW.

Gehört das Gemeindevertretungsmitglied schließlich noch dem Vorstand oder einem Kontrollorgan der Gewerkschaft an, so kommt man um die Feststellung eines Mitwirkungsverbots für derartige Mitglieder gem. § 23 II Nr. 2 GO/NW nicht umhin.[38]

Die Teilnahme an der Beschlußfassung in der Gemeindevertretung über die Schaffung/Ausweitung[39] von unternehmensbezogenen Mitbestimmungsbefugnissen der Arbeitnehmer in kommunalen Eigengesellschaften durch ein Mitglied der Gemeindevertretung, daß dem Vorstand oder einem Aufsichtsorgan einer Gewerkschaft angehört, die durch diese Beschlußfassung einen Machtzuwachs in dem von dem Mitbestimmungsbeschluß betroffenen Unternehmen erlangt, hat, wie bereits an früherer Stelle[40] erwähnt, nach ganz h.M. regelmäßig die Nichtigkeit des Beschlusses zur Folge – die freiwillig/rechtsgeschäftlichen Mitbestimmungseinführung/-erweiterung wäre somit in diesem Fall nicht mit der Gemeindeordnung Nordrhein-Westfalens vereinbar. Ob eine derartige Unvereinbarkeit auch in der Mitbestimmungswirklichkeit angetroffen werden kann, war jedoch nicht zu ermitteln. Eine entsprechende Anfrage bei der Gewerkschaft ÖTV,[41] die sich in der Problematik der Mitbestimmungsausweitungen um 1970 stark engagiert hatte,[42] verlief erfolglos, da man dort unter Berufung auf datenschutzrechtliche Aspekte jegliche Auskunft zum fraglichen Problemkreis verweigerte.

---

35 *Ossenbühl,* Gutachten S. 72.

36 Vgl. nur *Rehn / Cronauge,* § 23 Anm. III 3; *v. Loebell,* § 23 Anm. 7b.

37 *Söllner,* § 10 III 1.

38 *Ossenbühl,* Gutachten S. 73; i.E., wenn auch ohne normativen Ansatz, ebenso *Biedenkopf / Säcker,* S. 245f.

39 Entsprechendes dürfte für den, diese Beschlußfassung konkretisierenden Beschluß über die Wahl- bzw. Entsendungsvorschläge für die einzelnen Aufsichtsratsmitglieder (gem. § 35 II, III iVm. § 55 II, III GO/NW, vgl. oben FN 23) – in den Fällen der mittelbaren Bestellung (vgl. oben 1. Teil, II., 1., b), bb), (2) sowie 1. Teil, II., 2., b), bb) jeweils a.E. – gelten.

40 Vgl. oben I. vor 1. sowie die Nachweise in FN 6.

41 Vgl. oben 1. Teil, I., 2. a.E.

42 Vgl. oben Einleitung, I. sowie die in der Einleitung in FN 12 - 16 genannten Nachweise.

II. §§ 27 II 1, 2; 29 I 1 GO/NW[43]

Entsprechend dem Homogenitätserfordernis des Art. 28 I 2 GG verwirklichen § 27 II 1, 2 und § 29 I 1 GO/NW den Grundsatz der repräsentativen Demokratie für den Bereich der kommunalen Selbstverwaltung[44] und führen damit auch die bereits anfrüherer Stelle eingehend untersuchten Forderungen nach persönlicher demokratischer Legitimation und Rechtsgleichheit[45] in das Gemeinderecht ein.

Die Begründung zwingender Bindungen der Gemeinde(vertretung) an die arbeitnehmerischen Wahl- und Entsendungsvorschläge ebenso wie die Statuierung eines Direktwahlmodus im Zusammenhang mit der Einführung/Ausweitung unternehmensbezogener Mitbestimmungsbefugnisse in den Aufsichtsräten kommunaler Eigengesellschaften des Daseinsvorsorgebereichs ist daher mit den Regelungen der §§ 27 II 1, 2; 29 I 1 GO/NW unvereinbar; die im Zusammenhang mit der verfassungsrechtlichen Prüfung gemachten Ausführungen[45] gelten insoweit sinngemäß.

III. § 30 I GO/NW[46]

Berücksichtigt man die im 1. Teil der Arbeit geschilderten – rechtlich bindenden[47] – Möglichkeiten[48] zur Realisierung des Mitbestimmungseinführungs- bzw. -erweiterungsbeschlusses der Gemeindevertretung, so drängt sich die Überlegung auf, ob diese Wege, soweit[49] sie (im Falle des mittelbaren Bestellungsmodus)[50] eine strikte Bindung der Gemeinde an die Wahl- bzw. Entsendungsvorschläge der Unternehmensbelegschaft vorsehen, nicht dem einzelnen Mitglied der Gemeindevertretung die Freiheit nehmen, in Zukunft nach eigenen Vorstellungen im Abstimmungswege[51] über die Frage der Aufsichtsratsbesetzung(svorschläge)[51] zu entscheiden und deshalb mit der Regelung des § 30 I GO/NW unvereinbar sind.[52]

---

[43] Vgl. §§ 24 I, 26 I, 45 I GO/BW; Art. 30 I 1 GO/Bay; Art. 2, 26 I iVm. 1 I Berl.Verf.; Art. 148, I 3 iVm. 148 I 2 Brem.Verf.; §§ 5, 17 Bremerhav.Stadtverf.; 9, 29 I GO/Hess.; 31 I, II 1 GO/Nds.; 28 I, 29 I 2 GO/RP; 1 I 2, 29 I, 32 I saarl. KSVG; 27 I 1, 31 I GO/SH.

[44] Vgl. *Rehn / Cronauge*, § 27 Anm. 1, 2; *v. Loebell*, § 55 Anm. 1; *Rauball u. a.*, § 27 Rdnr. 1; *Körner*, § 27 Erl. 2; *Tettinger*, Bes. VerwR Rdnr. 37.

[45] Vgl. oben 1. Abschnitt, A., I.

[46] Vgl. §§ 32 III GO/BW; Art. 83 iVm. 148 I 2 Brem.Verf.; §§ 20 Bremerhav.Stadtverf.; 32 I hamb.BezVG; 35 GO/Hess.; 39 I GO/Nds.; 36 I GO/RP; 30 I saarl. KSVG; 32 I GO/SH.

[47] Also nicht die Fälle des sog. gentlemen-agreement, vgl. oben II., 1., b), aa) sowie II., 2., a) jeweils a. E.

[48] Vgl. oben II., 1., b), aa) sowie II., 2., a).

[49] Im Falle des Fehlens einer solchen Bindung (vgl. oben S. 1. Teil, II., 2., b), bb) a. E.) stellt sich die aufgeworfene Problematik dagegen nicht.

[50] Vgl. oben 1. Teil II., 1., b), bb) (2) sowie 1. Teil II., 2., b), bb).

[51] Die Vertreter der Gemeinde gem. § 55 III GO/NW (für entsprechende Vorschriften anderer Bundesländer vgl. unten FN 82), die entweder aufgrund eines gemeindli-

§ 30 I GO/NW statuiert für den Bereich der Kommunalverfassung das sog. freie Mandat der einzelnen Gemeindevertretungsmitglieder,[53] d.h. die Freiheit und Unabhängigkeit dieser Volksvertreter von Aufträgen und Weisungen einzelner Bürger oder Gesellschaftsgruppen.[54] Bezugspunkt der gewährleisteten Freiheit und Unabhängigkeit ist dabei das Handeln der Gemeindevertretungsmitglieder in der Gemeindevertretung und dort insbesondere (auch) deren Abstimmungsverhalten.[55] Eine Beeinträchtigung dieses Freiraums durch die eingangs erwähnten Bindungen käme somit nur dann in Betracht, wenn sie unmittelbar auf das (Abstimmungs)Verhalten der Gemeindevertretungsmitglieder in der Gemeindevertretung bei der Frage der Aufsichtsratsbesetzung einwirken würden.[56]

1. Recht(sgeschäft)liche Beeinträchtigung

Eine Einwirkung käme zunächst dergestalt in Betracht, daß (auch) die einzelnen Mitglieder der Gemeindevertretung aus den erwähnten, auf rechtsgeschäftlicher[57] Grundlage beruhenden Bindungen verpflichtet und ihnen deshalb ein von diesen Bindungen abweichendes Stimmverhalten recht(sgeschäft)lich untersagt wäre.

Träger von Rechten und Pflichten kann nur derjenige sein, der von der Rechtsordnung als rechtsfähig anerkannt wird. Rechtsfähigkeit, d.h. die Fähigkeit, „in einem System von Rechtssätzen im Verhältnis zu anderen

---

chen Entsendungsrechts unmittelbar in den Aufsichtsrat entsandt oder mittels eines entsprechenden Wahlvorschlags der Gemeinde von der Haupt-/Gesellschafterversammlung in dieses Organ gewählt werden, werden gem. § 35 IV iVm. II, III GO/NW (für das Saarland vgl. § 110 II 2, 3 saarl. KSVG) durch einen Beschluß der Gemeindevertretung bestimmt (vgl. nur *Rehn / Cronauge,* § 55 Anm. III 3; *v. Loebell,* § 55 Anm. 12; *Körner,* § 55 Erl. 3; OVG Münster GemHaush. 83, 287 (288).

[52] *Obermayer,* Mitbestimmung S. 39/40; Stellungnahme des Innenministers S. 17ff.; *Moll,* S. 1513.

[53] Eingehend zum Begriff des freien Mandats vgl. nur *Badura* in: BK Art. 38 Rdnr. 48ff.; *Maunz* in: MDH Art, 38 Rdnr. 9ff.; *Stern* I § 24 IV; *Achterberg,* Parlamentsrecht S. 216ff. jeweils m.w.N.

[54] Vgl. die Nachweise in FN 51. Ob sich die Schutzrichtung dieser Regelung auch gegen die Gemeindevertretung selbst oder Teilen von ihr richtet, dazu die Stellungnahme des Innenministers S. 17. Angesichts dessen, daß der Zweck des freien Mandats in dem Schutz vor Bindungen *jeder Art* liegt (vgl. *Stern* I § 24 IV 2a); deutlicher in der 1. Auflage 1977 § 24 IV 2a); *v. Mangoldt / Klein,* § 38 Anm. IV 4a), erscheint eine Erstreckung der Schutzrichtung auch in diese Richtung nicht von vorneherein abwegig; aufgrund der nachfolgenden Ausführungen bedarf diese Problematik hier jedoch keiner weiteren Vertiefung.

[55] *Badura* in: BK Art. 38 Rdnr. 55, 59, 60; *Ossenbühl,* Gutachten S. 50; *Achterberg,* AöR 109 (1984) S. 505f.; BVerfGE 2, 1 (74).

[56] *Ossenbühl,* Gutachten S. 50.

[57] Zum Streit über die Frage der Zugehörigkeit von Stimmbindungsverträgen aus dem vorliegend in Rede stehenden Bereich zum öffentlichen oder privaten Recht vgl. nur *Ossenbühl,* Gutachten 70; *Thieme,* Gutachten S. 44ff.; vgl. auch HessVGH DÖV 84, 118 (119).

Träger von Pflichten und Rechten ... zu sein"[58], besitzt im Bereich der gemeindlichen Organisation aufgrund ihrer Stellung als juristischer Person des öffentlichen Rechts (vgl. § 1 II GO/NW[59]) nur die Gemeinde selbst.[60] Die Gemeindevertretung als bloßes Organ[61] der Gemeinde[62] besitzt diese Qualifikation – zumindest soweit es um die vorliegend in Rede stehenden Rechte und Pflichten geht[63] – ebensowenig wie die Gemeindevertretungsmitglieder in ihrer Funktion als Organteile[64] der Gemeinde(vertretung). Dies bedeutet, daß auf gemeindlicher Seite Adressat der erwähnten Bindungen allein die Gemeinde selbst, nicht aber die Gemeindevertretung oder eines ihrer Mitglieder ist.[65] Die Frage, ob die obigen Bindungen angesichts einer fehlenden Verpflichtung der Gemeindevertretung und ihrer Mitglieder überhaupt noch einen Sinn haben können,[66] mag angesichts dieses Befundes zwar nahe liegen, ist in Anbetracht der eindeutigen Rechtslage allerdings keine taugliche Fragestellung und kann daher nicht zur Stützung einer weitergehenden Verpflichtungswirkung beitragen.

Aber selbst wenn die Gemeindevertretung sowie deren Mitglieder aus den Bindungen verpflichtet wären, käme dies noch immer keinem Verstoß gegen § 30 I GO/NW gleich. Der Zweck des freien Mandats hindert anerkanntermaßen nicht die Eingehung langfristiger Bindungen, deren Folgen regelmäßig nur schwer abschätzbar sind. Wenn damit auch die Gefahr der Verkürzung von Entscheidungsalternativen vorprogrammiert wird, so ist dies doch unvermeidbar, da ansonsten eine nicht akzeptable Bindungslosigkeit der gemeindlichen Tätigkeit die Folge wäre und eine planende, zukunftsorientierte Verwaltungstätigkeit unmöglich würde.[67]

Ausgehend von der somit fehlenden Verpflichtung der einzelnen Gemeindevertretungsmitglieder aus den erwähnten Bindungen kann demnach fest-

[58] *Wolff / Bachhof* I § 32 III b).

[59] Vgl. § 1 IV GO/BW; Art. 1 GO/Bay; Art. 143, 144 Brem.Verf.; §§ 1 Bremerhav. Stadtverf.; 1 II GO/Hess.; 1 II GO/Nds.; 1 II GO/RP; 1 II saarl. KSVG; 1 II GO/SH.

[60] Vgl. *Rehn / Cronauge,* § 1 Anm. V 1; *Rauball u.a.,* § 1 Rdnr. 11; *v. Loebell,* § 1 Anm. 6.

[61] Zum Organbegriff vgl. nur *Wolff / Bachhof* II § 74; OVG Münster OVGE 9, 74 (77f.).

[62] *Rehn / Cronauge,* § 1 Anm. III 2; *v. Loebell,* § 1 Anm. 5; *Rauball u.a.,* § 1 Rdnr. 11.

[63] *Wolff / Bachhof* II § 74 I f) 8; damit ist jedoch, wie die Problematik des sog. Kommunalverfassungsstreits (vgl. dazu nur *Tettinger,* Bes.VerwR Rdnr. 78ff.; *Tschira / Schmitt Glaeser,* S. 53f. jeweils m.w.N.) zeigt, nicht gesagt, daß die Gemeindevertretung (ebenso wie deren Mitglieder) überhaupt nicht Träger von Rechten und Pflichten sein kann.

[64] Vgl. *Wolff / Bachhof* II § 87 I b); *Achterberg,* Parlamentsrecht S. 251f. sowie § 27 II 2 GO/NW (für entsprechende Vorschriften anderer Bundesländer vgl. oben FN 43).

[65] *Hensche,* S. 42; *Ossenbühl,* Gutachten S. 50; *Wössner,* S. 165; *Thieme,* Gutachten S. 49; *H. P. Schneider,* S. 603.

[66] Insoweit verneinend *Obermayer,* Mitbestimmung S. 39/40; vgl. auch die Stellungnahme des Innenministers S. 16ff.

[67] *Ossenbühl,* Gutachten S. 51; *Raiser,* RdA 72, 72; ähnlich *ders.,* Gutachten S. 62.

gehalten werden, daß die gemeindlichen Volksvertreter auch nach Abschluß von rechtsgeschäftlichen Bindungen zur Realisierung des Mitbestimmungseinführungs-/erweiterungsbeschlusses bei der Abstimmung über die Frage, welche Personen in den Aufsichtsrat gewählt bzw. entsandt werden sollen, frei und keinerlei recht(sgeschäft)lichen Bindungen unterworfen sind[68] und daher eine Unvereinbarkeit des Mitbestimmungsbeschlusses mit § 30 I GO/NW unter diesem Aspekt ausscheidet.[69]

---

[68] Davon zu unterscheiden ist eine „Bindung" im Sinne einer „Tatbestandswirkung" dergestalt, daß auch die Gemeindevertretung nebst ihren Mitgliedern anerkennen und berücksichtigen müssen, daß die Gemeinde selbst aus den gesamten Bindungen verpflichtet ist (so ist wohl auch *Thieme,* Gutachten S. 15ff. zu verstehen, wenn er einerseits ausführt, daß „nach dem Gesetz" iSd. § 30 I 1. Hbs. GO/NW dahingehend zu verstehen sei, daß damit auch die Bindung an ein Rechtsgeschäft als einem Ausführungsakt gemeint sei, so daß die Gemeindevertretung sowie ihre Mitglieder ebenfalls daran „gebunden" seien und andererseits die Auffassung vertritt, daß § 30 I GO/NW allein die Pflichten der Gemeinde als Vertragspartner erfasse) und ein abweichendes Stimmverhalten als ein bindungswidriges Verhalten der Gemeinde selbst anzusehen ist (*Ossenbühl,* Gutachten S. 50), da die Gemeinde gerade erst durch ihre Organe und Organwalter handeln kann (vgl. *Wolff / Bachhof* II § 74 I e), IV a); OVG Münster OVGE 9, 74 (77f.) sowie bereits oben 1. Abschnitt, A., I., 3.

[69] Im Ergebnis ebenso *Hensche,* S. 42; *Ossenbühl,* Gutachten S. 50/51; *Wössner,* S. 165; *Thieme,* Gutachten S. 15ff.; *Raiser,* Gutachten S. 62; OVG Lüneburg Die Gemeinde 74, 260 (261). Nicht überzeugen kann insoweit jedoch die Überlegung des *OVG Lüneburg,* daß das Stimmverhalten der Gemeindevertretungsmitglieder zumindest in den Fällen überhaupt nicht betroffen werde, in denen die zusätzlichen Arbeitnehmervertreter erst durch die Haupt-/Gesellschafterversammlung in den Aufsichtsrat gewählt werden. Diese Auffassung übersieht zunächst, daß der Wahlakt der Haupt-/Gesellschafterversammlung im Rahmen der Bestellung von Aufsichtsratsmitgliedern einer kommunalen Eigengesellschaft lediglich einen untergordneten Ausführungsakt darstellt. Die maßgebliche Entscheidungsmacht über die Frage, welche Kandidaten letztlich in den Aufsichtsrat gewählt werden, liegt – zumindest hinsichtlich der bindungsfreien bzw. begrenzt bindenden Kandidatenvorschlägen – vielmehr allein bei der Gemeindevertretung, da ihr aufgrund ihrer Stellung als Alleingesellschafterin sowie des ihr zustehenden Weisungsrechts (gem. § 55 II 2, III GO/NW, vgl. näher oben 1. Abschnitt. A., II., 6., d); für entsprechende Vorschriften anderer Bundesländer vgl. unten FN 82) die insoweit entscheidende Befugnis eingeräumt ist, der Haupt- bzw. Gesellschafterversammlung für die Besetzung des Aufsichtsrats zwingende Wahlvorschläge zu unterbreiten. Das Zustandekommen dieser Wahlvorschläge beruht (gem. § 35 IV iVm. II, III GO/NW; vgl. dazu bereits oben FN 51) wiederum auf einer Beschlußfassung der Gemeindevertretung (vgl. *Rehn / Cronauge,* § 55 Anm. III 3; *v. Loebell,* § 55 Anm. 12; *Körner,* § 55 Erl. 3; OVG Münster GemHaush. 83, 287 (288)), so daß auch in dem vom *OVG Lüneburg* angeführten Fall der Realisierung des Mitbestimmungsbeschlusses ein Betroffensein des Stimmverhaltens der Gemeindevertretungsmitglieder nicht ausgeschlossen werden kann. Darüber hinaus träfe die Argumentation des *OVG Lüneburg* nur insoweit zu, als es um die Zuwahl von Arbeitnehmervertretern in den Aufsichtsrat einer AG ginge. Sofern dagegen die Besetzung des Aufsichtsrats einer GmbH in Rede stünde, bedürfte es für die Zuwahl keines Wahlaktes der Gesellschafterversammlung, da schon der Beschluß der Gemeindevertretung über die zu wählenden Kandidaten für den Aufsichtsrat (gem. §§ 55 III, 35 II, III GO/NW) als ein derartiger Wahlakt der Gesellschafterversammlung anzusehen wäre (vgl. dazur bereits oben 1. Abschnitt, A., II., 6., c), aa), (1)); zumindest in diesem Fall könnte das Stimmverhalten der Gemeindevertretungsmitglieder unmittelbar von der rechtsgeschäftlichen Bindung tangiert sein. Der Auffassung des *OVG Lüneburg* kann somit lediglich im Ergebnis, nicht aber in deren Begründung beigetreten werden.

2. Faktische Beeinträchtigung

Denkbar wäre allerdings die Annahme einer faktischen Beeinträchtigung des Stimmverhaltens der Gemeindevertretungsmitglieder aufgrund der in § 30 III Buchstabe a) GO/NW[70] statuierten Schadensersatzregelung.

§ 30 III GO/NW regelt die Haftung im Innenverhältnis von Gemeinde und Gemeindevertretungsmitgliedern.[71] Danach haften die Mitglieder der Gemeindevertretung der Gemeinde auf den Ersatz des Schadens, den letztere infolge einer Beschlußfassung der Gemeindevertretung erleidet u. a. dann, wenn sie in vorsätzlicher oder grob fahrlässiger Verletzung ihrer Pflicht gehandelt haben.[72]

Sowohl Zweifel an der Erfüllung des Haftungstatbestandes als auch das Maß der Praxisrelevanz dieser Regelung lassen es jedoch fraglich erscheinen, ob deren Existenz die Beschlußfassung der Gemeindevertretungsmitglieder über die Kandidatenvorschläge für die Aufsichtsratsbesetzung beeinträchtigen kann. Zwar stellt eine von den rechtsgeschäftlichen Bindungen abweichende Beschlußfassung in dieser Frage ein bindungswidriges Verhalten der Gemeinde selbst dar,[73] doch erscheint es schon fraglich, ob die Gemeinde infolge einer derartigen Beschlußfassung überhaupt einen „Schaden" im Sinne des § 30 III GO/NW erleiden kann. Da § 30 III GO/NW insoweit den Eintritt eines Vermögensschadens verlangt,[74] müßte das bindungswidrige Verhalten der Gemeindevertretung zur Folge haben, daß die Gemeinde gegenüber dem Partner bzw. Begünstigten der rechtsgeschäftlichen Bindung, z.B. der Gewerkschaft,[75] in dieser Weise schadensersatzpflichtig wird. Welche geldwerten Schäden jedoch z.B. der Gewerkschaft infolge des bindungswidrigen Stimmverhaltens sollten entstehen können, ist nicht ersichtlich; erkennbar wäre allenfalls ein – im Rahmen des § 30 III GO/NW jedoch nicht ausreichender – ideeller Schaden in Form einer Einflußminderung.[76]

Aufgrund der hohen Anforderungen an die Vorwerfbarkeit der Pflichtverletzung der Gemeindevertretungsmitglieder muß außerdem bezweifelt werden, daß jedes von den Bindungen abweichende Stimmverhalten eine Verletzung der Pflichten als Gemeindevertretungsmitglied darstellt. Da die

---

[70] Vgl. Art. 20 III 2, 2. Hbs. GO/Bay. § 39 IV GO/Nds.

[71] Vgl. *Rehn / Cronauge,* § 30 Anm. III 1.

[72] *F. v. Loebell,* § 30 Anm. 5; *Rehn / Cronauge,* § 30 Anm. III 2.

[73] *Ossenbühl,* Gutachten S. 50.

[74] *Rehn / Cronauge,* § 30 Anm. III 1; *Rauball u. a,* § 30 Rdnr. 7.

[75] Für die Fälle, in denen die Bindung der Gemeinde auf einem mit der Gewerkschaft abgeschlossenen Stimmbindungsvertrag beruht, vgl. oben 1. Teil, II., 1., b), aa) sowie 1. Teil, II., 2., a); wer im Falle einer gesellschaftsvertraglichen/satzungsmäßigen Bindungsbegründung (vgl. oben 1. Teil, II., 1., b), aa) sowie 1. Teil, II., 2., a)) Geschädigter sein soll, ist dagegen nicht ersichtlich.

[76] Vgl. oben I., 1., a), bb).

Mitglieder der Gemeindevertretung ihre Entscheidungen ausschließlich am Wohl der Allgemeinheit auszurichten haben (arg. § 30 I 1 GO/NW),[77] wird man eine schuldhafte Pflichtverletzung schon immer dann zu verneinen haben, wenn sich das Gemeindevertretungsmitglied für sein abweichendes Stimmverhalten auf eine entsprechend fundierte Begründung stützen kann.[78]

Berücksichtigt man neben den Zweifeln an der Erfüllung des Haftungstatbestandes schließlich die infolge der hohen Anforderungen an die Pflichtverletzung äußerst geringe Praxisrelevanz des § 30 III GO/NW,[79] so erscheint die Annahme berechtigt, daß die bloße Existenz dieser Norm keine meßbaren (faktischen) Auswirkungen auf das Abstimmungsverhalten der Gemeindevertretungsmitglieder im Rahmen der Erstellung von Wahl- und Entsendungsvorschlägen hat.[80] Der Grund dafür, daß die Mitglieder der Gemeindevertretung entsprechend den von der Gemeinde eingegangenen rechtsgeschäftlichen Bindungen abstimmen, wird vielmehr regelmäßig darin zu finden sein, daß sie auch nach Eingehung dieser Bindungen weiterhin zu deren Inhalt stehen.[81]

Auch die Regelung des § 30 I GO/NW steht somit einer freiwilligen Einführung/Ausweitung der unternehmensbezogenen Arbeitnehmermitbestimmung nicht entgegen.

IV. § 55 II, III GO/NW[82]

Die auf freiwillig/rechtsgeschäftlicher Basis beruhende Einführung/Ausweitung unternehmerischer Arbeitnehmermitbestimmung könnte im Hinblick auf die Regelungen des § 55 II, III GO/NW Bedenken hervorrufen, sofern die Mitbestimmungseinführung/-erweiterung zur Folge hätte, daß die dort vorgesehenen Vorschlags-, Bestellungs- und Weisungsbefugnisse der Gemeindevertretung in unzulässiger Weise auf die Unternehmensbelegschaft übertragen würden[83] (dazu sub 1.) oder aber infolge des Mitbestimmungsbeschlusses eine mit § 55 II, III GO/NW unvereinbare Minderung des gemeindlichen Einflusses auf die davon betroffenen Eigengesellschaften einträte (dazu sub 2.).

---

77 Vgl. *v. Loebell,* § 30 Anm. 2.

78 Die Erfüllung des Haftungstatbestandes aufgrund bindungswidrigen Abstimmungsverhaltens bezweifelt auch *Ossenbühl,* Gutachten S. 50.

79 *Ossenbühl,* Gutachten S. 50.

80 Im Ergebnis ebenso *Ossenbühl,* Gutachten S. 50/1.

81 *Ossenbühl,* Gutachten S. 51.

82 Vgl. §§ 105 I GO/BW; 52 I, II Bremerhav.Stadtverf.; 125 I, II GO/Hess.; 111 I, IV GO/Nds.; 88 I III GO/RP; 110 I, II saarl. KSVG; 104 iVm. 25 I GO/SH.

83 So wohl die Stellungnahme des Innenministers S. 15/6; vgl. auch VG Düsseldorf DVBl. 71, 225.

1. Zuständigkeitsübertragung

Die Frage, in welcher Weise und auf welchem Weg die Gemeinde ihre gesellschaftsrechtliche Stellung in ihren Eigengesellschaften ausüben kann, ist vom Gesetzgeber in § 55 II, III GO/NW einer detaillierten Regelung zugeführt worden. So wird in Absatz 2, Satz 1 und Absatz 3 zunächst u.a. bestimmt, daß die Gemeindevertretung Mitglieder des Aufsichtsrats „bestellen", d.h. im Wege der Entsendung (gem. § 101 AktG) unmittelbar selbst bestimmen kann.[84] Außerdem ist vorgesehen, daß sie auch die Vorschläge für die Wahl derjenigen Organwalter erstellt, die von der Haupt-/Gesellschafterversammlung in den Aufsichtsrat gewählt werden.[84] In Absatz 2, Sätze 2 und 4 sowie Absatz 3 wird der Gemeindevertretung, sofern durch Gesetz nichts anderes bestimmt ist,[85] schließlich das Recht eingeräumt, den genannten Organwaltern Weisungen zu erteilen. Sowohl im Hinblick auf die grundsätzliche Bedeutung der vorstehend skizzierten Kompetenzen als auch aus Gründen der Sicherheit im Rechtsverkehr muß davon ausgegangen werden, daß die Gemeindevertretung diese Kompetenzen aus § 55 II, III GO/NW nicht übertragen kann.[86] Zwar wird die Problematik der (Un)Übertragbarkeit der in § 55 II, III GO/NW verankerten Kompetenzen überwiegend allein für die Frage der Übertragung auf die in § 28 II, III GO/NW[87] vorgesehenen Gemeindeorgane, den Hauptverwaltungsbeamten bzw. einen Ausschuß, bejaht, doch kann für die Möglichkeit der Übertragung auf Personen(gruppen) außerhalb der (formalen) Gemeindeverwaltung nichts anderes gelten.[88] Schließt die grundsätzliche Bedeutung der in § 55 II, III GO/NW statuierten Kompetenzen und das Erfordernis der Rechtssicherheit aber bereits die Übertragung auf in Kompetenz und Verantwortung klar umrissene Gemeindeorgane aus, so muß dies, entsprechend dem Gedanken

---

[84] Zum Bestellungsbegriff vgl. *Surén*, S. 208/9; *Gönnenwein*, S. 504; *Rehn / Cronauge*, § 55 Anm. III 3; *v. Loebell*, § 55 Anm. 11; *Körner*, § 55 Erl. 3; OVG Münster Rspr.Entsch. Nr. 1 zu § 72 GO/NW S. 1 (7); OVG Münster GemHaush. 83, 287 (288). Zur Abberufung der Aufsichtsratsmitglieder vgl. §§ 103 AktG, 52 GmbHG sowie *v. Loebell*, § 55 Anm. 15.

[85] Zur Frage der Vereinbarkeit dieser Weisungsregelung mit den Normen des Gesellschaftsrechts sowie der Auslegung der „salvatorischen Klausel" des § 55 II 4 GO/NW vgl. bereits oben 1. Abschnitt A., II., 6., d), bb), (2).

[86] Ganz h.M.; vgl. *v. Loebell*, § 55 Anm. 15; *Rehn / Cronauge*, § 55 Anm. III 2; *Scheel / Steup*, § 89 Erl. II 1.2; *Rauball u. a.*, § 55 Rdnr. 8; § 28 Rdnr. 10 a.E.; *Thieme*, Gutachten S. 42; OVG Münster GemHaush. 83, 287 (289). Trotz der umfangreichen Aufzählung nichtübertragbarer Kompetenzen in § 28 I 2 GO/NW (vgl. auch § 39 GO/BW; Art. 32 II 2, 30 II GO/Bay.; Art. 101 iVm. 148 I 2 Brem.Verf.; §§ 18 I Bremerhav. Stadtverf.; 50, 51 GO/Hess.; 32 II GO/RP; 35 saarl. KSVG; 28 I GO/SH) ist diese Regelung für die Frage der Übertragbarkeit von Kompetenzen der Gemeindevertretung nicht abschließend; vgl. *Rehn / Cronauge*, § 55 Anm. II 1; *v. Loebell*, § 28 Anm. 3, 5; *Rauball u. a.*, § 28 Rdnr. 10 a.E.; OVG Münster OVGE 17, 225 (227).

[87] Vgl. § 39 I, 24 II 3, 70 II GO/BW; Art. 32 II 1, 37 II GO/Bay.; Art. 105 V iVm. 148 I 2 Brem.Verf.; §§ 18 II Bremerhav.Stadtverf.; 50 I 2 GO/Hess.; 40 IV, 57 II, IV GO/Nds.; 32 III GO/RP; 27 I 2 GO/SH.

[88] Vgl. die Stellungnahme des Innenministers S. 15/6; *Thieme*, Gutachten S. 42.

des majore ad minus, erst recht auch für eine Übertragung auf die in keinerlei Weise den Erfordernissen von Verantwortlichkeit und Kontrolle unterworfene externe Unternehmensbelegschaft Gültigkeit haben.[89]

Die Einführung/Ausweitung unternehmensbezogener Mitbestimmung in Aufsichtsräten kommunaler Eigengesellschaften wäre demnach mit § 55 II, III GO/NW unvereinbar, sofern darin eine Übertragung der oben umrissenen Kompetenzen zu sehen wäre.[90] Eine Kompetenzübertragung, d.h. eine sog. Delegation, liegt immer dann vor, wenn „die Begründung einer irregulären Zuständigkeit durch Übertragung einer bestimmten Kompetenz eines Subjekts auf ein anderes“[91] erfolgt. Bezogen auf die vorliegende Situation stellt sich damit das Problem, ob durch die Einführung/Ausweitung unternehmensbezogener Mitbestimmung die Bestellungszuständigkeiten der Gemeindevertretung aus § 55 II, III GO/NW (unzulässigerweise) auf die

---

[89] So auch die Stellungnahme des Innenministers S. 15/6; *Thieme,* Gutachten S. 13ff. untersucht im Anschluß an die Ausführungen des VG Düsseldorf DVBl. 71, 225 die Problematik der Aufgabenübertragung als Folge der Mitbestimmungserweiterung auch ganz allgemein im Rahmen des § 28 GO/NW und gelangt aufgrund der systematischen Stellung des § 28 I 2 GO/NW zwischen § 28 I 1 GO/NW (Regelung der Allzuständigkeit der Gemeindevertretung) und des § 28 II GO/NW zu dem Ergebnis, daß die Frage der Aufgabenübertragung auf Verwaltungsexterne in § 28 GO/NW überhaupt nicht geregelt werde. Außerdem ist er der Auffassung, daß die Mitbestimmungsausweitung systematisch dem Komplex der Gemeindewirtschaft zuzurechnen sei, so daß der Regelung des § 28 GO/NW, die dem Regelungskomplex der Gemeindeverwaltung angehöre, aufgrund der strikten Trennung der Gemeindeordnung zwischen Gemeindeverwaltung und Gemeindewirtschaft auch aus diesem Grund nichts für die Frage der Aufgabenverlagerung durch die Mitbestimmungserweiterung entnommen werden könne.

[90] Vgl. *Wolff / Bachhof* II § 72 IV 2; *v. Loebell,* § 28 Anm. 7; *Rauball u. a.,* § 28 Rdnr. 29; OVG Münster Rspr.Entsch. Nr. 3 zu § 39 GO/NW S. 17 (27).

[91] *Ossenbühl,* Gutachten S. 36ff. unterscheidet anhand der Untersuchung eines allgemeinen Delegationsverbots innerhalb der öffentlichen Verwaltung zwischen einer „äußeren“ Delegation, d.h. einer Übertragung im o.g. Sinn und einer „inneren“ Delegation; letztere soll regelmäßig im Bereich des verwaltungsprivatrechtlichen Handelns und damit gerade auch bei der Problematik der freiwillig/rechtsgeschäftlichen Mitbestimmungausweitung einschlägig sein. Anders als bei der äußeren, soll bei der inneren Delegation keine Aufgabenübertragung im oben erwähnten Sinn, sondern lediglich eine besondere Organisationsform vorliegen, die sowohl „die Aufgabenträgerschaft als auch die Verantwortung der Gemeinde für die Aufgabenerfüllung insgesamt unberührt“ (S. 41) lasse. Der Annahme einer lediglich innergemeindlichen Wirkung der Mitbestimmungsausweitung steht, trotz der unbestreitbaren Verflechtungen von Gemeinde und Eigengesellschaft jedoch die Tatsache entgegen, daß gerade die in der Tätigkeit im Aufsichtsrat zum Ausdruck kommende Wahrnehmung von öffentlicher Gewalt (vgl. oben 1. Abschnitt, A., I., 3.), sofern die Arbeitnehmer infolge der Mitbestimmungsbefugnisse hieran teil haben, diese nicht allein durch bzw. auf Veranlassung von Bürgern der Gemeinde (als den Trägern gemeindlicher Hoheitsgewalt, vgl. oben 1. Abschnitt, A., I., 1.) erfolgt, sondern daran, aufgrund des regelmäßig zu verzeichnenden Anteils von gemeindefremden Pendlern sowie Ausländern in der Unternehmensbelegschaft, auch vielfach nicht der Gemeindebevölkerung angehörende Personen beteiligt sind; noch deutlicher wird diese „Fremdbestimmung“, wenn Aufsichtsratsmandate an unternehmensfremde Gewerkschaftsvertreter vergeben werden (sollen, vgl. oben 1. Teil, II., 1., b), bb), (1) sowie 1. Teil, II., 2., b), aa) jeweils a.E.); vgl. *Püttner,* Mitbestimmung S. 78f.; *ders.,* DVBl. 84, 168; *ders.* in: HKWP Bd. 5 S. 192; ihm folgend *Büchner,* S. 51.

Belegschaft der von dem Mitbestimmungsbeschluß betroffenen Eigengesellschaft (und/oder der tätigen Gewerkschaften[92]) verlagert werden; da die Realisierung der Mitbestimmungseinführung/-erweiterung auf unterschiedliche Weise bewerkstelligt werden kann,[93] erscheint insoweit eine differenzierende Betrachtungsweise angezeigt.

a) Mittelbare Bestellung

aa) Bindungsfreie/begrenzt bindende Bestellungsvorschläge

Soweit die Schaffung/Erweiterung der Mitbestimmungsbefugnisse im Wege einer mittelbaren Bestellung,[94] d.h. mittels (weisungsgesteuerter) Zuwahl bzw. Entsendung der (zusätzlichen) Arbeitnehmervertreter durch die Gemeinde(vertretung) bzw. deren Vertreter in der Haupt-/Gesellschafterversammlung realisiert wird[94] und die darauf bezogenen arbeitnehmerischen Kandidatenvorschläge für die Gemeinde nicht bindend sind[94] bzw. für die Gemeinde zumindest die Möglichkeit besteht, aus einer ausreichend großen Liste von Kandidatenvorschlägen auswählen zu können,[94] kann von einer (unzulässigen) Übertragung der Kompetenzen aus § 55 II, III GO/NW keine Rede sein. In diesen Fällen steht die Mitbestimmungseinführung/-erweiterung nicht im Widerspruch zu § 55 II, III GO/NW,[95] da hier die Frage, welche Personen letztlich gewählt bzw. entsandt werden, weiterhin formell und materiell der Bestimmung der Gemeinde(vertretung) unterliegt und daher die Ausübung der Kompetenzen aus dieser Vorschrift trotz des arbeitnehmerischen Vorschlagsrechts bei der Gemeinde(vertretung) verbleibt.[96]

bb) Bindende Bestellungsvorschläge

Anders wird man dagegen für den Fall zu entscheiden haben, daß die Gemeinde (rechtsgeschäftlich) zwingend an die arbeitnehmerischen Wahl-/Entsendungsvorschläge gebunden ist,[97] d.h. die von dort kommenden Vorschläge auf jeden Fall im Wege der Entsendung oder der (weisungsgebundenen) Wahl in der Haupt-/Gesellschafterversammlung zu realisieren hat.[97]

Eine derartige Bindung beläßt zwar die formale Befugnis zur Aufstellung von Wahlvorschlägen bzw. die Ausübung des Entsendungsrechts bei der

---

92 Vgl. oben 1. Teil, II., 1., b), bb), (1) sowie 1. Teil, II., 2., b), aa) jeweils a.E.

93 Vgl. oben 1. Teil, II., 1., b), aa) sowie 1. Teil, II., 2., a).

94 Vgl. oben 1. Teil, II., 1., b), bb), (2) sowie 1. Teil, II., 2., b), bb) sowie 1. Abschnitt, A., I., 5., a), bb), (1) und (2) sowie 1. Abschnitt, A., I., 6., a), aa).

95 Vgl. auch *Ossenbühl,* Gutachten S. 64.

96 Vgl. auch *Wössner,* S. 166 FN 426; VG Gelsenkirchen NJW 74, 378 (379); VG Düsseldorf DVBl. 71, 225.

97 Vgl. oben 1. Teil, II., 1., b), bb), (2) sowie 1. Teil, II., 2., b), bb) jeweils a.E.

Gemeinde(vertretung),[98] da sich die Umsetzung der arbeitnehmerischen Wahl-/Entsendungsvorschläge auch in diesem Fall allein nach den Regelungen des § 55 II, III GO/NW richtet. Die materielle Entscheidungsbefugnis darüber, welche Personen ein Aufsichtsratsmandat erhalten, geht dagegen infolge einer solchen Bindung zumindest teilweise – hinsichtlich der aufgrund der freiwillig/rechtsgeschäftlich begründeten/erweiterten Mitbestimmungsbefugnisse in den Aufsichtsrat gelangten Arbeitnehmervertreter – von der Gemeindevertretung auf die Unternehmensbelegschaft, den Betriebsrat etc.[97] über.[99]

Mithin käme der Vorwurf einer unzulässigen Kompetenzübertragung in Betracht, wenn § 55 II, III GO/NW neben der formalen Bestellungsbefugnis auch die darauf bezogene inhaltliche Entscheidungsmacht der Gemeindevertretung beinhalten würde.

Als umfassende Regelung über die Außenvertretung[100] weist § 55 GO/NW zwar in erster Linie formalen Charakter auf, doch beschränkt sich der Regelungsgegenstand des § 5 II, III GO/NW nicht auf die Fragestellung, welches Gemeindeorgan auf welchem Weg die Vertretung der Gemeinde in juristischen Personen und Personenvereinigungen zu bewerkstelligen hat und welche Konsequenzen sich für die betroffenen natürlichen Personen aus deren Vertretungstätigkeit ergeben. § 55 II, III GO/NW gewährt vielmehr auch die materielle Befugnis, über die Auswahl der als Vertreter zu bestellenden Personen zu entscheiden. Für diese Betrachtungsweise läßt sich zunächst die Regelung des § 35 III, IV GO/NW[101] heranziehen, der das Zustandekommen der Wahl-/Entsendungsvorschläge regelt. Für den Fall der Einigung auf einen einheitlichen Vorschlag reicht danach eine bloße einstimmige Beschlußfassung der Gemeindevertretung aus (§ 35 III 1 iVm. IV GO/NW); andernfalls wird über die Kandidatenvorschläge im Wege der Verhältniswahl abgestimmt (§ 35 III 2 iVm. IV GO/NW). Einer derart differenzierenden Abstimmungsregelung bedürfte es nicht, wenn der Gemeinde hinsichtlich der Frage der Bestellung ihrer Vertreter für den Aufsichtsrat lediglich eine formale Bestellungskompetenz ohne gleichzeitige inhaltliche Auswahlbefugnis zustünde. Darüber hinaus können die Ausführungen zur persönlichen demokratischen Legitimation und Rechtsgleichheit im Rahmen der verfassungsrechtlichen Prüfung[102] entsprechend herangezogen

---

[98] So auch bereits *Thieme,* Gutachten S. 43; *Wössner,* S. 166 FN 426.

[99] *Thieme,* Gutachten S. 43; vgl. auch die ähnlich gelagerte Problematik im Rahmen der verfassungsrechtlichen Prüfung oben 1. Abschnitt, A., I., 5., a), bb), (3) sowie 1. Abschnitt, A., I., 6., a), bb).

[100] Vgl. nur *v. Loebell,* § 55 Anm. 1, 11; *Rehn / Cronauge,* § 55 Anm. I 1, 2; *Rauball u.a.,* § 55 Rdnr. 1; OVG Münster GemHaush. 83, 287 (289).

[101] Vgl. für das Saarland § 110 II saarl. KSVG.

[102] Vgl. oben 1. Abschnitt, A., I., 5., a), bb), (3), (a) sowie 1. Abschnitt, A., I., 6., a), bb), (1).

werden, da auch § 55 II, III GO/NW einen Weg zur Übertragung von Befugnissen zur Ausübung von staatlicher (gemeindlicher) Gewalt beinhaltet und daher eine einfachgesetzliche Ausformung dieser Grundsätze des Demokratieprinzips darstellt. Die enge Verbindung zum demokratischen Prinzip und damit zu der Frage der grundlegenden Verteilung der Herrschaftsmacht im Staat (in der Gemeinde) läßt es ausgeschlossen erscheinen, den Kompetenzgehalt des § 55 II, III GO/NW allein auf die formale Bestellungsbefugnis zu begrenzen und die inhaltliche Auswahlentscheidung davon auszuklammern – ein derartiges Verständnis des § 55 II, III GO/NW würde diese Vorschrift ohne jede Bedeutung werden, die gemeindliche Bestellungskompetenz zur leeren Formalität herabsinken lassen. Die zwingende Bindung der Gemeinde an die arbeitnehmerischen Entsendungs-/Wahlvorschläge stellt demnach eine unzulässige Übertragung der materiellen Auswahlbefugnis der Gemeinde aus § 55 II, III GO/NW dar.[103]

Diesem Vorwurf kann auch nicht mit der Erwägung begegnet werden, daß die Kompetenzordnung als einer formalen Kategorie gerade nicht voraussetze, daß das zuständige Organ auch eine materielle Auswahlentscheidung treffen können müsse.[104] Nicht die Überlegung, ob die Kompetenzordnung – abstrakt betrachtet – notwendigerweise verlangt, daß das zuständige Organ eine materielle Auswahlentscheidung treffen können muß oder nicht, ist zu klären, sondern die – konkrete – Frage, ob gerade der Regelungsgehalt des § 55 II, III GO/NW eine solche Befugnis enthält und ob diese in unzulässiger Weise übertragen wird. Daher kann auch das Beispiel der gebundenen Verwaltungsentscheidung, bei der der Verwaltung im Falle der Erfüllung der gesetzlichen Voraussetzungen unzweifelhaft kein Entscheidungsspielraum zukommt und sich dennoch nicht die Frage einer Kompetenzübertragung auf den Antragsteller erhebt,[105] nicht zur Stützung der obigen Argumentation herangezogen werden, da der Gesetzgeber in § 55 II, III GO/NW gerade keine derartig gebundene Entscheidung vorgesehen hat.

Die Annahme einer unzulässigen Kompetenzübertragung scheitert schließlich auch nicht an der Frage der Form des Übertragungsaktes. Die Übertragung von Aufgaben der Gemeindevertretung verlangt durchweg einen entsprechenden Beschluß dieses Gemeindeorgans.[106] Ein derartiger Beschluß der Gemeindevertretung ist vorliegend neben den grundlegenden Beschlüssen, unternehmensbezogene Mitbestimmungsbefugnisse zu begründen bzw. auszuweiten, insbesondere in den Beschlüssen zu finden, die die Begründung einer recht(sgeschäft)lichen Bindung der Gemeinde an die

---

[103] Im Ergebnis ebenso die Stellungnahme des Innenministers S. 15/6; VG Düsseldorf DVBl. 71, 225 (226); zweifelnd auch VG Gelsenkirchen NJW 74, 378 (379).

[104] So *Thieme*, Gutachten S. 21/2, 43/4.

[105] Vgl. *Thieme*, Gutachten S. 43/4.

[106] Vgl. *Rehn / Cronauge*, § 28 Anm. III 1; *v. Loebell*, § 28 Anm. 7; *Körner*, § 28 Erl. 15.

arbeitnehmerischen Wahl-/Entsendungsvorschläge vorsehen. Bereits diese allgemeinen Beschlüsse und nicht erst die nachfolgenden rechtsgeschäftlichen Ausführungsakte[107] bilden demnach den (unzulässigen) kompetenzübertragenden Akt.[108]

Die Schaffung/Erweiterung von unternehmensbezogenen Mitbestimmungsbefugnissen in kommunalen Eigengesellschaften des Daseinsvorsorgebereichs mittels Begründung bindender Kompetenzen der Arbeitnehmer zur Erstellung von Wahl-/Entsendungsvorschlägen ist daher nach alledem mit § 55 II, III GO/NW nicht zu vereinbaren.[109]

b) Direkte Bestellung

Unvereinbar mit § 55 II, III GO/NW ist schließlich auch die Realisierung der Mitbestimmungseinführung/-erweiterung bzw. das darauf gerichtete Handeln der Gemeinde, soweit die davon betroffenen (zusätzlichen) Arbeitnehmervertreter im Wege eines alleinigen Direktwahlaktes[110] der Unternehmensbelegschaft an ihr Aufsichtsratsmandat gelangen. In diesem Fall geht nicht nur die materielle Entscheidungsbefugnis darüber, welche Personen als (zusätzliche) Arbeitnehmervertreter in den Aufsichtsrat gelangen sollen, auf die Belegschaft der Eigengesellschaft über, sondern die Gemeinde verliert insoweit auch jegliche formale Beteiligung an der Bestellung eines Teils der Aufsichtsratsmitglieder. Die Verwendung dieses Bestellungsmodus hat somit zur Folge, daß die aus § 55 II, III GO/NW fließende, der Gemeinde zustehende Bestellungskompetenz hinsichtlich ihrer[111] im Rahmen der Mitbestimmungseinführung/-erweiterung den Arbeitnehmern überlassenen Aufsichtsratsmandate in vollem Umfang beseitigt wird bzw. auf die Unternehmensbelegschaft übergeht.

2. Einflußminderung

Eine Unvereinbarkeit der Mitbestimmungseinführung/-erweiterung mit § 55 II, III GO/NW käme weiterhin in Betracht, wenn diese Regelung über den soeben umrissenen Gehalt der Bewirkung einer persönlichen demokratischen Legitimation sowie der Wahrung von Rechtsgleichheit hinaus eine –

[107] Vgl. oben Einleitung, I. sowie 1. Teil, II., 1., b), aa) sowie 1. Teil, II., 1., a).

[108] A. A. *Thieme,* Gutachten S. 14/5.

[109] Im Ergebnis ähnlich die Stellungnahme des Innenministers S. 15/6; VG Düsseldorf DVBl. 71, 225 (226); zweifelnd auch VG Gelsenkirchen NJW 74, 378 (379); a. A. dagegen *Thieme,* Gutachten S. 13 ff., 43 f.; *Wössner,* S. 166 FN 426.

[110] Vgl. oben 1. Teil, II., 1., b), bb), (2).

[111] Die infolge der Mitbestimmungseinführung/-ausweitung an die Arbeitnehmer überlassenen Aufsichtsratsmandate bleiben rechtlich gesehen auch weiterhin Mandate der Gemeinde, ganz h. M., vgl. die Nachweise unten FN 142.

dem Gedanken der inhaltlichen, materiellen Legitimation[112] entsprechende – Verpflichtung der Gemeinde dergestalt enthielte, daß die in § 55 II, III GO/NW eingeräumten Befugnisse durchweg in einer Weise, d.h. insbesondere durch eine entsprechende Kandidatenauswahl, ausgeübt werden müssen, bei der die Gemeinde einen maximalen Einfluß auf die Tätigkeit der Eigengesellschaft erlangt bzw. behält[113] und die Begründung/Erweiterung von Mitbestimmungsbefugnissen eine Verringerung des gemeindlichen Einflusses auf die Unternehmenstätigkeit zur Folge hätte.

Die zuletzt aufgeworfene Frage nach der mindernden Wirkung der Mitbestimmungsbefugnisse hinsichtlich des gemeindlichen Steuerungspotentials ist bereits an früherer Stelle einer eingehenden Untersuchung unterzogen und dabei eine einflußverkürzende Auswirkung dieser Befugnisse verneint worden.[114]

Unabhängig davon muß aber auch bereits ein ingerenzmäßig ausgerichteter Inhalt des § 55 II, III GO/NW verneint werden, daweder dem Wortlaut, noch der Entstehungsgeschichte dieser Vorschrift, noch ihrer systematischen Stellung oder ihrem Zweck eine Verpflichtung der Gemeinde zur Wahrung oder Schaffung eines maximalen Einflusses auf die Leitung ihrer Eigengesellschaften entnommen werden kann.[115]

a) Wortlaut/Systematik

Seinem Wortlaut nach regelt § 55 II, III GO/NW allein die Frage, welches Gemeindeorgan auf welchem Weg die Vertretung der Gemeinde in Organen juristischer Personen und Personenvereinigungen zu bewerkstelligen hat, d.h. es wird ein Sonderfall der gemeindlichen Außenvertretung normiert.[116] Der Charakter des § 55 II, III GO/NW als bloßer Vertretungsregelung wird auch durch die systematische Stellung der Absätze 2 und 3 im Gesamtkontext des § 55 GO/NW bestärkt. § 55 GO/NW ist im Abschnitt über die Gemeindeverwaltung angesiedelt und trägt von Gesetzes wegen die Über-

---

[112] Vgl. oben 1. Abschnitt, A., II.

[113] In diese Richtung wohl *v. Loebell,* § 55 Anm. 15, wenn er im Zusammenhang mit der Erörterung des Einwirkungsgedankens aus § 55 II, III GO/NW die Verpflichtung der Gemeinde herleitet, die ihr dort eingeräumten Bedürfnisse auch auszunutzen; vgl. auch *Schmidt-Jortzig,* Kommunalrecht Rdnr. 713. In dieselbe Richtung gehen auch die Stellungnahmen zu einem Vorläufer des heutigen § 55 II, III GO/NW, zu § 72 GO/NW (idF. v. 11. 8. 1969, GV NW S. 656), die nachzuweisen suchen, daß in dieser Regelung der Gedanke zum Ausdruck komme, die Gemeinde müsse die aus ihrer gesellschaftsrechtlichen Stellung fließenden Rechte zu einer optimalen Einflußnahme auf die Tätigkeit des Unternehmens einsetzen, vgl. *Wössner,* S. 170/1; *Ossenbühl,* Gutachten S. 56/7; *Obermayer,* Mitbestimmung S. 39/40; Stellungnahme des Innenministers S. 15/6; vgl. aber auch unten FN 130.

[114] Vgl. oben 1. Abschnitt, A., II., 7.

[115] Den Charakter einer bloßen Kompetenznorm bejahend auch *Hensche,* S. 44.

[116] *F. v. Loebell,* § 55 Anm. 11; OVG Münster GemHaush. 83, 287 (289).

schrift „Gesetzliche Vertretung". Dementsprechend wird in Absatz 1 zunächst festgelegt, daß die Vertretung der Gemeinde nach außen grundsätzlich dem Gemeindevorsteher, dem Gemeindedirektor, obliegt,[117] während im Anschluß daran in den Absätzen 2 und 3 für den Sonderfall der Vertretung der Gemeinde in Organen juristischer Personen und Personenvereinigungen zugunsten der Gemeindevertretung eine Ausnahme von dem in Absatz 1 statuierten Grundsatz aufgestellt wird.

b) *Entstehungsgeschichte*

Auch dem Verlauf der Entstehungsgeschichte können keine Anhaltspunkte dafür entnommen werden, daß der Gesetzgeber in § 55 II, III GO/NW eine Verpflichtung der Gemeinde zur Einflußnahme hatte aussprechen wollen. Mit Ausnahme des erst 1984[118] eingefügten Satzes 4 des Absatzes 2[119] ist § 55 II, III GO/NW im wesentlichen durch das 2. Gesetz zur Änderung der Gemeindeordnung, der Kreisordnung und anderer kommunalverfassungsrechtlicher Vorschriften[120] infolge der Zusammenfassung der zu diesem Zeitpunkt geltenden früheren Regelungen des § 55 GO/NW[121] und des § 91 GO/NW[121] entstanden.[122] Bis zu dieser Neufassung enthielt § 55 II GO/NW[121] die Regelung der Vertretung der Gemeinde in juristischen Personen des öffentlichen Rechts, während § 91 I, II GO/NW[123] entsprechende Festsetzungen für die Vertretung in privatrechtlich organisierten Unternehmen traf. Zugleich mit der Zusammenfassung der früheren §§ 55 und 91 GO/NW[123] zum gegenwärtig gültigen §§ 55 II, III GO/NW erfolgte die Schaffung eines neuen § 91 GO/NW,[124] der in Absatz 1, Satz 1 erstmalig (für den Bereich der nordrhein-westfälischen Gemeindeordnung) ausdrücklich eine positivrechtliche Regelung über die gemeindliche Ingerenzpflicht vorsieht, wenn dort ausgesprochen wird, daß der Gemeinde im Rahmen ihrer Betätigung in wirtschaftlichen Unternehmen die Vornahme einflußmindernder Rechtsgeschäfte nur dann gestattet ist, sofern dadurch die Erfüllung der gemeindlichen Aufgaben nicht beeinträchtigt wird. Außerdem war im Entwurf der Landesregierung zu dem erwähnten Änderungsgesetz von 1979 zwecks Angleichung der gemeindlichen Vorschriften an das Haushalts-

---

[117] *F. v. Loebell*, § 55 Anm. 5.

[118] Fassung v. 13. 8. 1984, GV NW S. 475.

[119] Die bereits oben dargestellte sog. „salvatorische Klausel", vgl. 1. Abschnitt, A., II., 6., d), bb), (2).

[120] Vom 15. 5. 1979, GV NW S. 408.

[121] IdF. v. 19. 12. 1974, GV NW S. 91.

[122] Vgl. die Begründung der Landesregierung zu dem in FN 121 genannten Änderungsgesetz, LT-Dr. 8/3152 S. 65.

[123] IdF. v. 19. 12. 1974, GV NW 1975 S. 91.

[124] Zu entsprechenden Vorschriften anderer Bundesländer vgl. unten FN 131.

recht[125] zunächst vorgesehen, in § 89 I Nr. 3 GO/NW zu bestimmen, daß die Zulässigkeit der Gründung eines gemeindlichen wirtschaftlichen Unternehmens zukünftig davon abhängig sein sollte, daß „die Gemeinde einen angemessenen Einfluß auf die Gesellschaft erhält".[126] Diese vorgesehene Änderung wurde jedoch mit der Begründung, sie enthalte eine Selbstverständlichkeit, nachträglich in den Ausschußberatungen wieder gestrichen.[127] Aus dem gesamten, vorstehend geschilderten Verlauf des Gesetzgebungsverfahrens, das letztlich zur gegenwärtig gültigen Fassung der §§ 55 und 91 GO/NW geführt hat, muß somit die Schlußfolgerung gezogen werden, daß die Frage der Einflußnahme der Gemeinde auf die Tätigkeit ihrer wirtschaftlichen Unternehmen nach den Vorstellungen des Gesetzgebers ausschließlich in den Vorschriften über die Gemeindewirtschaft, insbesondere im neugefaßten § 91 I GO/NW, geregelt werden und § 55 II, III GO/NW daher lediglich Fragen der Außenvertretung normieren sollte.

c) Gesetzeszweck

Etwas anderes läßt sich schließlich auch nicht dem Zweck des § 55 II, III GO/NW entnehmen. Es ist nichts dafür ersichtlich, daß diese, unter allen Auslegungsgesichtspunkten eindeutige Norm ein vom Wortlaut abweichenden Regelungszweck beinhalten soll,[128] der über den Aspekt der Vertretungszuständigkeit auf die Statuierung einer Einflußnahmeverpflichtung hinaus reicht. Selbst der einzige im Gesetz vorfindbare Anhalt für eine derartige Verpflichtung, die in Absatz 2, Satz 2 verankerte Weisungsunterworfenheit der gemeindlichen Vertreter, macht durch seinen Wortlaut, der lediglich das Gebundensein, nicht aber die Verpflichtung zur Ausübung oder Herstellung einer Bindung in den Vordergrund stellt, deutlich, daß mit § 55 II, III GO/NW allenfalls eine *Möglichkeit,*[129] nicht aber eine *Verpflichtung* zur Wahrnehmung oder Herstellung einer Einflußnahme hinsichtlich der Unternehmenstätigkeit statuiert werden sollte.

Angesichts des im Verlauf erzielten Auslegungsergebnisses muß die Vorschrift des § 55 II, III GO/NW somit allein als Vertretungsregelung verstanden werden, die für Aspekte einer Einflußnahmeverpflichtung keinen Raum läßt und daher eine Unvereinbarkeit der Mitbestimmungseinführung/-

---

[125] Gemeint war § 65 I Nr. 3 LHO/NW (v. 14. 12. 1971, GV NW S. 397); diese Vorschrift entspricht § 65 I Nr. 3 BHO.

[126] Vgl. LT-Dr. 8/3152 S. 20; eine derartige Regelung findet sich gegenwärtig in §§ 122 I Nr. 3 GO/Hess.; 107 I Nr. 3 saarl. KSVG sowie 102 I Nr. 3 GO/SH.

[127] So die Mitteilung von *v. Loebell,* § 55 Anm. 15; vgl. auch *Scheel / Steub,* § 89 Erl. II 1.2).

[128] Zum Verhältnis von Zweck- und Wortlautinterpretation in Fällen einer eindeutig formulierten Norm vgl. OVG Münster GemHaush. 83, 287 (289).

[129] Vgl. auch *Scheel / Steub,* § 89 Erl. II 1.2).

erweiterung mit § 55 II, III GO/NW infolge der Verletzung einer solchen Verpflichtung nicht in Betracht kommt.[130]

Im Ergebnis kann damit festgehalten werden, daß die freiwillig/rechtsgeschäftliche Mitbestimmungseinführung/-erweiterung arbeitnehmerischer Mitwirkungsbefugnisse in Aufsichtsräten kommunaler Eigengesellschaften des Daseinsvorsorgebereichs insoweit mit der Regelung des § 55 II, III GO/NW in Widerspruch steht, als ihre Realisierung mittels für die Gemeinde

---

[130] Im Ergebnis auch *Raiser,* RdA 72, 70/1; *Hensche,* S. 44. Auch die oben (FN 113) erwähnten Stellungnahmen, die einem Vorläufer des heutigen § 55 II, III GO/NW die gemeindliche Verpflichtung zur bestmöglichen Einflußnahme entnehmen wollen, machen deutlich, daß ihre Argumentation im wesentlichen dadurch bedingt ist, daß zum damaligen Zeitpunkt eine dem heutigen § 91 I GO/NW vergleichbare Regelung lediglich in Baden-Württemberg und Niedersachsen (vgl. unten FN 131) existierte und das Erfordernis der Einwirkung allein deshalb auf diese allgemeine Basis gestützt wurde; vgl. insbesondere *Wössner,* S. 170/1; *Obermayer,* Mitbestimmung S. 40 FN 180; wohl auch *Ossenbühl,* Gutachten S. 57.

Ein anderer Aspekt der Einflußsicherung mittels organisatorischer Regelungen wird noch bei *Ossenbühl,* Gutachten S. 60/1 sowie *Raiser,* Gutachten S. 64ff. angesprochen. Beide erörtern die Frage, ob die Gemeinde aufgrund eines allgemeinen Rechtsgrundsatzes (so *Raiser,* Gutachten S. 66ff.) oder mittels Heranziehung von Rechtsgedanken anderer gemeinderechtlicher Vorschriften (so *Ossenbühl,* Gutachten S. 60ff. unter Verwendung insbesondere es § 42 III 3 GO/NW, der im Zusammenhang mit der Zusammensetzung gemeindlicher Ausschüsse hinsichtlich des sog. sachkundigen Bürgers bestimmt, daß die Anzahl der Gemeindevertretungsmitglieder immer höher sein müsse als die Zahl dieser Personen; für entsprechende Regelungen anderer Bundesländer vgl. §§ 41 I 3 GO/BW; 51 VI 2 GO/Nds.; 44 I 2 GO/RP; 46 II 2 GO/SH) verpflichtet ist, die Aufsichtsräte ihrer Eigengesellschaften überwiegend oder ausschließlich mit Mitgliedern der Gemeindeverwaltung zu besetzen, um auf diese Weise ihrer Einwirkungspflicht nachkommen zu können. Wie *Raiser,* Gutachten S. 67f. zutreffend nachweist, findet sich außer in der Bremischen Verfassung (Art. 47, vgl. dazu bereits oben 1. Abschnitt, FN 283) in keiner Gemeindeordnung der Bundesrepublik die Verpflichtung, den Aufsichtsrat (ausschließlich oder überwiegend, vgl. *Raiser,* Gutachten S. 64ff.) mit Gemeindevertretungsmitgliedern zu besetzen. Auch für den Bereich der Gemeindeordnung Nordrhein-Westfalen ist einhellig anerkannt, daß die Gemeindevertretung jede beliebige Person in den Aufsichtsrat entsenden bzw. wählen (lassen) kann (*Rehn / Cronauge,* § 55 Anm. III 3; *v. Loebell,* § 55 Anm. 12; *Körner,* § 55 Erl. 3). Wenn *Ossenbühl,* Gutachten S. 62 insoweit die Auffassung vertritt, daß diese Freiheit in Anlehnung an § 42 III 3 GO/NW zahlenmäßig begrenzt sei, weil dies durch das Prinzip der persönlichen Legitimation aller Organwalter gefordert werde, so übersieht er dabei, daß gerade diejenigen Aufsichtsratsmitglieder, die infolge einer Entsendung durch die Gemeinde bzw. durch die (gemeindlicherseits weisungsgesteuerte) Wahl des zuständigen Gesellschaftsorgans in den Aufsichtsrat gelangen, als persönlich legitimiert angesehen werden müssen (vgl. oben 1. Abschnitt, A., I., 5., a)). Im übrigen weist *Ossenbühl* selbst darauf hin, daß gem. § 13d IV Nr. 2 GO/NW (vgl. auch § 47b) IIGO/SH) für die Bezirksausschüsse die Grenze des § 42 III 3 GO/NW nicht gilt. Ob man diese anderlautende gesetzliche Regelung mit dem bloßen Hinweis abtun kann, daß die Bezirksvertretungen nur partielle Entscheidungsbefugnisse besäßen (so *Ossenbühl*), erscheint zumindest zweifelhaft, da auch die Bezirksausschüsse Aufgaben öffentlicher Verwaltung wahrnehmen (vgl. § 13d III 1 GO/NW; für entsprechende Vorschriften anderer Bundesländer vgl. §§ 70 II GO/BW; 3 II 1 hamb. BezVG; 82 III, IV GO/Hess.; 55g GO/Nds.; 75 II GO/RP; 72 saarl. KSVG; 47c GO/SH) und daher das von *Ossenbühl* bemühte Legitimationserfordernis hier ebenfalls Geltung beanspruchen kann (so auch, speziell für die Bezirksvertretungen nach der nordrhein-westfälischen Gemeindeordnung, BVerfGE 47, 253 (271ff.)); i.E. ablehnend auch *Raiser,* Gutachten S. 69.

bindende arbeitnehmerische Kandidatenvorschläge für die von der Einführung/Erweiterung der Mitbestimmungsbefugnisse betroffenen (zusätzlichen) Arbeitnehmervertreter oder infolge einer Direktwahl dieser Vertreter durch die Unternehmensbelegschaft erfolgt – in diesen Fällen werden die gemeindlichen Bestellungskompetenzen entgegen § 55 II, III GO/NW auf die Arbeitnehmer der Eigengesellschaft übertragen.

V. § 91 I 1 GO/NW[131]

§ 91 I 1 GO/NW gestattet der Gemeinde im Rahmen ihrer Betätigung in wirtschaftlichen Unternehmen die Vornahme von einflußmindernden Rechtsgeschäften nur unter der Voraussetzung, daß dadurch die Erfüllung gemeindlicher Aufgaben nicht beeinträchtigt wird. Die Gemeindeordnung konkretisiert auf diese Weise die bereits im Zusammenhang mit der verfassungsrechtlichen Prüfung angesprochene Einwirkungs- oder Garantenpflicht der Gemeinde,[132] sofern sie öffentliche Aufgaben in Formen und mit Mitteln des Privatrechts erfüllt, auf gemeinderechtlicher Ebene; gleichzeitig wird damit auch dem verfassungsrechtlichen Erfordernis der inhaltlichen, materiellen Legitimation[133] mittels einer einfachgesetzlichen Regelung Rechnung getragen.[134]

Unvereinbar mit dem Sicherstellungscharakter des § 91 I 1 GO/NW wäre die Einführung/Erweiterung arbeitnehmerischer Mitbestimmungsbefugnisse in Aufsichtsräten kommunaler Eigengesellschaften des Daseinsvorsorgebereichs daher dann, wenn dieses Vorgehen der Gemeinde deren Einfluß

---

[131] Vgl. §§ 106 GO/BW; 124 I 1 GO/Hess.; 115 I GO/Nds.; 109 I 1 saarl. KSVG; 103 I 1 GO/SH. Ähnliche Regelungen finden sich auch im Haushaltsrecht des Bundes und der Länder, vgl. nur § 65 I Nr. 3 iVm. IV BHO bzw. § 65 I Nr. 3 LHO/NW sowie die Ausführungen in FN 398 im 1. Abschnitt.

[132] Vgl. oben 1. Abschnitt, A., II., 3.

[133] Vgl. oben 1. Abschnitt, A., II., 1.

[134] Ähnlich auch *Wössner,* S. 168; *Berner,* S. 97 f.; *Ossenbühl,* Gutachten S. 55 ff.; *Hensche,* S. 45, allerdings sämtlich zu den Regelungen der Gemeindeordnungen Baden-Württembergs und Niedersachsens. Unverständlich, angesichts der Regelung des § 91 I 1 GO/NW sowie der in FN 131 genannten vergleichbaren Vorschriften anderer Bundesländer dagegen die Behauptung von *Kraft,* Verwaltungsgesellschaftsrecht S. 21, das Kommunalrecht enthielte keine unmittelbaren Regelungen über die gemeindliche Pflicht zur Einflußnahme. Die Problematik, ob die Vorschriften Baden-Württembergs und Niedersachsens ein allgemeines, einheitliches Prinzip repräsentieren (so *Ossenbühl,* Gutachten S. 55 ff.; *Wössner,* S. 169 f. m.w.N.; *Berner,* S. 98 ff.; *Ehlers,* Verwaltung S. 169 ff.; *Obermayer,* Mitbestimmung S. 40; VG Düsseldorf DVBl. 71, 225 (226)) oder lediglich Ausnahmeregelungen darstellen (so *Hensche,* S. 44/5; *Thieme,* Gutachten S. 46; *Raiser,* RdA 72, 72), kann für den Bereich des nordrhein-westfälischen Gemeinderechts nach der Schaffung des § 91 I 1 GO/NW (nunmehr) dahinstehen; zur Ablehnung der Argumentation, die den angeblichen Ausnahmecharakter insbesondere mit der Geltung des Subsidiaritätsprinzips zu begründen versucht (so *Thieme,* Gutachten S. 46 ff.), vgl. die überzeugenden Ausführungen von *Ossenbühl,* Gutachten S. 56 f.; ihm folgend *Mertens* in: Kölner Kommentar § 96 Rdnr. 24.

auf die Eigengesellschaft mindern und dadurch die Erfüllung gemeindlicher Aufgaben beeinträchtigt würde.

1. Einflußminderung[135]

Es erscheint jedoch bereits fraglich, ob die Überlassung eines oder mehrerer Aufsichtsratsmandate an die Arbeitnehmer zu einer Verminderung des gemeindlichen Einflusses auf die Eigengesellschaft führt.[136]

---

[135] Einen interessanten gemeinderechtlichen Aspekt im Zusammenhang mit der Frage nach den Möglichkeiten der Gemeinde, Einfluß auf die Tätigkeit ihrer privatrechtlichen Unternehmen nehmen zu können, spricht *Büchner,* S. 229 an. Im Rahmen der Problematik, ob direkt zwischen der Gemeinde und einem in der Rechtsform der AG geführten öffentlichen Unternehmen ein Beherrschungsvertrag gem. §§ 291ff. AktG abgeschlossen werden kann (vgl. dazu oben 1. Abschnitt, A., II., 6., f), cc), (2)), vertritt er die Auffassung, daß einer Einflußsicherung der Gemeinde auf diesem Weg das gemeinderechtliche Erfordernis der Haftungsbegrenzung bei der gemeindlichen Tätigkeit in wirtschaftlichen Unternehmen (vgl. § 89 I Nr. 2 GO/NW sowie § 104 GO/BW; Art. 91 I Nr. 3 GO/Bay.; §§ 122 I Nr. 1 GO/Hess.; 110 I 1 GO/Nds.; 87 I 1 GO/RP; 107 I Nr. 2 saarl. KSVG; 102 I Nr. 2 GO/SH) entgegenstehe, da § 302 AktG für diesen Fall der Unternehmensverbindung eine Verpflichtung der Gemeinde zur Übernahme des Verlustes der beherrschten AG aufstelle (ähnlich bereits *Würdinger* in: AktG, Großkommentar § 291 Anm. 15 für den inhaltlich ähnlichen § 65 I Nr. 3 BHO). Dieser auf den ersten Blick bestechenden Argumentation kann jedoch bei näherer Betrachtung nicht zugestimmt werden. § 89 I Nr. 2 GO/NW (ebenso die o.g. Vorschriften der anderen Bundesländer) verlangt (nach seinem Wortlaut) sowohl zur Zeit des Erwerbs als auch während der gesamten Dauer der Beteiligung (*Rehn / Cronauge,* § 89 Anm. II 1), daß die Haftung der Gemeinde auf einen bestimmten Betrag begrenzt ist, d.h. nur eine begrenzte Einzahlungspflicht der Gemeinde besteht (*v. Loebell,* § 89 Anm. 2b; *Hörr,* S. 282f.; *Rehn / Cronauge,* § 89 Anm. II 2). Zweck dieser Regelung(en) ist der Schutz der Gemeinde vor einer unübersehbaren Zahlungsverpflichtung, die sie als Gesellschafterin des Unternehmens treffen könnte, wenn sie den Gesellschaftsgläubigern unbeschränkt (und nicht nur auf den Einzahlungsbetrag) haften würde (*v. Loebell,* § 89 Anm. 2b; *Scheel / Steup,* § 89 Erl. II 1.1); *Hörr,* S. 282). Eine derartige Gefahr besteht bei der Beteiligung an einem Unternehmen in der Rechtsform der AG grundsätzlich nicht (*Rehn / Cronauge,* § 89 Anm. II 2; *Körner,* § 89 Erl. 3; *v. Loebell,* § 89 Anm. 2b), da die Gemeinde als Aktionärin in diesem Fall lediglich auf die Erbringung ihrer Einlage haftet (vgl. §§ 54 I, 63ff. AktG); eine unmittelbare Haftung der Gemeinde für Schulden der Gesellschaft gegenüber Gesellschaftsgläubigern besteht dagegen nicht, § 1 I 2 AktG (vgl. *Henn,* S. 5; *Eckhardt* in: Geßler u.a., AktG § 1 Rdnr. 29; *Hueck,* § 26 IV 2). An diesem Sachverhalt ändert auch die infolge des Abschlusses eines Beherrschungsvertrags entstehende Verpflichtung der Gemeinde aus § 302 I AktG nichts; dadurch wird weder eine weitergehende Einzahlungsverpflichtung bewirkt, noch eine unmittelbare Haftung der Gemeinde gegenüber den Gläubigern der beherrschten AG begründet. Die Regelung des § 302 I AktG stellt vielmehr lediglich eine gesetzliche (vgl. *Würdinger* in: AktG, Großkommentar § 302 Anm. I 1; *Biedenkopf / Koppensteiner* in: Kölner Kommentar § 302 Rdnr. 1), von der gesellschaftsrechtlichen Haftungssituation unabhängige Folge einer rechtsgeschäftlichen Vereinbarung dar, wie sie die Gemeinde auch bei anderen Betätigungen im Rechtsverkehr treffen kann – Ersatz- und Ausgleichpflichten dieser Art sind m.a.W. keine typische Konsequenz einer gemeindlichen Beteiligung an wirtschaftlichen Unternehmen, wie sie § 89 I Nr. 2 GO/NW vermeiden will. Da die Verpflichtung aus § 302 I AktG aufgrund des Beteiligungsverhältnisses der Gemeinde an der beherrschten Gesellschaft (insbesondere im Falle einer Eigengesellschaft) darüber hinaus auch durch einen Verzicht gem. § 302 II AktG unschwer zum Untergang gebracht werden kann, hat diese Verbindlichkeit selbst unter Zugrundelegung einer wirtschaftlichen Betrachtungsweise des § 89 I Nr. 2 GO/NW (vgl. *Hörr,* S. 282;

Einflußmindernde Rechtsgeschäfte im Sinne des § 91 I 1 GO/NW sind solche Rechtsgeschäfte, „durch die sich die Gemeinde der in dem bisherigen Umfang bestehenden Einwirkungsmöglichkeiten begibt bzw. diese schmälert".[137] Wenn somit die vergleichende Betrachtung zweier Zustände erforderlich ist und die vorliegend in Rede stehenden Rechtsgeschäfte[138] auf die personelle Zusammensetzung des Aufsichtsrats abzielen, so muß die Fragestellung hinsichtlich der Einflußverringerung demnach dahingehend lauten, welche Möglichkeiten der Einflußnahme auf die Aufsichtsratstätigkeit der Gemeinde grundsätzlich zustehen und ob sich die Einführung/Ausweitung der Mitbestimmungsbefugnisse verringernd darauf auswirken. Von den bereits an früherer Stelle dargestellten Möglichkeiten der öffentlichen Verwaltung auf ihre privatrechtlich organisierten Unternehmen Einfluß zu nehmen,[139] könnten im vorliegenden Zusammenhang sowohl die Befugnisse zur Erteilung von Weisungen (dazu sub a)) als auch die personellen Einwirkungsmittel (dazu sub b)) von der Mitbestimmungseinführung/-erweiterung betroffen sein.

a) Weisungserteilung

Soweit eine Einflußnahme mittels Weisungserteilung in Betracht kommt, kann weitgehend auf die bereits bei der verfassungsrechtlichen Untersuchung gemachten Ausführungen[140] zurückgegriffen werden. Dort war aufgezeigt worden, daß der Gemeinde die Erteilung von Weisungen an Mitglieder des Aufsichtsrats aufgrund verschiedener rechtlicher Grundlagen uneingeschränkt nur dann möglich ist, wenn die Eigengesellschaft in der Rechtsform der GmbH geführt wird und lediglich ein sog. fakultativer Aufsichtsrat nach § 52 GmbHG existiert.[141] Da die infolge der Mitbestimmungsbegründung/-ausweitung freiwillig der Arbeitnehmerschaft überlassenen,

---

ähnlich *v. Loebell,* § 89 Anm. 2b; *Rehn / Cronauge,* § 89 Anm. II 2) keine letztlich zwingende Zahlungsverpflichtung zur Folge und kann deshalb auch nicht einer unbegrenzten Haftung im Sinne dieser Regelung gleichgesetzt werden.

[136] So aber *v. Loebell,* § 91 Anm. 2; vgl. auch *Rehn / Cronauge,* § 91 Anm. II 2; *Rauball u.a.,* § 91 Rdnr. 2.

[137] *Rehn / Cronauge,* § 91 Anm. II 2.

[138] Ob in die Untersuchung auch die nicht rechtlich bindenden Modalitäten der Realisierung des Mitbestimmungseinführungs-/erweiterungsbeschlusses (insbesondere der Weg des sog. gentlemen-agreement, vgl. oben 1. Teil, II., 1., b), aa) sowie 1. Teil, II., 2., a)) einzubeziehen ist (so *Berner,* S. 96, 118), erscheint fraglich, da § 91 I 1 GO/NW als Beispiele für ein „Rechtsgeschäft" ausdrücklich die rechtlich bindenden Vorgänge der „Veräußerung sowie der „Beteiligung" nennt. Diese Frage kann jedoch letztlich offen bleiben, da, wie noch zu zeigen sein wird (vgl. unten a)), die Realisierungsmodalität für das Problem der (Un)Vereinbarkeit von Mitbestimmungseinführung/-erweiterung und § 91 I 1 GO/NW letztlich ohne Bedeutung ist.

[139] Vgl. oben 1. Abschnitt, A., II., 6.

[140] Vgl. oben 1. Abschnitt, A., II., 6., c).

[141] Vgl. oben 1. Abschnitt, A., II., 6., c), aa) (2) sowie 1. Abschnitt, A., II., 6., d), aa) (2) a.E. sowie 1. Abschnitt, A., II., 6., d), bb) (2) a.E.

d.h. nach deren Vorstellungen besetzten (zusätzlichen) Aufsichtsratsmandate (gesellschafts)rechtlich weiterhin Mandate der Gemeinde bleiben,[142] ist es der Gemeinde durch die Mitbestimmungseinführung/-erweiterung nicht verwehrt, auch diesen Aufsichtsratsmitgliedern Weisungen zu erteilen,[143] so daß die Weisungsbefugnis dadurch keine Beeinrächtigung erfährt. Eine Befugnis zur Weisungserteilung war dagegen verneint worden, soweit die als GmbH geführte Eigengesellschaft einen sog. obligatorischen Aufsichtsrat (gem. § 77 BetrVG 52) besitzt[144] bzw. für das Unternehmen die Organisationsform der AG gewählt wird[145] – was aufgrund der einschränkenden Klausel des § 55 II 4 GO/NW insbesondere auch für das in § 55 II 2, III GO/NW statuierte Weisungsrecht gilt[146] –, so daß sich die weitergehende Fragestellung der (mindernden) Auswirkungen der Mitbestimmungseinführung/-erweiterung in diesem Fall gar nicht erst stellt.

b) Personelle Einwirkungsmöglichkeiten

Zweifelhaft erscheint der Eintritt einer Einflußminderung auch hinsichtlich der personellen Einflußmöglichkeiten,[147] d.h. soweit der Gemeinde das Recht zusteht, über Auswahl, Ernennung und Abberufung der Kandidaten für ein Aufsichtsratsmandat zu entscheiden.[148]

Im Rahmen der verfassungsrechtlichen Untersuchung waren diese Einflußmöglichkeiten aufgrund ihrer lediglich mittelbaren Wirkungsweise als nicht ausreichend eingestuft und deshalb außer Betracht gelassen worden.[149] Versteht man § 91 I 1 GO/NW als einfachgesetzliche Konkretisierung der Einwirkungs- oder Garantenpflicht und damit letztlich des Verantwortlichkeits- und Kontrollbegriffs im Rahmen des verfassungsrechtlichen Prinzips der inhaltlichen, materiellen Legitimation,[150] so kann durchaus bezweifelt werden, ob diese Einflußmittel überhaupt von § 91 I 1 GO/NW erfaßt werden.

---

[142] Vgl. BGH NJW 75, 1657 (1658); OLG Bremen NJW 77, 1153 (1155); LG Bremen DVBl. 77, 50; VG Gelsenkirchen NJW 74, 378 (378/9); OLG Hamburg AG 72, 183 (183/4); *Fitting / Auffahrt / Kaiser,* Anh. 3, § 76 BetrVG 52 Rdnr. 8; *Dietz / Richardi,* Vorbem. zu § 76 BetrVG 52 Rdnr. 11; *Fabricius* in: Hilger / Stumpf-FS S. 156/7.

[143] Sofern nichts anderes vereinbart ist, d.h. insbesondere die Gemeinde auf die Erteilung verzichtet hat.

[144] Vgl. FN 141.

[145] Vgl. oben 1. Abschnitt, A., II., 6., c), aa), (2) sowie 1. Abschnitt, A., II., 6., d), bb) sowie 1. Abschnitt, A., II., 6., e).

[146] Vgl. oben 1. Abschnitt, A., II., 6., d), aa) sowie 1. Abschnitt, A., 6., d), bb), (2).

[147] Vgl. die ähnliche Einschätzung von *Hensche,* S. 45.

[148] Zum Begriff der personellen Einflußmöglichkeiten vgl. *Füßlein,* S. 125f.; *E. Klein,* S. 55f. sowie die Nachweise oben S. 113 FN 1.

[149] Vgl. oben 1. Abschnitt, A., II., 5.

[150] Vgl. oben vor 1. mit FN 134.

Selbst wenn sie aber erfaßt sein sollten, könnte die durch die Mitbestimmungseinführung/-erweiterung eintretende Verkürzung dieser Mittel wenigstens teilweise von untergeordneter Bedeutung und aus diesem Grund unbeachtlich sein.[151] Wie bereits im Rahmen der Untersuchung des § 55 II, III GO/NW gezeigt,[152] verbleibt zumindest in den Fällen der mittelbaren Bestellung aufgrund bindungsfreier sowie nur begrenzt bindender Kandidatenvorschläge die Befugnis zur Auswahl, Ernennung und Abberufung aller durch die Mitbestimmungseinführung/-erweiterung erfaßten (zusätzlichen) Arbeitnehmervertreter im Aufsichtsrat in vollem Umfang bei der Gemeinde(vertretung). Lediglich im Hinblick auf die Interessenrichtung der aufgrund der Belegschaftsvorschläge entsandten/gewählten Aufsichtsratsmitglieder könnte eine quasi „informelle" Einflußminderung zu verzeichnen sein, sofern man unterstellt, daß die Arbeitnehmervertreter im Zweifel arbeitnehmerische Interessen verfolgen und daher eine geringere Gewähr dafür bieten, daß gemeindlichen Interessen der Vorzug gegeben wird, als dies bei allein von der Gemeinde ausgewählten Vertretern der Fall wäre. Ob eine solche unterstellte festgefügte Interessenausrichtung jedoch durchweg den Realitäten entspricht und diesem Aspekt daher mehr als eine nur untergeordnete Bedeutung für die Frage der gemeindlichen Einflußnahme (bzw. deren Verminderung) auf die Eigengesellschaft zukommt, muß bezweifelt werden, da in kommunalen Eigengesellschaften des Daseinsvorsorgebereichs anders als bei Unternehmen der Privatwirtschaft aufgrund der besonderen Art des Aufgabenbestandes sowie der Zugehörigkeit der Aufsichtsratsvertreter zu unterschiedlichen Parteien und Gesellschaftsschichten schwerlich eine Interessenhomogenität festgestellt werden kann,[153] wie sie in obiger Argumentation vorausgesetzt wird.

Bejaht werden könnte eine Verringerung der personellen Einwirkungsbefugnisse dagegen allerdings in den Fällen, in denen die aufgrund der Mitbestimmungseinführung/-erweiterung in den Aufsichtsrat gelangten (zusätz-

---

[151] Vgl. zur Einführung dieser Einschränkung *Rehn / Cronauge*, § 91 Anm. II 2.

[152] Vgl. oben IV., 1., a), aa); ebenso auch schon im Zusammenhang mit der verfassungsrechtlichen Prüfung, vgl. oben 1. Abschnitt, A., I., 5., a), bb), (1) und (2).

[153] Ähnlich die Einschätzung bei *Scholz*, ZBR 80, 303; *Leisner*, Mitbestimmung S. 40; *Büchner*, S. 213; vgl. auch rheinl.-pfälz. Gutachten S. 11; *Erichsen* Eildienst, LKT 83, 243; *Stüer*, StuGB 86, 24/5 (für die öffentlich-rechtlichen Sparkassen). Die Frage der Anzahl der den Arbeitnehmern überlassenen Aufsichtsratsmandate ist demgegenüber dagegen wiederum nur von sekundärer Bedeutung. Soweit man die angesprochene festgeführte Interessenausrichtung und damit eine erhebliche Einflußnahme grundsätzlich bejaht, kann selbst die Anwesenheit eines einzigen Arbeitnehmervertreters im Aufsichtsrat bei einer entsprechenden Abstimmungssituation den Ausschlag geben und den Willen der Gemeinde hinfällig werden lassen, vgl. *Leisner*, Mitbestimmung S. 40; *Püttner*, DVBl. 84, 167; *ders.*, ZögU 84, 238f.; *ders.*, Mitbestimmung S. 64; *ders.*, ÖWG 73, 8; *Büchner*, S. 215; *Heinevetter*, § 8 Erl. 3; *Erichsen*, Eildienst LKT 83, 243; niedersächsisches Gutachten S. 17; *Hoffmann / Riem*, S. 87 (für den Rundfunkbereich); *Hoschke*, ZBR, 78, 224; *Schwarz*, S. 125; *Kisker*, Gutachten Rdnr. 137; vgl. bereits oben 1. Abschnitt, A., I., 5., a), bb), (3), (c) sowie 1. Abschnitt, A., II., 7., a), aa).

lichen) Arbeitnehmervertreter mittels für die Gemeinde bindender arbeitnehmerischer Kandidatenvorschläge oder im Wege der Direktwahl bestellt worden sind; bereits im Rahmen der Untersuchung des § 55 II, III GO/NW ist dargelegt worden, daß die Gemeinde insoweit jegliche (inhaltliche bzw. sowohl formale als auch inhaltliche) Kontrolle darüber verliert, welche Personen in den Aufsichtsrat der Eigengesellschaft gelangen.[154]

2. Aufgabenerfüllung

Selbst wenn also eine erhebliche und damit beachtliche Verminderung der personellen Einwirkungsbefugnisse nicht gänzlich in Abrede gestellt werden kann, so scheitert die Annahme einer Unvereinbarkeit der auf freiwillig/rechtsgeschäftlicher Grundlage basierenden Mitbestimmungseinführungen/-erweiterungen mit der Regelung des § 91 I 1 GO/NW letztlich an dem Fehlen einer dadurch bewirkten Beeinträchtigung der Erfüllung der gemeindlichen Aufgaben.[155]

Wie bereits im 1. Abschnitt dargelegt worden ist, behält die Gemeinde auch im Falle der Einräumung/Erweiterung von unternehmensbezogenen Mitbestimmungsbefugnissen im Aufsichtsrat einen ausreichend starken *weisungsmäßigen* Einfluß auf das Leitungsorgan der Eigengesellschaft, der ihr eine umfassende Steuerung der Geschäftspolitik und damit die Richtung der Erfüllung der öffentlichen (gemeindlichen) Aufgaben gewährt, sofern die Eigengesellschaft entweder als GmbH betrieben wird oder aber, im Falle der Ausformung als AG, eine vertragskonzernmäßige bzw. direktbeherrschungsvertragliche Anbindung der Eigengesellschaft an die Gemeinde besteht.[156]

VI. Ergebnis des 2. Abschnitts

Als Ergebnis der gemeinderechtlichen Untersuchung[157] kann damit zusammenfassend festgehalten werden, daß eine auf freiwillig/rechts-

---

[154] Vgl. oben IV., 1., a), bb) sowie IV., 1., b); ebenso auch schon im Zusammenhang mit der verfassungsrechtlichen Prüfung, vgl. oben 1. Abschnitt, A., I., 5., a), bb), (3) sowie 1. Abschnitt, A., I., 5., b).

[155] Ähnlich wohl auch *v. Loebell*, § 91 Anm. 2. Daß auch dieses Erfordernis vorliegen muß, um einen Verstoß gegen § 91 I 1 GO/NW bejahen zu können, übersieht *Wössner*, S. 170/1, der, bezogen auf die entsprechenden Vorschriften der Gemeindeordnungen Baden-Württembergs und Niedersachsens (vgl. oben FN 131), einen solchen Verstoß schon immer dann annimmt, wenn lediglich eine Verringerung der Einflußnahme zu verzeichnen ist; ähnlich auch *Obermayer*, Mitbestimmung S. 40; wie hier dagegen *Hensche*, S. 45; *Rehn / Cronauge*, § 91 Anm. II 2; *Körner*, § 91 Erl. 1; wohl auch *Berner*, S. 97.

[156] Vgl. näher oben 1. Abschnitt, A., II., 7.

[157] Nicht näher erörtert werden soll, ob die freiwillig/rechtsgeschäftliche Mitbestimmungseinführung/-ausweitung noch mit weiteren Vorschriften des Gemeinde-

geschäftlicher Basis eingeführte Errichtung/Erweiterung unternehmensbezogener Arbeitnehmermitbestimmung in Aufsichtsräten kommunaler Eigengesellschaften des Daseinsvorsorgebereichs aus gemeinderechtlicher Sicht in mehrfacher Hinsicht bedenklich erscheint.

Soweit bei der Beschlußfassung über die Mitbestimmungseinführung/-ausweitung in der Gemeindevertretung ein Mitglied mitwirkt, das dem Vorstand oder einem Aufsichtsorgan einer Gewerkschaft angehört, die durch die Mitbestimmungseinführung/-ausdehnung einen Machtzuwachs erlangt, wäre eine Unvereinbarkeit der freiwilligen Mitbestimmungseinführung/-erweiterung mit § 23 II Nr. 2 GO/NW zu bejahen; entsprechende Nachweise aus der Mitbestimmungswirklichkeit konnten insoweit jedoch nicht erbracht werden.

Darüber hinaus sind die in einigen Fällen[158] der Einführung/Erweiterung der Mitbestimmungsbefugnisse zu findenden zwingenden Bindungen der Gemeinde(vertretung) an die arbeitnehmerischen Wahl- und Entsendungsvorschläge ebenso wie der teilweise[159] statuierte Direktwahlmodus hinsichtlich der aufgrund der Einführung/Erweiterungsbeschlüsse betroffenen (zusätzlichen) Arbeitnehmervertreter mit §§ 27 II 1, 2; 29 I 1 sowie § 55 II, III GO/NW unvereinbar, da sie infolge des auf diese Weise bewirkten partiellen Ausschlusses der Gemeindebevölkerung vom Bestellungsvorgang und damit von der Übertragung von staatlicher (gemeindlicher) Gewalt auf diese Vertreter einen Verstoß gegen die Erfordernisse von persönlicher

---

wirtschaftsrechts sowie aus diesen und anderen gemeinderechtlichen Regelungen abzuleitenden allgemeinen Prinzipien im Widerspruch steht. Diskutiert worden sind insoweit insbesondere die Regelungen über

- die pflegliche und wirtschaftliche Verwaltung des Gemeindevermögens, §§ 76 II, 88 II 2 GO/NW (§§ 91 II, 102 III 2 GO/BW; Art. 74 II GO/Bay.; §§ 48 I Bremerhav. Stadtverf.; 108 II GO/Hess.; 96 II, 108 III 2 GO/Nds.; 78 II, 85 II 2 GO/RP; 94 II saarl. KSVG; 8, 89 II, 101 II 2 GO/SH);
- die Veräußerung von Gemeindevermögen, § 77 I GO/NW (§ 92 I GO/BW; Art. 75 I GO/Bay.; §§ 50 Bremerhav.Stadtverf.; 109 I GO/Hess.; 97 I GO/Nds.; 79 I GO/RP; 95 I saarl. KSVG; 90 I GO/SH);
- die öffentliche Zweckbindung bei der Führung wirtschaftlicher Unternehmen und die in diesem Rahmen bestehende Gewinnerzielungspflicht, § 94 I GO/NW (Art. 94 I GO/Bay.; §§ 127a GO/Hess.; 114 I GO/Nds.; 90 I GO/RP; 113 saarl. KSVG; 107 GO/SH);
  (vgl. *Thieme*, Gutachten S. 17ff.; *Ossenbühl*, Gutachten S. 51ff.; Raiser, RdA 72, 72; Hensche, S. 45);
- außerdem wurden die aus einer Vielzahl von gemeinderechtlichen Vorschriften abgeleiteten Prinzipien von Gemeinwohl und Wirtschaftlichkeit als Prüfungsmaßstab herangezogen (vgl. *Thieme*, Gutachten S. 22ff.).

Schon die inhaltliche Wiedergabe dieser Prüfungsmaßstäbe macht deutlich, daß sie für die Frage der Rechtmäßigkeit freiwillig/rechtsgeschäftlicher Mitbestimmungseinführungen/-erweiterungen entweder schon thematisch nicht einschlägig sind, zumindest aber in keinerlei Weise dadurch verletzt werden; so auch die vorstehend genannten Nachweise.

[158] Vgl. oben 1. Teil, II., 1., b), bb), (2) sowie 1. Teil, II., 2., b), bb) jeweils a. E.

[159] Vgl. oben 1. Teil, II., 1., b), bb), (2).

demokratischer Legitimation und Rechtsgleichheit bzw. eine unzulässige Übertragung der gemeindlichen Kompetenz zur Auswahl der Aufsichtsratskandidaten enthalten.

Ausblick

Berücksichtigt man, daß in einer Vielzahl von kommunalen Eigengesellschaften des Daseinsvorsorgebereichs auch die gesetzlichen Mitbestimmungsregelungen des Mitbestimmungsgesetzes 1976 sowie des Betriebsverfassungsgesetzes 1952 zur Anwendung kommen[1] und in diesen Gesetzen u. a. auch gerade eine Direktwahl der in den Aufsichtsrat zu bestellenden Arbeitnehmervertreter verankert ist,[2] so liegt die Frage nahe, ob die im Rahmen der vorangegangenen Untersuchung der freiwillig/rechtsgeschäftlichen Mitbestimmungseinführungen/-erweiterungen gegenüber diesem Bestellungsmodus erhobenen verfassungsrechtlichen Bedenken[3] auch hinsichtlich der auf gesetzlicher Grundlage beruhenden Arbeitnehmermitbestimmung in kommunalen Eigengesellschaften des Daseinsvorsorgebereichs zum Tragen kommen können.[4]

Verfassungsrechtliche Bedenken gegenüber den gesetzlichen Mitbestimmungsvorschriften im Zusammenhang mit deren Anwendung auf öffentliche Unternehmen sind bislang nur vereinzelt gegenüber den Regelungen des Mitbestimmungsgesetzes 1976 und insoweit auch allein zu den (u. a.[5]) dem demokratischen Prinzip der inhaltlichen, materiellen Legitimation zu entnehmenden Aspekten des Letztentscheidungsrechts bzw. des Verantwortlichkeits- und Kontrollbegriffs erhoben worden.[6] Aufgrund der gleichen Anzahl von Vertretern des Gemeinwesens und der Arbeitnehmer im Aufsichtsrat wird bezweifelt, ob das Gemeinwesen sich im Konfliktsfall in ausreichendem Maße mit seinen Vorstellungen in diesem Gesellschaftsorgan durchsetzen, d. h. letztentscheidend tätig sein und damit seiner Verpflichtung zur Wahrung von Verantwortlichkeit und Kontrolle nachkommen kann;[7] der vorgesehene Auflösungsmechanismus im Falle eines Entscheidungspatts – das Doppelstimmrecht des Aufsichtsratsvorsitzenden[8] – soll

---

1 Vgl. oben 1. Teil, II., 1., a); für die Anwendbarkeit der Mitbestimmungsgesetze auf öffentliche Unternehmen vgl. nur die Nachweise oben Einleitung, FN 29.

2 Vgl. §§ 76, 77 I BetrVG 52, 9 MitG 76.

3 Vgl. oben 2. Teil, 1. Abschnitt, 5., b) bzw. 6., b).

4 Vgl. auch die ähnlichen Überlegungen bei *Tettinger,* Mitbestimmung S. 50; *Püttner,* DVBl. 86, 1199.

5 Vgl. oben 2. Teil, 1. Abschnitt, B.

6 Vgl. *Kraft,* Verwaltungsgesellschaftsrecht S. 142, 158; *Scholz,* ZBR 80, 303 (r. Sp.); *Berner,* S. 119 f.

7 Vgl. *Scholz,* ZBR 80, 303; *Kraft,* Verwaltungsgesellschaftsrecht S. 142, 158; *Berner,* S. 119 f.

8 Vgl. § 29 II iVm. 27 MitG 76.

diesen Steuerungsverlust aufgrund seiner angeblichen Schwerfälligkeit nicht kompensieren können.[9] Diesen verfassungsrechtlichen Bedenken kann bei Zugrundelegung der eigenen gedanklichen Konzeption zur Problematik des Verantwortlichkeits- und Kontrollbegriffs und damit zur Frage der inhaltlichen, materiellen Legitimation[10] nicht gefolgt werden. Die oben zu den freiwillig/rechtsgeschäftlichen Mitbestimmungseinführungen/-erweiterungen dargelegten Erwägungen zur Verneinung der verfassungsrechtlichen Unvereinbarkeit dieser Mitbestimmungsformen mit den Anforderungen des Prinzips der inhaltlichen, materiellen Legitimation gelten für die gesetzliche Mitbestimmung entsprechend, da auch sie allein auf die Beteiligung der Arbeitnehmer an der Tätigkeit des Aufsichtsrats abzielt. Eine Beeinträchtigung der auf die Unternehmensleitung gerichteten weisungsmäßigen Steuerungsbefugnisse des Gemeinwesens scheidet hier infolge der andersartigen Zielrichtung der Mitbestimmungsbefugnisse ebenfalls von vorneherein aus – auch insoweit die gesetzlichen Mitbestimmungsregeln Anwendung finden, entbehrt eine Erfüllung von öffentlichen Aufgaben mittels Organisationsformen des Privatrechts somit nicht einer ausreichenden inhaltlichen, materiellen Legitimation.[11]

Hält man es damit aber überhaupt für möglich und zulässig, die Regelungen der Mitbestimmungsgesetze, soweit sie sich auf öffentliche Unternehmen erstrecken, an den verfassungsrechtlichen Vorgaben des Demokratieprinzips zu messen, so kann diese Überprüfung jedoch nicht auf die Grundsätze über Verantwortlichkeit und Kontrolle und damit über die inhaltliche, materielle Legitimation allen Verwaltungshandelns beschränkt bleiben, sondern muß auch auf die Erfordernisse von persönlicher demokratischer Legitimation und Rechtsgleichheit ausgedehnt werden. Das bedeutet aber nichts anderes, als daß eine direkte Bestellung der Arbeitnehmervertreter in den Aufsichtsrat aufgrund der damit verbundenen Übertragung der Möglichkeit zur Ausübung von öffentlicher Gewalt auch dann nicht mit den Anforderungen von persönlicher demokratischer Legitimation und Rechtsgleichheit in Einklang steht, soweit die Geltung dieser Art von Bestellungsvorgang auf einer gesetzlichen Regelung (und nicht bloß auf einer freiwillig/rechtsgeschäftlichen Abrede) beruht.

Angesichts eines solchen Befundes liegt es nahe, abschließend, wenn auch mehr kursorisch, einige Wege und Möglichkeiten zur Beseitigung der aufgezeigten Unvereinbarkeit der rechtlichen Regelungen zu erörtern.

Eine rechtsgeschäftliche Abbedingung des Direktwahlmodus scheidet allerdings bereits aufgrund des zwingenden Charakters[12] der Regelungen

---

[9] *Scholz,* ZBR 80, 303 (r. Sp.); *Kraft,* Verwaltungsgesellschaftsrecht S. 142.

[10] Vgl. oben 2. Teil, 1. Abschnitt, A., II.

[11] Vgl. 2. Teil, 1. Abschnitt, A., II., 7.

[12] Vgl. oben 1. Teil, FN 15.

des Mitbestimmungsgesetzes 1976 und des Betriebsverfassungsgesetzes 1952 von vorneherein als eine derartige Möglichkeit aus.

Auch der bereits mehrfach in der Literatur angesprochene Weg eines Verbots der Rechtsformwahl der privatrechtlichen Organisationsform zur Erfüllung öffentlicher Aufgaben[13] scheint nur einen wenig überzeugenden Ausweg bieten zu können. Ein Verbot der Wahl der Privatrechtsform für den Fall, daß die Regelungen der Mitbestimmungsgesetze zur Anwendung kommen, hätte das seltsame Ergebnis zur Folge, daß die Wahl derartiger Organisationsformen und damit eine unternehmensbezogene Mitbestimmung der Arbeitnehmer für mittlere und große Unternehmen in der Rechtsform der GmbH[14] sowie sämtliche als AG ausgestaltete Unternehmen[15] unzulässig, im Falle von kleinen, nicht mitbestimmungspflichtigen GmbH[16] dagegen zulässig wäre; das – insbesondere in der Aufstellung des Erfordernisses einer bestimmten Arbeitnehmerzahl zum Ausdruck kommende – Ziel der Mitbestimmungsgesetze, gerade die bedeutenden und einflußreichen Unternehmen einer unternehmensbezogenen Mitbestimmung durch die Arbeitnehmer zuzuführen,[17] würde dadurch für den Bereich der öffentlichen Unternehmen geradezu in sein Gegenteil verkehrt.

Statt der öffentlichen Verwaltung die Erfüllung ihrer Aufgaben in Organisationsformen des Privatrechts zu versagen, könnte man darüber nachdenken, ob der aufgezeigte Konflikt nicht durch Schaffung einer eigenständigen, den Bindungen und Bedürfnissen der öffentlichen Verwaltung angepaßten Organisationsform gelöst werden könnte. An Modellentwürfen für derartige Unternehmensformen herrscht kein Mangel, die ersten Überlegungen in diese Richtung stammen bereits aus den 50er Jahren.[18] Soweit in

---

[13] Allgemein im Zusammenhang mit der Problematik der Zulässigkeit der Erfüllung von Aufgaben der öffentlichen Verwaltung in Formen des Privatrechts vgl. insbesondere *Burmeister*, WiR 72, 322/3, 349/50; *ders.* in: HKWP Bd. 5 S. 22/3; *Scholz / Pitschas*, S. 147/8, 150/1;
speziell für den Fall der unternehmensbezogenen Mitbestimmung in öffentlichen Unternehmen vgl. *Püttner*, Mitbestimmung S. 65, 70; *ders.*, Die öffentlichen Unternehmen S. 137; *ders.*, DVBl. 84, 166; *ders.*, Gutachten S. 13, 26; *Büchner*, S. 216, 222, 253; *Ehlers*, JZ 87, 227; vgl. auch *Leisner*, Mitbestimmung S. 76/7; niedersächsisches Gutachten S. 14.

[14] Vgl. § 1 I Nr. 2 MitG 76 (mindestens 2000 Arbeitnehmer); § 77 I BetrVG 52 (mindestens 500 Arbeitnehmer).

[15] Vgl. §§ 1 I MitG 76; 76 BetrVG 52.

[16] Innerhalb der im 2. Teil aufgezeigten Grenzen.

[17] Vgl. nur *Hanau / Ulmer*, Einl. Rdnr. 9; *Fitting / Wlotzke / Wißmann*, § 1 Rdnr. 21.

[18] Vgl. §§ 8, 9, 12 der Kommunalwirtschaftsverordnung v. 24. 11. 1948, Zentralverwaltungsblatt, Jg. 1948 S. 558ff.; *Zeiss*, S. 3ff.; VkU-Entwurf über ein Gesetz über die Wirtschaftsunternehmen der Gemeinden und Gemeindeverbände in Hessen, Anlage zur Sonderbeilage Hessen zum VkU-Nachrichtendienst, Folge 4; *Katz*, S. 121ff.; *Wicher*, S. 123ff.; *Janson*, Rechtsformen S. 325ff.; *Büchner*, S. 254ff.; *Schaper*, Idee S. 43ff.; *ders.*, ZögU 83, 132ff.; *Ehlers*, Verwaltung S. 389ff., die letzten sieben Nachweise jeweils auch mit Darstellungen anderer Modelle; vgl. auch die

diesen Modellen eine unternehmensbezogene Arbeitnehmermitbestimmung vorgesehen ist,[19] erfolgt eine Auseinandersetzung mit dèn verfassungsrechtlichen Anforderungen an diese Beteiligungsbefugnisse ausdrücklich allein im Zusammenhang mit der Frage des Letztentscheidungsrechts des Trägergemeinwesens.[20] Die Problematik der persönlichen demokratischen Legitimation sowie der Rechtsgleichheit wird dagegen allenfalls mittelbar erkannt, wenn in einigen Entwürfen vorgesehen wird, die Arbeitnehmervertreter durch das das Trägergemeinwesen repräsentierende Gesellschaftsorgan bestellen zu lassen.[21] Auch wenn die Neuschaffung einer speziell auf die Bedürfnisse und Bindungen der öffentlichen Verwaltung zugeschnittenen Organisationsform damit die Möglichkeit bietet, die verfassungsrechtlichen Anforderungen an die Organisationsstruktur öffentlicher Unternehmen zu berücksichtigen, erscheint es doch zweifelhaft, ob der damit verbundene wissenschaftliche und gesetzgeberische Aufwand erforderlich ist, um der öffentlichen Verwaltung ein Handeln in rechtlich selbständigen Unternehmensformen zu ermöglichen.

Da sich nach der hier vertretenen Auffassung die verfassungsrechtlichen Bedenken gegen die auf gesetzlicher Grundlage beruhende Mitbestimmung in den Aufsichtsräten kommunaler Eigengesellschaften des Daseinsvorsorgebereichs infolge der dort verankerten Direktwahl ausschließlich auf die Aspekte der persönlichen demokratischen Legitimation und der Rechtsgleichheit beschränken, liegt die Überlegung nahe, ob nicht eine Änderung der Mitbestimmungsgesetze ausreicht, um den aufgezeigten Konflikt zu beseitigen. Ein Weg der Problemlösung in diese Richtung könnte die Einfügung einer Vorschrift sein, die die von öffentlichen Gemeinwesen getragenen Unternehmen von der Geltung der Mitbestimmungsgesetze ausnimmt.[22] Auch dieser Weg scheint aber ebenso wie andere bereits angesprochene Möglichkeiten – Verbot der Wahl der Privatrechtsform, Schaffung einer neuen Rechtsform – über das Ziel hinaus zu schießen. Angesichts der aufgezeigten Bedenken kann das Ziel der Überlegungen nur sein, wie die fehlende persönliche Legitimation der direkt gewählten Arbeitnehmervertreter und der Mangel an gleichmäßiger Beteiligung aller Gemeindebürger an dem

---

Überlegungen von *Kraft,* Verwaltungsgesellschaftsrecht S. 231ff. zu einem speziellen „Verwaltungsgesellschaftsrecht".

[19] Dies ist mit Ausnahme des Entwurfs von *Katz,* S. 152 durchweg der Fall; allerdings will *Büchner,* S. 275, 278 nur eine beratende Arbeitnehmermitbestimmung zulassen, während *Schaper,* Idee S. 158ff.; *ders.,* ZögU 83, 141ff. ganz auf ein Aufsichtsorgan verzichten will und daher allenfalls begrenzte Beteiligungsbefugnisse von Arbeitnehmervertretern, insbesondere des Betriebsrats, an unternehmensbezogenen Entscheidungen gewährt.

[20] Vgl. *Ehlers,* Verwaltung S. 394; *Zeiss,* S. 10; *Wicher,* S. 140/2; *Janson,* Rechtsformen S. 349, 351.

[21] Vgl. *Wicher,* S. 140/3; *Janson,* Rechtsformen S. 350/1; Entwurf des VkU §§ 11, 18, 19; vgl. auch *Büchner,* S. 275/6.

[22] So *Berner,* S. 119f. für das Mitbestimmungsgesetz 1976.

Bestellungsvorgang beseitigt werden kann. Der insoweit zu beschreitende Weg scheint bereits durch die oft als rechtlich bedenklich eingestuften und kritisierten Mitbestimmungserweiterungen auf freiwillig/rechtsgeschäftlicher Basis vorgezeichnet zu sein. D. h., die Mitbestimmungsgesetze müssen für die von öffentlichen Gemeinwesen getragenen, daseinsvorsorgerische Aufgaben erfüllenden Gesellschaften des Privatrechts von dem das Gemeinwesen ausschließenden Direktwahlmodus Abstand nehmen und einem durch die Beteiligung des das Gemeinwesen repräsentierenden Gesellschaftsorgans (Gesellschafter-/Hauptversammlung) und/oder des Gemeinwesens selbst gekennzeichneten Bestellungsvorgang Platz machen; eine Bindung des Gemeinwesens an arbeitnehmerische Wahl-/Entsendungsvorschläge käme allenfalls im Rahmen einer (ausreichend großen) Vorschlagsliste in Betracht. Noch geringer wäre der Eingriff in den Bestand des gegenwärtig geltenden Mitbestimmungsrechts, wenn dort für die ganz oder überwiegend von der öffentlichen Hand getragenen Unternehmen des Daseinsvorsorgebereichs eine dem § 9 III 2 SFB-Satzung[23] entsprechende Vorschrift eingefügt würde. Hinsichtlich der Bestellung des Verwaltungsrates der Rundfunkanstalt sieht die SFB-Satzung zwar auch die direkte Bestellung von zwei, dem Pesonalrat der Anstalt angehörenden Arbeitnehmervertretern vor (§ 9 III 1 SFB-Satzung), doch diese Mitglieder des Verwaltungsrates bedürfen, um ihr Amt ausüben zu können, zuvor noch der Bestätigung ihrer Wahl durch den ausreichend persönlich legitimierten Rundfunkrat. Unabhängig davon, welche Art von Bestellungsvorgang man letztlich favorisiert, ausschlaggebend ist allein die Sicherung einer ausreichenden förmlichen und inhaltlichen Beteiligung des öffentlichen Gemeinwesens an der Bestellung der Arbeitnehmervertreter.

---

[23] Abgedr. als Anlage zum Gesetz über die Errichtung einer Rundfunkanstalt „Sender-Freies-Berlin“ idF. v. 5. 12. 1974, GVBl. 75, S. 145.

Literaturverzeichnis

Achterberg, Norbert: Die Abstimmungsbefugnis des Abgeordneten bei Betroffenheit in eigener Sache, AöR 109 (1984) S. 505

— Parlamentsrecht, Tübingen 1984

Ahrens, Thomas: Die Holding in der Gemeindewirtschaft, Diss. Münster 1984

Alfuß, Werner E.: Staatliche Haftungsbeschränkung durch Inanspruchnahme privatrechtlicher Organisationsformen, Diss. Köln 1976

Amelunxen, Rudolf: Hebung des Ansehens des Richters in der Öffentlichkeit, DRiZ 55, S. 53

Anschütz, Gerhard / Reinhard *Thoma:* Handbuch des Deutschen Staatsrechts Bd. II, Tübingen 1930 (zit.: Bearb. in: HdbDStR II)

v. Arnim, Hans Herbert: Staatslehre der Bundesrepublik Deutschland, München 1984

— Der strenge und formale Gleichheitssatz, DÖV 84, S. 85

Backhaus, Jürgen: Öffentliche Unternehmen – Zum Wirtschaftsrecht, den Funktionen und Rechtsformen öffentlicher Unternehmen, Frankfurt 1977

Badura, Peter: Die Erfüllung öffentlicher Aufgaben und die Unternehmenszwecke bei der wirtschaftlichen Betätigung der öffentlichen Hand in: Staatsrecht – Völkerrecht – Europarecht, Festschrift für Hans-Jürgen Schlochauer Berlin, New York 1981, S. 3

Bardorf, Wolfgang: Der Einfluß auf die GmbH-Geschäftsführung nach dem Mitbestimmungsgesetz, Göttingen 1981

Barfuß, Walter: Die Weisung, Wien, New York 1967

Barz, Carl Hans / Ulrich *Klug* / Joachim *Meyer-Landrut* / Herbert *Wiedemann* / Herbert *Brönnner* / Konrad *Millerowicz* / Wolfgang *Schilling* / Hans *Würdinger:* Aktiengesetz, Großkommentar, Berlin, New York, 3. Aufl. 1973, 1975 (zit.: Bearb. in: AktG, Großkommentar)

Battis, Ulrich: Personalvertretung und Verfassung, NVwZ 86, S. 884

Bayer, Hermann-Wilfried: Die Bundestreue, Tübingen 1961

Benda, Ernst / Werner *Maihofer* / Hans Joachim *Vogel* / Konrad *Hesse* (Hrsg.): Handbuch des Verfassungsrechts der Bundesrepublik Deutschland, Berlin, New York 1983 (zit.: Verf. in: Handbuch des Verfassungsrechts)

Berg, Wilfried: Die öffentliche Anstalt, NJW 85, S. 2294

Berkemann, Jörg: Die staatliche Kapitalbeteiligung an der Aktiengesellschaft, Hamburg 1966

Berner, Reinhardt: Die erweiterte Mitbestimmung in kommunalen Eigengesellschaften, Diss. Göttingen 1975

Bethge, Herbert: Grundrechtsträgerschaft juristischer Personen, AöR 104 (1979) S. 265

— Zur Problematik von Grundrechtskollisionen, München 1977 (zit.: Grundrechtskollisionen)

— Verfassungsprobleme der Rundfunkorganisation, Frankfurt 1978 (zit.: Verfassungsprobleme)

Bettermann, Karl-August / Hans-Carl *Nipperdey:* Die Grundrechte, Bd. IV 2, Berlin 1962 (zit.: Bearb. in: Bettermann / Nipperdey)

Bieback, Karl-Jürgen: Mitwirkung der Beschäftigten in der öffentlichen Verwaltung, Berlin 1983

Biedenkopf, Kurt H.: Mitbestimmung, Köln 1972

Biedenkopf, Kurt H. / Franz-Jürgen *Säcker:* Grenzen der Mitbestimmung in kommunalen Versorgungsunternehmen, ZfA 71, S. 211

Bierfelder, Wilhelm (Hrsg.): Handwörterbuch des öffentlichen Dienstes, Das Personalwesen, Berlin 1976 (zit.: Verf. in: HÖD)

Bilfinger, Karl: Der Einfluß der Einzelstaaten auf die Bildung des Reichswillens, Tübingen 1923

Böckenförde, Ernst Wolfgang: Verfassungsfragen der Richterwahl, Berlin 1974

Böcker, Werner: Kommunalwahlrecht für Ausländer, StT 80, S. 228

v. Boecklin, Dietrich Freiherr: Mitbestimmung im deutschen Rundfunk, hekt., Saarbrücken 1972

Böckstiegel, Karl-Heinz: Der Durchgriff auf den Staat, Frankfurt 1972

Bolsenkötter, Heinz: Überwachung bei kommunalen Unternehmen in: Kontrolle öffentlicher Unternehmen, Bd. 1, S. 89 ff, Baden-Baden 1980

Bonner Kommentar zum Grundgesetz: Zweitbearbeitung, Hamburg 1950, Stand: März 1983 – April 1986 (zit: Bearb. in: BK)

Borchmann, Michael: Interessenkollision im Gemeinderecht, NVwZ 82, S. 17

Borggräfe, Joachim: Die Qualifizierung von Gebietskörperschaften als „Unternehmen" im Sinne der konzernrechtlichen Bestimmungen des Aktiengesetzes DB 78, S. 1433

Bremme, Hans: Kommunale Eigengesellschaften in der Praxis, DÖV 52, S. 684

Büchner, Wolfgang: Die rechtliche Gestaltung kommunaler öffentlicher Unternehmen, Grenzen und Möglichkeiten der gemeindlichen Organisationshoheit unter besonderer Berücksichtigung der Arbeitnehmermitbestimmung am Beispiel der Verkehrs- und Versorgungseinrichtungen, Frankfurt a. M., Bern 1982

Burger, Dieter: Über die Rechtsstellung öffentlicher Unternehmen im Privatrechtsverkehr, Diss. Tübingen 1966

Burmeister, Joachim: Plädoyer für ein rechtsstaatliches Instrumententarium staatlicher Leistungsverwaltung und Wirtschaftsagende, WiR 72, S. 311

— Die Zulässigkeit kommunaler Wirtschaftsbetätigung, in: HKWP Bd. 5 S. 3

Dagtoglou, Prodomos: Der Private in der Verwaltung als Fachmann und Interessenvertreter, Heidelberg 1964

Damkowski, Wulf: Mitbestimmung im öffentlichen Dienst als Forderung des Grundgesetzes, RiA 75, S. 1

Degenhardt, Christel: Der Durchgriff auf den Staat bei der Beteiligung der öffentlichen Hand an Gesellschaften des privaten Rechts, Diss. Berlin 1980

Dielmann, Heinrich Josef: Die Beteiligung der öffentlichen Hand an Kapitalgesellschaften und die Anwendbarkeit des Rechts der verbundenen Unternehmen, Frankfurt a. M., Bern, Las Vegas 1977

Dierdorf, Josef: Herrschaft und Abhängigkeit einer Aktiengesellschaft auf schuldvertraglicher und vertraglicher Ebene, Diss. Bochum 1977

Dietrich, Werner: Sparkassen- und Personalrecht im Lande Rheinland-Pfalz, Kommentar, Bd. 1, Sparkassenrecht, Wiesbaden, 4. Aufl. 1983, Losebl., Stand: Mai 1983

Dietz, Rolf / Reinhard *Richardi:* Betriebsverfassungsgesetz, Kommentar, München, 6. Aufl. 1982

Doehring, Karl: Staatsrecht der Bundesrepublik Deutschland, Frankfurt a. M., 3. Aufl. 1984

Domisch, Kurt: Die Besetzung von Aufsichtsräten kommunaler Unternehmen nach der geänderten Gemeindeordnung Nordrhein-Westfalen, GemHaush. 80, S. 107

Duden, Konrad: Mitbestimmung in öffentlichen Unternehmen, ZRP 72, S. 29

Ehlers, Dirk: Die Grenzen der Mitbestimmung in öffentlichen Unternehmen, JZ, 87, S. 218

— Rechtsstaatliche und prozessuale Probleme des Verwaltungsprivatrechts, DVBl. 83, S. 422

— Verwaltung in Privatrechtsform, Berlin 1984 (zit.: Verwaltung)

Ellerich, Marian: Zur Bedeutung und den Auswirkungen der aktienrechtlichen Unternehmenseigenschaft der öffentlichen Hand unter Berücksichtigung ökonomischer Gesichtspunkte, Bochum 1980

Ellerich, Marian / Werner *Schubert:* Möglichkeiten und Auswirkungen der aktienrechtlichen Unternehmenseigenschaft von Gebietskörperschaften, Archiv für öffentliche und freigemeinwirtschaftliche Unternehmen, Bd. 12 (1980) S. 119

Emmerich, Volker: Entziehen sich die öffentlichen Unternehmen der Kontrolle? in: Auftrag und Führung öffentlicher Unternehmen, hrsg. v. Peter Eichhorn, Berlin 1977, S. 88 (zit.: Auftrag)

— Die öffentliche Unternehmung im deutschen Konzern- und Wettbewerbsrecht, AG 76, S. 225

— Das Wirtschaftsrecht der öffentlichen Unternehmen, Bad Homburg, Berlin, Zürich 1969 (zit.: Wirtschaftsrecht)

— Fusionskontrolle und überwiegende Marktstellung unter besonderer Berücksichtigung der Unternehmenskonzentration bei der öffentlichen Hand, in: Festschrift für Franz Böhm, Tübingen 1975, S. 119 (zit.: Böhm-FS)

Emmerich, Volker / Jürgen *Sonnenschein:* Konzernrecht, München, 2. Aufl. 1977

Engel, Wolfgang: Grenzen und Formen der mittelbaren Kommunalverwaltung, Köln, Stuttgart, Berlin, Hannover, Kiel, Mainz, München 1981

Erichsen, Hans-Uwe: Mitbestimmung bei Sparkassen, Eildienst LKT 85, S. 242

Erichsen, Hans-Uwe / Wolfgang *Martens* (Hrsg.): Allgemeines Verwaltungsrecht, Berlin, New York, 6. Aufl. 1983 (zit.: Verf. in: Erichsen / Martens, Allg. VerwR)

Eyermann, Ernst / Ludwig *Fröhler:* Verwaltungsgerichtsordnung, Kommentar, München, 8. Aufl. 1980

Fabricius: Fritz: Erweiterung der Arbeitnehmer-Mitbestimmung im Aufsichtsrat einer Aktiengesellschaft gem. § 76 BetrVG 52 auf rechtsgeschäftlicher Grundlage, in: Festschrift für Marie Luise Hilger und Hermann Stumpf, München 1983, S. 155 (zit.: Hilger / Stumpf-FS)

— Gemeinschaftskommentar zum Mitbestimmungsgesetz, hrsg. v. Fritz Fabricius, Neuwied 1976 (zit.: Bearb. in: Gemeinschaftskommentar zum MitG)

— Mitbestimmung in der Wirtschaft, Frankfurt a. M. 1970 (zit.: Mitbestimmung)

Farthmann, Friedhelm: Die Mitbestimmung in öffentlichen und gemeinwirtschaftlichen Unternehmen, ZögU, Beiheift 3, 1980 S. 87

Feindt, Erich: Aspekte der Demokratisierung, Mitbestimmung und Partizipation, ZBR 73, S. 353

Fichtmüller, Carl Peter: Zulässigkeit ministerialfreien Raums in der Bundesverwaltung, AöR 91 (1966) S. 297

Fischer, Reinfrid: Demokratie und Mitbestimmung bei kommunalen Sparkassen, Sparkasse 86, S. 535

Fischer, Robert: Die Entsendung und das Weisungsrecht öffentlich-rechtlicher Körperschaften beim Aufsichtsrat einer Aktiengesellschaft, AG 82, S. 85

Fitting, Karl / Fritz *Auffarth* / Heinrich *Kaiser:* Betriebsverfassungsgesetz, Kommentar, München, 14. Aufl. 1984

Fitting, Karl / Otfried *Wlotzke* / Helmut *Wißmann:* Mitbestimmungsgesetz, Kommentar, München, 2. Aufl. 1978

Fleiner, Fritz: Institutionen des Deutschen Verwaltungsrechts, Tübingen, 5. Aufl. 1928

Fortshoff, Ernst: Rechtsfragen der leistenden Verwaltung, Stuttgart 1959, (= teilweiser Neudruck v.: Die Verwaltung als Leistungsträger, 1938)

— Rechtsstaat im Wandel, Stuttgart 1964, (zit.: Rechtsstaat)

— Verwaltungsrecht, Bd. 1, Allgemeiner Teil, München, 10. Aufl. 1973 (zit.: Verwaltungsrecht)

Füßlein, Peter: Ministerialfreie Verwaltung, Begriff, Erscheinungsformen und Vereinbarkeit mit dem Grundgesetz, Diss. Bonn 1972

Gallwas, Ulrich: Die Erfüllung von Verwaltungsaufgaben durch Private, VVDStRL 29 (1970) S. 211

Geller, Gregor / Kurt *Kleinrahm:* Die Verfassung des Landes Nordrhein-Westfalen, Kommentar, Göttingen, 3. Aufl. (soweit nicht anders zitiert), Losebl., Stand: Oktober 1982 (zit.: Bearb. in: Geller / Kleinrahm)

Gesetzgebungs- und Beratungsdienst beim Niedersächsischen Landtag: Zur Verfassungsmäßigkeit des § 104 a des Entwurfs eines Vierten Gesetzes zur Änderung des Personalvertretungsgesetzes für das Land Niedersachsen, Rechtsgutachten v. 19. 11. 1971, Vorlage Nr. 26 zur LT-Dr. 559, hekt. (zit.: niedersächsisches Gutachten)

Geßler, Ernst / Wolfgang *Hefermehl* / Ulrich *Eckhardt* / Bruno *Kropff* / Erhard *Bungerath* / Hans *Fuhrmann* / Uwe *Hüffer* / Johannes *Semler:* Aktiengesetz, Kommentar, München 1973 - 1984 (zit.: Bearb. in: Geßler u. a., AktG)

Godin, Freiherr v. / Hans *Wilhelmi* / Sylvester *Wilhelmi:* Aktiengesetz, Kommentar, Berlin, New York, 4. Aufl. 1971

Gönnenwein, Otto: Gemeinderecht, Tübingen 1963

Görg, Hubert: Die Mitbestimmung im Sparkassendienst und weitere Fragen des Sparkassenrechts, in: Festschrift für Rudolf Reinhardt, Köln 1972, S. 411

Görres-Gesellschaft (Hrsg.): Staatslexikon Recht – Wirtschaft – Gesellschaft, Freiburg, 6. Aufl. 1959, 1962 (zit.: Verf. in: Staatslexikon)

Großmann, Ruprecht / Ronald *Mönch* / Ulrich *Rahn:* Bremisches Personalvertretungsrecht, Kommentar, Neuwied, Darmstadt 1979

Gusy, Christoph: Die Bindung des privatrechtlichen Verwaltungshandelns an das öffentliche Recht, DÖV 84, S. 872

Haas, Dietrich: Ausschüsse in der Verwaltung, VerwArch 49 (1958) S. 14

Hachenburg, Max: Kommentar zum Gesetz betreffend die Gesellschaft mit beschränkter Haftung, Berlin, 6. Aufl. 1959 (Schilling), 7. Aufl. 1979 (Mertens)

Haesen, Wilfried: Der Abhängigkeitsbericht im faktischen Konzern, Köln, Berlin, Bonn, München 1970

Häuselmann, Holger: Kommunale Unternehmensformen, BaWüVBl. 83, S. 230

Hahne, H.: Die Weisungsbefugnis des Bürgermeisters gegenüber Vorstandsmitgliedern gemein- oder gemischtwirtschaftlicher Unternehmen, ZöW 40, S. 241

Hamann, Andreas / Helmut *Lenz:* Das Grundgesetz, Kommentar, Neuwied, 3. Aufl. 1970

Hanau, Peter / Peter *Ulmer:* Mitbestimmungsgesetz, Kommentar, München 1981

Haueisen, Fritz: Verwaltung und Bürger, DVBl. 61, S. 833

Heinevetter, Klaus: Sparkassengesetz Nordrhein-Westfalen, Kommentar, Köln, Berlin, Hannover, Kiel, Mainz, München, Wiesbaden, 2. Aufl. 1978/1985, Losebl., Stand: Juni 1985

Hengeler, Hans: Probleme der Entlastung und der Sonderprüfung im Aktienrecht, AG 62, S. 87

Henn, Günter: Handbuch des Aktienrechts, Heidelberg, 2. Aufl. 1984

Hennis, Günter: Richterwahlausschuß – Wege und Irrwege, DRiZ 72, S. 410

Hensche, Detlef: Erweiterung der Mitbestimmung durch privatautonome Regelung, insbesondere in Unternehmen der öffentlichen Hand, AuR 71, S. 33

Herrmann, Günter: Fernsehen und Hörfunk in der Verfassung der Bundesrepublik Deutschland, Tübingen 1975

Herrnring, Hans-Walter: Der Unternehmensbegriff im Aktiengesetz vom 6. 9. 1965, Diss. Hamburg 1970

Herzog, Roman: Allgemeine Staatslehre, Frankfurt a. M. 1971

Hesse, Konrad: Gründzüge des Verfassungsrechts der Bundesrepublik Deutschland, Heidelberg, 15. Aufl. 1985

Heussen, Bruno: Funktion und Grenzen des Personalvertretungsrechts unter verfassungsrechtlichem Aspekt, Diss. München 1972

Hidien, Jürgen W.: Zur Auslegung des Begriffs der Unmittelbarkeit in den kommunalrechtlichen Befangenheitsvorschriften, VR 83, S. 128

Himmelmann, Gerd: Selbstverwaltung durch und in öffentlichen Unternehmen, in: Selbstverwaltung im Staat der Industriegesellschaft, Festschrift für Georg Christoph v. Unruh, Heidelberg 1983, S. 763

Hörr, Hans Friedrich: Unbegrenzte Haftung von Gemeinden bei Beteiligung an Unternehmen?, GemHaush. 84, S. 282

Hoffmann, Dietrich / Jürgen *Lehmann* / Heinz *Weinmann:* Mitbestimmungsgesetz, Kommentar, München 1978

v. Hoffmann, Hermann Edler: Zur Gewaltenteilung im Gemeindeverfassungsrecht, DÖV 54, S. 326

Hoffmann-Riem, Wolfgang: Rundfunkfreiheit durch Rundfunkorganisation, Frankfurt a.M. 1979

Hoschke, Klaus-Peter: Konkurrenzprobleme der Mitbestimmung im öffentlichen Dienst, ZBR 78, S. 221

— Mitbestimmungskonkurrenzen im öffentlichen Dienst, Diss. Saarbrücken 1977 (zit.: Mitbestimmungskonkurrenzen)

Huber, Ernst Rudolf: Wirtschaftsverwaltungsrecht, Bd. 1. Tübingen, 2. Aufl. 1953

Hueck, Alfred: Gesellschaftsrecht, München, 18. Aufl. 1983

Innenminister des Landes Nordrhein-Westfalen: Stellungnahme zur Mitbestimmung der Arbeitnehmer in Eigengesellschaften und Beteiligungsunternehmen, abgedr. in: gpi Nr. 4/72 v. 16. 3. 1972 (zit.: Stellungnahme des Innenministers)

Ipsen, Hans Peter: Mitbestimmung im Museum, DVBl. 82, S. 112

— Mitbestimmung im Rundfunk, Frankfurt a.M., Berlin 1972 (zit.: Mitbestimmung im Rundfunk)

— Verwaltung durch Subventionen, VVDStRL 25 (1967) S. 257

Ipsen, Knut: Die Richterwahl in Bund und Ländern, DÖV 71, S. 469

Jansen, Christoph: Nebentätigkeit im Beamtenrecht, Diss. Würzburg 1982

Janson, Bernd: Zur Frage einer neuen Rechtsform, in: HKWP Bd. 5 S. 194

— Rechtsformen öffentlicher Unternehmen in der Europäischen Gemeinschaft, Baden-Baden 1980 (zit.: Rechtsformen)

Jellinek, Georg: Die Entwicklung des Ministeriums in der konstitutionellen Monarchie, in: Ausgewählte Schriften und Reden Bd. II, Nachdruck Aalen 1970 (zit.: Ausgewählte Schriften)

Jellinek, Walter: Verwaltungsrecht, Berlin, Zürich, 3. Aufl. 1931 (zit.: Verwaltungsrecht)

Karpen, Ulrich: Mitbestimmung in Körperschaftsorganen und im Personalrat, DÖV 83, S. 89

Katz, Hermann: Gemeindliche Versorgungsbetriebe, Ein Beitrag zur Weiterentwicklung ihrer Organisationsform, Diss. Freiburg 1961

Kempen, Otto Ernst: Grund und Grenze gesetzlicher Personalvertretung in der parlamentarischen Demokratie, Stuttgart 1985

v. Kempis, Friedrich Karl: Die Treuepflicht zwischen Gemeinden und Staat und der Gemeinden untereinander, Diss. Köln 1970

Kevenhörster, Paul: Kontrolle der Aufgabenerfüllung, in: HKWP Bd. 3 S. 441

Kisker, Gunter: Ausweitung der Mitbestimmung; zum Streit um die Novellierung des Hessischen Personalvertretungsgesetzes, PersV 85, S. 137

— Die Beteiligung von Richtern an Entscheidungen über Anstellung und Beförderung als staatsrechtliches Problem, DRiZ 82, S. 81

— Grenzen der Mitbestimmung im öffentlichen Dienst, Gutachten im Auftrag des Bundes der Steuerzahler Hessen e. V., Juni 1984 (zit.: Gutachten)

— Gruppenmitbestimmung in der öffentlichen Verwaltung, DÖV 72, S. 520

Klein, Eckart: Die verfassungsrechtliche Problematik des ministerialfreien Raums, Berlin 1974

Klein, Hans Hugo: Die Teilnahme des Staates am wirtschaftlichen Wettbewerb, Berlin, Stuttgart, Köln, Mainz 1968

Körner, Hans: Gemeindeordnung Nordrhein-Westfalen, Kommentar, Köln, Berlin, Hannover, Kiel, Mainz, München, 4. Aufl. 1985

Kommission zur Untersuchung der rundfunkpolitischen Entwicklung im südwestdeutschen Raum (Baden-Württemberg, Rheinland-Pfalz, Saarland): Bericht, 1970 (zit.: Kommissionsbericht)

Konow, Otto: Die Einflußnahme der öffentlichen Hand auf die Geschäftsführung von Unternehmen durch Entsendung von Beamten, GmbH-Rdsch. 71, S. 30

Kopp, Ferdinand O.: Verwaltungsgerichtsordnung, Kommentar, München, 6. Aufl. 1984

Koppensteiner, Hans Georg: Zur Anwendung konzerngesellschaftlicher Normen auf die Bundesrepublik, ZGR 79, S. 91

Kraft, Alfons / Peter *Kreuz:* Gesellschaftsrecht, Frankfurt a. M., 5. Aufl. 1983

Kraft, Ernst Thomas: Das Verwaltungsgesellschaftsrecht, Zur Verpflichtung kommunaler Körperschaften, auf ihre Privatrechtsgesellschaften einzuwirken, Frankfurt a. M., Bern, 1982

— Eigengesellschaften, in: HKWP Bd. 5 S. 168

Kratzmann, Horst: Personalrat und Repräsentation, Hamburg 1977

Krebs, Walter: Zur Problematik des kommunalen Mitwirkungsverbots bei der Aufstellung von Flächennutzungsplänen, VerwArch 71 (1980) S. 181

Kriele, Martin: Das demokratische Prinzip im Grundgesetz, VVDStRL 29 (1971) S. 48

Kropff, Bruno: Aktiengesetz 1965, Düsseldorf 1965

— Zur Anwendung des Rechts der verbundenen Unternehmen auf den Bund, ZHR 144 (1980) S. 74

Krüger, Herbert: Allgemeine Staatslehre, Stuttgart, Berlin, Köln, Mainz, 2. Aufl. 1966

Kübel, Klaus: Verfassungsrechtliche Fragen zur Mitbestimmung des Personalrats. PersV 86, 129

Kübler, Friedrich: Rechtsgutachten über die verfassungsrechtliche Zulässigkeit der Mitbestimmung der Arbeitnehmer nach Maßgabe des vom Senat der Freien und Hansestadt Hamburg vorgelegten Entwurfs eines Staatsvertrages über den Norddeutschen Rundfunk (NDR), hekt., Frankfurt a. M. 1979

Kunst, Hermann / Siegfried *Grundmann* (Hrsg.): Evangelisches Staatslexikon, Stuttgart, Berlin 1966 (zit.: Verf. in: Ev. Staatslexikon)

Laband, Paul: Das Staatsrecht des Deutschen Reiches, Bd. III, Aalen 1964

Lang, Helmar: Der Einfluß der öffentlichen Hand auf gemeinwirtschaftliche Aktiengesellschaften, Diss. Freiburg 1964

Larenz, Karl: Allgemeiner Teil des deutschen Bürgerlichen Rechts, München, 6. Aufl. 1983

Lecheler, Helmut: Die Personalgewalt als Grenze der Mitbestimmung im öffentlichen Dienst, PersV 81, S. 1

Leibholz, Gerhard: Strukturprobleme der modernen Demokratie, Karlsruhe, 3. Aufl. 1967

Leibholz, Gerhard / H. J. *Rinck:* Grundgesetz, Kommentar, Köln 5. Aufl. 1975

Leisner, Walter: Mitbestimmung im öffentlichen Dienst, Bonn-Bad Godesberg 1970, (zit.: Mitbestimmung)

— Mitbestimmung im öffentlichen Dienst – innere Kontrolle der Staatsgewalt, ZBR 71, S. 65

— Der Vorrang des Gesellschaftsinteresses bei den Eigengesellschaften der öffentlichen Hand, WiVerw 83, S. 212

Lerche, Peter: in: Rundfunkorganisation und Kommunikationsfreiheit, hrsg. v. M. Bollinger, F. Kübler, Landesberichte und Grundbericht der Tagung für Rechtsvergleichung 1979 in Lausanne, Landesbericht Bundesrepublik Deutschland: Peter Lerche, Baden-Baden 1979

v. Loebell, Friedrich Wilhelm: Gemeindeordnung für das Land Nordrhein-Westfalen, Kommentar, Wiesbaden, 4. Aufl. 1980, Losebl., Stand: März 1985

Loening, Helmuth: Der ministerialfreie Raum in der Staatsverwaltung, DVBl. 54, S. 171

Lösch, D. / H.-D. *Ortlieb:* Das Personalwesen, in: Handwörterbuch des öffentlichen Dienstes, hrsg. v. Wilhelm Bierfelder, Berlin 1976

Losch, Bernhard / Jürgen *Gerber:* Mitbestimmung und Mitwirkung in Volkshochschulen, DVBl. 86, S. 271

Loschelder, Wolfgang: Vom besonderen Gewaltverhältnis zur öffentlich-rechtlichen Sonderbindung, Köln, Berlin, Bonn, München 1982

Ludwig, Wolfgang: Das System der kommunalen Energieversorgung, in: HKWP Bd. 5 S. 241

Lutter, Marcus / Wolfram *Timm:* Zum VEBA/Gelsenberg-Urteil des Bundesgerichtshofs, BB 78, S. 836

Machek, Erich: Die österreichische Bundesverfassung, München, Wien, 9. Aufl. 1968

Magiera, Siegfried: Parlament und Staatsleitung in der Verfassungsordnung des Grundgesetzes, Berlin 1979 *v. Mangoldt,* Hermann / Friedrich *Klein:* Das Bonner Grundgesetz, Bd. I, Berlin, Frankfurt a.M. 1966

Martens, Klaus-Peter: Die Rechtsstellung der leitenden Angestellten im Anwendungsbereich des Mitbestimmungsgesetzes, ZfA 80, S. 611

Martens, Wolfgang: Öffentlich als Rechtsbegriff, Bad Homburg, Berlin, Zürich 1969 (zit.: Öffentlich)

Maunz, Theodor: Grundfragen des Energiewirtschaftsrechts, VerwArch 50 (1959) S. 315

Maunz, Theodor / Günter *Dürig* / Roman *Herzog* / Rupert *Scholz* / Peter *Lerche* / Hans-Jürgen *Papier* / Albrecht *Randelzhofer* / Eberhard *Schmidt-Assmann:* Grundgesetz, Kommentar, München, 6. Aufl., Losebl., Stand: Mai 1986 (zit.: Bearb. in: MDH)

Maunz, Theodor / Reinhold *Zippelius:* Deutsches Staatsrecht, München, 26. Aufl. 1985

Menzel, Eberhard: Das parlamentarische System in den deutschen Ländern und die Toleranzgrenze des Art. 28 GG, DÖV 69, 765

Moll: Beschluß auf paritätische Mitbestimmung greift in das fundamentale Mitgliedschaftsrecht ein, KomPol 71, S. 1512

Müller, Hans-Peter: Anmerkung zum Urteil des BGH vom 13. 10. 1977 über die aktienrechtliche Unternehmenseigenschaft von Gebietskörperschaften, WPg 78, S. 61

Müllmann, Rolf: Der Begriff des Unternehmens in § 20 AktG, Diss. Münster 1970

v. Münch, Ingo (Hrsg.): Besonderes Verwaltungsrecht, Berlin, New York, 7. Aufl. 1985 (soweit nicht anders zitiert) (zit.: Verf. in: v. Münch, Bes.VerwR)

v. Mutius, Albert: Grundfälle zum Kommunalrecht, JuS 76, S. 652 – JuS 79, S. 347

— Voraussetzungen und Rechtsfolgen der Interessenkollision bei der Mitwirkung an Entscheidungen im Bereich der kommunalen Bauleitplanung, VerwArch 65 (1974) S. 429

v. Mutius, Albert / Karl-Hermann *Friauf* / Harm Peter *Westermann* (Hrsg.): Handbuch für die öffentliche Verwaltung, Bd. 2: Besonderes Verwaltungsrecht, Neuwied, Darmstadt 1982 (zit.: Verf. in: HöV Bd. 2)

v. Mutius, Albert / Günter *Nesselmüller:* Juristische Personen des öffentlichen Rechts als herrschende Unternehmen im Sinne des Konzernrechts?, NJW 76, S. 1878

Naphtali, Franz: Wirtschaftsdemokratie, Frankfurt a.M. 1966

Nesselmüller, Günter: Rechtliche Einwirkungsmöglichkeiten der Gemeinden auf ihre Eigengesellschaften, Siegburg 1977

Nipperdey, Hans-Carl: Das Mitbestimmungsrecht im öffentlichen Dienst, Rechtsgutachten, Stuttgart 1952

Nordmeyer, Andreas: Der Unternehmensbegriff im Konzernrecht, Köln 1970

Obermayer, Klaus: Mitbestimmung in der Kommunalverwaltung, Neuwied, Berlin 1973 (zit.: Mitbestimmung)

— Verfassungsrechtliche Probleme der direktiven paritätischen Mitbestimmung in kommunalen Aktiengesellschaften der Leistungsverwaltung, RiA 73, S. 81

— Verwaltungsakt und innerdienstlicher Rechtsakt, Stuttgart, München, Hannover 1956 (zit.: Verwaltungsakt)

Ossenbühl, Fritz: Daseinsvorsorge und Verwaltungsprivatrecht, DVBl. 71, S. 513

— Die Erfüllung von Verwaltungsaufgaben durch Private, VVDStRL 29 (1971) S. 137

— Erweiterte Mitbestimmung in kommunalen Eigengesellschaften, Rechtsgutachten, Stuttgart 1972 (zit.: Gutachten)

— Grenzen der Mitbestimmung im öffentlichen Dienst, Baden-Baden 1986 (zit.: Grenzen)

— Öffentliches Recht und Privatrecht in der Leistungsverwaltung, DVBl. 74, S. 541

— Mitbestimmung in der Kunst, DÖV 83, S. 785

— Rechtliche Probleme der Zulassung zu öffentlichen Stadthallen, DVBl. 73, S. 289

Pagenkopf, Hans: Kommunalrecht, Köln, Berlin, Bonn, München, Bd. 1, 2. Aufl. 1975, Bd. 2, 2. Aufl. 1976

Palandt: Bürgerliches Gesetzbuch, Kommentar, München, 45. Aufl. 1986

Papier, Hans-Jürgen: Fälle zum Wahlfach Wirtschaftsverwaltungsrecht, München, 2. Aufl. 1984

Partsch, Karl Josef: Anmerkung zu BVerfGE 9, S. 268, JZ 60, S. 23

Pestalozza, Christian: Formenmißbrauch des Staates, München 1973 (zit.: Formenmißbrauch)

— Kollisionsrechtliche Aspekte der Unterscheidung von öffentlichem Recht und Privatrecht, DÖV 74, S. 158

Peters, Hans: Lehrbuch des Verwaltungsrechts Berlin, Göttingen, Heidelberg 1949 (zit.: Verwaltungsrecht)

Püttner, Günter: Aktuelle Probleme des Verwaltungsprivatrechts im Organisationsbereich, JA 80, S. 218

— Die Einwirkungspflicht, DVBl. 75, S. 353

— Gemeinwirtschaft und Mitbestimmung, in: Gemeinwirtschaft im Wandel der Gesellschaft, Festschrift für Hans Ritschl, Berlin 1972, S. 181 (zit.: Ritschl-FS)

— Handbuch der kommunalen Wissenschaft und Praxis, hrsg. v. Günter Püttner, 2. Aufl., Bd. 1: 1981, Bd. 3: 1983, Bd. 5: 1984, Berlin, Heidelberg, New York, Tokyo (zit.: Verf. in: HKWP Bd.)

— Mitbestimmung in kommunalen Unternehmen, AfK 74, S. 251

— Mitbestimmung in kommunalen Unternehmen, in: HKWP Bd. 5 S. 184

— Die Mitbestimmung in kommunalen Unternehmen unter dem Grundgesetz, Rechtsgutachten, Frankfurt a. M. 1972 (zit.: Mitbestimmung)

— Die Mitbestimmung in öffentlichen und gemeinwirtschaftlichen Unternehmen, ZögU, Beiheft 3, 1980 S. 71

— Zur Mitbestimmung in öffentlich-rechtlich organisierten Unternehmen, DVBl. 84, S. 165

— Mitbestimmung und demokratische Legitimation insbesondere im Kulturbereich, DVBl. 88, S. 357

— Mitbestimmung in öffentlichen Unternehmen – wieder aktuell, ZögU 84, S. 227

— Die öffentlichen Unternehmen, Stuttgart, München, Hannover, 2. Aufl. 1985 (zit.: Die öffentlichen Unternehmen)

— Öffentliche Unternehmen als Instrument staatlicher Politik, DÖV 83, S. 696

— Probleme der Mitbestimmung in kommunalen Unternehmen, Kommunalwirtschaft 76, S. 128

— Das Recht der kommunalen Energieversorgung, Stuttgart, Berlin, Köln, Mainz 1967 (zit.: Energieversorgung)

— Das Recht der öffentlichen Unternehmen, in: HöV Bd. 2 S. 353

— Selbstverwaltung und Mitbestimmung, in: Selbstverwaltung im Staat der Industriegesellschaft, Festschrift für Georg Christoph v. Unruh, Heidelberg 1983, S. 171 (zit.: Selbstverwaltung)

— Überblick über die Rechtsformen, in: HKWP Bd. 5 S. 119

— Urteilsanmerkung zu VGH/NW DVBl. 86, S. 1196, DVBl. 86, S. 1198

— Verantwortlichkeit und Kontrollpflicht, in: HKWP Bd. 3 S.435

— Zur Verfassungsmäßigkeit des geplanten „Mitbestimmungs-Artikel-Gesetzes" in Nordrhein-Westfalen, insbesondere hinsichtlich der für die Sparkassen vorgesehenen Urwahl, Rechtsgutachten, LT-Zuschrift 9/2838, Tübingen 1983 (zit.: Gutachten)

— Verfassungsprobleme der Mitbestimmung in öffentlichen und gemeinwirtschaftlichen Unternehmen, in: Mitbestimmung in öffentlichen und gemeinwirtschaftlichen Unternehmen, Köln 1975, S. 52 (zit.: Verfassungsprobleme)

— Verfassungsrechtliche und verfassungspolitische Aspekte erweiterter Mitbestimmung in öffentlichen und freigemeinwirtschaftlichen Unternehmen, ÖWG 73, S. 7

— Die Vertretung der Gemeinden in wirtschaftlichen Unternehmen, DVBl. 86, S. 748

Quack, Klaus: Die Entsendung von Gemeindevertretern in die Organe von Kapitalgesellschaften, DVBl. 65, S. 345

Raiser, Thomas: Mitbestimmungsgesetz, Kommentar, Berlin, New York 1977

— Paritätische Mitbestimmung der Arbeitnehmer in wirtschaftlichen Unternehmen der Gemeinden, RdA 72, S. 65

— Rechtsgutachten über die Einführung der paritätischen Mitbestimmung in den Versorgungsunternehmen Bremerhavener Versorgungs- und Verkehrsgesellschaft mbH, Stadtwerke Bremerhaven AG und Verkehrsgesellschaft Bremerhaven AG, hekt. 1975

— Besprechung der Entscheidung BGH NJW 75, S. 1657, ZGR 76, S. 105

— Weisungen an Aufsichtsratsmitglieder?, ZGR 78, S. 391

Rauball, Johannes / Werner *Rauball* / Reinhard *Rauball* / Ernst *Pappermann* / Wolfgang *Roters:* Gemeindeordnung für das Land Nordrhein-Westfalen, Kommentar, München, 3. Aufl. 1981 (zit.: Rauball u. a.)

Rauball, Reinhard: Die Grenzen der Übertragbarkeit von Ratszuständigkeiten der gesetzlichen Vertretung der Gemeinde, DVBl. 72. S. 759

Rauschning, Dietrich: Das parlamentarische Regierungssystem des Grundgesetzes in der Rechtsprechung des Bundesverfassungsgerichts, in: Bundesverfassungsgericht und Grundgesetz (hrsg. v. Christian Starck), Bd. II, S. 214

Rehn, Erich / Ulrich *Cronauge:* Gemeindeordnung für das Land Nordrhein-Westfalen, Kommentar, Siegburg, 10. Aufl., Losebl., Stand: Mai 1985

Risken, Arno: Grenzen amtlicher und dienstlicher Weisungen im öffentlichen Dienst, Berlin 1969

Ritter, Ernst-Hasso: Mitbestimmung im öffentlichen Dienst oder Privatisierung des Staatswesens?, JZ 72, S. 107

Rittner, Fritz: Der Staat – ein Unternehmer im Sinne des Aktiengesetzes?, in: Festschrift für Werner Flume zum 70. Geburtstag Bd. 2, Köln 1978, S. 241

Röper, Erich: Befangenheit von Bediensteten öffentlicher Gesellschaften als Gemeinderat, DÖV 77, S. 166

Roller, Machtolf: Weisungsfreie Ausschüsse in der Verwaltung und Ministerverantwortlichkeit, Diss. Tübingen 1966

Ruchty, Otto: Kommunale Unternehmen 1977, StT 79, S. 367

Rüfner, Wolfgang: Formen öffentlicher Verwaltung im Bereich des Wirtschaftsrechts, Berlin 1967

Schaper, Michael: Die Idee einer Rechtsform „Öffentlicher Betrieb", München 1982 (zit.: Idee)

— Die zweckmäßige Gestalt der Rechtsform öffentlicher Betriebe, ZögU 83, S. 132

Schattenfroh, Max: Deutsche Gemeindeordnung, Kommentar, Münster, Berlin, München, Leipzig 1935

Scheel, Werner / Johannes *Steup:* Gemeindehaushaltsrecht Nordrhein-Westfalen, Köln, Hannover, Kiel, Mainz, München, 4. Aufl. 1981

Scheerbarth, Walter / Heinz *Höffken:* Beamtenrecht, Siegburg, 4. Aufl. 1982

Schelter, Kurt: Personalverwaltung – Ein Stück „Demokratisierung der Verwaltung"?, RdA 77, S. 349

Scheuner, Ulrich: Verantwortung und Kontrolle in der demokratischen Verfassungsordnung, in: Festschrift für Gerhard Müller, Tübingen 1970, S. 379

Schick, Walter: Beamtenrecht – Beamtentum – Beamte, JZ 70, S. 449

— Verfassungsrechtliche Grenzen einer Reform des öffentlichen Dienstes, in: Verfassungsrechtliche Grenzen einer Reform des öffentlichen Dienstes, S. 171, v. Ernst Forsthoff, Ingo v. Münch, Walter Schick, Werner Thieme, Carl Hermann Ule, Franz Mayer, Baden-Baden 1973 (zit.: Verfassungsrechtliche Grenzen)

Schild, Hans-Hermann: Kommunalwahlrecht für Ausländer?, DÖV 85, S. 664

Schmidt-Jortzig, Edzard: Kommunalrecht, Stuttgart, Berlin, Köln, Mainz 1982

— Urteilsanmerkung zu BVerfG DVBl. 78, S. 436, DVBl. 78, S. 796

Schmitt, Carl: Verfassungslehre, Berlin, 3. Aufl. (Nachdruck) 1957

Schmitt Glaeser, Walter: Mitbestimmung im Rundfunk, Der Staat Bd. 13 (1974) S. 573

— Partizipation im öffentlichen Dienst, DÖV 74, S. 152

— Partizipation an Verwaltungsentscheidungen, VVDStRL 31 (1973) S. 179

Schneider, Hans-Peter: Wirtschaftliche Mitbestimmung in öffentlichen Unternehmen, DÖV 72, S. 598

Schneider, Uwe H.: GmbH und GmbH & Co. KG in der Mitbestimmung, ZGR 77, S. 339

Schönberger, Norbert: Die Gebietskörperschaften und ihre Aktiengesellschaften zwischen Konzern- und Verwaltungsrecht, Diss. Frankfurt a.M. 1980

Scholz, Franz: Kommentar zum GmbHG, Köln, 6. Aufl. 1978/83 (zit.: Scholz, GmbHG)

Scholz, Rupert: Mitbestimmungsgesetz, Mitbestimmungsurteil und öffentlicher Dienst, ZBR 80, S. 297

— Paritätische Mitbestimmung und Grundgesetz, Berlin 1974 (zit.: Mitbestimmung und GG)

Scholz, Rupert / Rainer *Pitschas:* Kriterien für die Wahl der Rechtsform, in: HKWP Bd. 5, S. 128

Schroeder, Dirk: Geschäftsführungsrechte und Einwirkungsbefugnisse bei öffentlichen Unternehmen, ZögU 79, S. 149

Schüle, Adolf: Demokratie als politische Form und als Lebensform, in: Rechtsprobleme in Staat und Kirche, Festgabe für Rudolf Smend, Göttingen 1952, S. 321

Schumacher, Karl: Zum Aufbau der Dritten Gewalt, DRiZ 53, S. 18

Schuppert, Gunnar Folke: Zur Kontrollierbarkeit öffentlicher Unternehmen, Rechtsgutachten, Anlage zur Drucksache 9/4545 der Bürgerschaft der Freien und Hansestadt Hamburg

Schwarz, Heinz: Mitbestimmung bei den kommunalen Eigenbetrieben, den Sparkassen und beim Rundfunk, KomPol 75, S. 123

Schwerdtfeger, Günter: Unternehmerische Mitbestimmung der Arbeitnehmer und Grundgesetz, Frankfurt a.M. 1972

Sembdner, Friedrich: Der Sonderurlaub der Beamten, Richter und Soldaten, PersV 71, S. 201

Sennewald, Jörg: Kommunalwahlrecht für Ausländer?, VR 81, S. 77

Siebert, Wolfgang: Privatrecht im Bereich der öffentlichen Verwaltung, in: Festschrift für Hans Niedermeyer, Göttingen 1953, S. 215

Söllner, Alfred: Arbeitsrecht, Stuttgart, Berlin, Köln, Mainz, 8. Aufl. 1984

Spitta, Theodor: Kommentar zur Bremischen Verfassung von 1947, Bremen 1960

Starck, Christian: Die Auskiesungsurteile des Bundesgerichtshofs vor dem Bundesverfassungsgericht – BVerfG NJW 77, S. 180, JuS 77, S. 732

— Bundesverfassungsgericht und Grundgesetz, hrsg. v. Christian Starck, Bd. II: Verfassungsauslegung, Tübingen 1976 (zit.: Verf. in: BVerfG und GG II)

Starke, O. Ernst: Aufgaben und Funktionen des Personalrats, DÖV 75, S. 849

Stein, Ekkehart: Der verfassungsrechtliche Spielraum für eine Reform des Personalvertretungsrechts, AuR 73, S. 225

Steinke, Heinz: Vorteile der Eigengesellschaft gegenüber dem Eigenbetrieb, DGemStZ 79, S. 84

Stern, Klaus: Das Staatsrecht der Bundesrepublik Deutschland, Bd I, München, 2. Aufl. 1984 (soweit nicht anders zitiert), Bd. II, München 1980 (zit.: Stern I/ Stern II)

— Die Verfassungsgarantie der kommunalen Selbstverwaltung, in: HKWP Bd. 1 S. 206

Stern, Klaus / Günter *Püttner:* Die Gemeindewirtschaft, Recht und Realität, Stuttgart, Köln, Berlin, Mainz 1965

Stober, Rudolf: Die privatrechtlich organisierte Verwaltung, NJW 84, S. 449

Strunk, Gert Peter: Beamtenrecht, Köln, Bonn, Berlin, 2. Aufl. 1983

Stüer, Bernhard: Die Besetzung von Aufsichtsräten kommunaler Unternehmen nach dem Mehrheitswahlsystem, StGR 81, S. 243

— Mitbestimmung im Sparkassenverwaltungsrat, StuGB 86, S. 19

Stumpf, Reinhard: Mitbestimmung in den Betrieben der öffentlichen Hand, Diss. Würzburg 1973

Sudhoff, Jürgen: Die Vertretung der Gemeinde in Organen wirtschaftlicher Unternehmen, Diss. Köln 1961

Surén, Friedrich-Karl: Die Gemeindeordnungen in der Bundesrepublik Deutschland, Bd. II, Köln, Berlin, Bonn, München 1960

Surén, Friedrich-Karl / Wilhelm *Loschelder:* Deutsche Gemeindeordnung, Kommentar, Bd. II, Berlin 1940

Tettinger, Peter J.: Besonderes Verwaltungsrecht: Kommunalrecht, Polizei- und Ordnungsrecht, Schwerpunkte Bd. 15, Heidelberg 1986 (zit.: Bes. VerwR)

— Mitbestimmung in der Sparkasse und verfassungsrechtliches Demokratiegebot, Heidelberg 1986 (zit.: Mitbestimmung)

Theisen, Manuel R.: Die Aufgabenverteilung in der mitbestimmten GmbH, Königstein/Ts. 1980

Thieme, Werner: Rechtsgutachten über die Zulässigkeit von Stimmbindungsverträgen zur Erweiterung der Mitbestimmung in kommunalen Eigengesellschaften, Hamburg Juni 1971 (hekt.) (zit.: Gutachten)

— Verfassungsrechtliche Grenzen einer Reform des öffentlichen Dienstes, in: Verfassungsrechtliche Grenzen einer Reform des öffentlichen Dienstes, v. Ernst Forsthoff, Ingo v. Münch, Walter Schick, Werner Thieme, Carl Hermann Ule, Franz Mayer, Baden-Baden 1973, S. 301 (zit.: Verfassungsrechtliche Grenzen)

— Verwaltungslehre, Köln, Berlin, Bonn, München, 3. Aufl. 1977

Tofaute, Hartmut: Zur Frage Kontrolle öffentlicher Unternehmen durch Mitbestimmung – Die Überwachung öffentlicher Unternehmen durch Mitarbeiter und Gewerkschaften, in: Kontrolle öffentlicher Unternehmen Bd. 2, Baden-Baden 1982, S. 183

v. Trott zu Solz, Jost: Die staatlich beeinflußte Aktiengesellschaft als Instrument der öffentlichen Verwaltung, Diss. Berlin 1975

Tschira, Oskar / Walter *Schmitt Glaeser:* Verwaltungsprozeßrecht, Stuttgart, München, Hannover, 6. Aufl. 1983

Ule, Carl Hermann: Beamtenrecht, Köln, Berlin, Bonn, München 1970 (zit.: Beamtenrecht)

— Verfassungsrechtliche Grenzen einer Reform des öffentlichen Dienstes, in: Verfassungsrechtliche Grenzen einer Reform des öffentlichen Dienstes, v. Ernst Forsthoff, Ingo v. Münch, Walter Schick, Werner Thieme, Carl Hermann Ule, Franz Mayer, Baden-Baden 1973, S. 441 (zit.: Verfassungsrechtliche Grenzen)

— Verwaltungsprozeßrecht, München, 7. Aufl. 1978

— Das besondere Gewaltverhältnis, VVDStRL 15 (1957) S. 133

Vitzthum, Wolfgang Graf: Gemeinderechtliche Grenzen der Privatisierung kommunaler Wirtschaftsunternehmen, AöR 104 (1979) S. 850

Vogel, Klaus: Öffentliche Wirtschaftseinheiten in privater Hand, Hamburg 1959

Voges, Hans-Joachim: Die Anwendbarkeit des Konzernrechts auf die öffentliche Hand, Diss. Bochum 1971

Vogt, Fritz: Die Bedeutung der Rechtsform für die Einflußmöglichkeiten der Gemeinde auf die Zielbildung kommunaler Versorgungsbetriebe dargestellt am Beispiel des Eigenbetriebs und der Eigengesellschaft, Diss. Mannheim 1970

Vorbrugg, Georg: Unabhängige Organe der Bundesverwaltung, Diss. München 1965

Weber, Werner: Kommunalaufsicht als Verfassungsproblem, in: Aktuelle Probleme der Kommunalaufsicht, Berlin 1963

Wenger, Karl: Die öffentliche Unternehmung, Wien, New York 1969

Werner, Lutz: Die Wirtschaftstätigkeit der öffentlichen Hand und das Konzernrecht des Aktiengesetzes, Diss. Göttingen 1978

Wicher, Gerhard: Die geeignete Unternehmensform für wirtschaftliche Unternehmen der Gemeinden und Gemeindeverbände, Diss. Münster 1963

Wiedemann, Herbert: Gesellschaftsrecht, Bd. I, München 1980

Wiedemann, Herbert / Klaus-Peter *Martens:* Die Unternehmensqualifikation von Gebietskörperschaften im Recht der verbundenen Unternehmen, AG 76, S. 197

Wilke, Dieter: Über Verwaltungsverantwortung, DÖV 75, S. 509

Wissenschaftlicher Dienst des Landtags Rheinland-Pfalz: Zulässigkeit und Grenzen der Mitbestimmung von Arbeitnehmern in den Verwaltungsräten der Sparkassen und der Landesbank aus verfassungsrechtlicher Sicht, Gutachten, unveröffentlicht, LT-Dr. 9/672 (zit.: rheinl.-pfälz. Gutachten)

Wissenschaftlicher Parlamentsdienst des Abgeordnetenhauses von Berlin: Gutachten über die Verfassungsmäßigkeit der in den Drucksachen 6//115 und 6/197 sowie in dem Änderungsantrag der Fraktion der SPD zur Drucksache 6/197 vorgesehenen Regelungen (Einführung der paritätischen Mitbestimmung in den Eigenbetrieben Berlins), hekt., 1972 (zit.: Berliner Gutachten)

Wössner, Peter: Paritätische Mitbestimmung in kommunalen Eigengesellschaften aufgrund vertraglicher Stimmrechtsbindung, Diss. Frankfurt a. M. 1972

Wolff, Hans Julius / Otto *Bachof:* Verwaltungsrecht, Bd. I, München, 9. Aufl. 1974, Bd. II, München, 4. Aufl. 1976, Bd. III, München, 4. Aufl. 1978

Würdinger, Hans: Öffentliche Hand und Unternehmen, DB 76, S. 613

Zeidler, Wolfgang: Der Standort der Verwaltung in der Auseinandersetzung um das Demokratieprinzip, DVBl. 73, S. 719

Zeiss, Friedrich: Neue Rechtsform für öffentliche Unternehmen, DÖW 55, S. 3

Zeller, Eugen: Kommunale Mitbestimmung, Bonn 1972

Zippelius, Reinhold: Allgemeine Staatslehre, München, 8. Aufl. 1982

Zöller, Wolfgang: Zur aktienrechtlichen Unternehmenseigenschaft der Bundesrepublik Deutschland, AG 78, S. 40

— Arbeitsrecht, München, 2. Aufl. 1979 (zit.: Arbeitsrecht)

— Kölner Kommentar zum Aktiengesetz, hrsg. von Wolfgang Zöllner, Berlin, Köln, Bonn, München 1970 - 1973 (zit.: Bearb. in: Kölner Kommentar)

Zorn, Philipp: Staatsrecht des Deutschen Reiches, Bd. 2, Berlin, 2. Aufl. 1897

Kolibri 360 GmbH
Ferdinand-Jühlke-Straße 7
99095 Erfurt, Deutschland
produktsicherheit@kolibri360.de

Druck:
CPI Druckdienstleistungen GmbH
im Auftrag der
Kolibri 360 GmbH
Ferdinand-Jühlke-Str. 7
99095 Erfurt